Karl August Varnhagen von Ense

Vermischte Schriften

Karl August Varnhagen von Ense

Vermischte Schriften

ISBN/EAN: 9783742869012

Hergestellt in Europa, USA, Kanada, Australien, Japan

Cover: Foto ©Thomas Meinert / pixelio.de

Manufactured and distributed by brebook publishing software
(www.brebook.com)

Karl August Varnhagen von Ense

Vermischte Schriften

Vermischte Schriften.

Von

K. A. Varnhagen von Ense.

Dritte vermehrte Auflage.

Dritter Theil.

Leipzig:

F. A. Brockhaus.

1876.

Inhalt.

Personen.

Perſonen.

Voltaire in Frankfurt am Main.

1753.

Die Verhaftung Voltaire's in Frankfurt am Main durch
den preußischen Residenten von Freytag ist ein Ereigniß,
welchem einst die ganze gebildete Welt in Staunen und
Spannung horchte, und das auch den Nachlebenden immer
bedeutend bleiben muß, so lange der Name des außerordent=
lichen Mannes, den die Sache betraf, verbunden mit dem
Namen des großen Königs, von dem sie ausging, den An=
theil und die Forschung der Betrachtenden aufregen wird.
Doch ungeachtet des vielfachen Reizes, der diesem Ereignisse
lebenswarm inwohnt, hat dasselbe bisher, nachdem beinahe
hundert Jahre darüber hingeflossen, noch keine genügende Be=
leuchtung empfangen, sondern schwebt nur im ungewissen Lichte
der einseitigen Darstellung, welche der gekränkte Theil davon
hinterlassen hat. Friedrich der Große hat in seiner hohen
Stellung verschmäht, durch irgend eine öffentliche Erklärung
den zahllosen Mißurtheilen zu begegnen, welche über jene
Vorgänge und über das Maß seiner eigenen Betheiligung
dabei durch ganz Europa schallten, und von denen sein Ruhm
in den Augen sogar seiner Bewunderer zu leiden hatte.
Zwar übernahmen spätere Thatsachen einigermaßen seine
Vertheidigung, das erneuerte Entgegenkommen Voltaire's,
das bald vollständig hergestellte, in Bewunderung und Freund=
lichkeit wetteifernde Vernehmen, zeigten offenbar, daß beide
Theile das Geschehene vergessen wollten und konnten, und
Voltaire selbst, indem er dieser verdrießlichen Sache in seinen

1*

Denkwürdigkeiten kurz erwähnte, schloß mit der Aeußerung: „C'était une querelle d'amans: les tracasseries des cours passent; mais le caractère d'une belle passion dominante subsiste longtemps." Allein diese spätere billige Ansicht konnte die leidenschaftlichen Zeugnisse der Erbitterung nicht auslöschen, welche der Grimm des Augenblicks hervorgerufen hatte; jedes von Voltaire geschriebene Blatt galt mit Recht als ein des Aufbewahrens werthes Kleinod, und in jeder späteren Ausgabe seiner Werke häufte sich die Sammlung seiner Briefe, deren eine gute Zahl auch jenes Frankfurter Ereigniß bespricht. Endlich im Jahre 1807 erschien sogar eine ausführliche Erzählung aus der Feder eines Augenzeugen, des Florentiners Collini, welcher als Voltaire's Sekretair in jene Vorgänge mitverwickelt worden war, und dessen Bericht natürlich ganz die Farbe derjenigen Seite trägt, auf die er sich gestellt fand. So mußte denn der Name des Königs hiebei mehr und mehr in den Schatten sinken, und wenn der prüfende Forscher auch leicht erkannte, daß nicht alles gläubig anzunehmen sei, was die Gegenseite vorbrachte, so fehlte es doch an einem bestimmten Anhalt, um das Falsche von dem Wahren zu sondern, und ein richtiges Bild des Geschehenen aufzufassen.

Wir waren daher ungemein erfreut, als uns die Gunst wurde, die im Königlichen Geheimen Archiv über jenen Vorgang aufbewahrten Akten einzusehen, welche neben mehreren bis jetzt noch nicht gedruckten Blättern von Voltaire und Mad. Denis, insbesondere die aus dem Königlichen Kabinet erlassenen Befehle und die hierauf erstatteten amtlichen Berichte des Residenten von Freytag enthalten. Wir haben also nunmehr zur Darstellung der Sache dreierlei Hülfsmittel, die Mittheilungen Voltaire's selbst und seiner Nichte, den Bericht seines Sekretairs Collini, und endlich denn auch die preußischen Aktenstücke. Aus der Zusammenhaltung dieser dreifachen Angaben werden sich dem unbefangenen Leser die Thatsachen von selbst in wünschenswerther Deutlichkeit aufstellen.

Das Verhältniß Friedrichs des Großen zu Voltaire können wir als bekannt voraussetzen, wenigstens dürfen wir auf die

so belebte als gründliche Schilderung hinweisen, welche der
treffliche Preuß in seinem schätzbaren Buche „Friedrich der
Große mit seinen Verwandten und Freunden" auch von diesem
Verhältnisse gegeben hat. Nur über Voltaire selbst erlauben
wir uns einige vorläufige Bemerkungen, weil der berühmte
Mann heutiges Tages in Deutschland doch nur selten gehörig
erkannt und gewürdigt wird, und weil er auch eben in dieser
Frankfurter Geschichte zu wenig vortheilhaft erscheint, als
daß wir nicht gleich im Beginn seinen sonstigen hohen Men=
schen= und Geisteswerth wahren müßten. Voltaire, im Großen
und Allgemeinen edel und wohlgesinnt, von reiner Gluth
für die Menschheit erfüllt, und stets beeifert deren Gedeihen
und Fortschreiten auch mit eigener Gefahr und Aufopferung
zu fördern, war durch die Richtung seiner stannenswerthen,
in solcher Fülle beinahe nie zusammengewesenen Talente, die
mit der Entwickelung seiner Nation und seines Zeitalters
völlig zusammenstimmten, in seiner Aeußerungsart vorzüglich
auf Scherz und Zierlichkeit, auf muntere Laune und beißen=
den Spott angewiesen; diese Waffen handhabte er in der
That mit siegender Meisterschaft, und wenn ihm auch Pracht
des Ernstes und strenge Gedankenfolge in seltenem Grade
zu Gebote standen, so wurden diese doch von der hinreißenden
Anmuth seines sprühenden Witzes weit überflügelt. Eine
solche Geistesrichtung aber ist ohne heftige Reizbarkeit des
Gemüthes und ohne rastlose Thätigkeit der Einbildungskraft
nicht denkbar, und so gesellen sich der Ausübung der schönsten
Gaben sogleich die Gefahren leidenschaftlicher Mißgriffe und
Uebertreibungen bei. Was im Gebiete des ästhetischen Bil=
dens als Erfindung und Ausschmückung erlaubt und gepriesen
wird, erscheint, auf das praktische Leben übertragen, als
gehässige Schwindelei, als unziemliche List und Tücke, ja
sogar als Unredlichkeit und Lüge. So geschieht es denn
auch bei Voltaire, daß wir den im Geiste frei und hoch
stehenden Mann, sobald bestimmte Lebensverhältnisse und per=
sönliche Einzelheiten ihn befangen, oft in blinde Leidenschaft,
in possenhafte Unart, ja sogar in arglistige Schalkheit hinab=
gezogen sehen.

Dies war auch der Fall in den Verhältnissen, die er

am Hofe Friedrichs gefunden hatte. Sie waren anfangs die
besten und glücklichsten, und Voltaire glaubte und hoffte, in
ihnen bis zu seinem Lebensende zu verbleiben. Doch das
Glück selber trägt den Keim des Uebermuthes und Mißbrauchs
in sich, und das durch die höchste Gunst gesteigerte Bewußt=
sein der eigenen Geistesmacht führt zum irrigen Urtheil über
die im Aeußeren doch beschränkte Geltung derselben. Zwar
unmittelbar zwischen dem Könige und Voltaire entstand keine
Spannung, sie lebten in wechselseitiger Anerkennung und
Zuneigung. Aber aus der Eifersucht und der Widrigkeit,
in welche Voltaire bald mit den anderen Franzosen gerieth,
die mit ihm in der Nähe des Königs lebten, erhob sich der
Keim des Zerwürfnisses, das ihn diesem Kreise zuletzt entzog.
Besonders wurde das Verhältniß zu Maupertuis, welches
durch Neid und Zwischenträgerei schon genug getrübt war,
bald ein unheilbar feindliches, und dieses zumeist, wir müssen
es sagen, durch des letzteren Schuld. Maupertuis hatte in
einem wissenschaftlichen Streite sein entschiedenes Unrecht gegen
den Physiker König durch die Berliner Akademie der Wissen=
schaften, die hiebei schmählich mißbraucht wurde, für Recht
erklären lassen; Voltaire wollte hiezu nicht schweigen, sein
Spott griff lächerliche Meinungen des Gegners an, worüber
der König lachte, gleichwohl aber die Veröffentlichung des An=
griffs untersagte. Da Voltaire sich hiedurch in seiner schrift=
stellerischen Selbstständigkeit verletzt fühlte, einen offenen
Kampf aber unmöglich fand, so nahm er seine Zuflucht zur
List, und brachte seine Sachen unter der Hand in Druck.
Dies ließ wieder der König nicht ungeahndet, und Voltaire
zog sich in Ungnade vom Hofe zurück. Nun begehrte er
in's Ausland zu reisen, wogegen aber der König immer
Einwendungen hatte, in welchen Voltaire argwöhnisch den
Vorsatz erblickte, ihn für immer und gewaltsam festzuhalten.
Doch erfolgte nach einiger Zeit der erbetene Urlaub zur Reise
nach Plombières, und die Einladung, zum Abschied noch den
König in Sanssouci zu besuchen. Voltaire fuhr am 18. März
1753 nach Potsdam, bezog wieder seine Wohnung in Sanssouci,
speiste jeden Abend in fröhlicher Unterhaltung, bei dem Könige,
der völlig mit ihm ausgesöhnt war, versprach nach seiner

Badekur im Oktober bei dem Könige zurück zu sein, und reiste am 26. März früh mit seinem Sekretair Collini von Potsdam nach Leipzig ab, während der König an demselben Tage eine Reise zur Truppenschau nach Schlesien antrat.

Voltaire hielt sich in Leipzig drei Wochen auf, in gewohntem litterarischen Fleiße; zugleich fertigte er sein zahlreiches Gepäck nach Straßburg ab, und sorgte, dem verhaßten Gegner, den er in Berlin zurückgelassen, aus dieser sicheren Nähe noch einige empfindliche Streiche zu versetzen. Dies gelang ihm vollkommen. Sein Sendschreiben des Doktor Akakia an Maupertuis brachte diesen zu einer Wuth, die sich sogar im Blute des Schreibers kühlen wollte, er sandte dem gebrechlichen, beinahe sechzigjährigen Greis eine Ausforderung auf Pistolen, worauf dieser aber nur mit komischer Kraft und zerschmetternder antwortete, als es durch Pistolenschüsse hätte geschehen können. Diese Streitigkeiten, bei denen Voltaire ebenfalls das litterarische Maß überschritt, und auch den König neckend und höhnend angriff, erzürnten diesen auf's neue, und Maupertuis unterließ nichts, um die schlimmen Eindrücke noch zu verstärken. Bald wurde dem Könige hinterbracht, welche Schmähreden und Spöttereien Voltaire sich erlaube, bald wie derselbe laut geäußert, daß er, dem Käsige glücklich entronnen, nie freiwillig in denselben zurückkehren werde, bald kamen selbst aus Paris Nachrichten, daß Voltaire mit dem Könige für immer gebrochen habe, daß er das von demselben gehabte Vertrauen in aller Art mißbrauche, und in seinen Briefen schon jetzt die ungehörigsten Plaudereien übe. Jemehr der König ihm sein Innerstes geöffnet, je sorgloser er Urtheile über Sachen und Personen ihm mitgetheilt hatte, um desto schmerzlicher mußte er bei dem Gedanken sich empört fühlen, von dem einstigen Liebling so verrathen zu werden. Was Voltaire sagen konnte, durfte dahingestellt bleiben, aber was er zeigen konnte, war nicht gleichgültig. In diesem Betreff beunruhigten den König nicht nur die von ihm in Voltaire's Händen befindlichen Briefe, sondern eben so sehr ein Band Gedichte, die nur in wenigen Abdrücken für die vertrautesten Freunde vorhanden waren, und deren Bekanntwerden dem Könige selbst politischen Nachtheil bringen

mußte. Von Unwillen und Besorgniß erregt, traf dieser daher
Anstalt, seine Briefschaften und Drucksachen zurückfordern zu
lassen und nöthigenfalls die Rückgabe zu erzwingen; er durfte
sich hiezu um so mehr berechtigt glauben, als auch Privat=
personen in solchem Falle nicht scheuen, den in ihren Umständen
nur immer möglichen Zwang auszuüben; Voltaire stand überdies
in des Königs Dienst und durfte auch in der Fremde zum
Gehorsam angehalten werden. Damit jedoch ein so häßlich
gewordenes Verhältniß völlig aufhörte, und das von Voltaire
verbreitete Vorgeben, als wolle man ihn wider Willen in
Preußen festhalten, sogleich zerfiele, beschloß der König, ihn
zugleich aus dem Dienste zu entlassen, und ihm die Zeichen
der bis dahin getragenen Gunst und Würden abzunehmen.

Die Gründe zu solchem Verfahren müssen sich bei dem
Könige nach seiner Rückkehr aus Schlesien schnell angehäuft
und den herben Entschluß eilig zur Reise gebracht haben,
denn der Geheime Kämmerier Fredersdorff, welcher als ein
redlicher, zuverlässiger und tüchtiger Diener in großem Ver=
trauen stand, erhielt schon am 11. April den Auftrag, an
den preußischen Residenten, Kriegsrath von Freytag, zu Frank=
furt am Main, wo Voltaire auf der Reise nach Plombieres
durchkommen mußte, folgenden Befehl aufzusetzen, welchen der
König eigenhändig unterzeichnete:

„Seine Königliche Majestät, unser allergnädigster Herr,
machen Dero Residenten und Kriegsrath von Freytag hierdurch
in Gnaden bekannt, wie daß der von Voltaire mit ehsten
Frankfurt am Main passiren wird, als ist Seiner König=
lichen Majestät Befehl, daß Er sich mit Zuziehung des dortigen
Hofrath Schmid zu ihm verfügen, dem Voltaire im Namen
Seiner Königlichen Majestät den Kammerherrnschlüssel, wie
auch das Kreuz und Band pour le mérite abfordern, und
da auch der von Voltaire alle seine von hier abgehende
Pakete und Emballagen dorthin addressiret, worunter von
Seiner Königlichen Majestät höchst eigenen Händen viele
Briefe und Skripturen sich befinden werden, als sollen gedachte
Pakete und Emballagen, auch seine bei sich habenden Chatullen
in Ihrer Gegenwart geöffnet werden, und alles Beschriebene
abgenommen werden, ingleichen ein Buch, welches Einlage

besaget. Da aber dieser Voltaire sehr intrigant, als haben
Sie beiderseits alle Präkaution zu nehmen, daß Er Ihnen
nichts verhehlet und unterschläget. Nachdem alles wohldurch=
suchet und in Empfang genommen worden, so muß es gut
eingepackt werden und an mir nach Potsdam gesandt werden.
Allenfalls Er sich mit Gutem Obiges nicht wollte abnehmen
lassen, soll Er mit Arrest bedrohet werden, und so dieses
nichts helfen möchte, muß Er wirklich arretirt werden, und
ohne Komplimente Alles genommen, Ihn aber alsdann reisen
lassen. Ich bin Euer wohlaffektionirter   Frch.

Potsdam, den 11. April 1753."

Daß der König hiezu sich der Hand Fredersdorff's, und
nicht eines seiner Kabinetsräthe bediente, darf nicht auffallen,
wenn man weiß, daß Friedrich dergleichen Aufträge, die nicht
in den Lauf gewöhnlicher Geschäfte fielen, gern durch die seiner
Person grade nahestehenden Vertrauten ausführte, und Freders=
dorff war es, der auch bei den früheren Mißhelligkeiten
zwischen dem Könige und Voltaire als Zwischenträger mit
Sinn und Geschick erfolgreich gedient hatte. In diesem Um=
stande jedoch, daß ein zwar eifriger und kluger, aber zu
Geschäften nicht streng eingeübter Diener den Willen des Königs
in Worte faßte, liegt der erste Keim aller Verwirrung und
alles Mißgeschicks, das sich aus diesem scheinbar einfachen
Handel so unselig und verdrießlich für beide Theile entwickelte,
und welches dann freilich der thörichte Wahn, die verkehrte
Verschmitztheit und der blinde Ungestüm Voltaire's zur äußersten
Spitze trieben. Die Mängel des Ausdrucks und die Nach=
lässigkeit der Ausfertigung fielen auch den Empfängern sogleich
auf, denen die eigentliche Meinung der Sache um so weniger
klar sein konnte, als sie von den näheren Verhältnissen nicht
unterrichtet waren, und wegen der Briefschaften und Skrip=
turen eben so leicht zu wenig als zu viel thun konnten.
Beide Beauftragte fühlten indeß, fürerst sei die Hauptsache,
solche Vorkehrungen zu treffen, daß ihnen der Reisende nicht
entschlüpfen könne. Und auf diesen Zweck wandten sie ihren
besten Eifer mit genugsamer Klugheit. Sie empfingen den

Königlichen Befehl am 19. April, brauchten den nächsten Tag zu Erkundigungen und Anstalten, und antworteten am 21. April dem Könige wie folgt:

„Ew. Königlichen Majestät allergnädigste Handschreiben vom 11. d. die von Voltairische Affairen betreffend sind uns vorgestern behändigt worden. Wir haben bei jetzigen Meß= zeiten, da alle Moment Fremde ankommen, solche mesures genommen, daß wir hoffen können, Ihn nicht zu verfehlen. Unterdessen kommen wir hierdurch allerunterthänigst anzufragen, ob, wenn er vorgeben sollte, daß seine Emballagen bereits vorangeschicket wären, man Ihn, bis Er sie zurück komman= dirt, allhier in Verwahrung behalten möchte, — und wie die Worte „ingleichen ein Buch, welches Einlage besaget“ zu verstehen, gestalten keine Einlagen bei Ew. Königlichen Majestät allergnädigsten Handschreiben befunden worden.

Man spricht hier, daß Er wirklich bettlägerich seie und vor Ausgang der Leipziger Messe nicht hier passiren werde. Wir verharren in devotester und treuester Devotion ꝛc.“

Freytag hatte indeß die nöthigen Anstalten erdacht, die in nächstfolgendem Promemoria aufgezeichnet sind, und solche dem Hofrath Schmid zur Genehmigung vorgelegt:

„Promemoria.“

1. Wird Herr Hofrath Schmid von der Güte sein, sowohl an dem Allerheiligen= als Friedberger Thor die Thor= schreiber, welche von denen Einundfünziger dependiren, und welche Respekt und Furcht vor ihnen haben müssen, dahin und zwar persönlich zu instruiren, daß sie auf die Ankunft des von Voltaire genaue Acht haben; dessen Quartier nicht allein zu befragen, sondern auch der Kutsche sogleich einen Gefreiten nachzuschicken, um zu sehen, ob Er auch in dem angegebenen Wirthshause abgetreten. Hiernächst muß besagtem Hrn. Hofrath von der Ankunft sogleich durch einen besonderen Gefreiten Nachricht gegeben werden, welchem der Thorschreiber 20 Kreuzer vor den Gang zu versprechen hat; dem Thor= schreiber wäre auch ein Dukat pro discretione zu versprechen. Dem Thorschreiber muß zwar verboten werden, daß Er dem Voltaire nicht eröffne, man habe seinetwegen Bestellungen

gethan; doch muß man dem Thorschreiber einen Prätext machen, warum man diese Bestellung thue, nämlich man habe ein Packet Ihme einzuhändigen. Sollte sich der Voltaire einen anderen Namen geben, so wäre gut, wenn der Thorschreiber kommittirt würde, alle Franzosen, die mit einer reputirlichen Equipage ankommen, bei dem Hr. Hofrath anmelden sollen. Er kann auch allenfalls nach seiner Statur und Gesichtsbildung Ihnen beschrieben werden.

2. Bei dem Postmeister Kleeß durch seinen Oberknecht aufpassen lasse, unter dem Prätext, daß er Ihn weiter führen solle.

3. Wäre gut, wenn Hr. Hofrath einen vertrauten und verständigen Menschen auf Friedberg schickte, welcher allda im Posthaus, bis auf dessen Ankunft, liegen bleiben müßte, und dem man täglich einen Thaler reichen könnte.

4. Wie ich dann eben dergleichen noch heute nach Hanau bewerkstelligen werde.

5. Wäre sich beiderseits zu erkundigen, wo sonsten Hr. von Voltaire bei seiner Durchreis logirt habe.

6. Wäre beiderseits etliche Spionen auszuschicken, welche täglich in die vornehmste Wirthshäuser gingen, und nach einem gewissen französischen Kavalier Namens Maynvillar fragten, sie werden ohne Zweifel die Antwort mit Nein erhalten, hingegen werden sie antworten: Es ist zwar ein Franzose da, aber er schreibt sich Voltaire; und auf diese Art werden wir es erfahren ohne nach ihm zu fragen.

7. Werd ich meinen Briefträger, der mir sehr vertraut ist, ingeheim instruiren, genau Acht zu haben, ob bereits Briefe an denselben angekommen, und an wen sie adressiret worden 2c.

Hr. Hofrath belieben Ihre Gedanken darzu zu setzen, und mir dieses zu remittiren. Mein Mann auf Hanau gehet heute noch ab." —

Schmid, dem eigentlich nur die zweite Rolle beschieden war, der aber heftiger und dreister war, als Freytag, und auf dessen Urtheil dieser daher den größten Werth legte, billigte die gemachten Vorschläge und schritt sogleich zur Ausführung; besonders den siebenten Punkt hielt er für „sehr

vorträglich". Da nun Freytag noch aus den Zeitungen er=
sehen hatte, daß für Voltaire im goldenen Löwen bereits
Wohnung bestellt sei, und man ihn allda in einiger Zeit
erwarte, so schien es unmöglich, daß er ihnen entgehen könnte,
und sie glaubten deshalb auch, die auf den nächsten Stationen
aufgestellten Leute mit aller Sicherheit wieder abrufen zu können.

Mittlerweile wurde von Potsdam den 29. April aber=
mals eine Kabinetsordre und wieder von Fredersdorff aus=
gefertigt, worin die frühere bestätigt und in Betreff der aus=
gelassenen Angabe erläutert wurde. Sie lautet:

„Seine Königliche Majestät geben den von Freytag und
Dero Hofrath Schmid hierdurch zur gnädigsten Antwort, daß
wann der Voltaire Frankfurt passiren sollte, es bei dem ersten
Schreiben bleiben soll. Sollten seine Emballagen schon durch
sein, so soll Er so lange arretirt sein, bis Er alle Königlichen
Manuskripte richtig ausgeliefert, und muß Er seine Em=
ballagen lassen zurückkommen, damit Sie es beide sehen.
Das Buch, welches hauptsächlich mit retour kommen soll, ist
benannt Oeuvres de Poesie.　　　　　　　　　　Frdh.

Potsdam, den 29. April 1753.

Ordre an den von Freytag und Schmid dem
Voltaire seine Emballagen durchzusuchen und die
verlangte Manuskripte rauszunehmen."

Auch hier fällt wieder die ungenaue Bezeichnung auf,
da es nicht mehr „Briefe und Skripturen" sondern „alle
Königlichen Manuskripte" heißt, wobei selbst litterarische
Männer zweifelhaft sein konnten, was alles für Papiere und
besonders auch bis zu welchem Belange gemeint sein möchten.

Inzwischen vernahm Schmid, daß Voltaire noch in Leipzig
mit verschiedenen Arbeiten beschäftigt und wohl so bald noch
nicht in Frankfurt zu erwarten sei. Durch Unwohlsein ver=
hindert auszugehen, schrieb er dies unverzüglich an Freytag,
durch ein Billet vom 6. Mai, und meldete zugleich: „Das
quästionirte Buch, wovon Seine Königliche Majestät Anregung
in deren Befehl gethan, besteht in einem Band Poesie in
Manuskript zur beliebigen Nachricht"; — welche Voraussetzung

doch), wie wir schon wissen, irrig war, und nur dazu bei=
tragen mußte, die Verwirrung zu vermehren, da sich schwer
begreifen ließ, daß der König auf ein gedrucktes Buch einen
so hohen Werth legen sollte.

Eine neue Schwierigkeit erhob sich für Freytag, als ihm
Schmid ankündigte, er müsse zu der auf den 28. Mai aus=
geschriebenen Generalversammlung der Königlich preußischen
asiatischen Handelsgesellschaft nothwendig an jenem Tage in
Emden eintreffen, und fordere ihn daher auf, falls Voltaire
in der Zwischenzeit ankäme, die Königlichen Befehle nach
dem Buchstaben auszuführen, jedoch in Beisein des frank=
furtischen Senators Dr. Rücker, der den Abwesenden hiebei
zu ersetzen ganz geeignet sei. Freytag aber, wegen dieses
neuen Umstandes beunruhigt, wollte diese Stellvertretung nicht
sogleich gutheißen, sondern fragte unter dem 22. Mai bei
dem Könige an, wen er nach Schmid's Abreise zum Beistand
nehmen solle, und ob nicht sein Sekretair Dorn, als schon
in Dienstverpflichtung stehend, dazu tauglich erachtet werde?
Hierauf erwiederte Fredersdorff am 29. Mai Folgendes:

Hochwohlgeborner Herr
Insonders hochgeehrter Herr Geheimder Kriegsrath.

Auf Euer Hochwohlgeboren abgelassenes an des Königs
Majestät unter dem 22. Mai lassen Höchstdieselben aller=
gnädigst wissen, daß, da der von Voltaire sich in Gotha
einige Monate aufhalten wird, die aufgetragene Kommission
ganz ruhig sein soll, bis der von Voltaire nach verflossener
Zeit Frankfurt passiren wird, und da hoffentlich der Herr
Hofrath Schmid gegen der Zeit wohl wieder zu Hause sein
dürfte, so würde es nicht rathsam einen anderen Assistenten
anzunehmen. Sobald aber der von Voltaire dort passiren
werde, bleibe es bei der einmaligen Königlichen Ordre. Es
ist mir angenehm bei dieser Gelegenheit zu versichern, wie
ich mit der vollkommensten Hochachtung bin
Ew. Hochwohlgeboren
Potsdam, den 29. Mai
1753.
Ergebenster Diener
Fredersdorff.

Die Vorsicht Freytag's war hierdurch gerechtfertigt, der König wollte den Kreis des Geheimnisses nicht erweitert sehen. Jedoch war die Voraussetzung irrig, Voltaire würde noch längere Zeit in Gotha verweilen, und bei seiner Ankunft in Frankfurt dennoch Schmid von Emden schon zurückgekehrt sein. Die Sachen kamen zur Entscheidung, noch bevor Freytag diese Antwort Fredersdorff's empfangen konnte.

Voltaire hatte seine Reise von Leipzig fortgesetzt, war nach der Mitte des April in Gotha eingetroffen, und erfuhr abseiten des dortigen Hofes die beeiferteste und schmeichelhafteste Aufnahme. Nachdem er über einen Monat hier verweilt, nahm er seinen Weg über Kassel, wo er den Landgrafen besuchen wollte. Hier fand er unvermuthet den Kammerherrn von Pöllnitz, den bekannten Schriftsteller und Höfling, der zu Friedrichs naher Umgebung in Potsdam gehörte. Voltaire sprach nur flüchtig mit ihm, doch fiel ihm die Anwesenheit des Mannes auf, und er verwunderte sich, was doch Pöllnitz in Kassel vorhaben möge? Der Argwohn, derselbe könne seinetwegen abgeschickt sein, mag in Voltaire's Seele sich wohl geregt haben, wir finden aber nichts, was diesen Verdacht begründen könnte. Man wußte schwerlich in Potsdam, daß Voltaire nach Kassel kommen würde, wo Pöllnitz auch gar nicht seine Nähe suchte, so wenig er ihm nach Wabern folgte, wo sich der hessische Hof damals aufhielt, und Voltaire ein paar Tage angenehm zubrachte.

Collini giebt eine artige Schilderung von Voltaire's bequemer, herrschaftlicher, reicher Art zu reisen: sie war seinem Alter, seiner Kränklichkeit und seinen Vermögensumständen angemessen, ohne Gepräng und ohne Knickerei, doch immer bemerkbar genug durch ihr stattliches Ansehen; er reiste ganz offen unter seinem Namen, und dachte weder an Geheimniß noch an Täuschung. Seine gute Laune, sein litterarischer Fleiß, verließen ihn auch unterwegs nicht, und jeder Aufenthalt war durch Arbeiten bezeichnet, deren er die verschiedenartigsten unter allen Umständen betrieb und förderte. So völlig harmlos und guter Dinge, kamen die Reisenden über Marburg, Gießen, Butzbach und Friedberg, wo sie sich die Muße nahmen die Salzwerke zu besehen, am 31. Mai gegen

Abend wohlbehalten in Frankfurt an, bezogen die im goldenen Löwen vorausbestellten Zimmer, und dachten am folgenden Tage die Reise nach Straßburg fortzusetzen.

Hier beginnt nun eine Reihe von Auftritten, in welchen ein unscheinbarer, auf stillen Verlauf abgesehener Handel zu dem lärmvollsten Ereigniß aufschwoll, und ein Gegenstand der allgemeinen Theilnahme wurde. Wir haben die ver= schiedenartigsten Berichte gegen einander abzuwägen, wobei die Wahrheit aus den unvollkommenen Zeugnissen doch oft unmittelbar der Anschauung sich aufdrängt.

Freytag schritt gleich am nächsten Morgen zur Vollziehung der Befehle des Königs. Da er auf seine letzten Anfragen noch keine Antwort von Potsdam hatte, so blieb ihm nur übrig, die von Schmid empfohlenen Anordnungen zu befolgen. Er benachrichtigte daher den Senator Rücker, nahm noch einen in Frankfurt auf Werbung liegenden preußischen Offizier zu Hülfe, und begab sich mit beiden am 1. Juni früh zu Voltaire, als dieser eben Anstalten zur Wiederabreise zu treffen vorhatte. Was nun erfolgte, darüber erstattete Freytag noch desselben Tages dem Könige nachstehenden Bericht:

„Allerdurchlauchtigster, großmächtigster König,
Allergnädigster König und Herr!

Nachdeme der Hofrath Schmid nach Emden abgereiset, so hat Er mir einen hiesigen Rathsherrn Namens Rücker, welcher in Ansehung des reformirten Kirchenwesens sich ziem= lich preußisch anstellet, auch derjenige gewesen, welcher mir dahier die Generalkollekte vor die verunglückten Breslauer ausgewirket, zum Beistand mit meiner Bewilligung, bis auf weitere Königliche allerhöchste Ordre, substituiret. Da aber unterdessen der von Voltaire gestern hier eingetroffen, so haben mich mit besagtem Senatore Rücker und mit dem hier auf Werbung liegenden Lieutenant von Brettwitz. Alle= mannischen Regiments, zu dem von Voltaire verfüget. Nach gemachten Politessen eröffnete Ihme Ew. Königlichen Majestät allergnädigste Willensmeinung. Er wurde sehr bestürzt, thate die Augen zu, und lehnte sich hinten an den Stuhl. Ich hatte Ihme nur von denen Papieren gesprochen, und da er

an den in Gotha von ihm begonnenen Annales de l'Empire
fortgearbeitet habe. Diese ausgezeichnete Fähigkeit und immer=
während Bereitschaft, sich in Fleiß und Forschung zu ver=
tiefen und in schaffender Thätigkeit zu erfrischen, ist unstreitig
als ein herrliches Zeugniß der Stärke und Freiheit des
Voltaire'schen Geistes auch hier gebührend anzuerkennen.

Ein paar Tage vergingen in diesem ruhigen Abwarten
ganz friedlich. Allein Voltaire, dessen Anwesenheit bekannt
geworden war, empfing nun viele Besuche, die ihn zum Theil
aufregten; das Gefühl nicht frei zu sein, erbitterte ihn mit
jedem Tage heftiger. Seine Reizbarkeit war auf's Höchste
gestiegen. Collini erzählt, er sei Nachmittags mit Voltaire
im Garten des Wirthshauses auf= und abgegangen, als der
Buchhändler van Duren sich habe melden lassen, der eben
eine große Frechheit gegen Voltaire verübt hatte; kaum habe
Voltaire den Buchhändler erblickt, so sei er blitzeschnell auf
ihn losgestürzt, habe ihm eine Ohrfeige gegeben, und sich
dann entfernt; worauf Collini dem Betroffenen keinen anderen
Trost zu geben wußte, als die Bemerkung, daß diese Ohr=
feige doch von einem großen Manne käme! Voltaire's Stim=
mung wurde auch bald durch mancherlei Winke und Warnungen
erhitzt, die ihn zum Trotz aufforderten, ihm sein Recht gegen
die Gewaltthat des preußischen Residenten vorstellten, ihn
sogar noch schlimmere Gewaltsamkeit fürchten ließen. Als der
Herzog von Meiningen zufällig in Frankfurt eintraf, wollte
Voltaire demselben aufwarten, und war höchst unwillig, als
Freytag dies nicht gestattete. Hierüber berichtet dieser, dem
inzwischen auch das Schreiben Fredersdorff's vom 29. Mai
zugegangen war, in Antwort auf dasselbe unter dem 5. Juni
folgendermaßen:

„Hochwohlgeborner Herr,
Hochgeehrtester Herr Geheimder Kämmerier.

Das mit der letzteren Post an Seine Königliche Majestät
alleruntertänigst erlassene wird unter Kouvert Ew. Hoch=
wohlgeboren richtig überkommen und vermuthlich eröffnet
worden sein. Es ware bei Ankunft des von Voltaire kein
ander moyen, als den von Hrn. Schmid vorgeschlagenen

Affistenten zu nehmen. Den Offizier, welcher kein Wort französisch spricht, habe sowohl zu meiner Sicherheit, als auch mir bei dem Voltaire Respekt zu machen, damit ich zu keiner publiken Arrestirung schreiten dorfte, mit darzu ge= nommen. Wie ich mir nun ganz wohl einbilden kann, daß Er noch Skripturen genug hinter sich habe; so weiß ich doch kein Mittel ausfindig zu machen, solche zu überkommen, er müßte denn in die Königlichen Lande zurückgeführet werden, welches aber ohne besonderes Requisitionsschreiben nicht ge= schehen kann. Er fängt schon an, sich gute Freunde zu machen, die ihme vielleicht Hoffnung bei dem Magistrat Affistenz zu erhalten. Er ware, da ich bei Ihme ware, ziemlich insolent; er verlangte in ein ander Quartier zu ziehen; er wollte dem Herzog von Meiningen aufwarten; ich mußte es ihme, doch mit aller Politesse, abschlagen; da fuhre Er heraus: „Comment, votre roi me veut arrêter ici, dans une ville impériale? pourquoi ne l'a-t-il pas fait dans ses états? Vous êtes un homme sans miséricorde, vous me donnez la mort, et vous tous serez sûrement dans la disgrace du roi." Nachdeme ich ihm ziemlich trucken geantwortet, so habe mich retiriret.

Er scheinet elend und schwach zu sein; ob Er sich aber verstellet, und ob Er vielleicht allezeit wie ein Skelett aus= siehet, kann ich nicht wissen.

Wo Er seine anderen Ballots, die Er in der Welt herum hat, noch hierher kommen lassen sollte, so wird mir eine ostensible Ordre oder auch eine Requisition an hiesigen Magistrat, Ihn in aller Form zu arrestiren, nöthig sein.

Das Kreuz und den Schlüssel werde mit dem Buch einsenden.

Ich halte diese Gelegenheit vor einen längst gewünschten glücklichen Moment, der mir die Ehre und Gnade verschafft, mit Ew. Hochwohlgeboren einmal in Korrespondenz zu kommen, und versichern zu können, daß ich mit besonderem Attachement und mit wahrer Hochachtung seie 2c."

Von diesem Tage an nahm Voltaire eine ganz andere Wendung, aller Gleichmuth verließ ihn, er sah das ihm Widerfahrene nicht mehr als ein verdrießliches Abentheuer an, in das man sich gutes Muthes fügen müsse, sondern als einen unerhörten Mißbrauch der Gewalt, als eine schmach=voller Beleidigung, die noch viele andere im Hintergrund habe; der Triumph seines Feindes Maupertuis, der Hohn seiner Landsleute, denen er bisher im Glanz und Schutze des ruhmvollen Königs getrotzt hatte, welcher ihn jetzt in den Staub zu treten schien, die wirklich grausame Verläugnung, welche dieser König gegen ihn ausübte, alles dies erbitterte ihn auf's Aeußerste, und er fühlte sich Muth und Geistes=macht genug, um für seine Freiheit und seine Rache jetzt alle Mittel aufzubieten. Unverzüglich wandte er den ganzen Eifer seines Zorns, die volle Gluth seiner Thätigkeit auf diesen Zweck. Aus der Schlinge, in die er gerathen war, sich herauszuziehen, war nun sein heftigstes Bestreben. Gelang ihm nur, aus Frankfurt wegzukommen, so hatte er gewonnen Spiel; eine günstige Viertelstunde war hiebei entscheidend, war diese erlangt und benutzt, so lachte er nachher die Anderen aus. Gleich zuerst hatte er versucht, das Ansehen des Königs selber gegen den Residenten aufzuwenden, Mißverstand und Uebereilung vorauszusetzen, mit dem Zorn und der strengen Ahndung des Königs zu drohen, wenn die Sache zu dessen Kenntniß gekommen sein würde, und allerdings mochte Frey=tag hiebei sich nicht allzuwohl fühlen und mancher ängstlichen Betrachtung Raum geben; indeß waren die empfangenen Befehle zu entschieden, als daß er sich hätte erlauben dürfen von ihnen abzuweichen, er mußte sie erfüllen, selbst auf die Gefahr, dafür nachher Tadel und Vorwürfe einzuärnten. Da Voltaire durch diesen Versuch, den König gegen Freytag zu gebrauchen, nichts ausrichtete, so mußte er nun den König selbst bekämpfen. Ihm den vermeintlich schon gewissen Sieg zu entreißen, den dienenden Werkzeugen eine Nase zu drehen, sich selbst im Vortheile nicht nur des Rechtes sondern auch des Erfolges darzustellen, das machte er sich zur dringend=sten Aufgabe. Allerdings hatte Voltaire hiezu große Hülfs=mittel, seine Bewunderer und Anhänger waren zahllos, er selbst hatte eine Art von Machtansehen, seine Verbindungen reichten überall zu den höchsten Personen; doch verrechnete er sich diesmal in der Bedeutung und Anwendbarkeit der

Kräfte, die einem Privatmann gegen politische Macht zustehen. Voltaire fühlte wohl, daß er seine Sache gleich in den höchsten Regionen anknüpfen müsse. Könnte er dem Könige von Preußen mit dem Kaiser Trotz bieten und entrinnen, so war ihm dies unstreitig die süßeste Rache, dem Könige der empfindlichste Streich. Geblendet von dieser Vorstellung ging er rasch an's Werk, und entwarf ein Schreiben an den Kaiser Franz den Ersten, welches wir nach dem Abdruck in Beuchot's trefflicher Ausgabe der Werke Voltaire's hier mittheilen:

„Sire,

C'est moins à l'empereur qu'au plus honnête homme de l'Europe que j'ose recourir dans une circonstance qui l'étonnera peut-être, et qui me fait espérer en secret sa protection.

Sa Sacrée Majesté me permettra d'abord de lui faire voir comment le roi de Prusse me fit quitter ma patrie, ma famille, mes emplois, dans un âge avancé. La copie ci-jointe (de la lettre du roi de Prusse, du 23 août 1750), que je prends la liberté de confier à la bonté compatissante de Sa Sacrée Majesté, l'en instruira.

Après la lecture de cette lettre du roi de Prusse on pourrait être étonné de ce qui vient de se passer secrètement dans Francfort.

J'arrive à peine dans cette ville, le 1er juin, que le sieur Freytag, résident de Brandebourg, vient dans ma chambre, escorté d'un officier prussien, et d'un avocat, qui est du sénat, nommé Rücker. Il me demande un livre imprimé, contenant les poésies du roi son maître, en vers français.

C'est un livre où j'avais quelques droits, et que le roi de Prusse m'avait donné, quand il fit les présents de ses ouvrages.

J'ai dit au résident de Brandebourg que je suis prêt de remettre au roi son maître les faveurs dont il m'a honoré, mais que ce volume est peut-être encore à Hambourg, dans une caisse de livres prête à être embarquée; que je vais aux bains de Plombières, presque mourant.

et que je le prie de me laisser la vie en me laissant
continuer ma route.

Il me répond qu'il va faire mettre une garde à ma
porte; il me force à signer un écrit par lequel je pro-
mêts de ne point sortir jusqu'à ce que les poésies du
roi son maître soient revenues; et il me donne un billet
de sa main conçu en ces termes:

„Aussitôt le grand ballot que vous dites d'être à
Leipsick ou à Hambourg sera arrivé, et que vous aurez
rendu l'oeuvre de poëshie à moi, que le roi redemande,
vous pourrez partir où bon vous semblera."

J'écris sur-le-champ à Hambourg pour faire revenir
l'oeuvre de poëshie pour le quel je me trouve prisonnier dans une ville impériale, sans aucune formalité,
sans le moindre ordre du magistrat, sans la moindre apparence de justice. Je n'importunerais pas Sa Sacrée
Majesté s'il ne s'agissait que de rester prisonnier jusqu'à
ce que l'oeuvre de poëshie, que M. Freytag redemande,
fût arrivé à Francfort, mais on me fait craindre que
M. Freytag n'ait des desseins plus violents, en croyant
faire sa cour à son maître, d'autant plus que toute cette
avanture reste encore dans le plus profond secret.

Je suis très loin de soupçonner un grand roi de se
porter, pour un pareil sujet, à des extrémités que son
rang et sa dignité désavoueraient, aussi bien que sa justice, contre un vieillard moribond qui lui avait tout
sacrifié, qui ne lui a jamais manqué qui n'est point son
sujet, qui n'est plus son chambellan, et qui est libre.
Je me croirais criminel de le respecter assez peu pour
craindre de lui une action odieuse. Mais il n'est que
trop vraisemblable que son résident se portera à des
violences funestes, dans l'ignorance où il est des sentiments nobles et généreux de son maître.

C'est dans ce cruel état qu'un malade mourant se jette
aux pieds de Votre Sacrée Majesté, pour la conjurer de
daigner ordonner, avec la bonté et le secret qu'une telle
situation me force d'implorer, qu'on ne fasse rien contre les

Elle peut ordonner à son ministre dans cette ville de me prendre sous sa protection; elle peut me faire recommander à quelque magistrat attaché à son auguste personne.

Sa Sacrée Majesté a mille moyens de protéger les lois de l'Empire et le Francfort; et je ne pense pas que nous vivions dans un temps si malheureux que M. Freytag puisse impunément se rendre maître de la personne et de la vie d'un étranger, dans la ville où Sa Sacrée Majesté a été couronnée.

Je voudrais, avant ma mort, pouvoir être assez heureux pour me mettre un moment à ses pieds. Son Altesse Royale madame la duchesse de Lorraine, sa mère, m'honorait de ses bontés. Peut-être d'ailleurs Sa Sacrée Majesté pousserait l'indulgence jusqu'à n'être pas mécontente, si j'avais l'honneur de me présenter devant elle, et de lui parler.

Je supplie Sa Majesté Impériale de me pardonner la liberté que je prends de lui écrire, et, surtout, de la fatiguer d'une si longue lettre; mais sa bonté et sa justice sont mon excuse.

Je la supplie aussi de faire grace à mon ignorance, si j'ai manqué à quelque devoir dans cette lettre, qui n'est qu'une requête secrète et soumise. Elle m'a déjà daigné donner une marque de ses bontés, et j'en espère une de sa justice. Je suis avec le plus profond respect etc. Voltaire, gentilhomme ordinaire de Sa Majesté très-chrétienne.

à Francfort, le 5 juin."

Um dieses Schreiben an seine Bestimmung gelangen zu lassen, wandte er sich an einen hohen Staatsmann, mit welchem er in günstigstem Verhältnisse zu stehen sich schmeicheln durfte, und der ihm vollkommen geeignet schien, sein Anliegen bei dem Kaiser zu vermitteln. Der Name ist ungenannt geblieben, allein es wird vermuthet, daß der Graf Friedrich von Stadion gemeint sei, Wirklicher Geheimer Rath des Kaisers und Großhofmeister u. s. w. Der Justiz an den Kaiser mit nach=

ſtehendem Begleitbriefe, den wir ebenfalls aus Beuchot entnehmen:

„A qui puis-je mieux m'adresser qu'à Votre Excellence? Elle m'a comblé de ses bontés, elle m'a procuré des marques de la bienveillance de Leurs Majestés Impériales, et je regarde aujourd'hui comme un de mes devoirs de n'implorer que sa protection. Je suis sûr du secret avec Votre Excellence; elle verra de quelle nature est l'affaire dont il s'agit par la lettre à cachet volant que je prends la liberté de mettre aux pieds de Sa Sacrée Majesté l'empereur. Elle verra que ce qui se passe à Francfort est d'un genre bien nouveau; elle sentira assez quel est mon danger de recourir à Sa Sacrée Majesté, dans des conjonctures où tout est à craindre, avant qu'un étranger, qui ne connait personne dans Francfort, puisse se soustraire à la violence.

J'espère que ma lettre et les ordres de Sa Majesté Impériale pourront arriver à temps. Mais si vous avez la bonté, Monsieur, de me protéger dans cette circonstance étonnante, je vous supplie que tout cela soit dans le plus grand secret. Celui que mon persécuteur, le sieur Freytag ministre du roi de Prusse, garde soigneusement, prouve assez son tort et ses mauvais desseins. Je ne puis me défendre qu'avec le secours d'un ordre aussi secret adressé à Francfort à quelque magistrat attaché à Sa Majesté Impériale; c'est ce que j'attends de l'équité et de la compassion de Votre Excellence.

Mon hôte, chez qui je suis en prison par un attentat inouï, m'a dit aujourd'hui que le ministre du roi de Prusse, le sieur Freytag, est en horreur a toute la ville, mais qu'on n'ose lui résister.

Votre Excellence est bien persuadée que je ne demande pas que Sa Majesté Impériale se compromette: je demande simplement qu'un magistrat à qui je serai recommandé, empêche qu'il ne se fasse rien contre les lois.

Je supplie Votre Excellence de vouloir bien m'adresser de daigner m'envoyer quelque homme affidé; sinon je la prie

Elle peut assurer l'empereur, ou Sa Sacrée Majesté l'impératrice, que, si je pouvais avoir l'honneur de leur parler, je leur dirai des choses qui les concernent; mais il serait fort difficile que j'allasse à Vienne incognito; et ce voyage ne pourrait se faire qu'en cas qu'il fût inconnu à tout le monde. J'appartiens au roi de France, je suis très incapable de dire jamais un seul mot qui puisse déplaire au roi mon maître, ni de faire aucune démarche qu'il pût désapprouver. Mais, ayant la permission de voyager, je puis aller partout sans avoir de reproches à me faire; et peut-être mon voyage ne serait pas absolument inutile. Je pourrais donner des marques de ma respectueuse reconnaissance à Leurs Majestés Impériales, sans blesser aucun de mes devoirs. Et si, dans quelque temps, quand ma santé sera raffermie, on voulait seulement m'indiquer une maison à Vienne où je pusse être inconnu quelques jours, je ne balancerais pas. J'attends vos ordres, Monsieur, et vos bontés.

Je suis avec la reconnaissance la plus respectueuse, etc. Voltaire, gentilhomme ordinaire de la chambre du roi très-chrétien.

à Francfort-sur-le-Mein, au Lion d'Or, le 5 juin."

Wir wollen uns bei den sichtlichen Täuschungen, der falschen Beurtheilung aller Verhältnisse, den thörichten Hoffnungen, welche diesen beiden Schreiben zum Grunde liegen, nicht weiter aufhalten; doch so klug war Voltaire auch in seiner Verblendung, nicht ein offenbares Auftreten des Kaiserlichen Ansehens für seine Sache zu erwarten, sondern nur die Vergünstigung zu erbitten, daß im Stillen die Wirksamkeit jenes Ansehens für ihn gebraucht, der Magistrat von Frankfurt durch andringliches Vorhalten des Kaiserlichen Namens eingeschüchtert und zu dem Beschlusse bewogen würde, dem preußischen Residenten fernere Machthülfe zu versagen, Voltaire's Abreise zu beschützen, oder auch als Flucht heimlich geschehen zu lassen. Daß sein Schreiben erst nach Wien gehen, dort Entschließungen hervorrufen und dann erst in Frankfurt zur Anwendung kommen sollten, war schwerlich seine Meinung; so große Frist, als hiezu erforderlich war,

wollte er seiner jetzigen Haft wohl nicht voraussetzen; die
Wirkung seines Anrufs an den Kaiser sollte in der Nähe
Statt finden, sollte den hohen Gönner, und allenfalls den
Kurfürsten von Mainz, veranlassen, in Frankfurt unter der
Hand aufmerksam zu machen, daß das Reichsoberhaupt die
bewiesene Gefälligkeit für Preußen mißbilligen dürfte. Beide
Schreiben machen übrigens der Besonnenheit und richtigen
Erwägung des Abfassers wenig Ehre, und sie konnten unmöglich einen guten Eindruck hervorbringen. Die bittende
Schmeichelei wird durch ihre Aufdringlichkeit widrig, und
verräth sogleich, daß sie nur dem augenblicklichen Zwecke
dienen soll. Das Hindeuten auf Mittheilungen, welche Voltaire dem Kaiserlichen Hofe zu machen im Stande wäre,
und welche nur als ein Verrath an dem Könige, der ihm
sein Vertrauen geschenkt hatte, gemeint sein können, ist die
größte Selbstvergessenheit, in welche sich Voltaire je hat sinken
lassen; der Kaiserliche Hof selber mußte dies Anerbieten ver-
ächtlich finden, und begehrte die Staatsgeheimnisse Preußens
wohl nicht durch Voltaire zu erfahren! Die Darlegung
der Vorgänge selbst hat einiges Ungenaue, das wir aber
dem verzweifelten Gefangenen, der sein eigener Sachwalter
sein muß, verzeihen können. Die beharrliche Wiederholung
der lächerlichen Schreibart poëshie, die er dem Residenten
Freytag ansmutzt, wäre wenigstens unschicklich, aber sie ist
wohl noch schlimmeres! Fast überall, wo Voltaire dieser
Vorgänge gedenkt, ist er beflissen, diese Lächerlichkeit mit an-
zubringen, die als unauslöschlicher Fleck dem armen Freytag
ewig zu Spott und Verachtung anhaften soll. Die Sache
ist höchst unbedeutend, besonders in Betracht jener Zeit, in
welcher die besten Schriftsteller selten fehlerfrei schrieben;
auch Voltaire selbst machte dergleichen Schnitzer, und seine
Nichte Mad. Denis läßt es daran nicht fehlen, sie waren
einem preußischen Beamten wenigstens nicht höher anzurechnen.
Was aber unseren Fall besonders merkwürdig macht, ist der
Umstand, daß aber, sondern von Voltaire ihm geradezu an-
gedichtet ist, Freytag schreibt in den zahlreichen Fällen, wo
er das Wort gebraucht, immer poesie oder poesies, und

nicht ein einzigesmal poëshie. Eben so wenig kommt die
Entstellung von monsieur in monsir, welche Voltaire gleicher=
weise dem Gegner beiher andichtet, in dessen Handschrift vor.
Ueberhaupt erscheint derselbe des Französischen kundig genug,
um als Geschäftsmann völlig damit auszureichen, und wenn
ihm auch in seinem schweren Kanzleideutsch behaglicher ist,
so verschmäht er doch sogar in diesem nicht eine Berufung
auf Molière, was mehr ist als man verlangen durfte!

Wie sehr Voltaire's Eifer und Blindheit mit jedem Tage
stiegen, sehen wir aus einem zweiten von Beuchot mitgetheilten
Schreiben an den hohen Staatsmann, dem er diesmal zu=
muthete, grade zu ein Falsum für ihn zu verüben oder ver=
üben zu lassen, ihm einen falschen Titel und mit diesem den
Schein einer Eigenschaft beizulegen, die er nicht besaß, und
nie besitzen konnte. Dieser Anschlag war so unwürdig, als
verzweifelt und thöricht, und wäre sogleich als eine schlechte
List erkannt worden. Die Rathgeber, denen er hierin folgte,
dienten ihm schlecht, und erhitzten ihn mit grundlosen Vor=
stellungen. Auf diese Weise konnte er nichts gewinnen, im
Gegentheil mußte er den Personen selbst, an die er sich
wandte nur gering und widrig erscheinen. Der Brief lautet
folgendermaßen:

„Monsieur,

Ce matin, le résident de Mayence m'est venu aver-
tir que la plus grande violence était à craindre, et qu'il
n'y a qu'un seul moyen de la prévenir; c'est de paraître appartenir à Sa Sacrée Majesté Impériale. Ce moyen
serait efficace, et ne compromettrait personne; il ne
s'agirait que d'avoir la bonté de m'écrire une lettre par
laquelle il fût dit que j'appartiens à Sa Majesté et que
le dessus de la lettre portât le titre qui serait ma sauve-
garde. Par exemple, à M. de . . . chambellan de
Sa Sacrée Majesté; et on me manderait dans le corps
de la lettre que je dois aller à Vienne sitôt que ma
santé le permettra.

Votre Excellence peut être persuadée que si on
avait la bonté de m'écrire une telle lettre, je n'en abu-

serais pas, et que je ne la montrerais qu'à la dernière
extrémité.

Je n'ose prendre la liberté de demander cette grace;
mais si la compassion de Votre Excellence, si celle de
Leurs Majestés Impériales daignait condescendre à cet
expédient, ce serait le seul moyen de prévenir un coup
bien cruel. Ce serait me mettre en état de marquer ma
sincère reconnaissance, et encore une fois, on ne serait
pas mécontent de m'entendre.

Mais, Monsieur, s'il y a le moindre inconvénient aux
partis que je propose avec la plus profonde soumission,
et avec toute la défiance que je dois avoir de mes idées,
s'il n'y a pas moyen de prévenir la violence, je suis
sûr au moins que Votre Excellence me gardera un secret
dont dépend ma vie; je suis sûr que Leurs Sacrées Majestés ne me perdront pas si elles ne sont pas dans le
cas de me protéger.

En un mot, Monsieur, j'ai une confiance entière dans
l'humanité et dans les vertus de Votre Excellence, et,
quelque chose qui arrive, je serai toute ma vie, avec le
plus profond respect, Monsieur, de Votre Excellence le
très humble et très-obéissant serviteur Voltaire.

à Francfort, au Lion d'Or, 7 juin 1753.“

Während Voltaire mit der erdichteten Eigenschaft eines
Kaiserlichen Kammerherrn etwas auszurichten hoffte, ließ er
auch seine wirkliche Eigenschaft als Kammerjunker des Königs
von Frankreich, wie wir gesehen, nicht ungenutzt. Allein er
fühlte wohl, daß er mit der Berufung auf seine Heimath=
verhältnisse sehr vorsichtig zu sein Ursache hatte. Der König
war ihm abgeneigt, die Hauptstadt ihm verboten, durch sein
Verhältniß in Preußen sein Anspruch auf das Vaterland
zweifelhaft geworden. Er konnte gegen Freytag und bei der
Stadt Frankfurt wohl darauf pochen, ein Franzose zu sein,
wußte aber sehr gut, daß die französische Regierung nicht
den geringsten Schritt für ihn thun würde. Indeß durfte
er hoffen, durch seine zahlreichen Freunde und Gönner in
Frankreich doch große Wirkungen hervorzubringen, und er
unterließ gewiß nichts, was den Eifer der Seinen befeuern,

die Meinung zu seinem Vortheil stimmen, die Gegner schrecken und hemmen konnte. Mad. Denis, welche von Paris zu seinem Empfange nach Straßburg gekommen war und ihn dort erwartete, war die Mittelsperson dieses Betriebes, und that ihrerseits alles Mögliche, denselben zu verstärken. Von den Briefen, welche Voltaire in dieser Zeit an seine näheren Freunde muß geschrieben haben, ist bei Beuchot nur einer an den Grafen d'Argental aufbewahrt, und er lautet wie folgt:

„Ma nièce me mande de Strasbourg que j'ai fait un beau quiproquo; pardonnez, mon cher ange. Vous avez dû être un peu étonné des nouvelles dont vous aurez deviné la moitié en lisant l'autre. Je ne doute pas que ma nièce ne vous ait mis au fait, et ne vous ait renvoyé la lettre qui était pour vous.

Vous verrez ci-joint un petit échantillon des calculs de Maupertuis. Est-ce là sa moindre action?

Il n'est pas moins surprenant que, pour se faire rendre un livre qu'on a donné, on arrête, à deux cents lieues, un homme mourant qui va aux eaux. Tout cela est singulier. Maupertuis est un plaisant philosophe.

Mon cher ange, il faut savoir souffrir; l'homme est né en partie pour cela. Je ne crois pas que toute cette belle avanture soit bien publique; il y a des gens qu'elle couvre de honte; elle n'en fera pas à ma mémoire.

Adieu, mon cher ange; adieu, tous les anges. La poste presse. Et le pauvre petit abbé, où diable fait-il pénitence de sa passion effrénée pour le bien public? Portez-vous bien.

à Francfort-sur-le-Mein, sous l'enveloppe de M. James de Lacour; ou, si vous voulez, à moi chétif, au Lion d'Or.“

Mad. Denis, als sie den unfreiwilligen Aufenthalt ihres Onkels in Frankfurt sich verlängern sah, wollte ihm wenigstens mit Trost und Pflege zur Seite stehen, und traf am 9. Juni in Frankfurt ein, wo sie in demselben Gasthof, wo Voltaire seine Gefangenschaft abwartete, ihre Wohnung nahm. Diese Nichte, welche ein böses Weib zu nennen uns Voltaire selbst das Recht giebt, war die Wittwe eines französischen

Offiziers, welche bei dem Mangel eignen Vermögens auf die
große Erbschaft ihres Onkels hoffte, und sich demselben aus
diesem Grunde anschloß, übrigens aber wenig Liebe zu ihm
hatte, im Gegentheil ihn durch Härte und Selbstsucht kränkte.
Der in solch' nahen Verhältnissen überaus liebenswürdige
Greis kannte die Nichte recht gut, wie ein rührender Klage=
brief uns klar genug beweist, aber mit Willen drückte er die
Augen zu, und suchte die Nichte nur immer zu begütigen,
auch sie vor der Welt stets im günstigsten Licht erscheinen
zu lassen. Den König von Preußen haßte sie, weil er seine
Bewunderung und Liebe für Voltaire nie auf die ihm wenig
zusagende Nichte hatte überströmen lassen; sie hatte nie auf=
gehört, so lange Voltaire in Preußen war, sein Mißtrauen
gegen den König zu erregen, seine Unzufriedenheit zu nähren.
Der Frankfurter Vorgang schien ihren Vorhersagungen volles
Recht zu geben, und ihre Empörung stimmte leidenschaftlich
in die des Onkels ein, dessen Thätigkeit sie nun aus allen
Kräften unterstützte. Nun hatte Voltaire den Vortheil, eine
Frauenhand schreiben zu lassen, die er leiten konnte, ohne
daß sie ihn verantwortlich machte, und gleich in den nächsten
Tagen liefen neue Bitten, Anforderungen und Beschwerden
nach allen Richtungen aus. Wir finden bei Beuchot den
Schluß eines Briefes vom 11. April, den Voltaire seiner
Nichte an den Grafen d'Argenson diktirt zu haben scheint:
„Voilà — heißt es darin — la cruelle situation où je
me trouve. Je n'ai pas la force de vous écrire de ma
main. Je vous conjure de lire la lettre du roi de Prusse,
ci-jointe. Quelque connaissance que vous ayez du coeur
humain, vous serez peut-être surpris. Mais vous le serez
peut-être encore davantage des choses que j'aurai à vous
dire à mon retour." Der hier erwähnte Brief des Königs
ist wieder derselbe, den auch der Kaiser lesen sollte, nämlich
der Einladungsbrief nach Sanssouci, aus dem sich Voltaire eine
Waffe machte, und den er in Abschriften möglichst verviel=
fältigte.

An dem genannten Tage schrieb Mad. Denis auch an
den preußischen Gesandten in Paris, Lord Marischal, der
schon früher, auf eigne Hand oder im Auftrag, mit Mad.

Denis über des Königs handschriftliche Papiere, welche der=
selbe nicht in jetzt unvertrauten Händen lassen wollte, ver=
handelt und deren Ablieferung empfohlen hatte. Nachstehender
Brief von ihm an Mad. Denis, aus Paris vom 1. Juni,
scheint erst in Frankfurt an sie gelangt zu sein. Lord
Marischal schrieb:

„J'espère, Madame, que vous aurez vu votre oncle
pour votre satisfaction et son profit. Votre bon sens
et douceur le calmeront et le remettront, je me flatte,
à la raison. N'oubliez pas surtout le contrat. J'ai ré-
pondu au roi mon maître de votre honnêteté, je ne m'en
repents pas, mais je suis embarrassé du retardement,
et si je ne l'ai pas bientôt, je ne saurais que dire. Il
y a aussi certains écrits ou poésies qu'il me faut, je
compte sur votre bon esprit, et permettez moi de vous
représenter encore que votre oncle, s'il se conduit sagement, non seulement évitera le blame de tout le monde,
mais qu'en homme sensé il le doit par intérêt, les rois
ont les bras longs.

Voyons les pays (et ceci sans vous offenser) où M.
de Voltaire ne s'est pas fait quelque affaire ou beaucoup
d'ennemis. Tout pays d'inquisition lui doit être suspect;
il y entrerait tôt ou tard. Les Musulmans doivent être
aussi peu contents de son Mahomet que l'ont été les
bons chrétiens. Il est trop vieux pour aller à la Chine
et devenir mandarin, en un mot s'il est sage il n'y a
que la France qui lui convienne. Il y a des amis, vous
l'aurez avec vous pour le reste de ses jours, ne permettez pas qu'il s'exclue de la douceur d'y revenir, et vous
sentez bien, s'il lâchait des discours ou des épigrammes
offensantes envers le roi mon maître, un mot qu'il m'or-
donnerait de dire à la cour de France suffirait pour
empêcher M. de Voltaire de revenir, et il s'en repen-
tirait quand il serait trop tard. Genus irritabile
vatum, votre oncle ne dément pas le proverbe; modé-
rez-le, ce n'est pas assez de lui faire entendre raison, for-
cez-le de la suivre. Horace, me semble, dit quelque
part que les vieillards sont babillards, sur son autorité

je vais vous faire un conte. Quand la discorde se mit
parmi des Espagnols conquérants du Pérou, il y avait
à Cusco une dame (je voudrais que ce fut plutôt un poète
pour mon histoire) qui se déchainait contre Pizarro. Un
certain Caravajal, partisan de Pizarro et ami de la dame,
vint lui conseiller de se modérer dans ses discours, elle
se déchaina encore plus; Caravajal, après avoir taché
inutilement de l'appaiser, lui dit: „Comadre, vio que
para hazer callar una muger es menester apre-
tar la garganta" (ma commère, je vois que pour faire
taire une femme il faut lui serrer le gosier) et il la fit
dans le même moment pendre au balcon. Le roi mon
maître n'a jamais fait de méchancetés, je défie ses ennemis d'en dire une seule; mais si quelque grand et fort
Preisser, offensé des discours de votre oncle lui donnait un coup de poing sur la tête, il l'écraserait. Je
me flatte que quand vous aurez pensé à ce que je vous
écris, vous serez convaincue que le meilleur ami de votre
oncle lui conseillerait comme je fais, et que c'est par
vraie amitié et sincère attachement pour vous que je vous
parle si franchement; je voudrais vous servir, je voudrais
adoucir le roi. Empêchez votre oncle de faire des folies,
il les fait aussi bien que des vers, et qu'il ne détruise
pas ce que je pourrais faire pour vous à qui je suis fidèlement dévoué. Bon soir; ne montrez pas ma lettre à
votre oncle, brûlez-la, mais dites lui en bien la substance
comme de vous même! —"

Mad. Denis antwortete hierauf:

„J'ai à peine la force de vous écrire, Milord; j'arrive
ici très-malade, et j'y trouve mon oncle mourant et en
prison dans une auberge abominable. Il est affligé de
la colère d'un prince qu'il a adoré et qu'il voudrait
aimer encore; mais son innocence lui donne un courage
dont je suis étonnée moi-même au milieu de tous les
maux qui l'environnent. Il est très-vrai qu'il n'a point
le contrat dont il est question, il est très-vrai qu'il a
crû me l'avoir envoyé et que peut-être il me l'a envoyé
en effet, il se peut faire qu'il se soit perdu dans une

lettre qui ne me sera point parvenue comme bien d'autres; peut-être aussi sera-t-il dans cette caisse qui est en chemin pour revenir, ou dans ses papiers à Paris. Pour obvier à tous ces inconvéniens, n'ayant pas la force d'écrire, il vient de dicter à un homme sûr, un écrit qui non seulement le justifie, mais annule à jamais ce contrat, et qui doit assurément désarmer Sa Majesté. Je crois, Milord, que vous serez content, d'autant que si jamais ce contrat se retrouve notre premier soin sera de le rendre, malgré l'écrit que nous vous envoyons.

Je suis si malade, et mon oncle me donne pour sa vie des inquiétudes si réelles, qu'il ne me reste que la force de vous demander pour lui et pour moi votre amitié. Ne doutez jamais des sentiments de reconnaissance et d'attachement avec lesquels j'ai l'honneur d'être, Monsieur, votre très-humble et très-obéissante servante

à Francfort, ce 11 juin.

Mignot Denis."

Die uns vorliegende Urschrift ist von Voltaire's Hand an ein paar Stellen nachgebessert, und daher ganz als in seinem Sinne verfaßt anzunehmen.

Das wichtigste Schreiben aber, welches Mad. Denis an demselben 11. Juni absandte, war an den König selbst gerichtet und ohne Zweifel von Voltaire eingegeben. Dies war der richtige und einzige Weg; hätte Voltaire seinen Stolz überwinden können, und gleich den ersten Tag an den König geschrieben, wie viele grausame Qualen hätte er sich erspart! Seine Handschrift würde den alten Zauber geübt, das Mißtrauen des Königs beruhigt, eine milde Freundlichkeit wieder hergestellt haben. Denn selbst jetzt, da er sich trotzig verhielt, wollte der König ihn keineswegs hart behandeln, noch weniger ihn einige Schmach empfinden lassen, wie die späteren Erlasse darthun. Die Ungeduld Voltaire's, welche freilich durch des Königs mittlerweile eingetretene Reise nach Preußen, durch die Langsamkeit der Posten und Nachrichten, auf eine harte Probe gestellt wurde, verdarb alles, und entfernte durch klägliche Verwirrung den schon nahen guten Ausgang.

Wir geben den Brief der Mad. Denis getreu nach ihrer eigenhändigen Schrift:

„Sire,

Je n'aurais jamais osé prendre la liberté d'écrire à Votre Majesté sans la situation cruelle où je suis. Mais à qui puis-je avoir recours si non à un monarque qui met la gloire à être juste et à ne point faire de malheureux.

J'arrive ici pour conduire mon oncle aux eaux de Plombières. Je le trouve mourant, et pour comble de maux il est arrêté par les ordres de Votre Majesté dans une auberge sans pouvoir respirer l'air. Daignez avoir compassion, Sire, de son âge, de son danger, de mes larmes, de celles de sa famille, et de ses amis. Nous nous jettons tous à vos pieds, pour vous en supplier.

Mon oncle a sans doute eu des torts bien grands puisque Votre Majesté, a laquelle il a toujours été attaché avec tant d'enthousiasme, le traite avec tant de dûreté. Mais, Sire, daignez-vous souvenir de quinze ans de bontés, dont vous l'avez honoré, et qui l'ont enfin arraché des bras de sa famille à qui il a toujours servi de père.

Votre Majesté lui redemande votre livre imprimé de poésie dont elle l'avait gratifié; Sire, il est assurément prêt de le rendre, il me l'a juré. Il ne l'emportait qu'avec votre permission, il le fait revenir avec ses papiers dans une caisse à l'adresse de votre ministre; il a demandé lui-même qu'on visite tout, qu'on prenne tout ce qui peut concerner Votre Majesté. Tant de bonne foi la désarmera sans doute. Vos lettres sont des bienfaits, notre famille rendra tout ce que nous trouverons à Paris.

Votre Majesté m'a fait redemander par son ministre le contrat d'engagement. Je lui jure que nous le rendrons dès qu'il sera retrouvé. Mon oncle croit qu'il est à Paris, peut-être est-il dans la caisse de Hambourg. Mais pour satisfaire Votre Majesté plus promptement mon oncle vient de dicter un écrit (car il n'est pas en état d'écrire) que nous avons signé tous deux; il vient d'être

envoyé a milord Marichal qui doit en rendre compte à
Votre Majesté. Sire, ayez pitié de mon état et de ma
douleur. Je n'ai de consolation que dans vos promesses
sacrées et dans ces paroles si dignes de vous: Je serais
au désespoir d'être cause du malheur de mon
ennemi, comment pourrais-je l'être du malheur
de mon ami. Ces mots, Sire, tracés de votre main,
qui a écrit tant de belles choses, font ma plus chère
espérance. Rendez à mon oncle une vie qu'il vous avait
dévouée, et dont vous rendez la fin si infortunée; et
soutenez la mienne; je la passerai comme lui à vous
bénir.

Je suis avec un très-profond respect, Sire, de Votre
Majesté la très-humble et tres-obéissante servante

De Francfort-sur-le-Mein, ce 11 juin.

Denis."

Inzwischen war der Hofrath Schmid von Emden zurück=
gekehrt und als Freytag's Beistand wieder in Thätigkeit
getreten. Mehrere Tage vergingen in gespanntem Abwarten,
das für Freytag und Schmid kaum weniger als für Voltaire
und Mad. Denis peinlich war. Beide Theile beobachteten
ein höfliches Benehmen, und Voltaire, den einige Verstellung
wenig kostete, verschwendete sogar schmeichlerische Artigkeiten.
Als er vom Postwagen ein Paket empfangen hatte, und
Schmid bescheiden anfragte, ob darin vielleicht etwas enthalten
sei, was auf ihr Geschäft Bezug habe, schrieb er zur Ant=
wort auf einen bei den Akten vorfindlichen Zettel mit eigner
Hand: „Ce ballot est un paquet de mes oeuvres, que
je voulais faire corriger et relier pour en faire un présent à M. Schmid et M. de Freytag." (Voltaire schrieb an=
statt Schmid immer Smith, welches ihm vom Englischen her
geläufig war.) Mit dieser Angabe narrte er gewiß beide
nur, und dachte ihnen eher ganz andere Geschenke zu; daß
es aber klein ist und sich selbst wegwerfen heißt, solche Heu=
chelei zu treiben, fühlte er nicht. Endlich traf am 18. Juni
frühmorgens bei Freytag die von Leipzig herverschriebene
Kiste richtig ein; sie war zur Fracht ungewöhnlich schnell

befördert worden, und kam im gegebenen Augenblicke sogar
ungelegen, denn die Antwort auf den letzten Bericht Freytag's
war aus Potsdam noch nicht eingetroffen. Da Voltaire die
Ankunft sogleich erfuhr, und die Eröffnung mit Ungestüm
begehren ließ, um das Buch herauszunehmen und abzuliefern,
dann aber in Freiheit seiner Straße zu ziehen, so mußte
Freytag nur durch allerlei Ausflüchte ihn bis gegen 11 Uhr
hinzuhalten, als um welche Zeit die erwartete Briefpost an=
kam, und richtig ein Schreiben von Fredersdorff mitbrachte.
Aber wie groß war Freytag's Schreck, als er anstatt der
gehofften Entscheidung nur neues Hinhalten darin fand!
Fredersdorff schrieb nämlich:

„Ew. Hochwohlgeboren geehrtestes vom 5. dieses ist gleich
dem vorhergehenden an Seine Königliche Majestät richtig ein=
gelanget und sofort besorget worden. Da aber Allerhöchst=
dieselben noch nicht de retour, wohl aber in einigen Tagen
hier erwartet werden: so werden Ew. Hochwohlgeboren die
anderweitigen Ordres Seiner Majestät erst mit künftiger
Post zu erwarten haben. Indessen haben Sie sich an alles
das, was die Ungeduld des Herrn Voltaire Ihnen sagen
kann, nichts zu kehren, sondern den erhaltenen höchsten Ordres
gemäß, so zu kontinuiren wie Sie angefangen haben.

Uebrigens bin Ew. Hochwohlgeboren für die geneigte
Gesinnung, die Sie mir mit so vieler Politesse zu bezeugen
belieben, ergebenst verbunden, unter der Versicherung, daß
mir jederzeit ein wahres Vergnügen machen werde, bei allen
Vorfallenheiten zu zeigen, wie ich in der That sei Ew.
Hochwohlgeboren ganz ergebenster Diener Fredersdorff.

Berlin, den 11. Juni 1753."

Die nächste Post, auf welche Freytag vertröstet wurde,
kam erst nach dreien Tagen an, und ihm schien nicht möglich,
die Ungeduld Voltaire's bis dahin zu beschwichtigen; auch
war dieser mit seinem Begehren im vollen Rechte, und es
fehlte jeder Vorwand, ihm dasselbe zu versagen. Schmid
fühlte dies lebhaft, und da er den Muth hatte zu handeln,
so war er dafür, die Kiste zu öffnen; Freytag hingegen, dem
die Angst, allerhöchsten Ortes getadelt zu werden, den Muth
gab lieber nichts zu thun, widersetzte sich diesem Ansinnen,

und versuchte durch ein freundliches Billet Voltaire'n zu be=
sänftigen. Er schrieb:

„Monsieur.

Par un ordre précis que je viens de recevoir à ce
moment, j'ai l'honneur de vous dire, Monsieur, que
l'intention du roi est, que tout reste dans l'état où est
l'affaire aprésent; sans fouiller et sans depaqueter le
ballot en question, sans renvoyer la croix et la clef. et
sans innover la moindre chose, jusqu'à la première poste
qui arrivera jeudi qui vient. J'espère que les ordres de
cette nature sont les suites de mon rapport du 5 de ce
mois, dans lequel je ne pouvais pas assez louer et admirer votre résignation dans la volonté du roi, votre
obéissance de rester dans la maison où vous êtes, malgré
votre infirmité, — et vos contestations sincères de votre
fidélité envers Sa Majesté. Si je mérite avec tout cela,
Monsieur, votre amitié et votre bienveillance, je serai
charmé de me pouvoir nommer votre très-humble etc."

Diese Angaben waren freilich aus der Luft gegriffen,
und die falsche Vorspiegelung, daß auch die Zurücksendung
des Ordens und Schlüssels noch anstehen sollte, konnte nur
den arglistigen Zweck haben, die Eitelkeit Voltaire's trüge=
risch aufzuregen.

Doch mehr als die Eitelkeit, wurde das Mißtrauen
Voltaire's durch dieses Billet und das ganze Verfahren auf=
geregt. Warum waren die Befehle des Königs nur ange=
kündigt, weshalb nicht sogleich ausgefertigt? Wozu bedurfte
es der Zwischenzeit? Was sollte während der neuen Frist
zu Stande kommen? Diese Fragen konnte Voltaire sehr
natürlich aufwerfen, und die Unmöglichkeit, sie genügend zu
beantworten, mußte ihn beunruhigen, und neue Verwickelungen
fürchten lassen. Seine Reizbarkeit brach in heftigen Unwillen
aus, er verweigerte entschieden, sich noch ferner als gebun=
den anzusehen, wobei er auch seinerseits mit dreister Unred=
lichkeit sich auf die beiden Zettel berief, welche Freytag ihm
auf sein inständiges Bitten, doch gewiß nicht in solchem
Sinne, gegeben hatte. Zwar willigte er, als er sich bedroht

glaubte, nochmals ein, die nächste Post ruhig in seiner Woh=
nung abzuwarten, allein er machte neue Versuche auszugehen,
und fertigte einen Boten Freytag's mit ungestümer Heftig=
keit ab, so daß letzterer sich veranlaßt sah, Voltaire'n an seine
Verpflichtung ernstlich zu erinnern, und auch an Mad. Denis
warnende Worte zu richten. Als Entgegnung hierauf liegen
uns ein paar eigenhändige Blätter vor, in denen sowohl
Voltaire als Mad. Denis sich in aller Artigkeit äußern, und
den guten Willen Freytag's ansprechen. Voltaire schrieb
an ihn:

„Monsieur, j'ai demeuré constamment dans ma chambre
jusqu'au jour où vous avez eu la malle entre vos mains.
Je suis sorti ce matin suivant votre permission, j'ai été
chez Mr. Smith comptant que nous irions ensemble chez
vous, et ne sachant pas que c'était grand jour de poste.
Je me suis trouvé mal chez M. Smith, je viendrai recevoir vos ordres, à l'heure que vous voudrez, ou je les
attendrai chez moi, comptant entièrement sur les bontés
dont vous m'avez donné des assurances et étant parfaite-
ment, Monsieur, votre très-humble et très-obéiss. serviteur Voltaire."

Von Mad. Denis findet sich ein ausführlicher Brief
vom 18. Juni, offenbar zur Mittheilung an den König
geschrieben, und wahrscheinlich an den Abbé de Prades ge=
richtet, den sie in des Königs Nähe und für Voltaire nicht
ungünstig gestimmt wußte. Sie legt darin ihres Onkels
Sache so ausführlich als beweglich dar:

„Vous savez sans doute, Monsieur, qu'au seul nom du
roi votre maitre, mon oncle a montré toute la résignation, toute la soumission possible, vous savez qu'il a
fait plus que l'on exigeait de lui, et qu'il a fait adresser à M. Freytag, résident de Prusse, une grand caisse
contenant des hardes, des papiers et des livres, vou-
lant que M. Freytag l'ouvrit lui-même quand elle arri-
verait. Il a montré avec la même bonne foi à M. Freytag
tout ce qui était dans les malles et les cassettes qu'il
transportait avec son équipage et dans un grand porte-
feuille qui ferme. Il s'est soumis à rester en prison

jusqu'au moment où le livre des poésies de Sa Majesté fut revenu. Le livre est arrivé, Monsieur, il est dans la caisse que M. Freytag a entre les mains, on ne veut pas l'ouvrir, et on l'empêche de partir. Mon oncle est prisonnier dans sa chambre avec les jambes et les mains enflées, et il a encore donné pour sûreté de ce livre de poésie qui est arrivé deux liasses de ses propres papiers cachetées que M. Freytag a reçues en dépot, et M. Freytag lui a fait deux billets conçus en ces termes:

„Mr, aussitôt le grand ballot que vous dites d'être à Hambourg ou Leipsik sera arrivé et l'oeuvre de poésies rendu à moi que le roi redemande, vous pourrez partir où bon vous semblera.   Freytag.“

„J'ai reçu de M. de Voltaire deux paquets d'écritures cachetés de ses armes et que je lui rendrai après avoir reçu la grande caisse où se trouve l'oeuvre de poésies que le roi demande.   Freytag.“

M. de Voltaire a satisfait à tous ses engagements, et cependant on le retient encore prisonnier. On ne lui rend ni sa caisse ni ces deux paquets ni sa liberté, que M. de Freytag lui avait promise au nom du roi en présence de M. Rücker, avocat. Je ne sais, Monsieur, si Sa Majesté redemande à présent le contrat annullé dont milord Marichal m'a parlé à Paris, il est encore malheureusement égaré, s'il ne se trouve pas dans la caisse qui est entre les mains de M. Freytag. Nous le cherchons, mon oncle et moi, sans cesse depuis deux mois. Je donnerais quatre pintes de mon sang pour qu'il fut retrouvé. Mais que le roi daigne se ressouvenir que ce contrat était sur un petit chiffon de papier fort facile à perdre; que mon oncle a beaucoup de papiers, qu'il brûle souvent des brouillons; qu'il daigne penser que cet écrit ne contenait rien qu'un remerciment de la part de mon oncle de la pension que Sa Majesté lui donnait lorsqu'il était auprès d'elle, et que l'acte de renonciation que nous lui envoyons prouve par sa force notre entière soumission. Mon oncle l'a adressé à milord Marichal, mais comme nous craignons qu'il n'ait pu encore arriver jusqu'au roi, j'ai l'honneur de vous en envoyer un pareil que nous avons signé et que nous vous prions de remettre à Sa Majesté prussienne; malgré cet acte nous ferons l'impossible pour le retrouver s'il existe encore, et nous le rendrons dans la minute qu'il sera retrouvé.

Je vous rends un compte fidèle de tout pour vous marquer à quel point je compte sur la justice et sur la bonté de vous; j'attends de vous quelque consolation dans mon état déplorable, car pour mon oncle il n'est plus en état d'en recevoir, et vous apprendrez bientôt peut-être sa fin déplorable. Il a sans doute des torts, mais jamais il n'a cessé d'adorer le roi, et jamais il n'en a parlé que pour publier ses talents et sa gloire. Je ne m'attendais pas, il y a trois ans, que ce serait le roi de Prusse qui lui causerait la mort. Pardonnez à ma douleur!

J'ai l'honneur d'être très-parfaitement, Monsieur, votre très-humble et très-obéissante servante

De Francfort-sur-le-Mein, ce 18 juin.

Denis.“

Die Vermuthung lag ihr nahe, daß der König noch ins=
besondere die Rückgabe des Blattes verlangte, von dem Lord
Marischal ihr gesprochen hatte, und das noch nicht herbei=
geschafft war, dessen Abschriften aber Voltaire eifrigst mit=
theilte, um den Gegensatz der früheren Gunst und jetzigen
Behandlung recht schneidend fühlbar zu machen. Der König
indeß, wie wir schon wissen, hatte hauptsächlich das gedruckte
Buch im Sinne, dessen Mißbrauch ihm wirklich schaden
konnte, und das er daher aus solcher Hand, die ihm keine
Bürgschaft mehr gab, zurückziehen mußte. Wir bemerken,
daß dieser, ohne Zweifel von Voltaire eingegebene und durch=
gesehene Brief keine Beschwerde gegen Freytag enthält, und
daß hier, bei Anführung der Freytag'schen Zettel, weder
poëshie noch monsir geschrieben steht, wie Voltaire dies in

spöttischem Truge dem Schreiber beimessen wollte, und den Lesern leicht glaublich machte.

Dem Ausgange dieser Verdrießlichkeiten schon ganz nah, aber von ängstlicher Unruhe getrieben, und durch die reizende Vorstellung ergriffen, seinen Verfolgern kurz vor dem Ziele doch noch einen Streich zu spielen und die Lacher auf seiner Seite zu haben, beschloß Voltaire, nach gehöriger Berathung mit Mad. Denis und Collini, aus Frankfurt heimlich zu entweichen; durch die Ankunft der Kiste wollte er sich des gegebenen Wortes entbunden halten, ohne zu bedenken, daß er dasselbe seitdem erneuert hatte. Collini berichtet hierüber: „Voici quel était son plan: il devait laisser la caisse entre les mains de Freytag. Madame Denis serait restée avec nos malles, pour attendre l'issue de cette odieuse et singulière aventure: Voltaire et moi devions partir, emportant seulement quelques valises, les manuscrits et l'argent renfermé dans la cassette. J'arrêtai en conséquence une voiture de louage, et préparai tout pour notre départ, qui ressemblait assez à la fuite de deux coupables. A l'heure convenue, nous trouvâmes le moyen de sortir de l'auberge sans être remarqués. Nous arrivâmes heureusement jusqu'au carrosse de louage; un domestique nous suivait, chargé de deux portefeuilles et de la cassette; nous partîmes avec l'espoir d'être enfin délivrés de Freytag et de ses agens." Donnerstag der 21. Juni war der Tag, der durch Ankunft der preußischen Post das Loos Voltaire's entscheiden, und ihm die Freiheit bringen sollte, Mittwoch den 20. wurde die Flucht unternommen.

Doch wir wollen diese Ereignisse zuvörderst im Zusammenhange vorführen, wie Freytag solche durch seinen Bericht an Fredersdorff vom 23. Juni umständlich mittheilt. Derselbe hebt also an:

„Hochwohlgeborner Herr,
Hochgeehrtester Herr Geheimder Kämmerier.

Ew. Hochwohlgeboren venerirliche vom 11. und 16. d. sind richtig eingegangen; in dem ersteren war die Gesinnung

wie angefangen also fortzufahren, in dem letzteren aber, daß
ich den von Voltaire unter gewissen Bedingungen eines Reverses in Höflichkeit erlassen sollte; welches wir auch gar zu
gerne exequiret hätten, um von dieser übergroßen Last, welche
uns dieser Mann machet, los zu sein.   Allein da er aus
nichtswürdigen erfundenen und falsch erdachten Ursachen,
seiner gegebenen Parole zuwider, sich mit seinen besten
Sachen den Tag vor Ankunft Ew. Hochwohlgeboren letzterem,
vor welchem Schreiben er sich gefürchtet, auf flüchtigen Fuß
gesetzet, so hat die Sache dadurch eine ganz andere face
bekommen.

Es war gegen 3 Uhr Nachmittag Mittwoch den 20.
dieses, da mir der im Löwen, als dem Quartier des von
Voltaire, von mir bestellte Spion in vollem Athem die Nach=
richt überbrachte, der Voltaire seie eschappiret.   Zu allem
Unglück war weder mein Sekretair noch ein Bedienter im
Hause; ich bediente mich in dieser Noth der ganzen Nachbar=
schaft, schickte per posto nach denen drei Hauptstraßen Hanau,
Friedberg und Mainz Boten aus, warfe mich eilends in die
Kleidung, und liefe wie ein Laufer an den Löwen, allwo
ich erfuhre, daß der von Voltaire in einem schwarzen sammte=
nen Kleid nach dem Gasthofe zur Reichskrone gegangen,
und allda eine Retourchaise aus Mainz arretiret, sich auch
wirklich embarkiret hätte.   Der kurtrierische Kanzler zu
Worms Baron Münch war so freundschaftlich mir seinen
vor dem Löwen stehenden Staatswagen mit sechs Fenstern
zu meinem Behuf in hoc flagranti vorzulehnen.   Ich schickte
einen Laufer zum voraus nach dem Thor wo man auf Mainz
fähret, den von Voltaire bis zu meiner Ankunft anzuhalten;
fuhre aber erst zu meinem Assistenten Hrn. Hofrath Schmid,
den ich zu noch größerem Unglück auch nicht zu Hause an=
trafe, sondern er war eine halbe Stunde von der Stadt in
seinem maison de campagne; einer seiner Handlungsbedien=
ten galoppirte in 10 Minuten hinaus, worauf er sich gleich
in aller Geschwindigkeit zu dem regierenden Bürgermeister
begabe, und von dessen Verrichtungen ich unten weitläufiger
sein werde.

Ich der Kriegsrath trafe den Voltaire mit seinem ita=

liänischen Sekretaire in einer Dreihellerchaise just unter dem
Schlagbaume an, — er hatte unterwegs in der Stadt eine
Schreibtafel verloren, da hat er sich etwa 4 Minuten auf=
gehalten solche zu suchen, sonsten hätte ihn im Frankfurter
Territorio nicht mehr angetroffen; der Unteroffizier hatte so
viel Respekt vor einem Königlichen Minister, ihn den von
Voltaire gleich zu arretiren, und hier habe ich erst gesehen,
was dieses vor zwei Leute seind; die ärgste Banditen hätten
nicht solche mouvements machen können, um allda los zu
kommen. Er sagte mir unter anderen ins Gesicht, ich hätte
ihm 1000 Thaler abfordern lassen mit dem Versprechen ihn
los zu lassen; er läugnete mir alles was er versprochen hatte;
ja er sagte gar, daß er mehrmals in meinem Haus gewesen
wäre; und der junge Sekretaire, der sonst viel esprit zu
haben scheinet, bekräftigte alles dieses mit solcher Effron=
terie, die mir in der Welt noch nicht vorgekommen ist. Unter=
dessen mußte ich ihn dem Schicksal bei einem Unteroffizier
mit 6 Mann überlassen, und ich eilte auf die Hauptwache
und von da zu dem Bürgermeister.

Ehe ich weiter fortfahre, so muß Ew. Hochwohlgeboren
ich noch von einem Vorgang informiren, worauf alle Vol=
tairische Grimacen gegründet waren. Als ich den 1. Juni
mit ihme die erste Operation vornahme, allwo er sub jura=
mento versprache, bis zur Anlangung Königlicher aller=
gnädigster Ordre, — gestalten der gefundenen Königlichen
Papiere so wenig waren, hingegen in dem Königlichen aller=
gnädigsten Handschreiben von vielen Handschreiben und
Skripturen Erwähnung gethan worden — und aller
Ballots, in Hausarrest zu verbleiben; so ware ich von 9
Morgens bis 5 Abends ohne einen Bissen zu mir zu nehmen
solchergestalt fatigiret, daß ich zuletzt halb krank und trostlos
großes Mitleid mit ihme hatte, alle seine contorsiones und
Tartüfferien vor wahr, und ihn in der That vor einen
honnête homme hielte; ich achtete dahero nicht viel auf
seinen Revers, und glaubte seinen Worten, zumalen ich zwei
Zeugen bei mir hatte. Da nun die Untersuchung zu Ende
war, und ich ihn getröstet und verlassen wollte, so bate er
sich noch eine Gnade aus, nämlich ich möchte ihm in Form

eines Billets pro forma zuschreiben, daß wenn das Ballot
mit dem Buch anlangte, er hinreisen könnte wo er wollte,
um solches seiner Niece (seiner einstigen Erbin) nacher Straß=
burg zu ihrer Konsolation zu senden, welche sonsten, wo sie
von diesem Vorgang Nachricht erhalten sollte, gewiß Todes
verfahren oder in eine schwere Krankheit verfallen würde; ich
wäre so barmherzig, und gäbe ihme beigehendes Original=
billet sub a, welches er mir bei der letzten Arretirung, unter
tausend Lügen und Vorwänden daß es verloren seie, bon
gré mal gré restituiren mußte. Dieses thate ich um ihn bei
Gutem zu erhalten und zu keiner publiken Arretirung zu
schreiten, glaubte auch nicht daß dieser Ballot von Hamburg
eher als die Königliche aller höchste Resolution ankommen
würde. Dieser Ballot kame wider Vermuthen Montags den
18. schon bei mir an, welches er Voltaire in dem Moment
erfuhre, und in einer Stunde zu unterschiedenen malen solches
zu eröffnen seinen Sekretaire fast mit importunité zu mir
schickte; ich verwiese ihn zur Geduld, gestalten den Montag
die Berliner Brief ankommen. Gegen 11 Uhr erhielte Ew.
Hochwohlgeboren hochhaltendes vom 11. dieses, worauf ich
ihme angeschlossenes Billet sub B, ihn zu adouciren und bis
den Donnerstag zu warten, zuschickte. Er wäre damit nicht
zufrieden, sondern ginge den nämlichen Tag noch aus, den
Dienstag Vormittag thate er dergleichen, und mein Spion
rapportirte mir, daß er seine große Chatulle in des Herzogs
von Meiningen Quartier bringen lassen. Ich ignorirte diese
Demarchen, und ließe ihn wissen daß ich andere mesures
ergreifen würde; da brache er endlich heraus, und beriefe
sich ehrvergessenerweise auf das ihme pro forma gegebene
oben allegirte Billet, und verfügte sich zu Hrn. Hofrath
Schmid, deme er die nämliche Deklaration thate. Da er
aber doch den Ballot, so ich im Hause hatte, gerne eröffnet
und, bis auf das Buch, ausgeliefert haben wollte, auch noch
nicht gewiß wußte, ob das Buch in dem Ballot wäre, so
kame er in Gesellschaft besagten Hrn. Hofraths, der ihme
zuvor theuer angeloben mußte daß ich ihn nicht arretiren
würde, und des Sekretairs zu mir in mein Haus, exkusirte
sich daß er wäre ausgegangen, und wollte daß ich den Bal=

lot eröffnen sollte; ich sollte ihm nur seine oeuvres heraus=
geben; dabei machte er wieder den malade, noch stärker als
der Moliere, und schnitte solche Grimacen, daß Hr. Hofrath
Schmid selbsten der Meinung ware, ich sollte das Ballot
eröffnen. Ich hingegen wollte ihn in meinem Haus in Arrest
behalten, bis die Königliche Ordre den Donnerstag einlaufen
würde. Er hatte bis dahin meinen Sekretaire noch nicht zu
Gesichte bekommen, und als er diesen in der Antichambre
mit einem grünen Kleid erblickte, so merkte ich an dem Vol=
taire, daß er ihn vor einen archer ansähe; er zoge ganz
andere Seiten auf, bekennete nebst seinem Sekretaire daß das
Billet pro forma gegeben worden, man sollte doch alles
seiner Schwachheit zuschreiben, er wüßte nicht was er thäte;
versprache sous serment mit einem Handschlag, daß er in
seinem Conventional=Hausarrest bis den Donnerstag verblei=
ben wollte, worauf man ihn wieder in sein Quartier fahren
ließe. Diesen abermaligen theuern Eid hat er, wie Eingangs
gemeldet, Mittwochs gebrochen, und unterm Prätext des
pro forma gegebenen Billets sich auf flüchtigen Fuß gesetzet.

Nun wende mich wieder zu dem Bürgermeister. Dieser
machte mir anfangs viele Diffikultäten, theils weil er
keine Königliche Requisition hatte, theils weil der Voltaire
in Königlich französischen Diensten stünde; doch meine présence und das sub C angebogene Requisitionsschreiben, wel=
ches aber erst des andern Morgens expediret und von uns
beiden unterschrieben worden, machte, daß aller von ihm
Voltaire gemachten Kabale ohngeachtet, die Arrestirung von
dem Bürgermeister beliebet, auch die Auslieferung gegen die
gewöhnlichen reversales versprochen worden; und diese des
Bürgermeisters Provisional=Verordnung wurde Donnerstag
früh durch einen Rathsschluß in pleno konfirmiret, und durch
einen Stadtsekretaire, mit der Versicherung der unveränder=
lichen alleruntertänigsten Devotion vor Seine Königliche
Majestät, mir intimiret.

Wenn Ew. Hochwohlgeboren alle menées, die doch in
der That remarkable sind, so der Voltaire bei der Arresti=
rung gespielt, melden sollte, so müßte noch etliche Bogen
haben. Das muß ich doch noch melden; nachdem ich mit

der bürgermeisterlichen Ordre am Thor bei dem angehaltenen
Voltaire ankame, so vernahme von dem Unteroffizier, daß
er eine Parthie Skripturen zerrissen hatte. Ich offerirte
ihm, ihn in mein Haus zu nehmen, und den Privatarrest
bis morgen zu kontinuiren; er setzte sich auch in meinen
sechsgläserigen Staatswagen, mit dem ich immer hin und
hergerennet, und überlieferte mir alle seinen Reichthum wie
er sagte, es war in der That eine kleine Chatulle dabei,
welche mein Kerl kaum heben konnte; doch wie wir abfahren
wollten, so deklarirte er, er wollte lieber in offnem Arrest
als in mein Haus sein; ich ließe also etliche Mann mit dem
Wagen gehen, und fuhre als ein Mitarrestant quasi in einem
offenen Wagen durch die Stadt, da denn der Zulauf ungemein
groß wurde. Dessen voriger Wirth im Löwen wollte ihn
wegen seiner unglaublichen Kargheit nicht wieder in's Haus
haben, ich setzte ihn also bei Hrn. Hofrath Schmid ab,
weilen ich ohne dessen guten Rath und Vorwissen wegen der
Art und Weise des weitern Arrests nichts vornehmen wollte.
Besagter Hr. Hofrath aber hatte sich bei seiner Ankunft in
der Stadt sogleich bei den Bürgermeister verfüget, um ihn
nicht allein in gutem Willen zu erhalten, sondern ihn auch
ratione der Königlichen Requisition seiner Kaution zu versichern; er trafe allda die Voltairische sogenannte Niece an,
die ich aber vor ein ander Personage halte, denn gestern
kame ein Brief an sie mit der Addresse Mad. de Voltaire;
weil dann dieses freche Weibsmensch in der Stadt herum
liefe die Rathsherren irre zu machen, so ließe der Bürgermeister ihr nebst dem Sekretaire auch Arrest geben, und da
der Voltaire in der Schmidischen Behausung zum andernmal
eschappiren wollte, so ließe man ihn in das Gasthaus zum
Bockhorn bringen, und gabe jedem Arrestanten eine Schild-
wache zu, die wir aber auf Anlangung Ew. Hochwohlgeboren
letzterem bis auf zwei Mann zurückgezogen haben.

Beigepacktes sub D hat der Voltaire den zweiten Tag
in seinem Hausarrest abdrucken lassen, und er hat schon wieder
was unter der Presse. Er wird uns gewiß keinen Heller
Ehre übrig lassen, und über Ew. Hochwohlgeboren ist er
auch sehr ungnädig wegen des Rekommandationsschreiben.

Unterdessen ist uns eine formelle Königliche Requisition, die wir in unserem Promemoria sub C versprochen, und wo er etwa zurückgebracht werden sollte, reversales höchst nöthig, eine Königliche ostensible Ordre ihn gnädig zu erlassen, mit allergnädigster Approbation unseren in dieser Sache bis dahin gethanes Betragens.

Sollten Ew. Hochwohlgeboren diese Affaire nicht gerne unter die Lateiner kommen lassen wollen, so senden wir nur eine carta bianca mit Königlich allerhöchster Unterschrift, eben mit der Anschrift „Requisition an den Magistrat zu Frankfurt, den von Voltaire betreffend", so wollen wir sie schon nach Ordre ausfüllen.

Hätte dieser Mann den einen Tag abgewartet, so hätten wir ihn erlassen können; jetzo aber müssen wir die Requisition und weitere allergnädigste Königliche Verfügungen aller= devotest erwarten.

Schlüssel, Kreuz und Buch senden wir mit dem Postwagen. Die wir in wahrer Hochachtung allstets beharren 2c."

Das von Freytag und Schmid an den Bürgermeister von Fichard gerichtete Ansuchen lautet in Freytag's Hand= schrift also:

„Promemoria."

„Nachdeme beide unterzeichnete Königliche Räthe von dem König Ihrem Herrn, in einem allergnädigsten Hand= schreiben d. d. Potsdam den 11. April, und in einem ferner= weitigen allerhöchsten Schreiben d. d. Potsdam den 22. ejus= dem, welche bei allerhöchste Ordres man des ältern Herrn Bürgermeisters Hochwohlgeboren originaliter vorgezeiget, ge= messenst befehliget worden: dem von Voltaire den hohen Orden pour le mérite und den Kammerherrnschlüssel, nebst allen Königlichen Handschreiben und Skripturen, vornehmlich auch ein gewisses Buch oeuvres des poésies genannt, in der Güte abzunehmen; und wenn diese nicht verfangen wollte, Ihn von Voltaire mit Arrest zu bedrohen, im Widersetzungs= fall aber Ihn wirklich arrestiren zu lassen.

Bei Exequirung höchstbesagter Königlicher Ordre hat besagter von Voltaire bald die Güte Statt finden lassen,

bald sich widersetzet, bis wir endlich dahin konveniret, daß
die wenige vorgefundene Briefschaften nacher Hof gesandt,
die Königliche allergnädigste Resolution darüber abgewartet,
die Ballots, worinnen etwa die noch fehlenden Briefschaften
und besonders das Eingangs erwähnte Buch oeuvres des
poésies sich befinden könnten, hierher kommittiret, und Er
von Voltaire bis dahin im Konventional=Arrest in seinem
Zimmer verbleiben sollte.

Gleichwie Er Voltaire aber diese Verbindung parole=
brüchigerweise nicht abgewartet, sondern sich auf flüchtigen
Fuß gesetzet, durch gut genommene Präkaution aber in der
Barriere des Bockenheimer Thors ad interim angehalten
worden; als haben unterzeichnete Räthe durch diese eilfertige
Requisition des ältern Hrn. Bürgermeisters Hochwohlgeboren
dienstgeflissentlich und gehorsamst ersuchen wollen, oftbemerkten
flüchtig gewordenen von Voltaire nunmehro wirklich arrestiren,
und Ihn im Gasthause zum Bockhorn bis zu Anlangung
der weiteren Königlichen allergnädigsten Verfügungen, welche
vermuthlich morgen einlaufen wird, wohlverwahrter auf=
halten zu lassen.

Bei einem solchen unvermutheten Vorfall, wo es um die
Königlichen Papiere zu thun ist, welche öfters höher als
Land und Sand Geld und Gut geachtet werden, und wo
man auch einem privato Haft würde angedeihen lassen, ver=
sichert man sich geneigter Willfahrung, und setzen dagegen
beide Unterzeichnete das Ihrige quantum satis, so wohlen
wegen aller Unkosten, als was auch sonsten occasione dieser
Arrestirung entstehen möchte, zur wahren Sicherheit hiermit
und in Kraft dieses, solchergestalten ein, daß sie die Könige=
lichen Requisitorialien, und wenn es nöthig sein wird re-
spective Reversalien ohnfehlbar einzureichen ohnermangeln
werden.

Frankfurt, den 20. Juni 1753."

Wir müssen nun einen Augenblick zurückkehren, und nun
auch Collini's Angaben vernehmen, die aus seinem Stand=
punkte gefaßt aufrichtig genug sind: „Arrivés à la porte de
la ville, qui conduit à Mayence, — sagt er, — on arrête le carrosse et l'on court instruire le résident de notre

tentative d'évasion. En attendant qu'il arrivât, Voltaire expédie son domestique à madame Denis." Wie besonnen und schlau Voltaire während dieser Ueberraschung die Augenblicke benutzte, geht auch aus dem Zuge hervor, daß er eiligst viele Papiere zerriß, und die Handschrift der Pucelle, um die er besonders besorgt war und deren Verlust nicht zu ersetzen gewesen wäre, Collini'n zum Verbergen zusteckte. Dieser fährt nun fort: „Freytag paraît bientôt dans une voiture escortée par des soldats et nous y fait monter en accompagnant cet ordre d'imprécations et d'injures. Oubliant qu'il représente le roi son maître, il monte avec nous, et comme un exempt de police, nous conduit ainsi à travers la ville et au milieu de la populace attroupée. On nous conduisit de la sorte chez un marchand, nommé Schmid, qui avait le titre de conseiller du roi de Prusse et était le suppléant de Freytag. La porte est barricadée et des factionnaires apostés pour contenir le peuple assemblé. Nous sommes conduits dans un comptoir; des commis, des valets et des servantes nous entourent; madame Schmid passe devant Voltaire d'un air dédaigneux et vient écouter le récit de Freytag qui raconte de l'air d'un matamore, comment il est parvenu à faire cette importante capture, et vante avec emphase son adresse et son courage." Man sieht hier den Einfluß darstellenden Talents, es gilt vor allem ein ergötzliches Bild zu liefern, und die handelnden Personen wenn auch eben nicht getreu doch lebendig hinzuzeichnen! Nach einiger Betrachtung, in welcher Lage und unter welchen Leuten hier der Dichter der Henriade und Merope, der Freund Friedrichs des Großen, der in Paris Vergötterte, sich hier befunden, heißt es weiter: „On s'empare de nos effets et de la cassette, on nous fait remettre tout l'argent que nous avions dans nos poches, on enlève à Voltaire sa montre, sa tabatière et quelques bijoux qu'il portait sur lui; il demande une reconnaissance, on la refuse. „Comptez cet argent, dit Schmid à ses commis, ce sont des drôles capables de soutenir qu'il y en avait une fois autant." Je demande de quel droit on m'arrête et j'insiste fortement pour qu'il soit dressé un procès-verbal. Je suis menacé d'être jeté dans un corps-de-garde. Voltaire réclame sa tabatière, parcequ'il ne peut se passer de tabac; on lui répond que l'usage est de s'emparer de tout." Nun folgen einige Stückchen, die uns Voltaire's Ungebärdigkeit und Possenspielerei noch weit greller zeigen, als Freytag dies gethan: „Ses yeux étincelaint de fureur et se levaient de temps en temps vers les miens, comme pour les interroger. Tout-à-coup, appercevant une porte entr'ouverte il s'y précipite et sort. Madame Schmid compose une escouade de courtauts de boutique et de trois servantes, se mét à leur tête et court après le fugitif. „Ne puis-je donc, s'écria-t-il, pourvoir aux besoins de la nature?" On le lui permet; on se range en cercle autour de lui, on le ramène après cette opération." Weiterhin bringt Collini noch folgenden Umstand nach: „Tandis qu'il était dans la cour de Schmid, occupé à satisfaire aux besoins de la nature, on vint m'appeler et me dire d'aller le secourir. Je sors, je le trouve dans un coin de la cour, entouré de personnes qui l'observaient de crainte qu'il ne prit la fuite, et je le vois courbé, se mettant les doigts dans la bouche et faisant des efforts pour vomir. Je m'écrie, affrayé, vous trouvez-vous donc mal? Il me regarde, des larmes sortaient de ses yeux; il me dit à voix basse: fingo . . fingo . . (je fais semblant). Ces mots me rassurèrent; je fis semblant de croire qu'il n'était pas bien et je lui donnai le bras pour rentrer dans le comptoir." Dann heißt es weiter: „En rentrant dans le comptoir, Schmid, qui se croit offensé personnellement, lui crie: „Malheureux! vous serez traité sans pitié et sans ménagement", et la valetaille recommence ses criailleries. Voltaire, hors de lui, s'élance une seconde fois dans la cour; on le ramène une seconde fois." Wir müssen die Spannkraft und Behendigkeit des beinahe sechzig= jährigen, kränklichen, abgemagerten, von heftigen Gemüths= bewegungen seit vielen Tagen bestürmten Greises bewundern; bei den eben geschilderten Schalkheiten und Possen dürften

wir aber wohl Collini'n auffordern, auch hier auszurufen:
„Der Dichter der Henriade und Merope, der Freund Fried=
richs des Großen, der in Paris Vergötterte!"

Doch wir müssen Collini weiter hören: „Cette scène
avait altéré le résident et toute sa séquelle: Schmid
fit apporter du vin et l'on se mit à trinquer à la santé
de son excellence monseigneur Freytag. Sur ces entre-
faites arriva un nommé Dorn, espèce de fanfaron que
l'on avait envoyé sur une charrette à notre poursuite.
Apprenant aux portes de la ville que Voltaire venait
d'être arrêté, il rebrousse chemin, arrive au comptoir et
s'écrie: „Si je l'avais attrapé en route, je lui aurais
brûlé la cervelle!" On verra bientôt qu'il craignait plus
pour la sienne qu'il n'était redoutable pour celles des
autres." Die Unsicherheit solcher Aeußerungen, im Drange
des Augenblicks, unter mehreren Personen, bei Verschieden=
heit der Sprache, zeigt sich auch hier, indem Voltaire jenen
Ausruf von Schmid gehört haben will. „Après deux heures
d'attente, — heißt es weiter, — il fut question d'em-
mener les prisonniers. Les portefeuilles et la cassette
furent jetés dans une malle vide qui fut fermée avec
un cadenas, et scellée d'un papier cacheté des armes
de Voltaire et du chiffre de Schmid. Dorn fut chargé
de nous conduire. Il nous fit entrer dans une mauvaise
gargotte à l'enseigne du Bouc, où douze soldats, com-
mandés par un bas-officier, nous attendaient. Là, Voltaire fut enfermé dans une chambre avec trois soldats
portant la bayonnette au bout du fusil; je fus séparé
de lui et gardé de même." Selbst nach dieser Aussage
scheint die Versiegelung der Sachen, wie früher die Beschlag=
nahme des Geldes, mit gehöriger Vorsicht und Ordnung
geschehen zu sein. Weßhalb Voltaire nicht in den Löwen,
sondern in den Gasthof zum Bockhorn gebracht wurde, haben
wir aus Freytag's Angabe ersehen; die Zahl der Soldaten
aber hat der Eifer des Erzählers vergrößert.

Wir kommen jetzt zur Verhaftung der Mad. Denis.
Collini erzählt den Hergang folgendermaßen: „Madame
Denis n'avait point abandonné son oncle. A peine avait

elle appris que Voltaire venait d'être arrêté qu'elle se
hâta d'aller porter ses réclamations au bourguemaître.
Celui-ci, homme faible et borné, avait été séduit par
Schmid. Non-seulement il refusa d'être juste et d'écouter
madame Denis, mais encore il lui ordonna de garder les
arrêts dans son auberge. Ceci explique pourquoi Voltaire fut privé des secours de sa nièce pendant la scène
scandaleuse du comptoir." Nach einigen Zwischenbetrach=
tungen fährt er fort: „Le redoutable Dorn, après nous
avoir déposés à l'auberge du Bouc, se transporta avec
des soldats à celle du Lion d'Or où madame Denis gar-
dait les arrêts par l'ordre du bourguemaître. Il laissa
son escouade dans l'escalier et se présenta à cette dame,
en lui disant que son oncle la voulait voir, et qu'il
venait pour la conduire auprès de lui. Ignorant ce qui
venait de se passer chez Schmid, elle s'empressa de
sortir. Dorn lui donna le bras; à peine fut-elle sortie
de l'auberge que les trois soldats l'entourèrent et la con-
duisirent, non pas auprès de son oncle, mais à l'auberge
du Bouc, où on la logea dans un galetas meublé d'un
petit lit, n'ayant, pour me servir des expressions de
Voltaire, que des soldats pour femmes de chambre, et
leurs bayonnettes pour rideaux. Dorn eût l'insolence
de se faire apporter à souper, et sans s'inquiéter des
convulsions horribles dans lesquelles une pareille aventure avait jeté madame Denis, il se mit à manger et à
vider bouteille sur bouteille." Der Leser kennt schon aus
dem Berichte von Freytag die wahren Umstände, welche hier
sichtlich entstellt sind; die Angabe Freytag's, daß Dorn auf
die Bitte der Mad. Denis bei ihr geblieben sei und von ihr
einen Louisd'or für diese Gefälligkeit empfangen habe, liegt
in der Sache so nah, daß wohl niemand die andere Lesart
vorziehen mag. „Pour me servir des expressions de Voltaire", sagt auch Collini selber wohl nicht umsonst. „Cependant
dant Freytag et Schmid — heißt es ferner, — firent
des réflexions: ils s'apperçurent que des irrégularités mons-
trueuses pouvaient rendre cette affaire très-mauvaise

pour eux. Une lettre arrivée de Potsdam indiquait clairement que le roi de Prusse ignorait les vexations commises en son nom. Le lendemain de cette scène on vint annoncer à madame Denis et à moi que nous avions la liberté de nous promener dans la maison, mais non d'en sortir. L'oeuvre de poëshie fut remis, et les billets que Voltaire et Freytag s'étaient faits furent échangés."

Ehe wir weiter gehen, haben wir noch einige diesem Abschnitt der Erzählung angehörige Aktenstücke nachzuholen, welche den Zusammenhang der Sachen beleuchten helfen. Das Schreiben von Fredersdorff an Freytag, welches am Tage nach Voltaire's vereitelter Flucht einlief, war aus Potsdam vom 16. Juni datirt, und dieses Inhalts:

„Hochwohlgeborner Herr
Insonders hochgeehrtester Herr Geheimer Kriegsrath.

Nach Seiner Königlichen Majestät glücklicher Retour aus Preußen haben Höchstdieselben gnädigst approbiret, was Ew. Hochwohlgeboren, auf Höchstdero Ordre, wegen des Hrn. von Voltaire veranstaltet haben. Um aber jedoch ihn nicht länger von seiner vorhabenden Reise nach Plombières ab= zuhalten, so gestatten Seine Majestät gnädigst, daß er die= selbe fortsetze, wenn er zuvor einen förmlichen Revers an Ihnen dahin eingeliefert haben wird, daß er das Seiner Königlichen Majestät zuständige Buch, in einer zu bestimmen= den kurzen Frist, fidèlement, in originali, und ohne davon Kopei zu nehmen oder nehmen zu lassen, einschicken wolle, und solches bei Reputation eines ehrlichen Mannes, und der angehängten Klausul, daß er sich, im widrigen Falle selbste des Arrestes unterwerfen wolle, in welchem Lande er auch anzutreffen sei.

Ew. Hochwohlgeboren belieben demnach ihm diesen Revers vorzulegen, und wenn er solchen vollzogen und unterschrieben haben wird, ihn in Frieden und mit Höflichkeit zu dimittiren;

auch von dem Erfolg mir mit erster Post Nachricht zu
geben.

Ich habe die Ehre mit aller Konsideration zu sein

Ew. Hochwohlgeboren

Potsdam, den 16. Juni
1753.

ganz ergebenster Diener
Frederedorff.

P. S. Es ist nöthig, daß Mr. de Voltaire das For-
mular des Reverses, so Sie ihm vorlegen werden, ganz
mit seiner eignen Hand abschreibe, unterzeichne und besiegele.

P. S. Alle die Sachen, so Sie von ihm ausgeliefert
bekommen, belieben Sie an den König zu addressiren, aber
unter meinem Konvert abzuschicken."

Hier sehen wir nun freilich von Seiten des Königs die
anfängliche Forderung bedeutend herabgestimmt; Voltaire
soll nicht länger aufgehalten werden, sondern seine Reise
nach Plombières fortsetzen dürfen, statt der wirklichen Ablieferung des Buches soll das ausdrückliche Versprechen der
Rückgabe genügen! Da nun aber diese selbst unterdessen Statt
gehabt, so war also bereits mehr geschehen, als der König
jetzt für den Augenblick verlangte. Demnach wäre den Be-
auftragten des Königs gewiß kein Vorwurf zu machen gewesen,
wenn sie Voltaire'n sogleich für frei erklärt hätten, und wir
glauben, daß Männer von Geistesfreiheit und Umsicht dies
ohne Zögern würden gethan haben. Die Gründe der entgegengesetzten Ansicht von Freytag und Schmid lesen wir
in deren Bericht, und ihre Meinung mag für unselbstständige Beamte vielen Anschein haben. Sie urtheilen jedoch
darin falsch, daß durch die beabsichtigte Flucht die ganze
Sache eine neue Wendung erhalten habe; für ihr eignes
Verhältniß freilich wohl, aber für die Sache des Königs
nicht. Der Entweichungsversuch war für diesen, nachdem er
die Sache schon in andrer Weise vollkommen erledigt hatte,
wie von keinen Folgen so auch von keiner Bedeutung, und
am wenigsten war ihm die Absicht zuzutrauen, daß er wegen
des gemachten Versuches, der ihn höchstens belustigen konnte
würde Rache nehmen oder Strafe verhängen wollen. Die

scharfen Auftritte mußten ihm äußerst unangenehm sein, weit
mehr noch aber die Verhaftung der Mad. Denis und Colli=
ni's, eine Sache, deren Möglichkeit ihm nie hatte einfallen
können. Der König büßte das Unglück, zur Ausführung
seines Befehls unselbstständige und in ihrem Eifer blinde
Beamte gebraucht zu haben. Andrerseits dürfen wir diese
wieder mit der Schwierigkeit ihrer Lage einigermaßen ent=
schuldigen; sie schwebten in steter Ungewißheit und Sorge,
den Sprüngen und Einfällen Voltaire's wußten sie nur trockne
Dienstlichkeit entgegenzustellen, seine Flucht erschien ihnen als
ein Verbrechen, dessen Größe sie nach der Angst und Ver=
legenheit, die ihnen daraus erwuchs, als eine ungeheure an=
schlugen, und zum Unglück hatten sie auch schon den Magistrat
der Stadt in die Sache verflochten, und meinten für sich
allein nicht mehr zurück zu können. Sie litten selber dabei
nicht wenig, und warteten in peinigender Spannung die
weiteren Entscheidungen ab, von denen sie wenig Gutes
ahndeten, während der Kampf mit Voltaire ununterbrochen
fortdauerte, und Aerger und Erbitterung auf beiden Seiten
immer höher stiegen.

Voltaire, den die Anstrengung des Körpers und des
Gemüths keineswegs erschöpfte, sondern auf's neue zur eif=
rigsten Thätigkeit erregte, setzte noch am Abend des stürmischen
Tages sich hin, und schrieb nachstehenden Brief an die Mark=
gräfin von Baireuth, die Lieblingsschwester des Königs, um
deren Fürsprache bei dem Bruder anzurufen:

„Madame!

Que la compassion de Votre Altesse Royale s'emeuve,
et que votre bonté nous protège; Mad. Denis ma nièce
qui avait fait le voyage de Francfort pour venir me
consoler; qui comptait venir se jetter à vos pieds avec
moi pour implorer votre médiation; une femme respectée
et honorée dans Paris, vient d'être conduite en prison
par le commis de M. Freytag résident de Sa Majesté le
roi votre frère. Cet homme vient de la traîner au nom
du roi au milieu de la populace dans la même maison
où l'on m'a fait transferer, on lui a ôté sa femme de

chambre et ses laquais, quatre soldats sont à sa porte,
le commis passe la nuit dans sa chambre — en voici
la raison.

Lorsque M. Freytag m'arrêta au nom du roi le premier juin, je lui remis toutes les lettres que j'avais pu
conserver de Sa Majesté. Il me demanda le volume des
poésies du roi; il était dans une caisse qui devait partir
de Leipsik pour Hambourg. Monsieur Freytag me signa
deux billets conçus en ces termes

> Sitôt le grand ballot sera revenu et l'oeuvre de
> poésie que le roi redemande rendu à moi, vous
> pourrez partir où bon vous semblera.

Le livre en question, arriva le **17** au soir, j'ai voulu
partir aujourd'hui 20, ayant satisfait à tous mes engagements. On a arrêté mon secrétaire, ma nièce et moi.
Nous avons douze soldats aux portes de nos chambres.
Ma nièce à l'heure que j'écris est dans les convulsions.
Nous sommes persuadés que le roi n'approuvera pas
cette horrible violence.

Daignez, Madame, lui envoyer cette lettre. Daignez
l'assurer qu'au milieu d'un malheur si inouï je mourrai
plein de la même vénération et du même attachement
pour sa personne. Je lui demande encore très-humblement pardon de mes fautes. J'avais toujours pensé qu'il
daignerait permettre que je tachasse de me défendre
contre Maupertius. Mais si cela lui déplait il n'en sera
plus jamais question. Encore une fois, Madame, jamais
mon coeur n'a manqué, ni ne manquera au roi. Et il
sera toujours rempli pour Votre Altesse Royale du respect
le plus profond et le plus tendre.

Hélas c'était autrefois frère Voltaire.

à Francfort, 20 juin à dix heures du soir."

An den König zu schreiben, was das Nächste und Wirk-
samste gewesen wäre, überwand er sich nicht; hingegen mußte
Mad. Denis an denselben einen Klagebrief richten, dessen
Mischung von Schmeichelei und Schärfe, sowie die Lust
wahrheitwidrige Umstände vorzuschieben, nur zu sehr Voltaire's eigne Feder erkennen lassen. Dieses Schreiben steht

auch bei Bendjot abgedruckt, allein mit späteren Zusätzen,
die sich in der Urschrift nicht finden, namentlich fehlt nach
dem Namen der Schreiberin die dort angehängte Aufzählung
ihrer persönlichen Standesverhältnisse, deren Angabe auch in
der That bei dem Könige ganz nutzlos und kaum schicklich
gewesen wäre. Der Brief lautet wie folgt:

„Sire!

Je ne devais pas m'attendre à implorer pour moi-
même la justice et la gloire de Votre Majesté. Je suis
enlevée de mon auberge au nom de Votre Majesté, conduite à pied par le commis du sieur Freytag, votre résident, au milieu de la populace, et enfermée, avec quatre
soldats à la porte de ma chambre; on me refuse jusqu'à ma femme de chambre, et mes laquais, et le commis
passe toute la nuit dans ma chambre.

Voici le prétexte, Sire, de cette violence inouie, qui
excitera sans doute la pitié et l'indignation de Votre
Majesté aussi bien que celle de toute l'Europe. Le sieur
Freytag ayant demandé à mon oncle le 1 juin le livre
imprimé des poésies de Votre Majesté, dont elle avait
daigné le gratifier, le constitua prisonnier jusqu'au jour
où le livre serait rendu, et lui fit deux billets conçus
en ces termes:

„Monsieur, sitôt le gros ballot que vous dites d'être
à Leipsik ou à Hambourg sera ici, qui contient l'oeuvre
de poésies que le roi demande, vous pourrez partir où
bon vous semblera."

Mon oncle, sur cette assurance de votre ministre,
fit revenir la caisse avec la plus grande diligence à
l'adresse même du sieur Freytag, et le livre en question
lui fut rendu le 17 au soir.

Mon oncle a crû avec raison être en droit de partir
le 20, laissant à votre ministre la caisse et d'autres
effets que je comptais reprendre le 21; et c'est le 20
que nous sommes arrêtés de la manière la plus violente.
On me traite, moi, qui ne suis ici que pour soulager
mon oncle mourant, comme une femme coupable des

plus grands crimes ; on met douze soldats à nos
portes.

Aujourd'hui 21 le sieur Freytag vient nous signifier
que notre emprisonnement doit nous coûter 122 écus
et quarante creuzers par jour, et il apporte à mon
oncle un écrit à signer, par lequel mon oncle doit se
taire sur tout ce qui est arrivé, ce sont ses propres mots, et avouer que les billets du sieur Freytag
n'étaient que des billets de consolation et
d'amitié qui ne tiraient point à conséquence.

Il nous fait espérer qu'il nous ôtera notre garde.
Voilà l'état où nous sommes le 21 juin à deux heures
après midi.

Je n'ai pas la force d'en dire d'avantage. Il me suffit
d'avoir instruit Votre Majesté. Je suis avec le plus profond respect, Sire, de Votre Majesté la très-humble
et très-obéissante servante

à Francfort, ce 21 au matin.   Denis.“

Wir haben hier vor allem die Unredlichkeit zu rügen,
daß Mad. Denis den Sekretair Dorn anklagt, die Nacht
hindurch ihr Zimmer nicht verlassen zu haben, was doch nur
auf ihr eignes Bitten und mit ihrem Danke geschehen war;
ferner den wohl kaum unabsichtlichen Irrthum, daß der Be-
trag der Kosten als ein täglicher angegeben wird, was auch
späterhin Voltaire beharrlich so behauptet, obgleich es außer
Zweifel steht, daß damit alle durch Voltaire's Haft veran=
laßten Ausgaben gemeint sind, deren Summe indeß, nach=
dem Schmid's Rechnung hinzugekommen, nicht so viele Thaler
wie Voltaire sagt, sondern 190 Gulden 11 Kreuzer betrug.

Es klingt seltsam, wenn Voltaire, bei so schmachvollen
Anklagen und so heftigem Trotze, wie er bisher aufgeboten,
und nach so vielen, von ihm angeblich erlittenen Rohheiten
und Beschimpfungen, plötzlich wieder die höflichsten Bitten
an dieselben Männer verschwendet, denen er doch einzig alle
Schuld des Vorgefallenen beimißt. Aber wir haben seine
eigne Handschrift vor Augen, und geben zwei seiner Blätter
hier als ein Zeugniß, wie leicht der reizbare und zornmüthige
Mann sich beherrschen und verstellen konnte, wenn er es für

nöthig hielt. Gleich am 21. Juni früh schrieb er an Freytag diese Worte, deren Fassung nur Mitleid erwecken will:

„Je vous conjure, Monsieur, d'avoir pitié d'une femme qui a fait deux cent lieues pour essuyer de si horribles malheurs.

Nous sommes ici très-mal à notre aise, sans domestiques, sans secours, entourés de soldats. Nous vous conjurons de vouloir bien adoucir notre sort, vous avez eu la bonté de nous promettre de nous ôter cette nombreuse garde. Souffrez que nous retournions au Lion d'Or, sous notre serment de n'en partir que quand Sa Majesté le roi de Prusse le permettra. Il y a là un petit jardin nécessaire pour ma santé où je prenais des eaux de Schwalbach. Tous nos meubles y sont encore, nous payons à la fois deux hôtelleries, nous espérons que vous daignerez entrer dans ces considérations. Au reste, Monsieur, j'avais toujours cru que tout serait fini quand le volume de Sa Majesté serait revenu, et je le croyais avec d'autant plus de raison que Mr. Rücker avait proposé de me faire laisser caution pour sûreté du retour de la caisse. Voilà ce que j'avais eu l'honneur de vous dire hier. Enfin, Monsieur, je vous prie d'excuser les fausses terreurs qu'on m'avait données. Soyez très-persuadé que ni ma nièce ni monsieur Collini ni moi nous ne sortirons que quand il plaira à Sa Majesté. Nous n'avons ici aucun secours, même pour écrire une lettre. Pardonnez, je vous en prie, et ne nous accablez pas.

Madame Denis a vomi toute la nuit, elle se meurt. Nous vous demandons la vie."

Und noch am nämlichen Tage richtete er an Freytag und Schmid zusammen in gleichem Sinne diese Zuschrift:

„A M. le baron de Freytag ministre de Sa Majesté Prussienne et M. Schmid son conseiller.

Messieurs!

J'ai exécuté les ordres que vous m'avez donnés de la part du roi votre maître.

Vous nous laissez encore deux soldats. Nous vous supplions ma nièce et moi de nous en délivrer. Ayez pitié de ma maladie qui demande que je respire l'air. Je promets encore sous serment que si je retrouve jamais quelques lettres de Sa Majesté, je les renverrai à Sa Majesté elle même. Et jamais je ne manquerai à la vénération que je lui dois.

Je vous supplie, Messieurs, de m'accorder ma très-humble requête.

Fait à Francfort, 21 juin.

Voltaire."

Als in den nächsten Tagen ein Diener Freytag's, der eine Bestellung zu machen hatte, von Voltaire und Mad. Denis schnöde abgefertigt worden, und Freytag hierüber erzürnt war, fürchteten bald jene gar sehr die Folgen, und gaben sogleich die besten Worte. Voltaire schrieb:

„J'apprends, Monsieur, que vous êtes en colère contre moi, sur ce que votre laquais vous a rapporté. Je vous supplie de considérer que je n'entends point l'allemand, que je lui ai dit dans les termes qu'on m'a fournis que madame Denis était dans des convulsions qui me font craindre pour sa vie. Je vous conjure, Monsieur, de représenter à Sa Majesté notre état déplorable et notre soumission. J'ai fait tout ce que vous m'avez prescrit, que voulez vous de plus? Vous êtes trop honnête homme pour ne pas adoucir le sort d'une femme respectable et infortunée. Nous comptons sur un peu de pitié, et nous sommes prêts à tout faire pour la mériter, etc. V."

Mad. Denis suchte den Feind durch folgendes Billet zu begütigen:

„Je suis désespérée, Monsieur, de ce que vous me faites dire par le petit garçon. Au nom de Dieu n'envenimez pas une affaire lorsque mon oncle est prêt de faire tout ce que vous voudrez. Songez qu'il est attaché au roi plus que jamais. Si le mémoire vous déplait, mon oncle en fera un autre, il se soumet à tout ce qu'on veut, que lui demandez vous. J'implore votre justice et votre bonté, et je suis très-malade." Welchem Billet Voltaire auf der Rückseite noch die Worte hinzufügte: „Ma nièce est au lit mourante, au nom de Dieu ayez pitié de nous, et surtout d'une femme respectable et désespérée."

Hiemit noch nicht zufrieden, und die Einwirkung auf den König selbst in's Auge fassend, erließ Voltaire unter dem 23. Juni an Freytag folgenden ausführlichen Brief, von welchem uns eine Abschrift vorliegt, deren erste Zeile und die acht letzten von Voltaire's eigner Hand geschrieben sind:

„Copie de ma lettre à M. Freytag.

A Francfort 23 juin.

Je ne conçois pas, Monsieur, votre colère dans notre malheur. Je ne peux avoir rien dit de désagréable à votre laquais; puisque je ne sais pas l'allemand. Je lui ai dit dans les termes qu'on m'a fournis, que ma nièce était ce matin dans des convulsions mortelles, et que le docteur Müller était avec elle. Vous aurez sans doute compassion de la veuve d'un gentilhomme, officier d'un grand roi, qui fait deux cent lieues pour conduire son oncle aux eaux, et qui se voit trainée à pied en prison, au milieu de la populace, à qui on refuse sa femme de chambre, et auprès de laquelle on fait rester votre commis pendant la nuit, avec quatre soldats à sa porte; et que vous retenez encore prisonnière, sans qu'elle ait fait autre chose que d'implorer pour moi la miséricorde du roi, et de répandre devant vous et devant Mr. Schmid des larmes inutiles.

Je vous réitère, Monsieur, que j'ai obéi avec la plus profonde soumission aux ordres du roi que vous m'avez donnés de bouche. J'ai fait revenir le 17 la caisse où était le livre de poésies du roi, que Sa Majesté redemande. J'ai juré que je n'avais pas transcrit une seule page de ce livre, j'ai rendu toutes les lettres que j'avais de Sa Majesté, je me suis soumis à lui rendre toutes celles, dont il m'a honoré pendant quinze ans, et qu'on

pourra retrouver à Paris; je vous ai signé le 1 juin que
je ne sortirai pas, jusqu'au retour de la caisse, et du
livre du roi. La caisse et le livre sont revenus le 17,
j'avais crû sur vos promesses par écrit, être en droit de
partir le 20, d'autant plus que je vous laissais ma caisse,
et tous mes effets. Je me flatte que le roi écoutera sa
clémence en ma faveur, et qu'il aura surtout pitié de
l'état horrible où ma nièce est réduite, et dont il ne
sait pas la moitié. Il sait seulement que ma nièce
n'est et ne peut pas être coupable de rien. Je connais
la bonté du coeur du roi, je lui ai demandé pardon des
fautes que j'ai pu commettre en soutenant avec trop de
vivacité une querelle littéraire. Je lui serai toujours
attaché. Je ne dirai jamais assurément un seul mot
qui puisse lui déplaire. J'attendrai ses ordres avec résignation. Je ne suis inquiet àprésent que pour la vie
d'une femme respectable, qui mérite l'estime et la compassion de l'Europe. J'assure encore une fois le roi de
ma résignation respectueuse, de mon obéissance à ses
ordres. Il peut compter que n'étant plus à lui, je me
regarderai le reste de ma vie comme un homme qui lui a
appartenu, que je ne lui manquerai jamais. Je vous
supplie de vous joindre à moi pour implorer sa clémence, et de lui envoyer cette lettre."

Der Brief zeigt hinlänglich, daß er ganz für den König
berechnet ist, und aus diesem Grunde scheut er auch nicht,
die falschen Angaben, welche schon auf anderen Wegen aus-
gesprengt waren, auch hier unter den Augen Freytag's zu
wiederholen, wohl wissend, daß dieser wußte, sie seien falsch.
In hartnäckiger Behauptung eigenwilliger Annahmen, die er
einmal für Wahrheit ausgegeben, hat Voltaire auch auf
dem litterarischen Felde es nicht an Proben seiner Dreistigkeit fehlen lassen!

Am 25. Juni empfing Freytag ein von Fredersdorff's
Hand geschriebenes, von dem König unterzeichnetes Kabinetsschreiben, ohne Datum, dieses Inhalts:

„Seine Königliche Majestät unser allergnädigster Herr
lassen Dero Residenten dem Baron von Freytag auf dessen

Bericht wegen des Voltaire's Arretirung zur gnädigsten Re=
solution ertheilen, daß sobald der Voltaire seinen Revers
hat von sich gegeben, selbiger abreisen kann, und habt Ihr
nicht Ursache ihn länger aufzuhalten; die Sachen so er ab=
gegeben, will ich mit erster Post eingesandt haben. Ich bin
Ew. wohlaffektionirter   Frdch."

    „Ordre an den Baron von Freytag,
daß er den Voltaire soll abreisen lassen."

    Obschon dieses nur eine Bestätigung des früheren Be=
fehls, nicht die Entscheidung auf den späteren Bericht war,
so glaubte Freytag doch, die Freilassung verfügen zu müssen.
Allein jeder Tag brachte neue Unruhe und Besorgniß. Vol=
taire versuchte allerlei Bewegungen, und seine Geschäftigkeit
war außerordentlich. In seiner Angst schrieb Freytag am
26. Juni hierüber an Schmid:

    „Gestern ware der Voltaire den ganzen Nachmittag mit
Fremden, denen Kavaliers des Herzogs von Meiningen, eini=
gen Goldmachern, Buchdruckern und Buchführern environniret,
daß ich abgeredetermaßen nicht zu Ihme fahren konnte.
Unterdessen muß heut der Bericht an den König abgehen,
und eine ferme Resolution gefasset sein, ob wir die König=
liche Resolution auf unser letzteres abwarten, oder ob wir
es wagen wollen, bei dem Magistrat anzuhalten Ihn zu
elargiren. Weilen wir aber die Requisitorialien unter Ver=
pfändung des Unsrigen versprachen, so ist zu befürchten, daß
sich der Magistrat auf diese Requisitorialien steifen wird;
die Sache ist épineuse, ich bitte mir Dero Meinung posi=
tive aus."

    Worauf Schmid aber entschlossen antwortet:

    „Dieser nimmet sich schon mehr aus als Ihme erlaubt
worden. Billig sollte der große Zulauf untersagt werden, denn
jeder blaset das Feuer an, so uns Verdruß verursachen wird.
Weil der größte bruit vom Voltaire durch seine selbst=
eigne schlechte Aufführung geschehen, davon Seiner König=
lichen Majestät keinen Unterricht noch hatten, der Magistrat
auf den Requisitorialien beharren wird, so sehe dieses Mannes

hier Verbleiben für höchst nöthig an. Die Wacht könnten
wir ohnmaßgeblich abziehen lassen, dagegen seine Unterschrift
begehren, daß Er nicht aus seiner Kammer weicht."

Voltaire aber wandte sich am 26. Juni auf heimlichem
Wege neuerdings mit einem Schreiben an den hohen Gönner,
in welchem der Graf von Stadion vermuthet wird. Er
wiederholt hier die ihm schon ganz geläufigen unwahren
Angaben, in welche er die Vorgänge verarbeitet hat, und
ergeht sich in zum Theil nutzlosen Verläumdungen; er
schreibt:

„La même personne qui a eu l'honneur d'écrire de
Francfort à Son Excellence, et d'implorer la protection
de Leurs Majestés Impériales, supplie très-humblement
Son Excellence de continuer à lui garder le secret. Si
Leurs Majestés Impériales ne sont pas dans le cas
d'accorder leur protection dans cette affaire, elles seront
du moins indignées de ce qui vient de se passer dans
Francfort. Un notaire, nommé Dorn, commis du sieur
Freytag, résident de Prusse, enlève une dame de con-
dition, qui vient à Francfort auprès de son oncle malade.
Il la conduit à travers la populace, à pied, dans une
auberge, lui ôte ses domestiques, met des soldats à sa
porte, passe la nuit seul dans la chambre de cette dame
mourante d'effroi. On supprime ici, par respect pour
Sa Majesté Impériale la reine, les excès atroces où le
nommé Dorn, commis de Freytag, et cependant notaire
impérial, a poussé son insolence.

Son Excellence peut aisément s'instruire de ce que
c'est que Freytag, aujourd'hui résident de Prusse. Il
est connu à Vienne et à Dresde, ayant été châtié dans
ces deux villes.

La personne qui a pris la liberté de s'adresser à
Son Excellence, avait bien raison de prévoir les extrémités les plus violentes. Elle est bien loin de vouloir
compromettre personne, elle ne demande que la con-
tinuation du secret.

On doit trouver étrange que tant d'horreurs arri-
vent dans Francfort, uniquement au sujet du livre de

poésies françaises de Sa Majesté prussienne. Sa Majesté prussienne est trop juste, trop généreuse, pour avoir ordonné ces violences au sujet de ses poésies qu'on lui a rendues. Personne ne peut imputer de pareilles horreurs envers une dame à un si grand roi.

On se borne à remercier Son Excellence du secret, et à l'assurer du plus profond respect.

à Francfort, 26 juin."

Hier finden wir auch die Andeutung, die sich späterhin ummwunden ausspricht, daß der unglückliche Dorn in der Nacht, die er bei Mad. Denis auf ihr Begehren zugebracht, versucht habe ihr Gewalt anzuthun! Bei diesem Vorgeben ist an keine Spur von Wahrheit zu denken, dergleichen liegt außer der Möglichkeit des ganzen Zusammenhanges dieser Dinge, welche von Seiten der preußischen Beamten nur mit Ernst und Furcht behandelt worden, ja außer der Möglich= keit des Karakters, den die Gegenseite einstimmig dem armen, mit Frau und Kind beladenen Manne beimißt. Unseres Erachtens hat Voltaire, gleich anderen Zügen, auch diesen erfunden, nur den Gegnern noch eine Schuld mehr vorzuwerfen, und nebenher mochte der Schalk heimlich auch an der Ver= legenheit seiner Nichte sich ergötzen, die natürlich bei solcher Angabe nur schweigen konnte.

Freytag unterdessen hatte ihm den Revers vorlegen lassen, den er ausfertigen sollte und auch schon willens war zu schreiben; da jedoch der Aktuarius Dieffenbach, von dem Bürgermeister abgeschickt, sich anmelden ließ, so wollte Vol= taire diesen erst sprechen, und nach der Unterredung hatte er seinen Sinn geändert, und wollte seine Sache nun allein mit dem Magistrat abmachen, als in dessen Haft er sich befände. Freytag entwarf über diesen neuen, für ihn sehr verdrießlichen Zustand am 26. Juni folgenden Bericht an den König:

„Ob wir schon in der größten Irresolution waren, ob wir den von Voltaire erlassen sollten oder nicht; allermaßen ein Diener pro re nata einen wohl arrestiren kann, so stehet Ihme doch nicht frei einen solchen ohne eingeholte allerhöchste Ordre wieder loszulassen, zumalen wenn einer wider gegebene

Treu und Wort echappiret; ein solches zeuget entweder einer
bösen That, die man begangen, oder die man noch begehen
will, und wenn auch beides nicht wäre, so kann doch kein
größeres Verbrechen gegen seinen Herrn begangen werden,
als aus dem anbefohlenen Arrest zu entweichen, — dennoch
aber, und weil Ew. Königlichen Majestät gestern eingelaufene
allerhöchst eigenhändige Ordre, obzwar ohne Dato, klar be=
saget den Voltaire abreisen zu lassen, so haben wir Ihme
heute über vier folgende Punkte einen Revers auszustellen
angedeutet:

1. Alle noch vorfindende Königliche Skripturen an Ew.
Königliche Majestät immediate einzusenden:

2. Daß Er von dem Buch oeuvres de poésies weder
überhaupt noch per pièces eine Abschrift genommen;

3. Falls er darwider gehandelt, sich selbst, in welchem
Lande Er auch anzutreffen seie; dem Arrest unterwerfe:

4. Alle wegen dessen Flucht und Arrest aufgegangene
Unkosten wie billig bezahlen wolle.

Es hatte der Sekretarius Dorn Ihme diese Punkte gegen
10 Uhr proponiret, und er stunde procinctu solche auszu=
fertigen; gleichwie aber unter dieser Zeit der Aktuarius des
Bürgermeisters zu Ihme kame, so erließe Er ermeldten Dorn
mit dem Bedeuten, in einer halben Stunde wieder bei Ihme
Voltaire einzutreffen. Bei seiner Retour ware seine Antwort:
es hätte der Bürgermeister zu Ihme geschicket, und er wollte
seine Sachen anjetzo schon selbsten ausmachen, er ließe sich
in nichts mehr ein. Bei so bestalten Umständen sind wir
nicht im Stande, Ihn den Voltaire in Freiheit zu setzen,
und müssen erwarten, was vor Komödien er mit dem Bür=
germeister spielen wird, die wir aber, wenn man sie uns
eröffnet, zu eludiren wissen, ingleichen ob Ew. Königliche
Majestät Ihme seine genommene Flucht allergnädigst pardo=
niren werden. Unterdessen sind die meiningische Kavaliers
den ganzen Tag bei Ihm, die Ihn verhetzen, gewisse hier
renommirte Goldlaboranten umgeben Ihn, Drucker und
Buchführer laufen aus und ein, wie Er denn wöchentlich
zwei Pièces ediret, wovon ich etliche hier allerunterthänigst
beilege. Er hat dem Vernehmen nach ein Quartier auf ein

halbes Jahr gemiethet, und denkt nichts weniger als nach
Plombieres zu gehen.

Mit dem gestrigen Postwagen haben wir den Schlüssel,
den Orden und das Buch, welches wir in seinem des Vol=
taire's Beisein sogleich bei dem Empfang besiegelt, und eben=
falls dessen Petschaft drauf drucken lassen, unter Adresse
Ew. Königlichen Majestät Geheimden Kämmerier von Fre=
bersdorff wohleingepackt abgeschickt.''

Wir haben nun zu sehen, wie Collini diese Vorgänge
schildert. In seiner Erzählung fortfahrend sagt er: „Freytag fit transporter à la gargotte, où nous étions logés,
la malle qui contenait les papiers, l'argent et les bijoux.
Avant d'en faire l'ouverture, il donna à signer à Voltaire
un billet par lequel celui-ci s'obligeait à payer les frais
de capture et d'emprisonnement. Une clause de ce singulier écrit était que les deux parties ne parleraient jamais de ce qui venait de se passer. Les frais avaient
été fixés à cent vingt-huit écus d'Allemagne. J'étais
occupé à faire un double de l'acte lorsque Schmid arriva.
Il lut le papier, et prévoyant sans doute, par la facilité
avec laquelle Voltaire avait consenti à le signer, l'usage
terrible qu'il en pouvait faire quelque jour, il déchira
le brouillon et la copie en disant: Ces précautions sont
inutiles entre gens comme nous.'' Stoßen uns bei diesen
Angaben einige Zweifel auf, die doch füglich unerörtert
bleiben können, so müssen wir das Nachfolgende, welches
Collini seinem Herrn und Meister nachspricht, gradezu für
Lüge und Verläumbung halten: „Freytag et Schmid par-
tirent avec cent vingt-huit écus d'Allemagne. Voltaire
visita la malle dont on s'était emparé la veille sans remplir aucunes formalités. Il reconnut que ces messieurs
l'avaient ouverte, et s'étaient approprié une partie de
son argent. Il se plaignit hautement de cette escroquerie;
mais messieurs les représentans du roi de Prusse avaient
à Francfort une réputation si bien établie, qu'il fut impossible d'obtenir aucune restitution.'' Collini selbst, der
hier sagt „sans remplir aucunes formalités'', hat uns oben
das Gegentheil berichtet; „il reconnut'' ist hier unbestimmt

und schwach), warum sagt er nicht, daß das Schloß erbrochen, die Siegel verletzt gefunden worden? Die angebliche Ent= wendung des Geldes nur als eine escroquerie zu bezeichnen, ist auch ganz ungehörig, doch zur Verunglimpfung genügte das Wort; die Sache beim rechten Namen genannt, hätte die Leichtgläubigkeit stutzen gemacht, und die ernste Frage geweckt, wieso ein so schweres Verbrechen nicht vor Gericht gebracht worden? „Cependant — heißt es weiter — nous étions encore détenus dans la plus détestable gargotte de l'Allemagne, et nous ne concevions pas pourquoi on nous retenait, puisque tout était fini. Le lendemain, Dorn parut et dit qu'il fallait présenter une sup- plique à Son Excellence monseigneur de Freytag et l'adresser en même temps à M. de Schmid. „Je suis persuadé qu'ils feront tout ce que vous désirez, ajouta- t-il; croyez-moi, M. Freytag est un gracieux seigneur." Madame Denis n'en voulut rien faire. Ce misérable fai- sait l'officieux pour qu'on lui donnât quelque argent. Un louis le rendit le plus humble des hommes, et l'ex- cès de ses remerciments nous prouva que dans d'autres occasions il ne vendait pas fort cher ses services." Und dieser erbärmliche, demüthige Mensch soll des nächtlichen An= falls auf Mad. Denis schuldig gewesen sein? und nach solchem Vergehen machte man ihm doch noch ein Geschenk? Die Lüge wird in diesen Unvereinbarkeiten offenbar! Hierauf erzählt Collini den Besuch des Aktuarius: „Le secrétaire de la ville vint nous visiter. Après avoir pris des infor- mations, il s'apperçut que le bourguemaître avait été trompé. Il fit donner à madame Denis et à moi la liberté de sortir; Voltaire eut la maison pour prison jusqu'à ce qu'on eût reçu de Potsdam des ordres positifs. Mais craignant de garder longtemps les arrêts s'il s'en reposait sur ces messieurs, il écrivit une lettre à l'abbé de Pra- des, lecteur de Frédéric."

Dieser Brief Voltaire's an den Abbé de Prades ist nicht bekannt geworden. Wir theilen hier aber einen anderen zu Voltaire's Gunsten geschriebenen Brief mit, welchen auf dessen Anregung die Markgräfin von Baireuth an den König

richtete; die geistvolle Fürstin schrieb unter dem 29. Juni
an ihren Bruder:

„Mon très-cher frère!"

„Je compte ce jour parmi les heureux puisque j'ai
la satisfaction de vous assurer des sentiments de mon
coeur. J'ai fait une petite trêve avec les eaux, mes
crampes et maux ayant rompu celle que j'avais faite
avec eux. Ma cure me paraitrait insupportable me privant
si souvent du plaisir de vous écrire, si je n'espérais
qu'en la continuant elle me misse en état de jouir encore une fois du seul bonheur après lequel je soupire,
qui est de me retrouver auprès de ce que j'ai de plus
cher au monde. Vous verrez, mon très-cher frère, une
vieille squelette qui ne vit que pour vous, dont vous
êtes le mobile, et qui peut-être ne serait plus si vous
ne preniez soin de l'animer par l'amitié que vous lui
témoignez. Je bénirai les eaux si elles contribuent à
vous garantir, mon cher frère, des mauvaises attaques
que vous avez eues l'hiver passé. Il me semble que je
renais lorsque j'apprends de bonnes nouvelles de votre
santé. Nos principautés sont encore ici. Tandis qu'on
tâche de les amuser, je suis enfermée dans mon antre
comme la Sibylle, et tâche d'y gouter des plaisirs dont
ma misérable santé me permet encore de jouir.
Je viens de recevoir tout un paquet de Voltaire et
de Mde Denis, que je prends la liberté de vous envoyer.
Je suis fachée qu'ils s'adressent à moi, mais de crainte
d'être compromise dans cette mauvaise affaire, je vous
envoie, mon très-cher frère, ce que je reçois de leur
part. La lettre de Mde Denis montre de la conduite
et de l'esprit, il parait qu'elle n'est pas instruite des
raisons qui vous ont porté à faire arrêter son oncle.
S'il avait suivi ses conseils, il aurait agi plus sagement.
Je le considère comme le plus indigne et misérable des
hommes s'il a manqué de respect envers vous dans ses
écrits ou dans ses paroles, une telle conduite ne peut
que lui attirer le mépris des honnêtes gens. Un homme

vif et bilieux comme lui, entasse sottise sur sottise lorsqu'il a une fois commencé à en faire. Son âge, ses in-
firmités et sa réputation qui est flétrie par cette cata-
strophe, m'inspirent cependant quelque compassion pour
lui. Un homme réduit au désespoir est capable de tout.
Vous trouverez peutêtre, mon très-cher frère, que j'ai
encore trop de support pour lui en faveur de son esprit,
mais vous ne désapprouverez pas que j'aie pour lui la
pitié qu'on doit même aux coupables dès qu'ils son malheureux et lors même qu'on est obligé de les punir.
Son sort est pareil à celui du Tasse, et de Milton. Ils
finirent leurs jours dans l'obscurité; il pourrait bien finir
de même. Si l'effort que font les poètes à composer
les poèmes épiques leur fait tourner la tête, nous pour-
rions bien être privé de ce genre de poésie à l'avenir,
puisqu'il semble qu'il porte guignon à ceux qui s'y
appliquent. Je vous demande mille pardons, mon très-
cher frère, du griffonnage de cette lettre, ma tête toujours revêche et vraiment femelle en ce point m'empêche
de la transcrire. Je suis avec toute la tendresse et le
respect imaginable, mon très-cher frère,

votre très-humble

Le 29 de juin 1753.

et obéissante soeur et servante
Wilhelmine."

Doch bedurfte es längst keiner solchen Bitten und Vor=
stellungen mehr. Der König hatte schon am 19. Juni auf
den ersten Brief der Mad. Denis eine Antwort erlassen,
und der Abbé de Prades sie mit folgenden Zeilen an Frey=
tag abgesandt: „Le roi m'a ordonné, Monsieur, de vous
adresser une lettre pour madame Denis, nièce de monsieur
de Voltaire, afin que vous la lui fassiez remettre si elle
est à Francfort, ou que vous la lui fassiez tenir où
elle sera. Je suis charmé en m'acquittant de mon devoir
de trouver une occasion où je puisse vous témoigner la
considération avec laquelle j'ai l'honneur d'être, Monsieur,
votre très-humble et très-obéissant serviteur l'abbé de

Prades." Auf ihren zweiten Brief aber hatte der König sogleich nachstehendes, von de Prades unter dem 26. Inni ausgefertigtes Kabinetsschreiben an Freytag unterzeichnet:

„J'ai reçu une lettre de la nièce de Voltaire que je n'ai pas trop comprise, elle se plaint que vous l'avez fait enlever à son auberge et conduire à pied avec des soldats qui l'escortaient. Je ne vous avais rien ordonné de tout cela; il ne faut jamais faire plus de bruit qu'une ne le mérite. Je voulais que Voltaire vous remit la clef, la croix et le volume de poésies que je lui avais confiés, dès que tout cela vous a été remis, je ne vois pas de raison qui ait pu vous engager à faire ce coup d'éclat. Rendez leur donc la liberté dès ma lettre reçue. Je veux que cette affaire en reste là, qu'ils puissent aller où ils voudront, et que je n'en entende plus parler. Sur ce je prie Dieu, qu'il vous ait en sa sainte garde. A ma maison de Sanssouci ce 26 juin 1753.

Frederic."

Und am 2. Juli mußte Fredersdorff auch noch den letzten Bericht von Freytag und Schmid in gleichem Sinne beantworten:

„Seine Königliche Majestät lassen denselben auf Dero Eingelaufenes vom 26. pass. zur gnädigsten Resolution ertheilen, da der Voltaire seine Sachen abgegeben, daß Ihm sowohl als seiner Niece ohne den geringsten Anstand sollten die Wache abnehmen und gehen lassen, Ihm auch nicht über seine Echappade die geringste Quästion machen. Der ich mit wahrer Hochachtung die Ehre haben zu sein

Ew. Hochwohlgeboren

Potsdam, den 2. Juli 1753.

ganz ergebener Diener
Fredersdorff."

Das Schreiben des Königs vom 19. Juni an Mad. Denis war ungemein verspätet worden, und Mad. Denis erfuhr erst durch einen abermaligen Brief vom 30. Juni, den der König ihr hatte schreiben lassen, daß eine frühere

Antwort für sie an Freytag gelangt sein müsse: sie säumte nicht, sich dieselbe durch folgendes Billet auszubitten:

„Mad. Denis prie M. de Freytag de vouloir bien lui envoyer la lettre qu'il a reçue pour elle de la part du roi son maître.

Sa Majesté Prussienne vient de faire écrire à Mad. Denis en date du 30 juin que cette lettre qu'elle demande doit être parvenue à M. de Freytag il y a quelques jours; elle ne doute pas, que M. de Freytag ne lui remette cette lettre selon les intentions de Sa Majesté.

Mad. Denis et M. de Voltaire font leurs compliments à M. de Freytag.

ce 5 juillet."

Wenn uns nach allem Vorgefallenen die artige Aus= drucksweise dieses Billets wundern kann, so müssen wir noch mehr über den Schluß eines Billets erstaunen, welches Vol= taire desselben Tages an Freytag richtet, und worin er sagt: „Au reste si M. de Freytag à la bonté de venir au= jourd'hui, il est supplié de vouloir avoir bien la bonté d'apporter les papiers cachetés qu'on lui a remis en de= pôt. On lui fait beaucoup de compliments sur son esprit de conciliation, sur sa justice et sur la bonté de son coeur." Ein solches Zeugniß, welches wenigstens jetzt nicht mehr durch Furcht hervorgerufen sein und als trügerische Schmeichelei keinen Zweck haben konnte, steht in seltsamem Widerspruche mit den schnöden Beschuldigungen, die er kurz vorher gegen ihn geschleudert hatte, und auch nachher noch wiederholte. Wir sehen die reizbare Lebhaftigkeit des un= ruhigen Greises nach wechselnden Eindrücken des Augenblickes alles Urtheil und alle Stimmung wechseln, wobei er sich jedesmal den überschwänglichsten Wendungen hingab, die wir auch deßhalb weder im Bösen noch im Guten zum vollen Werth annehmen dürfen.

Wie sehr auch eben jetzt Voltaire bei seinen schönen Worten verstellt war, und in welcher Weise er die Sachen zu behandeln fortfuhr, ersehen wir aus dem folgenden Bericht, in welchem Freytag seinen Verdruß von diesen unseligen Händeln und seinen Schmerz über die Mißbilligung, welche der König zu äußern scheint, gegen Fredersdorff ausschüttet. Was er zu seiner Rechtfertigung sagt, läßt sich von seinem Standpunkt aus freilich nicht ganz verwerfen. Sein Bericht vom 6. Juli lautet:

„Was vor Chagrin, Unkosten und Noth uns beiden Krankseienden der von Voltaire mit seinen Erdichtungen und sowohl bei Gott als dem König unverantwortlichen Betragen erwecket, ein solches ist mit der Feder nicht zu beschreiben, ja was er gegen mich, den Hofrath Schmid, selbsten gegen Seiner Königlichen Majestät allerhöchste Person heraus= gestoßen, ist besser zu vergessen, als daran zu denken. Ob uns nun zwar auf unsere beide letztere, eines an Ew. Hoch= wohlgeboren unterm 23. Juni, das andere an Seine König= liche Majestät unterm 26. ejusdem alleruntertänigst gestellet, keine Antwort zugekommen, so läuft unterdessen eine König= liche allerhöchste Ordre hier ein, welche unsere in dieser Sache geführte Konduite, zu unserem größten Schmerz, gar nicht zu approbiren scheinet, da wir doch an unserem aller= devotesten Eifer, nöthiger Behutsamkeit, und ordremäßige Exaktitüde, in keine Wege es haben ermangeln lassen. In der ersten Königlichen Ordre vom 11. April wird von vielen Briefen und Skripturen gemeldet, und die vor= gefundenen machten nur ein gemäßiges Paketel aus; in der zweiten allerhöchsten Ordre vom 29. April ward aller= gnädigst befohlen, daß der von Voltaire alle seine Embal= lagen zurückkommen lassen sollte; daß wir ihn also nicht eher abreisen lassen konnten, als bis wir vernommen, ob dieses kleine Paket alle Königlichen vielen Briefe und Skripturen seien; auf Schlüssel und Kreuz ware unser Augenmerk nicht so sehr als die Briefschaften gerichtet, die öfters mehr als Geld und Gut geschätzet werden, absonderlich da sie von Seiner Königlichen Majestät allerhöchstschätzbarsten Hand sein sollten, und eben deßwegen wollten wir das Leipziger Ballot nicht eröffnen, um zu ignoriren, ob das Buch darinnen seie oder nicht. Damit der von Voltaire aber den Konventional= Arrest desto ruhiger aushalten sollte, so habe von Zurück= kunft der Hamburger und Pariser Ballots noch gar nicht gesprochen, und wann seine Königliche Majestät nicht eben

in Preußen gewesen wären, so wäre die allerhöchste Ant
wort auch vor Ankunft des Leipziger Ballots angelanget, so
daß er mein ihme pro forma gegebenes Billet (und daß
es pro forma gegeben worden, mit zwei Zeugen beweisen
kann) nicht hätte mißbrauchen und zum Fundament seiner
Flucht nehmen können. Allein wann dieses ihme nicht ge-
dienet hätte, so hätte er was anders inventiret, denn er
hat sich solchergestalten vor der Königlichen Antwort von
Berlin gefürchtet, daß man nicht anders glauben kann, denn
er muß was ganz Enormes begangen oder in Zukunft zu
begehen im Kopfe haben; er ginge also parol- und eidbrü-
chigerweise heimlich durch), nachdem er sich etliche Tage zuvor in den hiesigen Johanniter-Freihof aber umsonst zu
retiriren getrachtet, und als er seine große Schatulle auch
beste Sachen weg praktiziren lassen. Hiezu kame, daß Ew.
Hochwohlgeboren unterm 11. Juni meldeten, uns an die
Ungeduld des von Voltaire nicht zu kehren, sondern bis zu
Ankunft Seiner Königlichen Majestät, welche nach etlichen
Tagen ankommen würde, der erhaltenen Ordre gemäß so zu
kontinuiren wie angefangen. Wie war es also möglich ihn
loszulassen? Wer hat also nun den coup d'éclat gemacht?
Wir hätten Leib und Leben dran gewaget, ehe wir ihn fort-
gelassen hätten; und wenn ich der Kriegesrath ihn nicht noch in
der Barriere sondern im freien Felde angetroffen, und er zu
retourniren sich geweigert, so wüßte ich nicht, ob ich ihme
nicht eine Kugel durch den Kopf gejagt hätte; so lagen mir
die Königlichen Briefe und Skripturen am Herzen.

Doch da nun Seine Königliche Majestät in der letzten
allergnädigsten Ordre ausdrücklich melden, ihn zu dimittiren,
so haben wir sogleich nach deren Empfang die zwei Mann
Wache abgehen, und ihme seine beide bei mir in Deposito
gewesene Paketer einhändigen lassen; mit dem Vermelden,
daß wir beide selbsten zu ihme kommen und das Fernere
besorgen wollten. Sur ces entrefaits hat er bei dem Magistrat Himmel und Erde beweget, die Wache fortzuschaffen,
über uns beide geklaget, Ein Memorial über das andere
eingegeben; vornehmlich hat die Denis frecherweise vorgegeben,
mein Sekretair wäre die Nacht über bei ihr im Zimmer

geblieben, da sie ihn doch ersuchen lassen ein solches zu thun,
auch vor diese Nachtwache ihme einen Louisd'or zum Präsent
gemacht, — und hundert andere Dinge mehr; ja er hat
mit Zuziehung eines meiningischen sogenannten Kavaliers und
eines hiesigen Rathsherrn Namens Senckenberg — ein ver=
ruchter Mensch welcher alle preußischen Affairen kontrekarrirt,
der an Bosheit und Gottlosigkeit in hiesigen Landen offen=
barlich seines gleichen nicht hat, und damit man ihn erkennen
möge, ein gegen ihn bis diese Stunde unbeantwortet ge=
bliebenes impressum beilege, kraft wessen er überführet ist
und gestehet, in Kriminalsachen ein falsches Protokoll gemacht
zu haben, — mit diesem Senckenberg hat er den hiesigen
Magistrat, deme eben in dieser Zeit eine scharfe Königliche
Deklaration übergeben müssen und dahero gerne Revange
nehmen wollen, dahin induziret, daß, wenn er seinem Vor=
geben nach von seinen um den König seienden Feinden ver=
hindert würde, seine Klagen vor Allerhöchstdenselben zu bringen,
der Magistrat dessen gegen uns verfertigte Memoriale an
Seine Königliche Majestät einzuschicken; welches wie ich ver=
nehme hierauf unerhörterweise auch geschehen wird. Doch
leben wir der Hoffnung, Seine Königliche Majestät werde
diese magistratische Kühnheit auf das nachdrücklichste ressen=
tiren und uns ungehört nicht lassen.

Eben nun, als wir uns zu ihme verfügen wollten, so
schickte der Bürgermeister und ließ uns wissen, der Voltaire
hätte ein neues Memorial übergeben, und begehrte gegen
uns eine Kommission, ingleichen daß bei seiner Demissions=
Deklaration ein magistratisches Mitglied dabei sein sollte,
ersteres wäre vom Magistrat selbsten verworfen worden,
wegen des andern fragte er an, was wir gesonnen wären;
bald darauf schickte der Voltaire beiliegendes Billet an mich,
wir ließen uns dahero bei ihm melden, weil er schon etliche=
mal in das gegenüberliegende Wirthshaus im Löwen mit
seiner Denis gegangen war, über welchen Gang, der kaum
zwanzig Schritt ausmacht, diese Denis sich bei Seiner König=
lichen Majestät sehr beschweret, daß man sie zu Fuß ge=
führet; die Antwort aber war, er wäre unpaß, er könnte
uns nicht sprechen. Bei so bestalten Unhöflichkeiten ersuchten

Er sich nun vor der enormen attentirten Mordthat, oder ob Er sich vor den Berliner Briefen gefürchtet, können wir nicht wissen. Der Magistrat wäre eben im Begriff die Sache zu untersuchen. Unterdessen hat Er seine wenige Gelder bei mir dem Hofrath Schmid zurückgelassen, welche dem Sekretario Dorn zu seiner Satisfaktion dienen können; gestalten diese Grausamkeit mit allerlei Zusätzen sogleich durch die Stadt erschollen, daß dessen Frau und Kind in den äußersten Schrecken, gesetzt worden und jetzo krank und elend darnieder liegen."

Der letzte Absatz dieses Berichts, wo gesagt wird, daß die zurückgelassenen wenigen Gelder dem Sekretario Dorn zu seiner Satisfaktion dienen können, ist allerdings von auffallender Unanständigkeit; wir müssen aber bemerklich machen, daß derselbe nicht mehr von Freytag's Hand, sondern von Dorn's geschrieben ist, und daß diesem eigennützigen Antrage nie Billigung oder gar Folge gegeben worden.

Collini dagegen erzählt die Sachen wie folgt, „Le lendemain 6, nous rentrâmes à l'auberge du Lion d'Or. Voltaire fit aussitôt venir un notaire, devant lequel il protesta solennellement de toutes les vexations et injustices commises à son égard. Je fis aussi ma protestation, et nous préparâmes notre départ pour le lendemain. Peu s'en fallut qu'un moment de vivacité de Voltaire ne nous retînt encore à Francfort et ne nous replongeât dans de nouveaux malheurs. Le matin, avant de partir, je chargeai deux pistolets que nous avions ordinairement dans la voiture. En ce moment, Dorn passa doucement dans le corridor et dans la chambre, dont la porte était ouverte. Voltaire l'apperçoit dans l'attitude d'un homme qui espionne. Le souvenir du passé allume sa colère; il se saisit d'un pistolet et se précipite vers Dorn. Je n'eus que le temps de m'écrier et de l'arrêter. Le brave, effrayé, prit la fuite, et peu s'en fallut qu'il ne se précipitât du haut en bas de l'escalier. Il courut chez un commissaire qui se mit aussitôt en devoir de verbaliser. Le secrétaire de la ville, le seul homme qui, dans toute l'affaire, se montra impartial, arrangea tout, et le même jour nous quittâmes Francfort. Madame Denis y resta encore un jour pour quelques arrangements, et partit ensuite pour Paris."

Voltaire selbst erzählt den Vorfall mit Dorn in seinem „Journal de ce qui s'est passé à Francfort-sur-Mein" in dieser Weise: „Le 7 au matin, le nommé Dorn ose revenir chez la dame Denis et le sieur de Voltaire, feignant de rapporter une partie de l'argent que le sieur Schmid avait volé dans les poches du sieur de Voltaire et du sieur Collini; puis il va au conseil de la ville faire rapport, qu'il a vu passer le sieur de Voltaire avec un pistolet, et prendre ce prétexte, pour que Schmid et lui gardent l'argent. Deux notaires jurés, qui étaient présents, ont beau déposer sous serment que ce pistolet n'avait ni poudre, ni plomb, ni pierre, qu'on le portait pour le faire racommoder; en vain trois témoins déposent la même chose. Le sieur de Voltaire est forcé de sortir de Francfort avec sa nièce et le sieur Collini, tous trois volés et accablés de frais, obligés d'emprunter de l'argent pour continuer leur route. On a volé au sieur de Voltaire papiers, bagues, un sac de carolins, un sac de louis d'or, et jusqu'à une paire de ciseaux d'or et de boucles de souliers." Die Wahrheit stellt sich aus diesen Widersprü= chen der verschiedenen Erzähler unschwer heraus. Voltaire war bei seinem großen Reichthum allerdings oft unbegreiflich geizig und gewinnsüchtig, aber eben so oft achtete er der größten Summen nicht, wenn er einen edeln oder ihn reizen= den Zweck vor Augen hatte. Dießmal verweigerte er die Zurücknahme des Geldes und der Sachen, die ihm in seiner Hand nie so viel werth sein konnten, als wenn sie in der fremden blieben, da er hiemit das ihm unschätzbare Recht gewann, mit einem Schein von Wahrheit auszuschreien, er sei bestohlen und beraubt worden, was er denn auch lebens= lang mit bittern Klagen zu wiederholen sich nicht versagte.

Nachträglich empfing Freytag noch ein Kabinetsschreiben des Königs vom 9. Juli, welches infolge des Briefes von Voltaire an den Abbé des Prades diesem von dem Könige scheint diktirt worden zu sein, und die früheren Befehle wiederholt:

„J'ai reçu une lettre de Voltaire qui me parle encore de sa liberté. Vous devez avoir reçu les ordres que je vous ai donnés de le laisser aller où bon lui semblera, ainsi que sa nièce. Je n'avais d'autres prétentions sur lui que de le dépouiller de la croix, de la clef de chambellan et de retirer le livre que je lui avais confié. Vous m'avez écrit qu'il avait satisfait à tout ce que je demandais de lui. Ne différez donc point de mettre fin à tout cela, parceque sans doute, que s'il était survenu quelque incident nouveau, vous m'en auriez averti. Sur ce je prie Dieu etc.

à Potsdam, ce 9 juillet 1753.

Federic.“

Fredersdorff aber fertigte am 14. Juli dem von den stürmischen Auftritten und vielem Sorgen abgehetzten und durch die Unzufriedenheit des Königs tief gebeugten Freytag zu dessen Beruhigung und Trost folgendes Schreiben zu:

„Ich habe sowohl Dero jüngstes vom 6. hujus mit den Beilagen, als auch das von Herrn Hofrath Schmid unterm 29. pass. seiner Zeit richtig erhalten; aber meine Unpäßlichkeit hat verhindert, letzteres ehender zu beantworten. Indessen wird die Königliche Ordre schon eingelaufen sein, den von Voltaire (den alle Welt für einen Kujon erkennet) laufen zu lassen. Die in Dero letztem bezeugte inquiétude können Sie gänzlich fahren lassen. Sie haben nichts gethan, als auf Königliche Ordre, und diese haben Sie dergestalt wohl exekutiret, daß Seine Königliche Majestät darüber gnädigst zufrieden sein. Dem dasigen Magistrat sind Sie beide, als Königliche karakterisirte Personen, die nach Ordre ihres Souverains handeln, keine Verantwortung schuldig, und dieses können Sie ihm hautement bezeugen. Von dem Voltaire aber, der ein Mensch ohne Ehre ist, wollen Seine Königliche Majestät nichts mehr wissen, und mag er, nach nunmehro abgelieferten Sachen, gehen wohin er will. Wäre er noch dorten, so lassen Sie ihn schreien soviel er will, und

geben ihm so wenig als dem Magistrat über Ihr Verfahren
Rede und Antwort. Ersterem aber können Sie ins Gesicht
sagen, er habe sich mit seinem vorgeblichen Königlich fran=
zösischen Kammerjunker=Karakter nicht breit zu machen; wenn
er solches in Paris thäte, so wäre die Bastille sein Lohn.
Im Uebrigen versichere Ihnen nochmals, daß Sie völlig be=
ruhigt sein können. Sie haben als treuer Diener des Kö=
nigs, nach Höchstdero Ordre gehandelt, und die Lügen und
Kalumnien des Voltaire finden hier und in aller Welt keinen
Ingreß.

Ich bezeuge Ihnen insbesondere meine Hochachtung und
bin jederzeit

Ew. Hochwohl= und Hochedelgeboren

Potsdam, den 14. Juli 1753.

ergebenster Diener
Fredersdorff."

Daß inzwischen Voltaire nicht ruhte, sondern den König
wegen der ihm angeblich vorenthaltenen Gelder und Sachen
in Anspruch nahm, ersehen wir aus dem Kabinetsschreiben
des Königs, das am 31. Juli wiederum durch die Hand
des Abbé des Prades an Freytag erging:

„Jai encore reçu une lettre de Voltaire dans laquelle
il me demande que je lui fasse rendre les effets qu'on
lui retint lorsqu'on l'arrêta. Je vous ai déjà donné mes
ordres là-dessus. Ne manquez pas, dès ma lettre reçue,
de le satisfaire là-dessus, et quant aux frais qu'il ne
veut peutêtre pas payer, il n'est pas nécessaire pour
cela de lui retenir le tout, ne gardez que ce qu'il fau-
dra pour le payer et rendez lui le reste. Sur ce je prie etc.

à Potsdam ce 31 juillet 1753.

Federic."

Voltaire hatte sich zunächst nach Schwetzingen begeben,
wohin der Kurfürst von der Pfalz Karl Theodor ihn eifrigst
eingeladen hatte. Auch hier, in dem Glanze des Hofes und
in den anmuthigsten Zerstreuungen setzte er seine Klagen
heftig fort, und suchte die preußischen Beamten, mit denen
er in Frankfurt zu thun gehabt, in das gehässigste Licht zu

6*

stellen. An wen nachstehender Brief gerichtet ist, finden wir
nicht angegeben, aber vollständig von Voltaire's eigner Hand
geschrieben liegt er bei den von uns benutzten Akten:

> „à Schwetzingen près de Mannheim,
> 5 août 1753.

Monsieur!

Monsieur le chevalier de La Touche me mande que
vous l'avez assuré que la malheureux affaire de Francfort était finie. Je ne doute pas qu'en effet Votre Excellence n'ait fait ce qui dépendait d'elle pour faire
rendre justice. Sa Majesté le roi votre maître ayant
désavoué l'abus que les sieurs Freytag et Smith ont fait
de son nom, nous ne pouvons douter qu'ils ne rendent
au moins l'argent qu'ils ont pris dans les poches du
sieur Collini et dans les miennes. L'Europe serait trop
étonnée si après de tels excès il n'y avait aucune réparation. Un nommé Dorn qui n'a d'autre fonction que
de servir quelquefois aux expéditions du sieur Freytag
a trainé dans les rues de Francfort au milieu de la
populace une femme respectable qui voyageait avec les
passeports du roi de France; on lui a ôté sa femme de
chambre, ses domestiques. Le nommé Dorn a eu l'insolence de passer la nuit seul dans sa chambre. Votre
Excellence peut sentir à quel point ces atrocités ont
excité l'indignation universelle. Pourra-t-on s'imaginer
que ce soit au nom d'un monarque aussi bienfaisant et
aussi juste que le roi votre maître, qu'on ait violé ainsi
les loix, les bienséances et l'humanité? et qu'après tant
d'indignités Freytag ose exiger encore de cette dame le
payement exorbitant d'un emprisonnement qui crie
vengeance, et pour lequel il doit demander pardon.

Votre Excellence ignore-t-elle quel est Freytag?
ignore-t-elle les extortions publiques qui l'ont rendu l'horreur de Francfort, et de tous les environs? ignore-t-
elle qu'ayant fait payer au comte de Vasco l'espérance
d'un régiment au service du roi qu'il avait osé lui pro-

mettre, le comte de Vasco ne put retirer de lui une partie de l'argent que Freytag avait extorqué, qu'en le battant publiquement? vingt aventures pareilles l'ont fait trop connaître. On sait assez que ces excès si odieux commis contre une dame, contre le sieur Collini et contre moi, n'avaient pour but que de nous voler. Nous l'avons été en effet d'une manière bien violente. Presque tous nos effets ont été dissipés comme dans un pillage. Les sieurs Dorn, Freytag et Smith nous ont pris l'argent que nous avions dans nos poches, et ce qu'on a pris au sieur Collini est tout son bien. Et c'est au nom d'un roi juste qu'on a commis tous ces attentats! Certainement il les aurait punis si nos lettres n'avaient été interceptées. Nous espérons au moins, Monsieur, que le roi ordonnera qu'on nous rende l'argent qu'on nous a pris, et dont le compte est entre les mains des magistrats de Francfort, nous l'espérons de l'équité du roi et de vos bons offices. Nous oublierons un traitement si cruel et nous ne nous souviendrons que de la réparation.

Je suis avec des sentimens respectueux, Monsieur, de Votre Excellence le très-humble et très-obéissant serviteur Voltaire gentilhomme de la chambre du roi de France.

Noch einmal wandte sich Freytag an Fredersdorff, um wegen der Voltaire'schen Sachen rechtfertigende Auskunft zu geben. Er schrieb am 7. August: „Es haben Ihre Königliche Majestät unter dem 31. vorigen Monats mir eine abermalige Ordre, welche ich hier im Original beilege, allergnädigst zugehen lassen, denn von Voltaire seine Effekten zu behändigen.

Gleichwie mir aber Seine Königliche Majestät in einem allergnädigsten Handschreiben allergnädigst und gemessenst anbefohlen, in dieser Voltairischen höchst verdrießlichen Sache Allerhöchstdenenselben nichts mehr zu berichten, so nehme mir abermalen die Freiheit, Ew. Hochwohlgeboren zu bitten, Seiner Königlichen Majestät alleruntertänigst vorzustellen, daß ich niemalen von den Voltairischen Effekten vor keinen Dreier werth, als sein an mich abbressirtes Balot in Händen gehabt, welches ihme den andern Tag darauf ohneröffnet

zugestellet worden; seine ihme durch den Adjutanten ab-
genommene Gelder sind bei dem Hrn. Hofrath Schmid depo-
niret, und solche hat man ihme durch meinen Sekretarium
auszahlen lassen wollen, anstatt der Annahme aber, hat er,
wie schon zu melden die Ehre gehabt, das Pistol auf ihn
zu spannen ergriffen; nachdem derselbe sich aber gleich retiriret, und diesen Vorgang dem Magistrat angezeiget, ist
Voltaire eschappiret, und habe ich zu dato von ihme weiter
nichts mehr gehöret, und es liegen ihme seine Gelder, die
ja nur überhaupt fünfhundert und zwanzig Thaler ausmachen,
nach Abzug der Unkosten, die sich über hundert und neun-
zig Gulden nicht belaufen (weilen jederman bei dieser Gelegenheit zu wenig bekommen zu haben geklaget) parat; wie
ich denn sowohl als der Hr. Hofrath Schmid noch wohl
zwanzig Gulden aus unsere Säcke ohne solche zu berechnen
aparte Kosten gehabt. Unterdessen sind mir anliegende
Schreiben ohne Namen von Paris aus zugekommen, woraus
Ew. Hochwohlgeboren die infame Schreibart des Voltaire's
ersehen werden.

Ew. Hochwohlgeboren habe ich dahero weiter gehorsamst
ersuchen wollen, Seiner Königlichen Majestät von diesem
allen alleruntertänigst zu referiren; und keine Schreiben von
diesem infamen Menschen mehr anzunehmen, maßen ihme sein
Geld, wann er sich selbsten melden wird, ohne Anstand nach
Abzug der Kosten ausbezahlt werden wird. Womit ich mich
zu Dero hochschätzbaren Wohlgewogenheit anempfehle und
mit der vollkommensten Hochachtung beharren wollen,

Ew. Hochwohlgeboren ꝛc."

Die anonymen Briefe, deren Freytag erwähnt, und die
er seinem Schreiben beilegte, waren von Voltaire's Freunden,
ohne Zweifel auf seinen Betrieb, und vielleicht aus seiner
eignen Feder, von Paris in der Absicht ausgegangen, den
preußischen Residenten einzuschüchtern. Sie mußten ihren
Zweck verfehlen, und kamen überdies viel zu spät. Der
erste vom 12. Juli lautet:

„Il s'est répandu ici, Monsieur, des bruits si étran-
ges au sujet de l'arrêt de Madame Denis et de la manière dont elle a été traitée, le tout fondé sur la copie

qui court d'une lettre de cette dame, que vous ne pouvez désabuser trop tôt le public pour l'honneur du roi
votre maître et pour le vôtre. Vous avez sans doute
des correspondents à Paris et vous connaissez le ministre
de Sa Majesté Prussienne. Vous avez aussi M. Darget
sécretaire du cabinet de Sa Majesté qui demeure Rue
Française, près la comédie italienne. Ils ne sont pas
mieux instruits que le reste de Paris, et le bruit général est que le droit des gens a été ouvertement violé
à l'égard de Mad. Denis: quant à son oncle les bruits
sont partagés. C'est l'intérêt que je prends à la gloire
de Sa Majesté Prussienne qui m'engage a vous inviter
de faire cesser des bruits injurieux pour ce monarque.

Paris, 12 juillet 1753."

Der zweite, von derselben Hand geschrieben, ohne Datum,
wiederholt denselben Inhalt:

„Vous verrez, Monsieur, par la lettre et l'écrit ci-
joint ce qu'on peut dire de vous à Paris. Il importe
à votre honneur et à celui du monarque que vous re-
présentez comme son ministre de faire cessez des bruits
injurieux. Vous avez sans doute des correspondents à
Paris et Sa Majesté Prussienne y a des ministres et
des agents que vous pouvez informer de la manière
dont les choses se sont passées. Et les gazettes sont
encore une voie plus prompte."

Schließlich theilt Fredersdorff durch ein Schreiben vom
18. August des Königs letzte Befehle in Betreff der Vol=
taire'schen Gelder und seine eignen Versicherungen mit, daß
die ganze Sache nun als abgethan zu betrachten sei und Frey=
tag für sich keinerlei Nachtheil zu befürchten habe; er schreibt:

„Aus Ew. Hochwohlgeboren Schreiben vom 7. hujus
sowohl, als auch aus denen zwei beigefügten Briefen habe
hinlänglich ersehen, was Dieselben wegen der Voltairischen
Sachen bereits für Verdrießlichkeiten ausgestanden, und auch
noch ausstehen müssen. Ich habe aber die Ehre darauf in
ergebenster Antwort zu vermelden, daß Ew. Hochwohlgeboren
gar nicht Ursache haben, darüber fernerhin in Sorge zu

stehen, weil ich es durch meine Vorstellung bei des Königs Majestät dahin gebracht, daß dem Voltaire durchaus kein Gehör mehr gegeben werden soll.

Was seine Gelder anbetrifft, so sollen Ew. Hochwohl= geboren befugt sein, sie ihm verabfolgen zu lassen, doch würde nöthig sein dabei alle mögliche Präkaution zu nehmen, daß ihm ohne vorher ausgestellten Schein nicht das Geringste extradirt würde.

Seine beiden Briefe erfolgen wieder zurück, und Ew. Hochwohlgeboren dürfen sich um so viel weniger daran kehren, da sie Denenselben auf keinerlei Weise nachtheilig sein können. Ich empfehle mich hiermit Dero werthen Gegengewogenheit, und verbleibe mit einer beständigen Hochachtung

Ew. Hochwohlgeboren

Potsdam, den 18. August
1753.

gehorsamster Diener

Fredersdorff."

Während seines noch langen Lebens, und trotz der spä= teren Aussöhnung und erneuerten Zärtlichkeit hat Voltaire dem Könige diese Frankfurter Geschichte doch nie ganz ver= ziehen, vielmehr bei jeder Gelegenheit seine Klagen und Stachelreden darüber ausgelassen, und in den Fällen, wo er nicht wagte den König selber deßhalb anzuschuldigen, wenig= stens an dessen Werkzeugen seine Rache zu nehmen und alles aufzubieten suchte, um sie dem Spott und der Verachtung preiszugeben. Freytag spricht einmal gegen Fredersdorff aus, man trage vielleicht Bedenken, diese Sache unter die Latei= ner kommen zu lassen; allein sie nahm einen weit schlimmeren Verlauf, sie kam unter die Franzosen, — und ist bisher fast ausschließlich in deren Händen geblieben; auch den Deutschen war sie fast nur in der Gestalt bekannt, die es Voltaire'n beliebt hatte ihr zu geben, und die seine Freunde und Nachsprecher um so leichter gültig erhielten, als man preußischerseits darüber schwieg. In der Kunst des Ueber= treibens und Entstellens, in der Dreistigkeit des Vorgebens,

sehen wir aber Voltaire und sein Gefolge als nicht unwür=
dige Vorfahren der späteren Bulletinschreiber, die denn frei=
lich das Höchste leisten! —

Was Friedrich den Großen betrifft, so gewährt die ge=
gebene Darlegung wohl jedem die klare Ueberzeugung, daß
der König den widrigen Vorgängen, die sich an seinen er=
lassenen Befehl anreihten, völlig fremd ist, daß er sie weder
befohlen noch gewollt, noch irgend hat voraussehen können.
Die Verwickelung, einmal begonnen, setzte sich aus ihren
eignen Kräften von selbst fort, und zog jeden neuen Zufall
in sich hinein. Voltaire hat einen großen Theil des von
ihm Erlittenen selbst hervorgerufen, durch sein unzuverläs=
siges, wechselvolles Betragen, durch seine Ungebärde. An=
deres fällt den Umständen zur Last, der räumlichen Ent=
fernung, durch die Reise des Königs zufällig noch ver=
größert, den sparsamen und trägen Verbindungsmitteln, mit
denen damals die Welt sich noch behalf. Daß des Königs
Werkzeuge dem ihnen gewordenen Auftrage und seinen Fol=
gen nicht völlig gewachsen waren, ist richtig, ihm aber nur
als ein Unglück anzurechnen, dem die Herrscher leider zu
allen Zeiten ausgesetzt sind, und das sie nur allzuoft
erfahren. —

August Ferdinand Bernhardi.

Schreiben an seinen Sohn Wilhelm Bernhardi.

Das schöne Vorhaben, welches Sie mir ankündigen, be=
gegnet einem meiner längst gehegten Wünsche, und trifft grade
jetzt in eine Zeitstimmung, die für dasselbe als eine günstige
gelten darf. Mehr als sonst wenden sich Neigung und Fleiß
der Deutschen den Schriftstellern zu, welche unserer heutigen
Litteratur vorangingen und ihr die Wege bahnten. Allzu=
rascher Jugendmuth meinte bisweilen, diese Vorfahren un=
beachtet vorübergehen, ja wohl gar sie wegstoßen und zertreten
zu dürfen, im Wahn dadurch für sich selber mehr Boden
und leichteren Ruhm zu erlangen, aber solche Thorheit konnte
nicht lange gedeihen; reifer Sinn und vaterländisches Gewissen
rufen das Andenken jener Väter lebhaft hervor, nicht um bei
ihren Bildern stehen zu bleiben und ihr Ansehen starr zu
verehren, nein, sondern um aus ihnen neue Antriebe sicheren
Fortschrittes, aus ihren Leistungen Muth und Maß für neue
Aufgaben zu nehmen. Mit inniger Freude haben wir in
diesem Sinne die neue Erscheinung der Schriften von Kant,
Winckelmann, Lessing, Möser, Lichtenberg, Fichte, ja von
Gellert und Engel begrüßt, so wie die umfassenden Arbeiten
von Gervinus und Hillebrand nebst der Folge litterargeschichtlicher
Darstellungen von Prutz, Bock und Anderen, — aber Mannig=
faches und Großes ist in diesem Gebiete immer noch zu thun.

Besonders ist die Zeit der sogenannten romantischen Schule,
deren Häupter schon zum Theil dahingeschwunden, und deren
Schriften meist zur Seite gedrängt sind, noch keineswegs nach

Gebühr aufgehellt, ihr Verdienst ermessen, ihre Bedeutung anerkannt. Wo findet sich, nach so vielen Jahren seit seinem Tode, eine würdige Darstellung des Lebens und der Schriften Friedrichs von Schlegel, eines Mannes, der zu den Zierden der Nation gehört und zu den merkwürdigsten Erscheinungen aller Litteratur? Wo eine Schilderung dessen, was Schleier= macher als Mensch und Schriftsteller gewirkt? denn die sonst ausgezeichnete Prüfung des Schleiermacher'schen Geistes durch Schaller hat nicht solchen Zweck, sondern beschränkt sich auf das engere Gebiet des Gedankens. Sehr erwünscht, und doch schon sehr verspätet, kündet sich uns endlich eine erste Ausgabe der Werke August Wilhelms von Schlegel an, und gleichzeitig verlautet aus Wien, daß auch an eine Ausgabe der Schriften Friedrichs von Schlegel neuerdings gedacht werde.

Viel aber bleibt hier noch zu wünschen. Nicht die ersten Häupter allein haben für die Geschichte Geltung; auch ihre Genossen und Gehülfen, das ganze Leben, in welchem sie einherschritten, müssen in das Bild aufgenommen werden, wenn dasselbe den wahren Eindruck geben soll. Bis jetzt hat aus jenem Kreise nur Hardenberg=Novalis durch Ludwig Tieck's liebevolle Sorgfalt ein schönes Lebensdenkmal em= pfangen. Für Wackenroder, dessen Gefühls= und Sinnesart so einflußreich wurde, ist noch nichts geschehen, für Fouqué nichts, für Achim von Arnim und Brentano wenig. Aber am unbilligsten verabsäumt wurde bisher Bernhardi! Seit einem Vierteljahrhundert uns entrissen, entbehrt er noch immer sein Ehrengedächtniß, und das jüngere Geschlecht weiß kaum, wer er gewesen. Doch war er ein rüstiger Kämpfer seiner Zeit, ein nicht nur in die Litteratur und das Theaterwesen, sondern auch in die strenge Wissenschaft und in die Jugend= bildung stark eingreifender Mann. Mit Ludwig Tieck, mit Schleiermacher und beiden Schlegel verbündet, trug er zuerst und nachhaltigst in dem begonnenen Kriege gegen das wuchernde Unkraut gemeiner und geistloser Strebungen, in Berlin den örtlichen Angriff und das schreiende Getümmel der aufgeweckten und täglich gereizten Feinde, warf seine kritischen Schwärmer auf die Bühne, neckte und traf deren Verwaltung, geißelte gelehrte Schwächen und Anmaßungen, und machte durch seinen derben Humor, in welchem der Kenner Jean Paul Richter eine neue ursprüngliche Gattung erblickte, die Widersacher zum Gegenstande der Belustigung. Daneben jedoch pflegte er mit Treue des Lehrberufs, der Philosophie, zunächst auf den Geisteswegen Fichte's, gründete das Gedankengebäude einer allgemeinen Sprachwissenschaft. Was er im letzteren Fache geleistet, ist von Friedrich August Wolf und August Wilhelm von Schlegel nach Verdienst gepriesen, spät noch durch Wilhelm von Humboldt mit großen Ehren anerkannt worden.

Werden Sie ein vollständiges Bild dieses eigenthümlichen Mannes geben können? Sie waren, als er starb, noch zu jung, um alles festzuhalten und zu sammeln, was Ihnen jetzt dienen könnte. Ich zweifle, daß Sie alles auffinden und ausscheiden, was von ihm in Zeitschriften und Sammlungen vorhanden sein mag. Die gelehrten Arbeiten ohnehin, die philosophische Sprachwissenschaft, die philologischen Abhandlungen und Kritiken, müssen von Ihrem Zweck ausgeschlossen bleiben, wiewohl solche bei der Schätzung des Mannes schwer in's Gewicht fallen, und auch der Humor und Scherz dadurch, daß sie in solcher Begleitung gehen, einen ganz anderen Halt bekommen.

Ich weiß nicht, ob eine Zeichnung oder ein Gemählde vorhanden ist, das die Züge Ihres Vaters getreu wiedergiebt. Die Aehnlichkeit seines Profils mit dem Profil Bonaparte's war auffallend. Aus der dunkeln, südlichen Gesichtsbildung sprachen Scharfsinn und Laune, Derbheit und Wohlwollen. Seine Lust am Zerlegen und Verknüpfen nahm gern ihren Auslauf in's Komische, und Spott, Neckerei, Wortspiele und Possen lagen bei seinen ernsten Verhandlungen stets im Hinterhalt. In der Kunst, Witzworte und lustige Geschichten vorzutragen, hatte er die größte Meisterschaft; die zu seiner Zeit hierin Berühmtesten, einen Markus Herz, Engel, Zöllner, Euchel, übertraf er weit; in dem Roman: „Die Versuche und Hindernisse" (von Neumann und Varnhagen) ist das dreizehnte Kapitel mit seinen Anekdoten aus Bernhardi's Feder, allein die geschriebene Erzählung kann nicht wiedergeben, was die gesprochene leistet. Neben jenen gefährlichen Waffen besaß er, wie zur Ausgleichung, die außerordentlichste Gutmüthigkeit, und die Weichheit seines Herzens ging oft bis zur größten Verläugnung seiner selbst.

Ich würde Ihnen zu Ihrem Buch einen schönen Beitrag anbieten können, hätte ich in früheren Jahren den Vorgängen des Tages gleiche Aufzeichnung gewidmet, wie ich es wohl in späteren gethan. Wie vielmals haben wir, wenn unser Freund Chamisso dem Wachtdienst oblag, die Stunden der nächtlichen Stille mit ihm zusammen verlebt, in heiteren Gesprächen und strengen Studien, in frischer Lust und tiefer Selbstprüfung! Uns in Wissenschaft wie an Alter und Erfahrung überlegen, war dann Bernhardi unser freudiger Vormann, Lehrer zugleich und Gefährte, sprudelnd von Witz und Laune, Kenntnisse mittheilend und Gesinnung anregend; die wichtigsten allgemeinen Fragen und die engsten persönlichen Verhältnisse wurden hier ohne Scheu besprochen, in rückhaltlosem Vertrauen machte jede Wahrnehmung sich Luft, und Lust und Begeisterung der Jugend ließen hier im engen Raume der Wachtstube sich frei und sicher Vieles entfalten, was nachher am nüchternen Tage weder das Schulamt, noch der Kriegsdienst so ganz hätte vertreten mögen. Von allem diesen ist mir ein tiefer und lebhafter Eindruck, aber leider nur im Allgemeinen verblieben, das Einzelne ist aus der verdüsternden Nebelhülle, mit welcher sich die unbewachte Vergangenheit so schnell bedeckt, nicht mehr genügend heraufzubeschwören.

Verschieden von diesen Unterhaltungen, schärfer und gemessener, jedoch gleichfalls von Witz und Laune durchflochten, waren diejenigen, welche Bernhardi mit Fichte zu haben pflegte; auch bei diesen war ich oft gegenwärtig, meist nur als stiller Zuhörer, wenn die tiefsten Fragen der Philosophie dialektisch behandelt wurden, die Sprachwissenschaft nach dem Lichte reiner Begriffe rang, oder das Bürgerthum und Staatswesen sich gleicherweise der Prüfung des Gedankens, wie der Geschichte, unterwerfen mußte. War in solchen Erörterungen Fichte der unerschütterlich Feste und Einfache, so glänzte Bernhardi durch reicheren Stoff, den er stets mit Anmuth und oft in

überraschenden Schlagworten zu entfalten' oder zusammen=
zufassen verstand, so daß Fichte nicht selten das größte
Wohlgefallen an dem Gegner hatte.

Von solcher lebendigen Geistesmunterkeit geben freilich die
Schriften nur einen schwachen Abglanz; einen Abglanz aber
doch, und dieser wird hoffentlich manchen Sinn erfreuen und
vielleicht neue Thätigkeit anregen.   Ich glaube versichern zu
können, die deutsche Lesewelt wird das von Ihnen Dargebotene
mit Dank empfangen und durch frische Theilnahme gern dazu
mitwirken, daß künftig eine bereicherte Sammlung und ein
vervollständigtes Bild erscheinen könne! —

Berlin, den 10. November 1845.

Karl Müller.

Die Helden unserer Befreiungskriege gehen einer nach dem anderen dahin, bald wird keiner mehr übrig sein, der sagen kann: Ich habe des Vaterlandes Noth und Schmach mitgetragen, zu seiner Rettung nach Kräften mitgestrebt! — Als Helden aber rechnen wir nicht die des Kriegerstandes allein; es gab andere und größere Gefahren als die des Schlachtfeldes, und härtere Prüfungen und Schicksale als der Tod und die Wunden des Waffenkampfes. Die vorliegenden Blätter sollen das Andenken eines der würdigsten und tüchtigsten jener Vaterlandseifrigen bewahren, die sich in allen Ständen erhoben, eines Mannes, der ohne die äußeren Zeichen oder entsprechenden Rangstufen seines kriegerischen Berufes in bescheidener Stille unermüdlich und fruchtbar gewirkt hat, und bei dessen Bilde die Geschichte, welche Tausende im Leben Hochgestellte spurlosem Vergessen überläßt, in liebevoller Anerkennung verweilen mag. —

Karl Christian Müller wurde zu Klebitz, einem Dorf unfern Wittenberg, am 13. April 1775 geboren. Sein Vater war daselbst Landprediger, und leitete den Knaben, den ältesten von vier Brüdern, durch Beispiel und Lehre zum Fleiß und Eifer in allem Guten, besonders auch zu rechtschaffener Frömmigkeit an, in welcher ein geläuterter Glaube mit hellem Denken und ächter Menschenliebe sich einträchtig vereinigte. Der Knabe wuchs in blühender Gesundheit groß und kräftig heran, und zeigte körperlich wie geistig eine frühe Reife. Seine Wißbegier und besondere Liebe zum Lesen erregten in ihm selbst wie in seinen Angehörigen den Wunsch, daß der Weg gelehrter Bildung ihm eröffnet würde; jedoch die Amtsgeschäfte des Vaters ließen demselben nur wenige Zeit zur Ertheilung eines täglich anspruchsvolleren Unterrichts, noch gestatteten die spärlichen Einkünfte einen Hauslehrer anzunehmen. Da kam von einem Freunde, dem Prediger Wagner in Kropstädt, das erwünschte Anerbieten, für seine Söhne und den jungen Müller auf gemeinschaftliche Kosten einen Hofmeister zu halten, der auch in einem der grund= gelehrten Kandidaten, an denen die trefflichen Schulen Kur= sachsens es nie mangeln ließen, für geringe Kosten bald gefunden war. In Kropstädt blieb Müller viertehalb Jahre, und lernte hier Griechisch und Lateinisch mit solchem Fleiß und Erfolg, daß er zum Herbst 1787 in die Fürstenschule zu Meißen in seinem zwölften Jahre als kurfürstlicher Alumnus ohne Schwierigkeit eintreten konnte. Nun waren seine ferneren Studien gesichert, denn dem Fürstenschüler konnten auch für die Universität künftig die erforderlichen Stipendien nicht fehlen; er fühlte sich hier in den Schooß des Glückes versetzt, sein heißester Wunsch, dem bisher noch viele Sorgen und Zweifel entgegenstanden, war in herrlichster Weise gewährt. Frei konnte er sich seinem Hang und Eifer hingeben, und in dem ganzen Gebiete der Wissenschaften alles ergreifen und genießen, was seinen freudig=regen Geist anzog und befriedigte. Der strengen Schulzucht unterwarf er sich leichter als Andere, da er bei seinem Fleiß und Wandel sich weniger von ihr berührt, und für den Zwang, den sie auf= erlegte, durch den Gewinn der höchsten Güter sich so reich entschädigt fühlte. Die älteren Schüler legten in jener Zeit den jüngeren herkömmlich Bedrückungen auf, gegen welche selbst bei den Lehrern kein ausreichender Schutz zu finden war. Müller aber wehrte dergleichen theils durch seine sittliche und geistige Ueberlegenheit ab, theils, wo es nöthig wurde, durch seine Körperstärke, die für seine Jahre sich als eine außerordentliche zeigte, keinen einzelnen Gegner scheute, oft aber auch mehreren gewachsen war. Diese Eigenschaften ver= bunden mit früh entwickeltem Sinn und Eifer für Gerechtigkeit, gaben ihm solches Ansehen und Vertrauen bei seinen Schul= genossen, daß er bei vorkommenden Streitigkeiten gern zum

Schiedsmann erwählt und seinen Aussprüchen ohne Widerrede gehorcht wurde.

Die Kenntniß der alten Sprachen galt auf der Fürsten= schule als Hauptsache, Müller bemächtigte sich derselben in seltenem Grade. Mit voller Neigung wandte er sich besonders den Dichtern zu, und versuchte bald, außer den vorgeschriebenen Uebungen in lateinischer Verskunst, auch deutsche Verse, Oden und Elegieen in antiken Maßen, nicht minder gereimte Lieder, bisweilen schalkhaften Inhalts. Er unternahm sogar eine Uebersetzung der Aeneis in deutsche Hexameter und fügte einen deutschen Kommentar des Textes hinzu. Doch blieb sein Fleiß nicht innerhalb dieses Sprachgebietes stehen, sondern zeigte zugleich eine große Liebe zur Mathematik, Physik, Geschichte und Geographie, wobei eine entschiedene Neigung hervortrat, diese Kenntnisse in praktischer Anwendung zu ver= folgen. Sechs Jahre blieb Müller in der Fürstenschule zu Meißen, unter den Rektoren Matthäi und Müller, und bezog dann im Oktober 1793, mit den rühmlichsten Zeugnissen versehen, die Universität Wittenberg, wo er sich zum Studium der Theologie einschreiben ließ. —

Er hätte vorgezogen in Leipzig zu studiren, wo sein ge= wähltes Fach damals ihm günstiger besetzt schien, allein der Vater wollte ihn durchaus in seiner Nähe und gleichsam unter seinen Augen haben, und bestand auf Wittenberg. Müller fand auch hier treffliche Lehrer, unter welchen besonders Weber, Nitzsch, Schleusner und Schröckh seinem dankbaren Herzen theuer blieben, und persönliche Verhältnisse machten ihm den Aufenthalt bald angenehm. Unter den Mitstudirenden erwarb er bald Freunde, namentlich den Wittenberger August Zenne, mit dem später gleiche Gesinnungen und Arbeiten ihn noch näher verbanden. Durch Leibesgestalt und Stärke ragte er sichtbar über alle Mitstudirenden hervor, sein erprobter Muth und seine feste Haltung durften jedem Bedrängten eine sichere Stütze dünken. Als vorzüglicher Fechter hatte er sich bald in Ansehen gesetzt, als Reiter und Pferdebändiger leistete er Außerordentliches; aber wie seiner Hand vertraute man auch seinem Urtheil, und er übte in seinem Kreise eine Art richterliche Macht. Seine Stärke, von der wunderbare Proben

erzählt wurden, verleitete ihn nie zur Gewaltsamkeit, sondern
ordnete sich willig unter, sobald von Recht oder Sittlichkeit
die Rede war. Ergriffen von den Ideen der Zeit, nahm er
nicht nur selbst einen höheren Aufschwung, um für allgemeines
Menschenwohl zu wirken, sondern wollte auch Andere für
solchen Zweck vereinigen. Er entwarf den Plan einer Ver=
brüderung, eines Ordens der freien Männer, die zunächst die
Universitätsfreunde umfassen, später aber auch in das bürgerliche
Leben übergehen sollte. Die Grundlagen waren einfach und
harmlos, in dem engen Gesichtskreise der Theilnehmer konnte
der Zweck kaum über die Selbstveredelung der Einzelnen
hinausgehen, und wenn je der Staat in Betracht kam, so
war es, um seine Gesetze zu ehren, sein Ansehen zu befördern.
Auch die Ausrottung des Zweikampfes, als eines unsittlichen,
unvernünftigen Hülfsmittels falscher Ehre, ließ man sich
angelegen sein, und Müller konnte um so sicherer dem Vor=
urtheil absagen, als er schon genug bewiesen hatte, daß weder
Muth noch Gewandtheit im Waffenspiel ihm fehlten.

In Wittenberg blieb Müller vier Jahre. Nach Vollendung
seiner Studien, wohlbegründet in der Theologie, ausgezeichnet
auch in anderen Wissenschaften, zu denen freie Neigung ihn
getrieben, empfing er im Oktober 1797 den nach damaligen
Umständen vortheilhaften Ruf als Hauslehrer der drei Söhne
der Baronin von Flemming auf Falkenhain. In diesem
Verhältnisse blieb er fünftehalb Jahre, und gewann auch hier
durch sein ehrenfestes Benehmen, durch seinen Fleiß und seine
Treue in Erfüllung der übernommenen Pflichten, die Achtung
und Zuneigung nicht nur des Hauses, sondern auch aller
Freunde und Besucher desselben. Als eifriger Kandidat ver=
säumte er nicht, auch auf seinen künftigen Predigerberuf sich
vorzubereiten, und bestieg oft die Kanzel, und solchen Beifall
erwarb seine kraftvolle und würdig=ernste Rede, daß ihm
beim Austritt aus dem Flemming'schen Hause, im Frühjahr
1802, das Amt eines Oberpredigers in Goltzen angetragen
wurde. Seine bescheidenen Wünsche waren hiermit erfüllt,
und freudig wollte er die Stelle antreten, welche wahrscheinlich
seinen Lebensgang in diesem Kreise für immer festgehalten

hätte, als ihm unvermuthet eine Eröffnung gemacht wurde, die ihn zu ganz anderen Laufbahnen führen sollte.

Der kursächsische General von Christiani hatte Müller'n kennen gelernt, und ihn dem Oberkammerherrn Graf Bose in Dresden so nachdrücklich empfohlen, daß dieser von ihm die günstigste Meinung faßte, und den lebhaften Wunsch hegte, seinem ältesten Sohne, der eben die Universität beziehen sollte, einen so trefflichen Mann als Führer mitzugeben. Gewohnt, seine Vorsätze nicht leicht aufzugeben und keine Mittel zu sparen, um seine Zwecke zu erreichen, ließ er sich auch jetzt durch die Schwierigkeiten nicht abschrecken, und unternahm es sogleich, die für Müller schon in Aussicht gestellte bedeutende Versorgung durch glänzende Anerbietungen aufzuwägen. Müller wollte den ehrenvollen und vortheilhaften Ruf nicht ausschlagen, verzichtete auf die Oberpredigerstelle, und ging mit seinem neuen Zögling auf die Universität nach Leipzig. Graf Bose — die Familie hat ursprünglich vor ihrem Namen kein „von" — greift in Müller's Leben so bedeutend ein, daß es wohl nicht ungehörig erscheint, wenn wir von ihm eine kurze Schilderung nach Angaben, die wir von Müller's Hand vorgefunden, hier einfügen. Er war in Baireuth geboren, wohin sein Vater sich aus Sachsen an den Hof des letzten Markgrafen begeben hatte, kam aber im zwölften Jahre nach Leipzig, wo er von guten Lehrern Unterricht empfing, später die Vorlesungen an der Universität besuchte, und hier besonders von Gellert ausgezeichnet wurde. Hierauf ging er mehrere Jahre auf Reisen, hielt sich geraume Zeit in Paris, dann lange Zeit in Wien auf, wo er die Gunst und Vorliebe des Fürsten von Kaunitz auf sich zog, und auch dem Orden der Freimaurer mit forschendem Eifer beitrat, welche beiden Verhältnisse auf sein ferneres Leben von großem Einfluß blieben. Nach Sachsen zurückgekehrt und hier standesgemäß verheirathet, trat er in die Dienste des Kurfürsten, wurde Gesandter in Stockholm, dann in Dresden Hofmarschall und später Oberkammerherr. In letzterer Eigenschaft war ihm auch die Oberleitung der großen Bibliothek übertragen, die er in Ordnung bringen ließ und durch neue Vorschriften, so wie durch erhöhte Besoldung und Thätigkeit der Beamten, zuerst

7*

der freieren Benutzung öffnete; gleiches Verdienst erwarb er sich bei anderen ihm zugewiesenen Anstalten der Wissenschaft und Kunst. Nach den Kriegsunfällen des Jahres 1806 wurde er nach Berlin zum Kaiser Napoleon gesandt, und erlangte hier die für Sachsen unerwartet günstigen Bedingungen des Friedens und eines Bündnisses, das dem Lande damals vortheilhaft schien, aber den Gesinnungen vielfach widersprach. Zum Minister der auswärtigen Angelegenheiten ernannt, suchte er bei der Fremdherrschaft vor allem das Wohl des Landes zu wahren, während er deutschgesinnt blieb. Er war ein bildschöner Mann, in dessen lebhaften Bewegungen männliche Würde und höchster Anstand sich vereinigten. Sein durchdringender Scharfsinn erkannte schnell den Zusammenhang der Dinge, und ersetzte leicht, was ihm an bestimmten Kenntnissen bisweilen mangeln mochte; seine natürliche Wohlredenheit gab allem, was er sagte, Kraft und Anmuth. In Gesellschaft unterhaltend, witzig, munter, in Geschäften ernst, bündig, rasch, stand er als Hof- und Staatsmann in gleicher Auszeichnung. Die Anhänglichkeit an seinen Fürsten ging bei ihm bis zur Leidenschaft. Von unbestechlicher Ehrenhaftigkeit, reinen Sinnen, gottesfürchtig ohne Frömmelei, war er auch im Privatleben musterhaft, ein guter Hausvater, fürsorglich für seine Nächsten, wohlthätig und freigebig in weitem Kreise. Er liebte das Landleben, freute sich der schönen Natur, und war vollkommen beglückt, wenn er mit seinen Hausgenossen bei Musik und Gesang, in deren Ausübung er selber Vorzügliches leistete, oder in traulichem Gespräch aller Reizungen der großen Welt vergessen konnte.

Die eigenthümliche Geistesart des Grafen näher einzusehen, dient am besten ein von ihm geschriebenes Blatt, welches er Müller'n beim Beginn des neuen Verhältnisses übergab. Dasselbe ist vom April 1802 und lautet wie folgt: „Mein lieber Sohn tritt nun nächstens in eine andere Welt; aber, immer noch nicht in die wirkliche. Er wird jetzt das Bild zweier Inseln! Noch bleibt er auf dem Ideen-Eilande, und wird allmählig mit der Brücke bekannt gemacht, die zu der wirkenden Welt-Insel führt. Dieses schlecht gewählte Gleichniß enthält doch Wahrheit, und meines Sohnes ganze

Instruktion. — Immer habe er die wirkliche, handelnde, wirkende Welt vor Augen, und im Andenken (er weiß schon manches davon!), und finde weder sich, noch irgend Einen aller derer, von jedem Alter und Stande, mit welchen er als Studirender zu thun haben wird, noch darinnen angestellt. Daher gewöhne er sich durchaus an keine dort vorkommenden Systeme, Meinungen, Sitten, Gebräuche und Moden noch Lebensart, daß ihm etwas zur zweiten Natur werde, was die wirkende Welt modifizirt, widerspricht, tadelt oder wohl gar verwirft. Stets begleite ihn der Gedanke jener Brücke, welche etwas so ganz Verschiedenes von dem Lande ist, wohin man, durch sie zwar, nothwendig und ausschließlich, zu gelangen gedenkt. — Ein rastlos aufmerksamer Beobachter, mit angespannter Beurtheilungskraft und Gedächtniß, in mancherlei Wissenschaften, unter steter Hinsicht auf unsere ernstliche moralisch=religiöse Bestimmung, · zu werden: dieses sind nun also die Uebungen, welche die Vervollkommnung des Geistes und die Zukunft von meinem Sohn fordert, und ihm zur Pflicht macht, so lange derselbe auf dieser Brücke verweilen wird. — So viel kürzlich zum baldigen Abschiede, mit väterlichem Herzen, aus dem großen Buch der Erfahrung, mit schuldiger Warnung, und den seligsten Hoffnungen; im Vertrauen auf den Vater und Führer unser Aller! — Wenn mein Sohn nun, bei jeder seiner Handlungen, seinen ihn begleitenden Freund zu Rathe ziehen, und mit ihm aufrichtigst über die Gegenstände derselben jederzeit Rücksprache halten wird, so kann derselbe auch, nach dem Zutrauen, das ich in jenen setze, alsdann mit Zuversicht hoffen, daß, wenn er dem Resultat dieser Verabredungen zutraulich folget, es eben so gut ist, als hätte er, in Dingen wo meine Meinung nicht erlangt werden mag, nach meinem wirklichen Geheiß gehandelt; und wie wichtig ihm dieses stets sein und bleiben müsse, erspare ich mir, getrost, weitläufig zu bemerken. Graf von Bose.''

Mit dem Vater und bald auch mit dem Sohne stellte sich das Verhältniß Müller's in würdiger, ehrenvoller Weise fest. Nicht nur hatte er an der überaus reichen, für das tägliche Leben angewiesenen Ausstattung seinen vollen Antheil, sondern er verfügte auch über solche nach eigner Einsicht. Die Leitung der Studien war ohnehin seinem Ermessen größtentheils anheim gegeben. Der lebhafte Briefwechsel, den er mit dem sorgsamen, überall wenigstens mitrathenden Vater unterhielt, bezeugt auf allen Seiten das Zutrauen, dessen er genoß, den freundschaftlichen Ton und Sinn des ganzen Verhältnisses. Gewissenhaft erfüllte er jede seiner Pflichten treulichst, behielt aber dabei noch viele Stunden täglich frei, die er mit Eifer den Wissenschaften widmete, besonders solchen, welche er bisher um der Theologie willen minder hatte betreiben können. Er hörte Vorlesungen über die Rechtswissenschaft, die Mathematik und die Geographie, und legte so den festen Grund zu den Staats- und Kriegswissenschaften, welche später ihn ganz erfüllen sollten. Oeftere Besuche mit seinem Zögling in Dresden und kleine Reisen unterbrachen die Einförmigkeit, des Studirlebens, und brachten manche für die Folge nützliche Anschauung und Erfahrung.

Müller's Führung des jungen Grafen erreichte ihr natürliches Ende, und er stand im Begriff einen neuen Lebensberuf zu wählen, als er durch den Antrag überrascht wurde, auch den jüngeren Bruder seines Zöglings in Obhut und Leitung zu nehmen, der inzwischen zur Universität herangereist war. Müller bequemte sich nur ungern diesem Ansinnen, denn sein Geist hatte sich bereits anderen Richtungen und Thätigkeiten zugewandt, und die Sache des deutschen Vaterlandes ihn mächtig angezogen. Schon die Siege der Franzosen im Jahre 1805 und die Auflösung des deutschen Reiches, noch mehr die im Jahre 1806 erfolgte Stiftung des Rheinbundes und das Kriegsunglück Preußens, hatten Müller's Gemüth mit Schmerz und Zorn erfüllt, die Schmach und der Druck der Fremdherrschaft entflammten ihn zu Haß und Rache. Graf Bose hatte mit den Franzosen die freundschaftlichsten Beziehungen zu unterhalten, und obschon Müller wußte, wie keineswegs hiebei die Gesinnung, sondern vielmehr der Zwang der Umstände wirkte, so standen doch diese Verhältnisse mit seinen innersten Gefühlen so sehr in Widerspruch, daß auch der gebotene Schein guten Vernehmens mit den Franzosen ihm unerträglich dünkte. Jedoch der dringende Wunsch des

Grafen, verbunden mit neuen großen Versprechungen, die Ehre und das Zutrauen, welche in dem Anerbieten lagen, endlich Dankbarkeit und Zuneigung, bestimmten ihn, das bisherige Verhältniß auch mit dem neuen Zögling fortzusetzen.

Mit den Franzosen hatte Müller schon in Leipzig allerlei Verdrießlichkeiten; ihm war es unmöglich, dem Uebermuthe der Einzelnen in Gesellschaften oder an öffentlichen Orten nicht bisweilen entgegen zu treten; schon seine mächtige Gestalt und sein kraftvolles Aussehen mußten ihm auferlegen, manche Begegnisse scharf zu behandeln, bei denen eine minder auffallende Persönlichkeit allenfalls gelassen bleiben konnte. Mißlichere Händel aber standen ihm in Dresden bevor. Mit seinem Zöglinge öfters dorthin zu Hoffesten berufen, wo die Franzosen nun die höchste Geltung hatten, kam es mehrmals zu herben Erklärungen, und gerade die Entschiedenheit des Trotzes und Muthes, mit der sie gegeben wurden, mag wesentlich dazu beigetragen haben, daß nicht üble Folgen daraus entstanden. Das Schlimmste jedoch war ein Vorfall, bei welchem Müller mit dem Marschall Davoust selber zufällig in Hader gerieth, und der sehr bedenklich werden konnte, hätte nicht Graf Bose seine vermittelnde Gewandtheit zur Beschwichtigung des erzürnten Feldherrn aufgeboten.

In Leipzig setzte Müller seine höheren Studien fort, besonders aber legte sich sein Fleiß auf die Kriegsgeschichte, und Kriegskunst, welche ihm für die Deutschen jetzt das Nöthigste dünkte, weil ihrer Sache kein anderes Heil als die Waffen verblieben sei. Er lebte hier in einem ausgezeichneten Kreise strebender edler Jünglinge, die sich nach dem Maß ihrer deutschen Gesinnung nur enger ihm anschlossen. Außer dem jungen Grafen Bose studirten in Leipzig dessen sächsische Landsleute Graf von Friesen und Graf von Schönfeld, beide nebst dem Führer des letzteren, dem damaligen Magister August Wagner, waren lebhaft entbrannt für die deutsche Sache. Graf Friedrich von Pückler aus Tannhausen in Schlesien, und ebendaher Fürst Eduard Lichnowsky, gaben den muthigsten Eifer kund. Nach dem Schlage, der die Universität Halle durch die Franzosen getroffen, hatte sich der Mecklenburger Johannes Schulze von dort nach Leipzig ge=

zogen, und war nebst dem wackeren tüchtigen Seume und unserem Müller die Seele der sich bald fester schließenden deutschen Verbindung, zu welcher Franz von Elsholtz aus Berlin, die Leipziger Buchhändler Heinrich Gräff und Reclam, ein ehmaliger Husarenrittmeister von Stockmeier und noch viele Andere gehörten; auch sogar der Kriegsrath von Cölln bot seine Theilnahme an. In nahem Bezuge zu diesen Personen sowohl als zu deren politischen Zwecken standen zwei Grafen von Pahlen aus Liefland und ein Baron von Krüdener aus Kurland, der infolge eines Zweikampfes den einen Arm verloren hatte, dessen Kampflust aber dadurch nicht geschwächt war. Man fand sich häufig in den sonntäglichen Abendgesellschaften des Professors Erhard, und suchte hier politisch zu wirken, erkannte aber bald diesen Boden nicht tauglich. Sicherer fühlte man sich in der Freimaurerei, der die meisten der genannten Männer angehörten, und in der Loge Minerva zu den drei Palmen hielten Müller und Seume, besonders aber mit hinreißendem Feuer Johannes Schulze, begeisternde Vorträge. Müller war unermüdet in allen Richtungen, nah und fern, durch Rede und Schrift, das Vaterlandsgefühl zu beleben, die Zahl der zuverlässigen Verbildeten zu mehren. Von seinem ansehnlichen Einkommen unterstützte er mehrere wackere, treugesinnte Offiziere, welche durch die Ereignisse der Jahre 1805 bis 1807 dienst- und hülflos geworden waren. Die Universitätsferien pflegte er mit der Familie Bose in Dresden und auf dem Landsitze Gamig zuzubringen.

Diese Lebensart und Betriebsamkeit dauerte bis zum April des Jahres 1809, wo auch der jüngere Graf Bose die Universität verließ, und Müller's bisherige Verhältnisse von selbst aufhörten. Der alte Graf wollte seine Dankbarkeit dem trefflichen Manne, der seine ganze Achtung besaß, in glänzender Weise bezeigen, und da er wußte, daß die Theologie von Müller schon längst aufgegeben war, so dachte er ihm auf anderem Gebiete die vortheilhafteste Versorgung zu. Er ließ ihm das Postdirektoramt in Leipzig, oder, falls er sie vorzöge, die Generalpacht der dortigen sechs Tageblätter anbieten; allein Müller hatte keine Lust, sich in dieser bewegten

Zeit bürgerlich festzusetzen, und schlug beiderlei Anerbietung aus. Der Graf, um ihn zu entschädigen, machte ihm hierauf, unter Bezeigung seines herzlichsten Dankes, die ansehnliche Summe von sechstausend Thalern zum Geschenk.

Müller fand sich unerwartet so reich, wie er nie zu werden gehofft, und zweifelte keinen Augenblick, welchen Gebrauch er von seinem Schatze zu machen habe. Er wandte sich zuerst in seine Heimath, wo er die Seinigen beschenkte, und in Wittenberg unter dem Dekanate Grohmann's die philosophische Doktorwürde erwarb. Hierauf kehrte er nach Leipzig zurück, das noch für einige Zeit der Mittelpunkt seiner vaterländischen Thätigkeit blieb. Reichlicher flossen seine Unterstützungen den verarmten Offizieren zu, welche mit Kummer und Noth rangen, um nur nicht ein verhaßtes Unterkommen anzunehmen. Die Schaaren dieser dienstlos gewordenen Kriegsmänner wurden, besonders nach dem Frieden von Tilsit, der alle noch schwebenden Hoffnungen zerstörte und die schlechte Lage der Dinge entschieden feststellte, im ganzen nördlichen Deutschland ein schmerzlicher Augenschein des allgemeinen Unglücks. Jeder suchte sich zu helfen wie er konnte, durch neue Anstellung, Wanderung in die Fremde, Eingehen in andere Berufe, Zurückgezogenheit in dürftige Enge, Zuflucht bei Freunden. Den schlechtesten Theil dieser Verunglückten zogen die vom Fürsten von Ysenburg in Napoleon's Auftrag errichteten Regimenter an sich; Andere fanden bei den süddeutschen Regierungen, deren Kriegsstand sich vergrößern mußte, gute Aufnahme; noch Andere, und darunter sehr Edle und Tüchtige, die sich von Heimath und Landsleuten nicht trennen konnten oder mochten, gingen sogar in den Dienst des neuen Königreichs Westphalen. Ein Häuflein der Treusten und Ergrimmtesten, welche durch zwingende oder zufällige Umstände nicht in dem nun sehr verringerten preußischen Heere sein konnten, widmete sich auf eigne Hand und Gefahr dem Dienste des Vaterlandes, suchte aus allen Kräften den Haß gegen den Feind zu entflammen, die deutsche Gesinnung zu stärken und für künftige Ereignisse zu bereiten. Mit solchen Männern trat Müller in engste Gemeinschaft, unterstützte die Bedürftigsten, half ihre augenblicklichen Zwecke ausführen, und suchte ihren Betreibungen Zusammenhang und Ausdehnung zu geben. In ähnlichem Sinne war schon in Königsberg der sogenannte Tugendbund entstanden, der die mannigfachsten Mitglieder zählte, arme und reiche, vornehme und geringe, von denen eine kleinere Zahl besonders Eifriger sich ganz und ausschließlich den Zwecken des Vereins hingab. Müller kam leicht mit diesen Männern in Berührung, führte ihnen seine Gleich=gesinnten zu, und trat mit ihnen dem Tugendbunde bei.

Die Entstehung des Tugendbundes ist bekannt, die Ge=schichte seines Wirkens liegt größtentheils im Dunkeln. Man darf behaupten, seine wahre Thätigkeit habe erst recht begonnen, als er sein erkennbares Bestehen hatte aufgeben und sich in's Verborgene zurückziehen müssen. Konnte man auch mit Wahrheit sagen, daß viele der angesehensten und ruhmvollsten Männer, die früher als Mitglieder genannt worden, dies nie gewesen, so waren sie es doch nur deshalb nicht, weil sie es dem Buchstaben nach wollten verneinen können, im Geiste jedoch dem Bunde innigst angehörten, und mit ihm gemeinsam wirkten. Mag immerhin manche der Unternehmungen und Absichten sich in Nichts aufgelöst haben, mancher unausführbare Plan ausgearbeitet worden sein, das Zusammenhalten des Eifers und das Vorbereiten der Mittel hat sicher unberechenbar genützt, und die Vorstellung schon von dem Dasein solcher Genossen war überall in Deutschland den Gleichgesinnten ermuthigend, dem Feinde eine stete Besorgniß und Unruhe. Der Auszug Schill's, das Unternehmen Katte's, und mancher andere kühne Versuch, gingen aus dem Tugendbunde hervor oder wurden von ihm unterstützt; das Mißlingen schadete kaum, weil die Beispiele zeigten, was für Möglichkeit offen lag, und doch Sinn und Muth dieselben blieben. Jahn hat uns dankenswerthe Bilder damaliger Vorgänge in seinen wunderlich=trefflichen „Denknissen eines Deutschen" aufbewahrt. Wie vielfache und wichtige Züge vaterländischer Gefahren und Abentheuer würden uns vorliegen, wenn Schleiermacher, Reimer, Barnekow, Hirschfeld, Rumohr und besonders unser Müller, ähnliche Aufzeichnungen hinterlassen hätten! Manche Aufhellung steht vielleicht in der Folge noch zu erwarten, denn allerdings sind sogar unsere Tage jenen Zeiten noch nicht fern genug, um alles ohne Scheu sagen zu dürfen. Wir müssen uns begnügen, in Betreff Müller's die spärlichen Angaben mitzutheilen, welche uns aus vertrauter früheren Kunde in der Erinnerung geblieben oder nachträglich aus guter Bewahrung sich eröffnet haben.

Hier ist sogleich mit Nachdruck hervorzuheben, daß in jener Zeit alle deutschen Hoffnungen sich innigst mit den preußischen verbanden, und die Wohlgesinnten aller Volksstämme das Heil der deutschen Zukunft vorzugsweise von Preußen erwarteten, von dem gedemüthigten, zerschmetterten Preußen, das aber selbst in seinem kaum geretteten Ueberbleibsel noch immer der umfangreichste, geistkräftigste und kriegsfähigste deutsche Staat blieb, mit dem kein anderer, wenn auch durch die neusten Ereignisse noch so gehobener und begünstigter, an Macht und Gehalt sich messen konnte. In Preußen allein war auch die zwischen Regierung und Volk so nöthige Gemeinschaft und in beiden die lebendige Gesinnung, gegen die Fremdherrschaft aufzustehen und das Befreiungswerk muthig auszuführen. Wer an der Donau und am Rhein, an der Elbe und Weser solche Gesinnung und Gedanken hegte, der war eben dadurch gut preußisch, und den mit Frankreich verbündeten Regierungen abgeneigt, ja feindlich. Wie stark diese Sympathie wirkte, sehen wir in Müller's Beispiel auffallend ausgesprochen. Sohn eines sächsischen Predigers, Zögling der Fürstenschule zu Meißen, Student in Wittenberg mit dem Blick auf erwünschte Versorgung in der Heimath, Hausgenosse und Freund des angesehensten sächsischen Ministers, dabei von Gefühlen der Zuneigung und des Dankes, der Liebe und Treue für Land und Fürsten durchdrungen, — wer hatte wohl mehr Ursache, ein Sachse zu sein, als Müller? Und eben dieser Sachse, weil er höheren Vaterlandssinn hegte, wurde in jener Zeit ein Preuße, wurde es für immer! Der äußerlich begünstigten, zum Königreich erhobenen, in Glanz und Wohlfahrt stehenden Heimath und den eignen vielversprechenden Aussichten freiwillig entsagend, schließt er sich dem geschmähten, unter dem Drucke fast erliegenden, ihm keine Gunst, keinen Vortheil, ja kaum sicheren Anhalt bietenden Lande zuversichtlich an, einzig darum, weil er in ihm allein

den Kern erkennt, aus dem die Herstellung eines freien Vater=
landes, eines ächten Deutschlands ihm möglich dünkt!

Müller kam im Mai 1809 zuerst nach Berlin, wo er
die persönliche Bekanntschaft vieler Mitverbundenen machte,
und sofort mit Aufträgen bedacht wurde, die sowohl Muth
als Gewandtheit voraussetzten. Müller saß ganze Nächte
hindurch bei der Arbeit. Der mit allen Volkskräften erhobene
Krieg Oesterreichs gegen die Franzosen setzte alle Hoffnungen
in Bewegung, eröffnete hundert Möglichkeiten, für die man
vorbereitet sein mußte. Müller entwarf strategische Pläne
und kriegerische Anordnungen, welche fast allen Wechselfällen
entsprachen, die als die nächstwahrscheinlichen vorherzusehen
waren. Diese Entwürfe wurden durch Gruner einem Aus=
schusse vertrauter Kriegskundigen vorgelegt, unter denen auch
der Prinz August Ferdinand von Preußen sich befand. Ohne
die Unfälle der Oesterreicher in Baiern würden die Preußen
unfehlbar in Norddeutschland losgebrochen sein, alle Anstalten
waren dazu getroffen, der General von Blücher harrte mit
Ungeduld des entscheidenden Befehls. Müller lieferte die
genauesten Nachrichten über die Stellung und Zahl der fran=
zösischen Truppen, gab mit Sicherheit die Punkte an, wohin
der erste Stoß zu leiten, wo die kräftigste Volkserhebung zu
gewärtigen war. Gleichzeitig richtete sich seine Aufmerksamkeit
nach Polen, wo die Preußen den unter dem Erzherzoge Fer=
dinand vorrückenden Oesterreichern die Hand bieten sollten.
Die Siege des Kaisers Napoleon vereitelten alle diese An=
schläge, deren nur vereinzelt und voreilig versuchte Ausführung
von Schill und seinen Gefährten nutzlos mit dem Leben
bezahlt wurde!

Müller's und seiner Gleichgesinnten Muth und Vertrauen
zur vaterländischen Sache wurde durch kein Mißgeschick ge=
brochen. Sie waren rastlos in neuer Betriebsamkeit, in
neuen Anknüpfungen. Die Leitung der preußischen Angelegen=
heiten hatte nach dem Ausscheiden des Ministers vom Stein
in verschiedenen Händen geschwankt, bis der im Jahre
1810 zum Staatskanzler ernannte Freiherr von Hardenberg
sie in traurigstem Zustand übernahm, und die äußere Er=
hebung durch innere Stärkung vorzubereiten strebte. Mit

Hardenberg stand Müller bald in naher Verbindung, und genoß das volle Vertrauen desselben. Solches Vertrauen forderte seinen eignen Schein zum Opfer, man mußte sich das Ansehen geben, einander nicht zu kennen, man trennte sich in der That, und ging abgesonderte Wege zu demselben Ziel. Der Staatsmann hatte Rücksichten zu beobachten, auch er bestand Gefahren genug, wie das Beispiel Stein's und später Justus Gruner's zeigte; es wäre nutzlos gewesen, ihn auch die Wagnisse mittragen zu lassen, die der Freithätige persönlich und täglich auf sich nahm. Müller war bereit und willig, in letzterer Weise die halsbrechendsten Aufgaben zu übernehmen und auszuführen. Er bereiste große Strecken von Deutschland, um den Zustand der Dinge überall örtlich zu erkunden, die Stärke der Franzosen und ihre Hülfsmittel und Vorräthe auszuspähen, brachte den Eingeweihten die nöthigen Weisungen, kaufte heimlich Pulver und Waffen an, warb neue Theilnehmer für Gesinnung und That, unterhielt die Verbindung mit dem Auslande, mit den Engländern, trotz der darauf gesetzten Todesstrafe, mit den Geächteten in Schweden, Rußland und Oesterreich. Im Frühjahr 1811 wurde Müller nach Prag an den Kurfürsten von Hessen und an den Minister vom Stein in geheimer Sendung abgefertigt, dann weiter nach Wien, wo viele franzosenfeindliche Betreibungen zusammenflossen und besonders englischer Einfluß wirksam war, und da es wünschenswerth erschien, auch über die Stärke und die Verhältnisse der Franzosen in Italien zuverlässige Nachrichten einzuziehen, so dehnte er seine Reise ohne Bedenken dorthin aus, und blickte überall mit geübtem Auge dreist umher.

Als nach seiner Rückkehr die Ereignisse sich immer drohender anließen, und der Ausbruch neuer Kriegsflammen unvermeidlich schien, drängte die Stimmung in Preußen heftig zum Entschlusse. Mit außerordentlicher Kühnheit legte Justus Gruner, damals Leiter der preußischen Polizei und Müller's besonderer Freund, die umfassendsten Pläne zum Verderben des Feindes an, vollführte gegen französische Auflaurer und deutsche Verräther die verwegensten Handstreiche, und wußte die mächtige Betriebsamkeit der abgefeimten, schonungslos thätigen, über die reichsten Mittel der Gewalt und Bestechung verfügenden französischen Polizei so glücklich zu lähmen oder zu irren, daß die deutschen Anschläge selten von ihr entdeckt oder gehindert wurden. Da die Franzosen vertragsmäßig die drei Oberfestungen auch im Frieden besetzt hielten, so war es ein besonderes Augenmerk, diese Haltpunkte, im Falle des Krieges, ihnen schleunigst aus den Händen zu reißen. Es wurden Einverständnisse mit erprobten Bürgern geknüpft, mit verabschiedeten Offizieren; der Lieutenant von Fehrentheil hatte einen Plan entworfen, mit einigen alten Soldaten die Besatzung von Küstrin von innen zu überrumpeln, für Stettin sollte eine preußische Truppenschaar in der Nähe bereit stehen. Bei allen diesen Dingen war Müller tief betheiligt; er bereiste die Oderfestungen, die in Mecklenburg gegen die preußische Gränze herangerückten französischen Truppen, durchstrich Sachsen, und besuchte wiederum in Prag den Kurfürsten von Hessen, um dessen Ansehen und reiche Geldmittel sich zahlreiche Franzosenfeinde geschaart hielten. Auch nach Schlesien zu dem General von Blücher wurde er geschickt, um mit dem entschlossenen Feldherrn für gewisse Fälle feste Verabredung zu nehmen. Alle diese Reisen und Geschäfte führten mitten durch den Feind, an seinen wachsamsten Spähern vorüber; auf jedem Schritte war Gefahr, entdeckt, ergriffen und erschossen zu werden.

So vielfacher Ortswechsel und geschäftiger Betrieb konnte in der That nicht lange unbemerkt bleiben; Müller war bald verdächtig, wurde streng beobachtet und in böse Fallen gelockt, die er jedoch stets glücklich vermied. Sorgfältigere Heimlichkeit, weite Umwege und sogar Verkleidungen halfen nur kurze Zeit aus; die große Gestalt und bedeutende Gesichtsbildung Müller's ließen ihn unter Hunderten sogleich erkennen, ihm war es unmöglich, in der Menge sich unbeachtet zu verlieren. Bald hatten die Franzosen thatsächliche Beweisstücke wider ihn, er wurde als ein Feind Napoleon's und als Aufwiegler des Volks bezeichnet, und die ganze Meute der französischen Polizei, die ihren leitenden Mittelpunkt zu Hamburg in dem Grafen d'Aubignosc hatte, war verfolgend auf seiner Spur. Der französische Gesandte in Berlin, Graf von Saint-

Marsan, hielt sich von dergleichen Verfolgungen fern, und wenn er dennoch bisweilen mit eingriff, so war es nur, um sie zu schwächen oder die Opfer zu bewahren. Aber was der französische Gesandte als seiner hohen diplomatischen Stellung unwürdig von sich wies, das übte der westphälische mit niedriger Beeiferung. Ein deutscher Edelmann, Herr von Linden, hatte diese schlechte Sendung übernommen, und übte sie mit schamloser Gehässigkeit. Er war weniger des Königs von Westphalen Beamter, als der des Kaisers Napoleon, seine Berichte gingen eben so nach Paris wie nach Kassel, und der Marschall Davoust, der Graf d'Aubignosc, und überhaupt jeder französische Polizeischerge, konnte auf seine Dienstbeflissenheit rechnen. Ihm als Deutschen war es allerdings leicht, deutsche Verhältnisse zu durchspähen, und bedeutende Hülfsmittel waren ihm zu Gebote gestellt, sowohl an Leuten als an Geld; denn außer einem Gehalt von hundertsiebzigtausend Franken bezog er in Berlin jährlich vierzigtausend Franken zu geheimen Ausgaben. Dieser Mann hatte Müller'n mehrmals gesehen, und mit seinen spürenden Augen ihn bald auf's Korn genommen. Er stellte ihm mit böser Heftigkeit nach und versprach den Franzosen einen guten Fang. Doch Müller war ihm bisher noch glücklich entgangen. Auf einem Durchfluge durch Sachsen, im Oktober 1811, wollte er in Leipzig nur eilig bei einem Freunde einsprechen und dann nach Berlin weiter reisen. Er ahndete nicht, daß Linden in Leipzig sein könne, und als er ihm auf der Straße unerwartet begegnete, wollte er seitwärts ausbiegen; allein dieser hatte ihn schon erkannt, schrie den Leuten zu, sie sollten ihn festhalten, und zwang ihn, auf das Polizeiamt mitzugehen, wo die Verhaftung des Angeklagten dem westphälischen Gesandten unter den herrschenden Umständen nicht versagt werden konnte. Doch während Linden bei höheren Behörden seine Maßregeln anerkennen und bestätigen ließ, half ein deutschgesinnter Beamter der Polizei dem Verhafteten zur Flucht, und rettete ihn aus einem Hause zum anderen, bis er vor dem Thore seine Postpferde fand, die ihn rasch nach Berlin brachten. Aber Linden war ihm gleich wieder auf der Spur, folgte ihm nach Berlin, hatte hier seinen Aufenthalt bald entdeckt, und forderte die preußische Behörde auf, sich des gefährlichen Mannes zu versichern. Der Staatskanzler, durch Gruner im voraus benachrichtigt, erwiederte dem westphälischen Gesandten, was er beantrage, sei schon geschehen, Müller sei bereits in Haft; allein bevor davon die Rede sein könne, seine Vergehen wider Frankreich zu bestrafen, habe Preußen Anspruch an ihn, er sei wegen einer schändlichen Lästerschrift gegen Hardenberg in Haft, und man habe die Absicht, wider ihn mit aller Schärfe zu verfahren. Müller war des Scheines wegen wirklich als gemeiner Verbrecher in's Gefängniß gebracht; und Linden war vorläufig zufrieden, daß seine Beute ihm nicht entschlüpfen könne. Der Gefangene bekam jedoch auf seinem abgelegenen Zimmer alles, was ihm den Aufenthalt erleichtern konnte, besonders Licht, Schreibsachen und Bücher, und empfing durch Gruner's Veranstaltung die Besuche seiner mitverschwornen Freunde, des Prinzen von Hessen=Philippsthal, des Fürsten Eduard Lichnowsky, des Grafen Friedrich von Pückler, und vieler anderen bedeutenden Männer, die mit ihm den Stand der Sachen, die möglichen Wendungen derselben, die Besorgnisse und Hoffnungen der nächsten Zukunft, ausführlich besprachen und beriethen. Ungeschwächten Muthes brütete Müller während seiner Gefangenschaft Tag und Nacht über Plänen und Berechnungen zum Kriege gegen die Franzosen, zur Erregung und Bewaffnung des Volks; für den Augenblick, daß der König von Preußen, wie man angstvoll erwartete, sich als Rußlands Verbündeter und Feind Frankreichs aussprächе, sollten aller Orten die vorbereiteten Anschläge und Kräfte zugleich losbrechen, die Hülfsmittel des Feindes zerstören, seine durch das Land zerstreuten Mannschaften überfallen, die Massen der Bevölkerung wider ihn aufbieten. Doch diese großen Entwürfe mußten fürerst wieder zurücktreten, weil der König, in reifer Ueberlegung des Standes der Verhältnisse, der nahen Uebermacht der Franzosen und der fernen Hülfe Rußlands, den rechten Zeitpunkt für solchen Entscheidungskampf noch nicht gekommen glaubte, und dem Zwange der Umstände nachgebend sogar eine nähere Verbindung mit Frankreich einging. Daß in diesem Entschlusse, der viele heftige Gesinnungen tief schmerzte, ja mit Grimm erfüllte,

kein Aufgeben der vaterländischen Sache lag, sondern die Zu=
versicht ihrer festen Bewahrung auf bessere Zeit, beweisen die
Denkschriften Hardenberg's und die von ihm schon damals
im vertrautesten Kreise ausgesprochenen Vertröstungen.

Für die offenkundigen oder schwerverdächtigen Franzosen=
feinde war aber jetzt kein längeres Bleiben in Berlin. Gruner
legte sein Amt nieder und begab sich nach Prag. Im
Februar 1812, zwei Tage bevor der Marschall Oudinot mit
seinen gegen Rußland ziehenden Truppen in Berlin einrückte,
wurde Müller in der Stille entlassen, empfing von Hardenberg
das nöthige Reisegeld, und flüchtete nach Schlesien, wo er
sich auf den Gütern des Grafen Sandreczky von Sandraschütz,
dem Schwager des Grafen Friedrich von Pückler, verborgen
hielt, und hier unablässig seine mannigfachen Arbeiten und
Betreibungen fortsetzte.

Gruner, der mit den Russen in geheimer Verbindung
stand und großartige Anschläge für die deutschen Verschworenen
im Sinne trug, war in seinem Briefwechsel nicht genug vor=
sichtig gewesen, und die österreichische Behörde eilte den Aus=
lieferungsansprüchen zuvorzukommen, welche von Seiten der
Franzosen erfolgen mußten, ließ Gruner in Prag verhaften
und als österreichischen Staatsgefangenen nach Peterwardein
in Ungarn abführen. Mit ihm wurde dasselbe Spiel wiederholt,
das in Berlin mit Müller war gespielt worden; nur klagte
Gruner späterhin, daß in seinem Falle der Schein doch dem
Ernste zu sehr geglichen, und daß man die beruhigende Ver=
sicherung, wie es mit seiner Haft gemeint sei, ihm selber
vorenthalten habe. Gruner's Wegführung war seinen Mit=
verschworenen ein harter Schlag; es galt, ihn schleunig zu
ersetzen, und die mancherlei Fäden, welche ihm aus der Hand
gefallen, mit Geschicklichkeit aufzunehmen und weiter zu spinnen.
Müller wurde beauftragt, an Gruner's Stelle zu treten, und
seine Thätigkeit umfaßte die wichtigsten Einverständnisse und
bedeutendsten Hülfsmittel; es wurden kühne Männer im
feindlichen Gebiet angeworben, Waffenvorräthe zusammen=
gebracht, Aufrufe vorbereitet. Ein furchtbarer Plan, die
französischen Magazine durch ganz Deutschland niederzubrennen,
war durch Gruner's Unfall vereitelt; die Wachsamkeit der

gewarnten Franzosen verdoppelte sich, und die zu solcher Arbeit
gedungenen Leute mußten flüchtig werden. Der Feldzug des
Jahres 1812 war inzwischen eröffnet, die Franzosen drangen
bis Moskau vor, und die Sache der Deutschen schien abermals
auf weit hinaus hülflos.

Von welchen Empfindungen und Hoffnungen Müller durch
die Wendung des Glücks erfüllt wurde, die den französischen
Kaiser und seine Heerschaaren in Rußland traf, läßt sich nach
allem, was er bisher gesonnen, gestrebt und gelitten, aus=
reichend abnehmen. Im Frühjahr 1813 sah er infolge des
ungeheuren Umschwunges den König von Preußen, Hardenberg,
Blücher, Gneisenau, und andere Staatsmänner und Generale
in Breslau anlangen, aus Oesterreich erschienen der Graf
von Wallmoden, Karl von Nostitz, aus den preußischen Ländern
strömten Schaaren von Freiwilligen herbei. Müller hatte
mit Hardenberg eine geheime Unterredung, und ging mit
dessen Aufträgen zu dem Oberfeldherrn der Russen, Fürsten
Kutusoff Smolenskoi, der sein Hauptquartier in Kalisch hatte.
Hier fand er Stein, der ihn als alten Bekannten freudig
begrüßte, Nesselrode, Anstett, Cancrin, und hatte über das
gegen Frankreich zu schließende Bündniß und den gemeinschaftlich
fortzusetzenden Krieg mehrere Vorfragen zu erörtern, vielfache
Auskunft zu ertheilen und sogar manche Schwierigkeiten weg=
zuräumen. Ihm kam dabei sehr zu statten, daß er nicht
nur im Namen Preußens und Hardenberg's, welche den Russen
noch einiges Mißtrauen ließen, sondern auch als Vertreter
und Genosse der Volksgesinnung und freier Verbündeter
sprechen konnte, die dem Sinne Stein's näher standen, und
als deren Haupt er sich gewissermaßen betrachten durfte.
Müller entwickelte seine eignen Ansichten und Entwürfe mit
eindringendem Feuer, drang entschieden darauf, daß die Sache
der Fürsten zugleich als eine der Völker gefaßt und dargestellt
würde, und verlangte, daß die Russen beim weiteren Vorrücken
dies durch öffentliche Ansprache laut verkündigten. So wurde
Kutusoff's berühmter Aufruf von Kalisch zu Stande gebracht,
der erste dieser Art, welcher die Auflösung des Rheinbundes
und die Befreiung Deutschlands aussprach, und auf dessen
Verheißungen in der Folge noch oft genug zurückgeblickt wurde.

Ueber Inhalt und Form wurde von Müller mit Stein, Kutusoff, Nesselrode und Anstett lebhaft verhandelt, endlich die Abfassung ihm übertragen und von ihm auf der Stelle ausgeführt. Ein Blatt grobes Papier, wie es eben zur Hand war, stellenweise bedruckt für polnischen Postamtsgebrauch, wurde eilig beschrieben, nach geringen Aenderungen in's Reine gebracht, von Kutusoff unterzeichnet, und dann in alle Welt gesandt.

Nachdem dieses Geschäft abgethan war, eilte Müller zu dem längstersehnten Waffendienst, und schloß sich zunächst dem Obersten Füger an, der mit einer Streifschaar in Schlesien gegen Sachsen vordrang. Doch in der Gegend von Glogau bekam er eine Botschaft, die ihn zu Stein zurückrief, der sich jetzt in Breslau befand, und für Müller geheime Aufträge hatte, zum Theil von so wichtiger und zarter Beschaffenheit, daß er sie nur solch erprobter Besorgung vertrauen mochte. Es galt unter anderen, gewisse Anknüpfungen in Westphalen für den Feldzug nutzbar zu machen, so wie auch den Kur= fürsten von Hessen in Prag zu nachdrücklichem Handeln zu bewegen. In Breslau hatte Müller noch die Freude, ver= bunden mit Arndt, Jahn und Friesen, die Lützower Freischaar errichten zu helfen, nicht ohne Widerspruch und Hinderung von manchen Seiten; denn die Eifersucht der Behörden wollte den freien Schwung einer selbstständigen Deutschheit, auf die es unverkennbar abgesehen war, nicht zu sehr aufkommen lassen, und schon damals wirkten viele Kräfte dahin, alle Bewegung möglichst in den Schranken des Herkömmlichen zu halten und überall den Zügel vorschriftlicher Befehlsordnung anzulegen.

Als die russisch=preußischen Truppen in Sachsen vor= rückten, nahm Stein Müller'n mit nach Dresden, um bei der Verwaltung des Landes mitzuwirken. Der Verwaltungsrath der verbündeten Truppen für das nördliche Deutschland, bestehend russischerseits aus Stein, preußischerseits aus den Geheimen Räthen Schön und Rehdiger, hatte den Grafen von Reisach als Generalgouverneur in die sächsischen Herzog= thümer, in die schwarzburgischen und reußischen Besitzungen gesandt, und ihm Müller zum Gehülfen beigeordnet. Der

Graf von Reisach war aus Baiern geflüchtet, hatte als
Deutschgesinnter und als Feind des baierischen Ministers
Grafen von Montgelas bei Stein die wärmste Aufnahme
gefunden, und dessen Gunst und Vertrauen in höchstem Grad
erworben. Es war daher auch eine Gunst für Müller, diesem
Manne zugesellt zu sein, und das ganze Benehmen desselben
war so wacker, eifrig und geschickt, daß Müller sich ihm gern
und herzlich anschloß. Mit der bezweckten Sendung jedoch
hatte es keinen guten Fortgang. Einige Streifschaaren der
Verbündeten waren wohl in die bezeichneten Länder vor-
gedrungen, wurden aber eben so schnell zurückgedrückt, denn
schon zogen starke französische Truppenmassen heran, dem
verbündeten Heere weiteres Vorrücken zu hemmen. Als diesem
ein Zusammenstoß mit dem Feinde nahe schien, wollte Müller
nicht zurückbleiben, und nachdem er vorläufig als Hauptmann
dem Generalstabe der Legion, welche man in Sachsen errichten wollte, zugetheilt worden, ging er nach Altenburg in
das Hauptquartier des Generals von Blücher, wo er mit
alten Freunden zusammentraf, und seinem Auftrage gemäß
für die deutsche Sache Freiwillige aufrief und den Landsturm
einzurichten anfing.

Blücher brach am 1. Mai von Altenburg auf, dem schon
wieder von Napoleon geführten französischen Heere entgegen
zu rücken, und ließ Müller'n mit dem Auftrage zurück, in
Altenburg einige Sicherheitsmaßregeln anzuordnen, was ihn
verhindern mußte, die bevorstehende Schlacht mitzumachen.
Schmerzlich hiervon betroffen, klagte Müller sein Mißgeschick
dem Prinzen Karl von Mecklenburg, der eben durch die Stadt
kam, und ihn gütig anhörte, ihm darauf aus dem eigenen
Gefolge einen Stellvertreter gab und hierdurch die Freiheit
verschaffte, dem Hauptquartier nachzueilen. Es war schon
spät geworden, als er am 2. Mai nach Zeitz kam, wo die
russischen Truppen des Generals Miloradowitsch aufgestellt
waren, während bei Groß-Görschen der heftige Kampf in
glühender Entscheidung schwebte. Müller besichtigte mit dem
russischen General von Korff, den er schon aus früherer Zeit
kannte, die vorliegende Gegend, und da Miloradowitsch auf
keine Weise ohne näheren Befehl in's Gefecht gehen wollte,

so ließ er ihn durch Korff beschwören, wenigstens die An=
höhen von Mölsen zu besetzen, als welche beim Gewinne wie
beim Verluste der Schlacht von äußerster Wichtigkeit seien.
Doch Miloradowitsch wollte davon nichts hören, und berief
sich auf seine empfangenen Befehle. Die Schlacht wurde
verloren, und als die Verbündeten den Rückzug antraten,
erhielt Miloradowitsch nun um 11 Uhr Abends den Befehl,
sich bei Mölsen aufzustellen; jetzt wünschte er, der landeskundige
Rathgeber möchte ihn begleiten, allein Müller lehnte dies mit
den Worten ab, er würde den fremden Truppen zum Angriffe
sich gern gesellt haben, den Rückzug mitzumachen wolle er
die aufsuchen, zu denen er gehöre. So ritt er in der Nacht
über Altenburg zurück, und schloß sich an Blücher's Truppen
glücklich wieder an.

Stein ließ Müller'n nicht lange bei den Truppen, sondern
rief ihn wieder zu den Geschäften seiner Verwaltung, die
freilich auch kriegerischer Gehülfen und Leistungen bedurfte.
Als nach der Schlacht von Bautzen die Verbündeten aus
Sachsen zurückgingen, und bald darauf der Waffenstillstand
erfolgte, hörte Stein's Verwaltung von selbst auf, und Müller
konnte sich frei zu anderer Thätigkeit wenden, wie solche seinem
Sinn und Eifer sich darbot. Er sammelte viele der bei
Kitzen von den Franzosen trotz des Waffenstillstandes über=
fallenen und versprengten Lützower Reiter, und schaffte sie
auf weitem Umwege nach Mecklenburg, wohin die Lützower
Hauptschaar gezogen war. Sodann weilte er einige Zeit in
Polen, um für die Lützower und andere Freischaaren zu werben,
denen er auch wirklich viele wackere Leute, zum Theil aus
rheinbündnischen Gefangenen, gewann.

Nach Ablauf des Waffenstillstandes wollte Müller sich
wieder den preußischen Truppen anschließen, doch Stein nahm
ihn auf's neue für die Verwaltung von Sachsen in Anspruch,
und als die Verbündeten wieder den größten Theil des Landes
in Besitz genommen hatten, wurde der Graf von Reisach als
Generalgouverneur der Ober= und Niederlausitz, Müller aber
für die Niederlausitz insbesondere als Gouvernements=Kom=
missair eingesetzt. Dieser nahm nun seinen Wohnsitz in Lübben,
und führte sein Amt während sechs Monaten mit größter

Redlichkeit, uneigennützig, partheilos, mild, nur da streng und
scharf, wo es die deutsche Sache galt, hart und verfolgend
nur, wenn undeutsche Gesinnung oder gar verrätherische sich
zu zeigen wagte. Seine Thätigkeit beschränkte sich aber
keineswegs auf örtliche Verwaltung, sondern griff mannigfach
in die Kriegsbewegungen ein. So wurde er zum Beispiel
am 5. September in Aufträgen Blücher's zu dem Nordheere
gesandt, traf am 6. früh bei dem General Grafen von
Tauentzien ein, und that bei demselben während der Schlacht
von Dennewitz Adjutantendienste. Nach errungenem Siege
ritt Müller auf dem Wahlplatze umher, und forschte, ob er
unter den verwundeten und gefangenen Sachsen alte Bekannte
fände. Da traf ihn ein Streifschuß aus nahem Gebüsch.
Der Thäter wurde bald ergriffen, und Müller erkannte in
ihm den Hauptmann Friedrich von Flemming, seinen ehemaligen
Zögling, der das Gewehr eines gefallenen Soldaten aufgenommen und ohne sein Ziel zu erkennen abgedrückt hatte.
Als nach der Schlacht der Kronprinz von Schweden eintraf,
richtete Müller ihm seinen Auftrag aus, und kam bald in
ein großes Gespräch mit ihm, wobei er die Errichtung einer
sächsischen Legion wieder zur Sprache brachte und bereitwilliges Gehör fand. Er schrieb an seine Landsleute dieserhalb
einen beredten Aufruf; allein die Sache kam nicht zu Stande,
weil die Sachsen preußische Offiziere bekommen sollten, und
dieser Beaufsichtigung widerstrebten. — So bedeutend und
ehrenvoll die Wirksamkeit auch war, welche Müller in dieser
ereignißvollen Zeit ausübte, so konnte sie doch weder seinem
Kriegsmuthe noch seinen sonstigen Ansprüchen ganz genügen.
Wir finden hierüber in einem seiner Briefe eine Herzens-
ergießung, die uns seine Ansichten der persönlichen und allgemeinen Dinge klar darlegt. Er schrieb aus Lübben am
27. September 1813 an seinen Bruder August Müller nach
Berlin: „Ach mit welcher Wonne nahm ich das lang be-
rechnete, lang ersehnte Schwert zur Hand, und welche Opfer
habe ich gebracht, um es zu können und frei zu können!
Aber es ist nicht alles, wie es sein sollte und könnte. Der
kommt nicht durch, den nicht Fortuna besonders anlächelt.
Der Krieg entwickelt die Kräfte des Menschengeschlechtes, aber

den Einzelnen stellt Zufall und Glück auf seinen Platz. Mancher Name wird bereits rühmlich genannt; ich möchte ihn beneiden. Ich muß Gouvernements-Adjutant sein, und man beneidet mich. Wie soll ich von der friedlichen Kriegsstelle loskommen? Ich habe meine Dienste angeboten vor Wittenberg, vor Dresden. Umsonst, ich bekomme keine andere Ordre. Freilich, ich kenne jene Gegenden zu genau: und wenn ich so glücklich gewesen wäre, ein paar tausend Menschen vielleicht weniger umkommen zu lassen, so könnte ich dabei auch vielleicht diesem oder jenem ein Lorbeerblättchen weggenommen haben. Siehst du, man kommt nicht durch; und alle Wünsche, Plane und Entwürfe, die über den zufälligen Standpunkt des An= gebers hinausgehen, sind ganz verloren, oder es führt sie ein Anderer aus, der sie kaum halb faßt. Tröstet mich hier in meinem ruhigen Gouvernement irgend etwas, so ist es die Möglichkeit, als Sachse meinen Landsleuten vielleicht nützlich werden zu können."

Müller blieb in seiner zuletzt ganz selbstständig gewordenen Amtsführung in der Niederlausitz bis zum Januar 1814, und begab sich dann nach Dresden, wo er in theils aufgetragenen, theils freien Arbeiten für die deutsche Sache thätig fortwirkte. Nach beendigtem Kriege nahm die Hauptverwaltung der er= oberten Länder eine neue Gestalt an, und das ganze Königreich Sachsen erhielt einen russischen Generalgouverneur in dem Fürsten Repnin, der ebenfalls von Müller's Eifer und Kenntnissen in besonderen Anlässen manchen Nutzen zog.

Im Laufe der Waffenereignisse hatte Müller vielfach Aergerniß an den Kriegsberichten genommen, die ihre be= zeichnendsten Ausdrücke vorzugsweise dem Französischen ab= borgten, und durch ihr Kauderwelsch den Sinn wie das Ohr solcher Deutschen verletzten, denen alle Ausländerei verhaßt und besonders im Sprachgebiete längst geächtet war. Die Bezeichnungen der Kriegssachen in reinem Deutsch zu geben, gehörte gewiß zu den schwierigsten Aufgaben: der Vorrath alter Worte konnte für neueres Bedürfniß nicht ausreichen, es mußten gewaltsame Schöpfungen versucht werden, denen schwerlich allgemeiner Beifall und noch weniger Eingang in den Gebrauch zu versprechen war. Müller unternahm die

Sache, und gab siebzehn Kriegsberichte des Kronprinzen von
Schweden „in teutschem Gewande“. Das Büchlein wurde
zu Ende Oktobers 1813 in Berlin gedruckt und zum Besten
der Lützow'schen Freischaar verkauft. Im folgenden Jahre
widmete er demselben Zwecke ein „Verteutschungswörterbuch
der Kriegssprache“, wo die Sache mehr im Ganzen über-
schaubar wurde. Doch mußten diese Bemühungen, in welchen
schon Campe, Wolke, und für die Kriegssprache besonders
der General von Schlieffen sich hervorgethan, größtentheils
fruchtlos bleiben, so lange von Staatswegen die fremden und
verdorbenen Bezeichnungen beibehalten blieben. Müller war
übrigens in jener Zeit noch nicht mit den Tiefen vertraut,
in welche die deutsche Sprachforschung bereits gedrungen war,
ohne noch die reichen Ergebnisse zum Gemeingut verarbeitet
zu haben. So war auch sein Eigensinn, „Teutsch“ zu
schreiben anstatt Deutsch, wenn auch gut vaterländisch gemeint,
nicht auf richtige Ableitung gegründet, und mußte daher
späterer Einsicht weichen.

Neben diesen Aeußerlichkeiten der Kriegssachen gab der
Kern derselben, die Leitung der Heerbewegungen, dem Geiste
Müller's unausgesetzt Beschäftigung. Sein prüfendes Urtheil
folgte den Anordnungen und Ereignissen mit gespannter Aufmerksamkeit. Die Kenntniß des Landes und Bodens kam
ihm hiebei trefflich zu statten. Seine Betrachtungsweise erlangte die größte Höhe und Bestärkung durch die Schlacht
von Leipzig, deren strategischen Gehalt und Zusammenhang
er in einer kleinen Schrift darlegte, die unter dem Titel:
„Auch eine Ansicht von der Völkerschlacht bei Leipzig“ im
November 1813 gedruckt erschien. Sie machte durch die
Eigenheit und Kraft der darin ausgesprochenen Urtheile, durch
die unzweifelhafte Fachkenntniß und die Schärfe des Ueberblicks
ein allgemeines Aufsehen, und man suchte den Verfasser unter
den höchsten und begabtesten Militairpersonen. Auf Müller
verfiel man um so weniger, als auch seine Freunde, welche
seine Einsichten kannten, ihm doch nicht die Gerechtigkeit zu-
trauten, welche diese Schrift in auffallender Weise dem Kaiser
Napoleon angedeihen ließ, dessen Kriegs- und Schlachtführung
hier vertheidigt wurde, entgegen dem gemeinen Geschrei, das

dem Besiegten sofort auch alle Tüchtigkeit absprechen wollte. Nachdem der wirkliche Verfasser allmählig bekannt geworden, empfing er von allen Seiten die schmeichelhaftesten Lobsprüche; die höchsten Generale und kenntnißreichsten Offiziere bezeigten ihm die ehrenvollste Anerkennung, ja Gneisenau that den Ausspruch, Müller sei zum Kriegsführer geboren. Angespornt durch diesen Erfolg, und noch besonders aufgefordert durch Stimmen aus dem großen Hauptquartier, zog Müller auch den weiteren Kriegsgang in kritische Betrachtung, und während alles noch in Ungewißheit schwankte, ob der Krieg fortzusetzen, wo und wie Frankreich anzugreifen sei, zeigte er den Weg, auf dem die Verbündeten nach Paris vordringen müßten. Dies geschah durch die kleine Schrift: „Ueber Dijon nach Paris", welche im Januar 1814 zu Dresden erschien, und, wenn auch nicht auf die Leitung des Feldzuges, der unter ganz anderen Bedingnissen als denen richtiger Strategie sich durchquälen mußte, doch stark und heilsam auf die Gesinnung wirkte.

Im Sommer rief ein sehr peinlicher Gegenstand Müller's schriftstellerische Thätigkeit auf. Der Graf von Reisach, früher von Stein höchlich gefördert und geehrt, war durch bösen Leumund, der ihm aus Baiern gefolgt, plötzlich in seines Gönners Ungnade gerathen, und dieser, der seinen früheren Irrthum glaubte rächen zu müssen, verfolgte jetzt den gewesenen Günstling eben so leidenschaftlich, als er ihn früher ausgezeichnet hatte. Der Graf war seines Verwaltungs= amtes schon enthoben, nun aber sollte den baierischen An= forderungen auch seine Verhaftung zugestanden werden, und es hieß, seine Auslieferung nach Baiern sei beschlossen. Müller konnte die früheren Verhältnisse Reisach's nicht be= urtheilen; aber seit er ihn kannte, hatte er nur Gutes und Wackeres an ihm gesehen, war von seiner Redlichkeit im Amte, von seiner ehrenhaften und deutschen Gesinnung überzeugt. Er sah in ihm das schuldlose Opfer der mächtigen Feindschaft, die er in der Heimath zurückgelassen, einer Macht, mit welcher freilich deren bisherige Gegner, denen der Flüchtige sich in die Arme geworfen hatte, jetzt Frieden und Bündniß ein= gegangen waren! Müller wollte den Verfolgten, Mißkannten

und Hartbedrohten nicht fallen lassen, sondern ihn gegen die
Unbill, die ihm bloß als das Werk fremder Ränke galt, nach
Kräften vertheidigen. Er that dies durch eine Flugschrift,
die unter dem Titel: „Graf Reisach in Verhaft!" im Juli
zu Dresden gedruckt wurde. Sie gereicht dem Verfasser
jedenfalls zur Ehre, um so mehr, als er wissen konnte, daß
ihm Stein dieses Auftreten übel anrechnen, und ihm davon
auch an anderen Orten mancher Nachtheil entstehen würde.
Sein edler Muth aber zeigte sich noch besonders darin, daß
er dieser Schrift seinen vollen Namen beisetzte, den er in
anderen Erzeugnissen, wo nur Lob und Ruhm zu erwarten
stand, bescheiden verschwiegen hatte. — Reisach wurde auf
Hardenberg's Befehl zwar der Haft entlassen und gegen
Auslieferung geschützt, auch später bei dem westphälischen und
rheinischen Archiv wieder angestellt; allein das Erlittene lastete
schwer und dauernd auf dem Gebeugten, der, auch gerechtfertigt, nie wieder sich völlig aufrichtete. —

Als die Zeit der Eröffnung des Wiener Kongresses heran-
nahte, wurde Müller von Dresden nach Berlin berufen, und
von Hardenberg als einer derjenigen bezeichnet, die ihn nach
Wien begleiten sollten. Man erwartete damals mit Zuversicht,
daß Sachsen mit Preußen würde vereinigt werden, und
Müller durfte diesem Geschicke seiner Heimath getrost folgen,
da seine Gesinnung auf diesem Wege schon vorangegangen
war. Seit ihrem Erwachen hatte die neue Deutschheit immer
entschiedener preußische Richtung angenommen und durch die
gemeinsamen Kriegsthaten sich unwiderruflich in ihr befestigt.
So war Müller längst ein Preuße, und fühlte klar, daß er
nichts anderes sein konnte und wollte; die Versprechungen
Hardenberg's, die Freundschaft und das Vertrauen der angesehensten Männer, sicherten ihm günstige Aufnahme. Glänzende
Anerbietungen, welche ihm von anderen Seiten gemacht wurden,
durch russische Staatsmänner, durch österreichische Generale,
hatte er unbedenklich abgelehnt, ohne nur erst anzufragen oder
viel davon zu reden.

In Wien wurde Müller mit wichtigen Arbeiten beauftragt,
theils von Hardenberg selbst, theils von dessen Räthen
Stägemann und Jordan. Für die Vereinigung Sachsens

mit Preußen schrieb er einen bedeutenden Aufsatz, dessen Handschrift unglücklicherweise vor dem Druck verloren ging. Hardenberg und Wilhelm von Humboldt befragten ihn öfters über die sächsische Sache, und gaben seinen Rathschlägen mehrmals Folge. Er verfocht in Zeitschriften und Tages= blättern überall mit Lebhaftigkeit die Sache Preußens, und führte seine Streiche besonders gegen die Schreiber aus Baiern, die damals sehr laut waren und sich von dem Verdachte, noch gewisse ausländische Neigungen zu tragen, nicht ganz befreien konnten. Als die Theilung Sachsens durch den Kongreß bestimmt wurde, welche Müller als ein großes, auch der sächsischen Sache zugefügtes Unrecht tief beklagte, bekam er den Auftrag, den vorgeschlagenen Lauf der Gränzen zu prüfen, und ihm wurde das Verdienst anerkannt, darin ein paar wichtige Verbesserungen, sowohl strategische als finanzielle, angedeutet zu haben, die dann auch noch glücklich durchgesetzt wurden. Gleicherweise lieferte er Arbeiten, welche für die Gränzbestimmung gegen Polen hin wichtige Angaben ent= hielten. Die Richtung und der Umfang seiner Kenntnisse war einigen österreichischen Generalen schon bekannt, seine gründliche Beurtheilung der Kriegsereignisse des Jahres 1809 auf dem Marchfelde, in einer Denkschrift niedergelegt, erregte die Aufmerksamkeit des Erzherzogs Karl, und das Verlangen, den Autor, der ihn keineswegs geschont hatte, kennen zu lernen. Als Napoleon von Elba nach Frankreich zurückgekehrt war und neue Feldzüge und Kämpfe zu erwarten standen, legte Müller seine strategischen Ansichten in raschen Entwürfen vor, die auch anderen als preußischen Lesern mit= getheilt wurden. Der österreichische General Bianchi, bestimmt, den Krieg in Italien gegen den König Murat zu führen, wollte den Verfasser seinem Generalstabe zutheilen, und machte ihm die ehrenvollsten Anerbietungen, die er jedoch bescheiden ablehnte.

Der Kongreß ging aus einander, die Heere standen abermals im Felde, und Hardenberg mit seinem ganzen Gefolge eilte nach kurzem Aufenthalt in Berlin dem Kriegsschauplatze zu, um in der Nähe der Ereignisse zu sein. Die Schlacht von Bellealliance öffnete schnell den Weg nach Paris, und hier

entwickelte sich auf's neue die mannigfachste politische Thä=
tigkeit. Müller empfing wie bisher Aufträge von Hardenberg
und Humboldt, dazu von Altenstein und Gruner, und ärntete
von allen Seiten Lob und Zufriedenheit. Sein Eifer bedurfte
keines Sporns, er führte in seinen Geschäftsarbeiten, welche
hauptsächlich deutschen Verhältnissen und Ansprüchen gewidmet
waren, gleichsam seine eigne Sache, das höchste Anliegen
seines Herzens. Elsaß und Lothringen für Deutschland wieder
zu gewinnen, die deutschen Gränzen gegen Frankreich auf
Thatsachen der Natur und Geschichte zurückzuführen, das
war der Gegenstand, welchen unter Preußens Obhut die
Deutscheiferer heftig anstrebten, und kaum dann aufgeben
wollten, als Preußen, im Rathe der Verbündeten überstimmt,
nur mit Mühe einige Nebenvortheile noch zu retten suchte.
Müller's Denkschriften über diese Sachen wurden den be=
deutendsten Staatsmännern vorgelegt, ja zur Kenntniß der
verbündeten Herrscher gebracht; allein die Kraft ihrer Beweis=
führung mußte an schon früher gefaßten Vorsätzen scheitern.
Nicht weniger thätig war Müller im Gebiete der Oeffentlichkeit.
Er schrieb Aufsätze für den Rheinischen Merkur, für den
Deutschen Beobachter in Hamburg, die Allgemeine Zeitung
in Augsburg. Sein Franzosenhaß, durch die Lauigkeit, die
er überhand nehmen sah, gesteigert, wurde zu wahrem Grimm.
Er reizte laut zu dem Antrage, die französischen Kunstsammlungen
ihrer Kriegsbeute zu entledigen, er wollte sogar die Zer=
störung aller französischen Siegesdenkmale. Und neben diesen
heftigen Absichten und Reden war er mit den Einzelnen des
verhaßten Volkes, die er zufällig kennen lernte, auf dem
freundlichsten Fuß, erwarb die Zuneigung und den Dank der
Leute, bei denen er wohnte, die ihn um Gefälligkeiten an=
sprachen! Der Graf von Schlabrendorf, Oelsner, und andere
Deutsche, welche Paris und die Franzosen schon länger kannten,
waren überzeugt, Müller würde die Franzosen, bei näherem
Verkehr, seinen Napoleonshaß nicht lange mehr mittragen
lassen.

Gegen das Ende der Pariser Verhandlungen mußte Müller
in besonderen Aufträgen noch einige Reisen machen, nach der
Normandie und Bretagne, nach Lothringen und nach Landau.

Als er von letzterem Orte nach Paris zurückkehrte, vernahm er unerwartet, daß in seinem Dienstverhältniß seit langer Zeit, ohne daß er es gewußt, eine wichtige Veränderung vorgegangen war. Die Kriegsbehörde hatte nach dem ersten Pariser Frieden, in Folge erhaltener Vorschriften, die Lützower Freischaar aufgelöst, aus dem Fußvolk das fünfundzwanzigste Feldregiment gebildet, und Müller'n, den bisherigen Hauptmann, in dieses als Lieutenant versetzt. Das Regiment berief ihn durch ein nach Wien gerichtetes Schreiben ein; dieses Schreiben aber war an Hardenberg gelangt, der, weil er Müller'n bei sich behalten wollte, dasselbe unbeantwortet bei Seite legte, ohne weiter von der Sache zu reden. Jetzt, nach so langer Zwischenzeit, empfing Müller eine zweite Mahnung, und hatte den Verdruß, nicht nur das nachtheiligste Unrecht über sich verhängt zu sehen, sondern auch vor einem Kriegsgerichte sich wegen seines Ausbleibens rechtfertigen zu müssen. Unter diesen Umständen erbat er seinen Abschied aus dem Kriegsdienste, den er mit den ehrenvollsten Zeugnissen erhielt. Hardenberg's Versicherungen hatten ihm ohnehin schon andere Bahnen des Staatsdienstes, die seinen ausgezeichneten Fähigkeiten im Frieden günstiger entsprechen würden, angedeutet und verheißen.

Bevor noch die Pariser Verhandlungen zum völligen Abschlusse gekommen waren, machte Müller eine Reise nach London, wo er von Deutschen und Engländern wohl aufgenommen wurde, aber gleichwohl zu beklagen fand, auch hier die deutschen Angelegenheiten vielfach mißkannt und durchaus vernachläßigt zu sehen. Nach mehrwöchentlichem Aufenthalt kehrte er aus England über Holland nach Berlin zurück, wo inzwischen auch Hardenberg mit seinem ganzen Gefolge wieder eingetroffen war.

Seine wirkliche Anstellung im Staatsdienst erfolgte nicht sogleich; mehrere Posten, die seinen Fähigkeiten und Ansprüchen gemäß und ihm halb zugesagt waren, fanden sich durch Andere besetzt. Hardenberg hatte die mißliche, für das Loos vieler Menschen gefährliche Art, die indeß auch bei anderen Männern vielfachen und weiten Wirkens nicht selten ist, daß er alle Menschen von Talent und Geist, die sich ihm näherten, gern

in seiner Umgebung festhielt, überzeugt, sie irgendwie ge=
brauchen und auch fördern zu können; denn wie er im All=
gemeinen das größte Wohlwollen hegte, so gönnte er auch
jedem persönlich alles Gute. Seine Versprechungen waren
daher aufrichtig und glänzend, und mochten auch den Un=
geduldigsten eine Weile hinhalten. Sollte doch endlich die
Erfüllung folgen, so zeigte sich diese durch außer Acht ge=
lassene Schwierigkeiten, durch anderweitigen Einspruch oder
Mangel an offnen Stellen, gehemmt. War dann die Zeit
der unmittelbaren Nutzbarkeit, der frischen und wichtigen
Leistungen vorüber, so sanken Werth und Lohn derselben leicht
auf ein geringes Bruchtheil des hohen Betrages herab, zu
welchem sie früher angeschlagen worden. Dies war auch der
Fall Müller's. Hardenberg gestand ihm seine Verlegenheit,
eine selbstständige, seinen Verdiensten und Fähigkeiten angemessene
Stellung für ihn zu ermitteln, und bestimmte ihn, unter
Vertröstungen auf die Zukunft, einstweilen in beschränktem
Verhältnisse sich zu gedulden; er wurde den Räthen Stägemann
und Rother als Hülfsarbeiter zugewiesen, und leitete unter
des Ersteren Namen eine Zeitlang die Herausgabe der neu=
gegründeten Staatszeitung.

Müller verhehlte sich nicht, daß mit dem Frieden ein großer
Wechsel der Richtungen vorgegangen sei, daß auch ihn persönlich
dieser Wechsel sehr betreffe. Doch sah er so große allgemeine
Hoffnungen getäuscht, daß er seine eignen Verhältnisse minder
schwer nahm. Wenn sein Stolz einen Augenblick zürnte, und
er an die Schätzung der Menschen und Dinge erinnerte, die
noch vor kurzem gegolten hatte, so war seine Gutmüthigkeit
durch ein freundliches Wort bald wieder beschwichtigt, und
sein bescheidener Sinn fand wohl gar, daß er noch ganz gut
bedacht worden sei. Er drängte sich nicht auf, er schmeichelte
nicht, er suchte keine Nebenwege und Ränke. Wenn er stets
die wärmste Verehrung für Hardenberg aussprach, so war
das der reine Ausdruck seiner Einsicht und seines Gefühls;
auch wußte er, daß ihm der gute Wille des vielgeplagten
Greises nicht fehle; den Leuten aber, welche diesen guten
Willen für ihn zur That machen konnten, gab er kein gutes
Wort, sondern drehte ihnen wohl gar den Rücken zu.

Erst im Jahre 1817 wurde ihm die feste Anstellung als Hofrath, später Geheimer Hofrath, im statistischen Amt, wo seine Beschäftigung von der Art war, daß sie doch mit seinen Wünschen und Neigungen einigermaßen übereinstimmte. Leider traf er es in Betreff des Vorstandes dieser Behörde nicht glücklich. Der Staatsrath Hoffmann, ein enger Kopf, und dabei eingebildet und störrig, förderte keinen seiner ihm untergebenen Gehülfen, alles Verdienst und alle Ehre der geleisteten Arbeiten legte er nur sich selber bei. Am wenigsten war er Müller'n geneigt, dessen deutscher Eifer ihm, dem früheren Napoleonsbewunderer und Franzosenfreund, durchaus zuwider war; überdies hatte Müller auch in früherer Zeit eine Arbeit von Hoffmann über westliche Gränzlinien prüfen müssen, und bedeutende Mängel darin aufgezeigt, wobei sein Name dem Getadelten nicht verschwiegen geblieben war. Durch Müller's standhafte Gradheit und Bescheidenheit behielt das Verhältniß dennoch ein gutes Ansehen, aber an Weiterkommen war unter diesem Oberen nicht zu denken. Die Pedanterei kleinlicher Berechnungen, die sich meist um unsichere Zahlen drehen, berührte ihn zwar wenig; er hatte die Bibliothek und die sämmtlichen öffentlichen Blätter in Aufsicht, seiner Theilnahme an gelehrten und politischen Dingen sehr erwünscht. Doch fand sich bisweilen Anlaß, auch aus dem statistischen Gebiete den höchsten Behörden solche Arbeiten zu liefern, welche diese mit Dank benutzten, wie zum Beispiel für die Gränzberichtigung mit Polen, für das Konkordat mit dem römischen Hofe, für die Rheinschifffahrt.

Müller war ein gewissenhafter Arbeiter, der sein Tagewerk mit unverdrossener Sorgsamkeit vollbrachte, nach strengen Pflichtbegriffen, die ihn von Jugend auf geleitet. Aber ihm blieben Mußestunden genug, die er nach Lust und Neigung ausfüllen konnte. Er sollte Vorlesungen an der Kriegsschule über Militair-Statistik halten, was aber durch Nebendinge sich wieder zerschlug.

Die Sache des Vaterlandes war jetzt so gestellt, daß sie nach außen keiner Kämpfe mehr bedurfte, nach innen ihre fernere Entwickelung nur aus den bestehenden Staatsordnungen erwarten sollte, und sich gegen das selbstständige Mitwirken

nicht unmittelbar dazu Berufener täglich mehr abschloß. Zwar
setzten sich zahlreiche Eiferer diesem Gang entgegen, und
suchten durch die Presse, durch Turnübungen und sonstige
Mittel einen Einfluß zu behaupten und auszudehnen, an
welchen die Kriegszustände sie gewöhnt hatten, allein der
Uebermuth der Jugend wußte kein Maß zu halten, und es
erfolgten herbe Rückwirkungen. Müller's meiste Freunde
waren in diese Sachen verflochten, er theilte im Allgemeinen
die Gesinnung, mißbilligte aber die Handlungsweise. Er, der
alte und verwegene Tugendbündler, verwarf jetzt alles Geheim=
wesen und hielt sich von demselben fern. Die politischen
Maßregeln, welche bald über ganz Deutschland verhängt
wurden, und statt gehoffter mehreren Freiheit auch die schon
gewährte wieder verkümmerten, durften seine Seele tief be=
trüben, aber ihn persönlich berührten sie nicht. Unmuthig
wandte sich der edle Geist von den traurigen Verwirrungen
ab, wo Wahn gegen Wahn sich austobte, und stählte den
Muth in treuer Arbeit, in stiller Pflege der Wissenschaft
und Kunst.

Zwölf Jahre hindurch stand Müller als Ordner der
deutschen Sprachgesellschaft vor, die er in Berlin hatte stiften
helfen, und suchte den mannigfachen Bestrebungen dieser Art
in Deutschland einen festen Zusammenhang zu geben. Seine
eignen Studien gingen nun tiefer ein, und er kam von manchen
Abwegen zurück. Indeß blieb in seinen Versuchen, die deutsche
Sprache von fremden Wörtern zu reinigen, neben Ausge=
zeichnetem und Vortrefflichem, auch viel Gewaltsames und
Willkürliches, und seine Vorschläge fanden, gleich den früheren
von Campe, Wolke und Schlabrendorf, wenig Eingang. Auch
sein Bemühen um unsere Rechtschreibung, gleich dem so vieler
Anderen, deren irrende Ritterschaft sich auf diesen nächsten
harmlosen Stoff warf, drang nicht durch. Das lange ſ,
welches in Frankreich durch die Buchdrucker Didot abgeschafft
worden — was ihnen der Buchdrucker und Schriftsteller
Retif de la Bretonne zum strafbarsten Verbrechen macht —
wünschte er im deutschen Druck ebenfalls zu verbannen, und
benutzte dazu die Staatszeitung, wo dann Worte wie besser,

müssen und dergleichen seltsam auffielen, sogar dem Könige, der die Neuerung abstellen ließ.

Als erneuerte Schulerinnerung und Jugendlust erwachte in ihm auch wieder der Trieb, lateinische Verse zu machen, und die Schwierigkeiten zu überwinden, welche der Ausdruck heutigen Lebens in der todten Sprache findet. Mag man über diese gelehrte Poesie denken wie man wolle, immer wird man zugestehen, daß auch wahre Dichter und ächtes frisches Leben sich in dieser Dichtungsweise kund gegeben, und wir fügen hinzu, daß, auch wo der höhere Genius fehlt, schon die bloß technische Meisterschaft in Verskunst und Sprache eine Gediegenheit und Kraft der Studien voraussetzt, wie schwerlich durch andere Leistungen so unmittelbar sich dar= legen kann. Die Reformationsfeier im Jahre 1817 war ein Gegenstand, den lateinisch zu besingen für Müller mehrfachen Reiz haben mußte; die Feier führte nach Wittenberg, wo er studirt hatte und in dessen Nähe er geboren war, und rief die Theilnahme für Kirche und Theologie neu hervor, die in seinem Herzen noch stets ein treues Andenken hatten. Er widmete dem Anlaß ein Carmen saeculare, welches Aufsehen erregte und großen Beifall erwarb. Nach drei Jahren ließ er ein Heft anderer lateinischer Oden folgen, die meistens schon vorher in den Berliner Zeitungen einzeln erschienen waren. Ueber den Kunstwerth dieser Gedichte mögen die großen Meister des Faches, ein Eichstädt, ein Kirchner, das Urtheil sprechen; wir haben sie hier als Zeugnisse einer edlen und würdigen Erholungsmuße anzuführen. Die während einiger Jahre beliebten Festmahle akademischer Zeitgenossen gaben Müller'n ebenfalls Gelegenheit, ein frisches Studentenlied in der Weise des „Gaudeamus igitur" zu dichten, welches nebst der von ihm selbst gemachten deutschen Uebersetzung in der kleinen Sammlung nicht fehlen darf.

Eine schwere Prüfung wurde ihm durch häusliches Miß= geschick auferlegt. Er hatte sich bald nach seiner Nieder= lassung in Berlin mit einer Frau verheirathet, die bei zuerst günstigem Anschein doch in kurzem weder den geistigen noch selbst den sittlichen Forderungen einer solchen Verbindung entsprach. Alle Stärke des guten Willens, aller Edelmuth und Hochsinn, durch welche Müller das Verhältniß zu stützen und zu heben trachtete, blieben unwirksam gegen die sich stets erneuenden Störungen. Nach hartem Kampfe wurde die Verbindung endlich gelöst, und für Müller kehrte mit der äußeren Ruhe auch schnell der innere Frieden, das Gleichgewicht einer heiteren Seele zurück, welche dem Guten und Schönen zugewandt von Unwürdigem nicht lange befangen bleibt.

Aufmerksam für alles, was im Staatswesen und in der Litteratur vorging, innig theilnehmend an den wechselnden Zeitgeschicken, aber dabei gedeihlich mitzuwirken in den nächsten Verhältnissen weder Beruf noch Zulaß ersehend, lebte Müller fortan in Geschäfts= und Studienfleiß, und im Genusse biederer Freundschaft seine Tage ruhig dahin, und würde sich in ihnen befriedigt gefühlt haben, wäre nicht aus den allgemeinen Zuständen düsterer Schatten in sie gefallen. Er kannte der Hohen und Vornehmen viele, und manche derselben hätten seine Näherung und Anschließung gern gesehen, nahmen ihm die Vernachlässigung, deren er sich schuldig machte, sogar übel; aber seine Neigung war anders gerichtet, sie wandte sich dem harmlosen Behagen eines sicheren Umgangs mit Näher= und Gleichstehenden zu. Seine Gutmüthigkeit überwand sogar den früheren Partheihaß, und Friedrich Buchholz, der einstige Bewunderer und Lobredner Napoleon's, gehörte mit zu dem trauten Freundeskreise. Das Schicksal aber gönnte ihm spät noch ein schönes Lebensglück in der Verbindung mit einer liebevollen Gattin, der verwittweten Majorin von Gottberg, gebornen Elßholtz, mit der er seit dem Jahre 1828 bis an seinen Tod in zufriedener Ehe lebte. Sein Haus, das er außerhalb der Stadtmauer· im Freien gründete und mit an= muthigen, von ihm selbst gepflegten Gartenanlagen umgab, wurde nun der Sammelplatz bewährter Freunde und mancher Fremden, denen die gastliche Häuslichkeit dankbar in Erin= nerung blieb.

Wunderbar hatte sich dieses bewegte Leben aus den weiten Kriegs= und Staatsbahnen, in die es gerissen worden, im Alter allmählig wieder zu dem engeren Kreise zusammengezogen, auf den es zuerst angelegt war. Der Weg der Theologie, wenn er ihn verfolgt hätte, würde in dem Geschick eines wackeren Landpredigers ihm leicht ein ganz ähnliches Ziel und Ergebniß dargeboten haben. Diesem Bild eines Landpredigers konnte auch seine liebreiche Milde, sein offner Sinn, seine würdige Haltung, seine Neigung zum Wohlthun und seine freundliche Bereitwilligkeit, stets nach bestem Vermögen Rath und Hülfe zu gewähren, vollkommen zustimmen. Und wir dürfen sagen, der Himmel hat es gut mit ihm gemeint! Müller hatte seine Zeit gehabt, und er grollte nicht, daß sie vorüber war; auf Sturm und Gefahr und Glanz war friedliche Stille gefolgt. Seine Bescheidenheit ließ ihn der Ansprüche des Ehrgeizes gern vergessen. Allerdings war mancher Augenblick seines Lebens so gestellt, daß die höchsten Aemter und Würden ihm erreichbar scheinen konnten, falls er unbedingt nur sie hätte erstreben mögen; auch war es nicht aus Unkunde ihres Werthes, daß er solche Vortheile ruhig schwinden sah. Zugleich erkannte er, daß, was ihm wohl ein Gewinn hätte sein können, nicht immer denen, die es erlangt, ein solcher war, und ohne Neid sah er sie danach ringen und es haben. In mäßigen Verhältnissen, mit reinem Bewußtsein und freiem Sinn, war er reicher und glücklicher und achtungswerther, als wenn er durch anmaßliches oder schmeichlerisches Vordringen, durch Selbstverläugnung und Heuchelei zu den höchsten Ehrenstellen aufgekommen wäre. Sei dies denen zum Troste gesagt, die sich in gleichem Fall befinden! —

Er genoß lange einer kräftigen Gesundheit; erst an der Schwelle des Alters befiel ihn ein Nervenzustand, von dem er doch völlig genas. In seinen letzten Lebensjahren unternahm er öfters kleine Reisen. Auf einer derselben hatte er das Unglück, mit dem Wagen umgeworfen zu werden; dieser Vorfall erschütterte seinen bisher noch rüstigen Körper, andere schlimme Einflüsse traten hinzu, er fing an zu kränkeln, und starb beinahe zweiundsiebzig Jahre alt, liebevoll und ergeben, am 3. Februar 1847 in seinem Gartenhause. — Ihn über= lebten seine treue Gattin und zwei Brüder, der ältere ein hochgeachteter Arzt in Leipzig, der jüngere ein ehrenwerther Kaufmann in Berlin; ein dritter Bruder, von den dreien der älteste, früher Senator in Wittenberg und darauf Land=

und Stadtgerichts = Direktor in Delitzsch, war um wenige
Tage ihm in die Ewigkeit vorangegangen. — Was von
Karl Müller's Schriften aufzufinden war, haben wir treu
gesammelt, vieles aber von ihm, der nie Schriftsteller zu
sein bezweckte, ist verloren oder zerstreut, theilweise in Akten
vergraben.   Das Beste blieb wohl ungeschrieben, und mit
seinem Tode ist der Welt ein Schatz gediegener Kenntnisse
und reicher Lebenserfahrungen verloren worden!

Juni 1847.

Karl Gustav Freiherr von Brinckmann.

Es ist ein Zeugniß der Höhe und Reife, zu welcher die Geistes= und Sprachbildung eines Volkes gediehen ist, wenn diese auch in fremden nationalen Boden übergreift, und von dorther Kräfte anzieht, die ihr ursprünglich nicht eigneten. Dergleichen Anziehung übten unter allen Neueren zumeist die Franzosen, und ihrer Bildung schmiegten aus allen Völkern vorzügliche Geister sich dienend an. Die Deutschen waren nicht die letzten, sich zu diesem Dienst einzufinden, und die gekrönten Häupter zuerst. Während wir diese Einwirkung von Seiten Frankreichs erfuhren, gelangten wir aber, mit dem Ablaufe des achtzehnten Jahrhunderts, zu eigner mächtiger Geistesentwickelung, und diese öffnete nun auch für uns den Anlaß und Erfolg, aus anderen Nationen einzelne Wandel= sterne in unser Gebiet hereinzuziehen. Die Dänen Baggesen und Oehlenschläger dichteten großentheils deutsch, der Franzose Chamisso wurde ein deutscher Dichter. Besonders aber ist der Schwede Brinckmann ein glänzendes Beispiel solcher An= ziehung; stammverwandt allerdings, aber doch abgetrennt, und der Zeit noch nah, wo schwedischen und deutschen Strebungen der Hang zu französischer Bildung noch gemeinsam war, fand er früh in deutschem Leben das Element, und was mehr ist, das Organ seines eigensten Wesens und Wirkens.

Er wurde am 24. Februar 1764 in Schweden geboren, auf einem Gute seines Vaters, der in Stockholm als Sach= walter in Ansehen und Wohlstand lebte. Die religiöse Denkart der Eltern neigte sich zu der Brüdergemeinde, und dies be= stimmte sie, den unter sorgfältiger Aufsicht herangewachsenen

Jüngling, der die Stockholmer Lehranstalten benutzt und auch schon die Universität Upsala besucht hatte, nach Deutschland auf die herrnhutische Schule zu Barby zu schicken, welche damals in großem Rufe stand. Hier war Schleiermacher sein Mitschüler, und beide schlossen bald enge Freundschaft, die sich auf der Universität Halle, wohin sie von dort abgingen, noch mehr befestigte.

Hierauf lebte Brinckmann einige Zeit in Berlin, wo er in einem weiten Gesellschaftskreis verkehrte, mit Markus Herz, Ancillon, Wilhelm von Humboldt, Zöllner, Engel, Gentz. Der letztere berichtet in einem Brief an Garve von einer besonderen Gesellschaft, die der Damen=Thee hieß, und die sich alle Dienstage versammelte, einmal bei der Demoiselle Hainchelin, einmal bei Madame Herz, einmal bei der Kriegs= räthin Eichmann und einmal bei Demoiselle Dietrich; zu diesem Thee waren Brinckmann, Spalding, Humboldt, Graf Dohna, Gentz und Ancillon ein= für allemal geladen, außerdem bat jede Dame, die grade die Wirthin war, noch wen sie wollte. „Dieses Institut, schreibt Gentz, hat der jetzt nach Schweden zurückgekehrte Brinckmann kurz vor seiner Abreise zu Stande gebracht, und es ist wirklich ein recht schätzbares Vermächtniß, was er seinen Freunden hinterlassen hat." Auffallend ist es, daß von diesen Damen, mit Ausnahme der Henriette Herz, nur diese schwache Spur ihres Daseins und Wirkens uns erhalten ist! —

Im Herbst 1790 kam Brinckmann nach Schweden zurück, und wählte das diplomatische Fach, zu welchem er sich be= sonders vorbereitet hatte. Nachdem er einige Zeit in der Kanzlei gearbeitet, erhielt er seine erste auswärtige Anstellung als Legationssekretair, in welcher Eigenschaft wir ihn 1792 zu Berlin finden.

Brinckmann war klein und schwächlich, eine große Nase gab seinem Gesicht, eine ungemeine Beweglichkeit seinem ganzen Wesen etwas Seltsames; aber er war jung, lebhaft, voll begeisterter Huldigung, seine rege Theilnahme und dichterische Gabe widmete er in allen Richtungen eifrig der Geselligkeit, wo sein Stand und Verhältniß ohnehin manchen Vorzug sicherten, und so war er im Ganzen doch eine angenehme,

willkommene Erscheinung. Die damalige Geselligkeit von
Berlin war etwas ganz anderes, als sich aus späterer Ge=
staltung desselben Stoffes nur ahnden läßt. Die Sitten
waren schon durch das von oben gegebene Beispiel äußerst
frei, große Lebenslust in allen Klassen, und bei der Mäßigkeit
der Ansprüche die beschränkten Hülfsmittel doch zureichend.
Die französische Revolution fluthete in vollen Wogen, und
während sie den Staat nach außen beschäftigte, wirkte sie auf
das innere Leben mächtig ein. Denkart, Bildungsweise,
Richtungen des Geistes, der Neigung, des Geschmackes, waren
gesellig vollkommen freigegeben, auf diesen Bahnen traf man
weder Gunst noch Verketzerung. In der Gesellschaft galten
wohl, wie dies immer sein wird, Stand und Rang und
Reichthum, aber sie gaben keineswegs die Vorschrift, nach
der die Geselligkeit sich gestaltete, sondern diese ging aus dem
Sinn, dem Talent, dem Geist und der Thätigkeit hervor, die
sich wie von selbst für diese Sphäre darboten, welche zwar
einigen äußeren Zwang recht gut verträgt, unter ihm allein
aber bald vernichtet wird. War Berlin damals reicher an
geselligen Talenten und Kräften als jetzt? Wir dürften auch
dies bejahen; aber als ganz unbestreitbar können wir behaupten,
daß damals die vorhandenen Anlagen vollständiger und reicher
an den Tag kamen, nicht so leicht von rohen Aeußerlichkeiten
unterdrückt wurden.

Für Brinckmann konnte kein erwünschteres Element ge=
funden werden. Er mochte in die Tiefen der Erkenntniß
tauchen, oder auf der Oberfläche leichthin schwimmen, — und
beides war ihm Bedürfniß, — niemals fehlte die Befriedigung.
Er fand sich glücklich, nach Gelegenheit mit Männern, wie
Markus Herz, Maimon, Schleiermacher, Gentz, Wilhelm von
Humboldt, Tieck, später auch mit Fichte, wissenschaftlich zu
verkehren, mit Rahel, Gualtieri, Friedrich Schlegel Lebens=
ansichten zu erörtern, und daneben allen Schönheiten und
geistigen Würden der ihn umgebenden Frauenwelt als hul=
digender Anbeter den Hof zu machen. In letzterem scheute
er keinen Nebenbuhler und wurde keinem gefährlich; ihm
genügte wohlwollendes Vertrauen und leidenschaftliche Mit=
theilung, für die sein unerschöpflicher Redefluß und seine noch

staunenswürdigere Schreibseligkeit überreich sorgte. In letzterer hat ihn vielleicht kaum Böttiger übertroffen. Er schrieb eine leichte, angenehme, flüchtige Hand; eben so leicht und rasch, wie die Schriftzüge, flossen ihm Gedanken und Bilder, denen er nebst ungemeiner Glätte doch immer auch eine gewisse Lebenswärme zu geben wußte; in den herrnhutischen Kreisen, wo von jeher viel geschrieben wird, wurde dieser Hang bestärkt, und endlich durch Amt und Geschäft sogar mit der Pflicht verknüpft. Rasch, zahllos, endlos, flogen nach allen Seiten seine Billette und Briefe, voll Anklängen des Tages, voll Scherz und Vertrauen und persönlicher Pecisferung. Mit oder statt der Prosa stellten sich auch Verse ein, in gleichen Vorzügen der Leichtigkeit und Glätte, französisch oder deutsch, lateinisch und englisch, in späterer Zeit auch schwedisch. Vermißte man in seinen Briefen wohl meist einen hervorstechenden Inhalt, so mußte man doch die Rundung und Fülle des Vortrags anerkennen, der auch einen anspruchsvollen Leser meist bis zum Ende festhielt, das doch oft erst nach weitem Weg erreicht wurde. Zwanzig, vierzig und mehr Blätter in einen Brief zu verschreiben, war für Brinckmann eine Kleinigkeit; und mit freudigem Stolze sah er die Nummern, welche eine Reihefolge von solchen Briefen an ein und dieselbe Person bezeichneten, in die Hunderte übergehen — ja sogar an die Tausend hinanstreben!

Aber nicht minder, als durch seine Feder, war er auch durch persönliche Gegenwart thätig und ergiebig. Rasch und unermüdet, zu jedem Gange, zu jedem Besuch bereit, griff er überall anregend, vermittelnd, benachrichtigend ein, und obgleich er hiebei in den meisten Fällen, seinem wohlmeinenden Sinn und edlen Geiste gemäß, nur Gutes und Erwünschtes bewirkte, so konnte es doch nicht ausbleiben, daß auch bisweilen, gegen seinen Willen, seine Thätigkeit in Verdruß und Nachtheil ausschlug; ihm selbst war hievon späterhin die bitterste Erfahrung zugedacht! Wem Brinckmann nicht näher befreundet war, und also nicht seine inneren unendlich schätzbaren Eigenschaften, sondern nur diese behende, vielthätige, meist scherzende, witzelnde, und nicht selten über die Gebühr neckende Außenseite zeigte, dem ließ er oft sehr ungünstige

Eindrücke, und es fehlte nicht an spöttischen Urtheilen, indem die Einen ihn für einen Phantasten, die Anderen für einen Schwätzer erklärten, der sprachwitzelnde Bernhardi aber ihm seinen Namen in's Französische durch Colporteur übersetzte.

Welchen Eindruck sein vielseitiges Wesen bei einem Besuch in Weimar und Jena machte, wohin er im Februar 1798 aus Berlin kam, ersehen wir aus Goethe's und Schiller's Brief=wechsel. Goethe, dem er schon bekannt war, und dem er auch später (1804) seine Gedichte widmen durfte, gab ihm einige Empfehlungsworte für Schiller nach Jena mit, und berichtete diesem bald nachher: „Brinckmann war sehr erfreut mit Ihnen einige Stunden vertraulich zugebracht zu haben. Seine lebhafte Theilnahme an so vielem verdient wirklich eine gute Aufnahme; gestern aß er mit mir, und ich hatte ihn zwischen unsere zwei liebenswürdigen Schriftstellerinnen placirt, — [ohne Zweifel Amalia von Imhoff und Sophie Mereau] — wo er sich außerordentlich gut befand. Eigentlich aber scheint er mir eine rechte Natur für ein so großes Element wie Berlin zu sein." Schiller schreibt einige Tage später: „Nach dem was meine Frau mir sagte, hat Brinckmann in Weimar gar großes Glück gemacht, und besonders am verwittweten Hofe. Er ist ein sehr unterhaltender Mensch in Gesellschaft, und schlau genug, das Geistreiche und das Triviale an beiden Enden zusammen zu knüpfen." Worauf dann Goethe schließlich erwiedert: „Unseren Brinckmann, den Sie trefflich geschildert haben, habe ich noch morgen zu bleiben beredet. Unsere Frauen in Weimar bedürfen gar sehr solcher fremder Erscheinungen, und ich mag ihnen, da sie sonst so wenig Vergnügen haben, dergleichen gerne gönnen. Gewiß sind diese Naturen sehr wünschenswerth, weil sie zur affirmativen Seite gehören und doch immer Talente in der Welt supponiren müssen, wenn ihr Talent gelten soll." Bei den Frauen in Weimar, die sonst so wenig Vergnügen haben, und denen daher eine solche fremde Erscheinung wie Brinckmann gern gegönnt wird, könnten einem muthwilligen Leser die vornehmen Türken einfallen, die den Frauen ihres Harems wohl gelegentlich einen schönen Christensklaven schenkten, der aber, nach kurzer Frist verbraucht, unwiderruflich sterben mußte. —

Nicht alle jedoch waren so nachsichtig wie Goethe. Brinckmann reizte sowohl durch seine dichterischen Ansprüche, als besonders auch durch seine — übrigens ganz harmlose — Bewerbung bei Frauen, besonders die jüngeren Gesellen wenn auch nicht zu Eifersucht, doch zu Mißvergnügen und Widerwillen. Ludwig Robert schonte den Freund seiner Schwester keineswegs; unter den Anbetern der liebenswürdigen Friederike Unzelmann, den Verehrern der schönen Mad. Sander fand er keine freundliche Gesinnung; beleidigende Epigramme von Chamisso gegen ihn und seine Verse gelangten, wider alle dem fremden Diplomaten gebührende Rücksicht, sogar in die Berliner Zeitung, wo der Name Selmar den darunter verhüllten sogleich erkennen ließ. Bisweilen auch ergrimmten die Frauen selber, und ließen ihre Unzufriedenheit aus, wenn Brinckmann im Gedränge der Pflichten und Beeiferungen einen Verstoß oder eine unzeitige Mittheilung gemacht, einen Scherz zu weit getrieben hatte. Dann war ihm nicht Ruhe noch Rast, bis die Versöhnung erfolgt, das Geschehene aus= geglichen war.

Einen Fall der letzteren Art, wo Brinckmann die geist= reiche Doktorin Flies, nachherige Baronin Boye und spätere Gräfin Sparre, zum Zorn gereizt hatte, gab den Anlaß zu einem beißenden Scherze Ludwig Robert's, der in Brinckmann's Namen folgendes elegische Gedicht umlaufen ließ, das in der damaligen Gesellschaft außerordentliches Glück machte, und hier wohl seine Stelle verdient.

Brinckmann's Jammer und Flehen.

Sie, die ein Glied ist, ein großes, aus jener unendlichen Kette,
    Die ich, dem Amor zum Trotz, listig aus Freunden mir schuf. —
Ach! ich habe verkannt sie, die Frau hochstrebenden Geistes, —
    Lieget das Glück uns zu nah, stolpern wir drüber hinweg.
Doktorin war sie mir einst, und jetzt ach! fühl' ich den Werth erst
    Ihrer gewaltigen Kur, die mir die Schmerzen gestillt;
Doch nun bluten sie wieder, die Wunden des kränklichen Busens,
    Seit sie mit trockenem Ton grausam das Haus mir verbot!
Ach! was hab' ich verbrochen, um solche Qual zu erleiden?

Hab' ich nicht Tugend von je, Tugend wie keiner geübt?
Nie ein Laster begangen, und alles geduldig ertragen?
Ewig geh' ich zu Fuß; Thee ist mein einziger Trank:
Nimmer auch spiel' ich, es sei denn mit Musch, dem Mopse der
    Freundin,
    Daß ein gütiger Blick falle auf mich wie auf ihn!
Dann, was Liebe betrifft, so schwör' ich bei Feder und Tinte,
    Schwör' es, o Theure, bei Dir, und bei dem heiligen Strauch,
Der mir in China erblüht, und bei dem Moose von Island,
    Daß ich des Heiligthums Inneres nimmer betrat!
Viel wohl hab' ich geschrieben, und hier und da mich gebärdet,
    Daß ich vermuthe, man traut Liebesgefühle mir zu:
Aber das ist auch alles, und glaub' es mir, Freundin, von Liebe
    Kenn' ich die Briefe ja nur, die ich als Dichter verfaßt!
Sage, was hab' ich verübt, um solcherlei Schmach zu erleiden?
    Willst Du die einzige sein, die mich Unschädlichen bannt?
Sieh, ich will dir den Thee, den köstlichsten, wirthlich bereiten,
    Und verspreche, du sollst Göttin des Festes mir sein.
Weder Luise von Berg, noch ihre reitende Mutter,
    Noch Henrietten, die ich Nymphe der Donau genannt,
Nicht die kleine, von Göttern und mehr noch von Menschen be=
    schenkte
    Tochter Thalia's, und noch minder die riesige Herz;
Nicht die bescheidene Sander, und nicht die gewaltige Engström, —
    Keine von allen, ich schwör's, lad' ich zum herrlichen Thee:
Lauter Männer, die besten, die gerngesehensten, Lippe,
    Löwenhjelm, Gentz, Schack, Brockes der kühne Gesell,
Humboldt, Darbes, und wen du noch sonst dir wählest, sie sollen
    Alle sich drängen um dich, eifrig vor allen ich selbst!
Götter! ich sehe sie schon, die Kuchen, die Tassen, den Kessel,
    Sehe dein frohes Gesicht, wie du mir Armen vergiebst,
Wie — nun, Musen genug! vergebens strebt ihr zu schildern,
    Wie sich Jammer und Glück wechseln in reizbarer Brust;
Lösen könnet den Bann nicht ihr, den jene gesprochen, —
    Lösung hoff' ich und Heil, Doktorin, einzig von dir!

Zur Erklärung fügen wir folgende Angaben bei. Luise
von Berg, nachherige Gräfin von Voß; Henriette, Frln.
von Arnstein aus Wien, spätere Baronin Pereira; Tochter
Thalia's, Friederike Unzelmann; Herz, die Hofräthin Hen=
riette; Sander, die schöne Gattin des Buchhändlers;
Engström, schwedische Gesandtin; Lippe, Alexander Graf
zur Lippe; Löwenhjelm, schwedischer Diplomat; Schack,
der glänzende Rittmeister vom Regiment Gendarmen; Brockes

Freund Heinrich's von Kleist, Edelmann von sehr einnehmendem Wesen; Humboldt, der ältere, Wilhelm; Darbes, damals berühmter Portraitmahler.

In Folge solcher widrigen Erfahrungen entwickelte sich noch eine Eigenheit, die doch kaum eine solche zu nennen ist, da sie in ähnlichen Fällen sich öfters zu zeigen pflegt. Je weniger Brinckmann selber vorsichtig und verschwiegen war, je leichtsinniger seine Mittheilungen geschahen, sowohl des Geschriebenen als des Gesprochenen, um so heftiger drang er bei seinen Freunden auf Verschwiegenheit, um so stärker forderte er die Angelöbnisse und mehrte er die Bedingungen des Schweigens, wo er etwas von dem Seinen zu vertrauen meinte, und über eine von ihm bekannt gewordene Briefstelle, oder einen Vers, der zu früh veruntreut wurde, konnte er den größten Lärm und die bitterste Wehklage erheben. Dann fiel ihm ein, daß er ein Diplomat sei, daß er außer dem eignen Namen einen höheren zu vertreten habe. Daher auch seine gesammelten Gedichte anfangs nur unter dem Namen Selmar und spät erst in sorgfältiger Auswahl unter seinem Namen erscheinen durften, den darauf auch ein Band philo=sophischer Ansichten auf dem Titel führte. Den eigentlichen Geschäften und politischen Beziehungen kam auch jene ängstliche Vorsicht lange zu statten, doch leider nicht immer.

Von seiner Redseligkeit und harmlosen Selbsttäuschung darin können wir ein artiges Beispiel erzählen. Brinckmann drang einst zu Rahel in die Dachstube, wohin sie sich zurück=gezogen hatte, weil sie wegen unleidlicher Zahnschmerzen niemand sehen wollte. Mit verbundenem Kopf lag sie in einer Ecke des Sopha's, und mochte und konnte nicht sprechen. Brinckmann aber setzt sich vor sie hin, erzählt, erörtert, spricht sich in's Feuer, ist überzufrieden, kramt alle seine Reden aus, Rahel antwortet gar nicht, hört kaum zu, und nachdem das wohl eine Stunde gedauert, fühlt sich Brinckmann so wonnig, daß er mit Entzücken Rahel's Hand faßt und ausruft: „Sie sind göttlich heute!" Das war für Rahel zu stark, sie mußte trotz der Schmerzen laut lachen, und Brinckmann wurde nun erst inne, und gestand es beschämt, daß sie in der That bis dahin kein Wort gesprochen hatte!

Ueber solche Schwächen sah gern hinweg wer ihn genauer kennen gelernt. Sein Geist erfaßte das Höchste, sein viel= seitiger Sinn war dem Edelsten zugewandt, ein aufrichtiger Bekenner der Wahrheit verläugnete er diese auch im Scherze nicht, sein Gemüth empfand und gewährte die treuste Freundschaft. Rahel, die ihn früh erkannte, und wie seine Mängel auch seinen inneren Werth einsah, hielt lebenslang an diesem fest, ebenso Schleiermacher, der ihm die zweite Auflage der Reden über die Religion zueignete, aber freilich gar oft seinen Freund, wenn derselbe von Anderen scharf angeschuldigt wurde, nur mit Lächeln oder Achselzucken vertheidigen konnte. Klopstock, Jacobi, Graf Christian Bernstorff und viele andere aus= gezeichnete Personen, besonders aber edle und liebenswürdige Frauen, Frau von Berg, Madame Sieveking, Frau von Staël, Frau von Woltmann, Frau von Stägemann, blieben ihm vertraut und gewogen, und selbst im Alter noch hatte er das Glück, neue Verbindungen dieser Art zu knüpfen und dauernd zu erhalten.

Seinen Schriften muß man das Verdienst einer maßvollen, klaren, durchaus korrekten Darstellung zugestehen; die philo= sophischen Ansichten, Jacobi'n zugeeignet, gaben einen edeln Geist zu erkennen und enthielten viel Feines und Treffendes, das aber wenig akzentuirt ist, und daher nicht immer sogleich auffällt; dieselbe Bemerkung gilt von seinen Gedichten, die er durch schöne Stanzen Goethe'n zugeeignet hat, die Reinheit und der Wohlklang des Verses in den antikgemessenen Elegieen und Epigrammen so wie die Behandlung der Sprache stehen noch heute als musterhaft zu preisen.

Wir können hier den äußeren Wechsel seines Lebens nur flüchtig berühren. Nachdem er in Berlin eine Zeitlang Geschäftsträger gewesen, wurde er nach Paris versetzt, von wo er über Hamburg nach Schweden zurückkehrte, wieder nach Berlin kam, und endlich als Gesandter dem preußischen Hofe nach Königsberg und Memel folgte. Später war er Gesandter in London, von wo er für immer nach Stockholm zurückkehrte.

Brinckmann war bisher unter schwierigen Umständen in seiner Laufbahn günstig genug vorgeschritten, seine Brauch=

barkeit war anerkannt, seine persönliche Mäßigung, sein ränke-
loser Diensteifer, gereichten ihm zur Empfehlung. Er hatte
sich der neuen Ordnung der Dinge in Schweden gefügt,
und durfte hoffen, von dem Kronprinzen in bedeutende
Wirksamkeit gesetzt zu werden. Allein wie sehr die Eigenschaften des Menschen sein Schicksal sind, sollte Brinckmann,
wie bisher im Guten, nun auch im Schlimmen erfahren.
Der Kronprinz hatte ihm Einiges von den Absichten und
Maßregeln anvertraut, durch die er in der Meinung der
Schweden sich recht befestigen wollte; darunter war auch eine
sehr weislich vorbereitete Anordnung in Betreff des Handels,
die auf die Kaufleute sehr vortheilhaft wirken sollte, aber
bis zum bestimmten Tage das strengste Geheimniß bleiben
mußte. Brinckmann verhieß die größte Verschwiegenheit. In
seiner Freude aber konnt' er sich nicht enthalten, das Geheimniß in einer kleinen vertrauten Gesellschaft mitzutheilen.
Fräulein von E. war zugegen, die Tochter des Ministers der
auswärtigen Angelegenheiten, mit Brinckmann altbekannt, aber
nicht immer befreundet, er pflegte sie grausam zu necken, zu
peinigen, aufzureizen, und über ihren Zorn und Unwillen
dann zu scherzen. So machte er es auch jenen Abend, und
so scharf und maßlos verfuhr er in seinem Uebermuthe, daß
das Fräulein vor Unwillen außer sich nun auch alles Maß
wegwarf, und dem ungeschickten Peiniger rund heraus erklärte,
sie würde sich rächen, und da er keine Schonung übe, verdiene
er auch keine; — damit er aber sehe, daß man ihm auch
etwas thun könne, so solle er nur wissen, sie würde seine
frühere Ausplauderei weitererzählen. Brinckmann wurde plötzlich
ernst, und meinte, so etwas würde sie doch nicht thun, er
würde ja für immer dadurch verloren sein. „Ganz gewiß,
versetzte sie, würde sie das thun, und gerade um dieses Erfolgs
willen." In solcher Gesinnung verließ sie die Gesellschaft.
Brinckmann sah die Gefahr mit Entsetzen, man rieth ihm,
alles zu versuchen um das Fräulein zu versöhnen, er hoffte
es. Allein das Fräulein war eilig und unerbittlich, sie sagte
was sie erfahren hatte, und als man nach der Quelle fragte,
nannte sie Brinckmann, der es vom Kronprinzen selbst habe.
Dieser letztere erfuhr es ohne Verzug, die Sache war nun

vereitelt, die beabsichtigte Wirkung unmöglich. Von der Zeit war alle Gunst und Hoffnung Brinckmann's erloschen, der Kronprinz hielt ihn für einen unbrauchbaren Plauderer, grollte ihm, und stellte ihn niemals an.

In seiner unfreiwilligen Muße nahm Brinckmann mehr als je seine Zuflucht zu litterarischer Beschäftigung und zum Briefwechsel. In letzterem leistete er Unglaubliches, doch widmete er denselben weniger seinen alten Verbindungen, obgleich er seinen langen wiederholten Aufenthalt in Berlin und die dort gewonnenen Verhältnisse als die Höhe seines Lebens ansah, sondern mehr neuen Anknüpfungen, die seinem beweglichen Eifer nicht fehlen konnten. Die deutsche Litteratur hatte eine Wendung genommen, der er sich fremd fühlte und nicht folgen konnte, die Fortsetzung seiner Schriften wurde nicht begehrt, und er wagte kaum sie anzubieten; mißvergnügt gab er diesen Boden auf, richtete aber nun um so stärker seinen Eifer auf die schwedische Litteratur und Sprache, wo seine Arbeiten nicht ohne Erfolg blieben. Er wurde Mitglied der schwedischen Akademie, und gewann Preise der Dichtkunst und Beredsamkeit. Auch gab er nun zwei Bändchen seiner schwedischen Gedichte heraus, nebst einem Anhange lateinischer. Im Alter noch stets lebhaften Geistes und Eifers wie in der Jugend, doch kränklich und durch Kränklichkeit reizbar, zog er sich aus der Geselligkeit sehr zurück, und lebte daheim behaglich unter Büchern und Gegenständen der Erinnerung, die er reich um sich versammelt hatte. Im Jahre 1833 hatte er die Freude, Schleiermacher zum Besuch in Stockholm zu sehen, der seinerseits nicht wenig über den muntern, ja fast noch leichtfertigen Greis verwundert war, den, wie vor vierzig Jahren, jede hübsche Frau noch in raschere Bewegung setzte. Wie frisch sein Geist und wie warm sein Herz sich erhalten hatten, zeigt sich am schönsten in dem Denkmale, worin er nach dem Ableben Rahel's, dieser von ihm treu verehrten und stets mit höchstem Lobpreis anerkannten Freundin, seinen Schmerz über diesen Verlust niederlegte.

Er lebte noch viele Jahre in wechselnden Gesundheits= umständen, beschränkte sich immer mehr auf die behagliche und ästhetische Häuslichkeit, die er sich geschaffen hatte, und

dachte — zu spät — an die Abfassung von Denkschriften
seines Lebens. Die neuesten Erscheinungen der deutschen
Litteratur, besonders alles was auf Goethe Bezug hatte, ließ
er sich regelmäßig aus Deutschland zusenden. Auch erfreuten
ihn von daher fortwährend Besuche und schmeichelhafte Auf=
merksamkeiten. Dem Tode sah er getrost entgegen, nicht nur
mit Muth, sondern auch mit Scherz, er meinte zum Sterben
habe er noch lange Zeit, er sehe noch gar kein Ziel ab, ja
vielleicht werde er gar nicht sterben, wenigstens solle kein
Freund es glauben, daß er gestorben, bis er selbst es schriftlich
gemeldet habe.

Allmählig aber nahm seine Schwäche zu, sein Lebensfeuer
ab. Er hörte aus der Nähe und Ferne nur immer neue
Todesnachrichten, die Genossen seiner früheren Zeit waren
alle dahin, er schien nun auch endlich lebensmüde zu werden,
und sehnte sich nach Ruhe. Sanft entschlief er am 25. De=
zember 1847 zu Stockholm im vierundachtzigsten Lebensjahre.
Sein Andenken wird Allen, die ihn gekannt, theuer bleiben.
Er hatte ein edles Herz, einen regen aufstrebenden Geist, die
treuste Gesinnung; seine Schwächen selbst waren liebenswürdig.

Ludwig Tieck.

Der am 28. April 1853 zu Berlin erfolgte Tod des beinahe achtzigjährigen Dichters Ludwig Tieck ist ein Ereigniß, an dem alle gebildeten Kreise dieser Stadt sich lebhaft betheiligen. Er war schon viele Jahre krank, die letzten anderthalb Jahre bettlägerig, und bei hellem Geist und frischem Sinn doch keiner Anstrengung mehr fähig, so daß litterarisch nichts mehr von ihm zu erwarten stand, allein er war doch da, man sah seine edlen, auch im Alter noch schönen Züge, man hörte sein sinniges Gespräch, die reichen Erinnerungen seines treuen Gedächtnisses! Seinen Freunden und Bekannten ist durch seinen Tod ein Gegenstand der belohnendsten Theilnahme, der vielseitigsten Anregung geraubt. Kurz vorher, ehe die Verschlimmerung seiner Krankheit eintrat, vor wenigen Wochen, sprach er noch zu Besuchenden, die an seinem Bette saßen, ausführlich und mit Sachkenntniß und Scharfsinn über die in England von Collier aufgefundenen bisher unbekannten Shakspeare'schen Lesarten. Vier Bände seines Briefwechsels hatte er seit Jahren zur Herausgabe vorbereitet, er wünschte sehr, diese noch selbst zu bewerkstelligen, allein er vermißte schmerzlich die sonst in solchen Fällen ihm hülfreiche Hand seines Freundes Eduard von Bülow, und glaubte daher das Vorhaben nicht mehr ausführen zu können. Seine Memoiren zu schreiben, wozu der König ihn aufgefordert und ihm deßhalb eigends einen Schreiber zum Diktiren gehalten hatte, würde er selbst bei besserer Gesundheit sich schwerlich entschlossen haben. Sein Leben, wiewohl er nie ein öffentliches Amt bekleidet — wenn man nicht sein Theater-

wirken so nennen will — noch sonst eine andere als litte=
rarische Thätigkeit ausgeübt hat, war ein sehr bewegtes,
reich an Verhältnissen und Schickungen, die zum Behuf der
Darstellung nochmals im Gemüthe durchzuleben ihm nicht
zugemuthet werden konnte.   Der wahre Gehalt seines Lebens
sind seine Dichtungen; in diese höhere Sphäre verklärte sich
die bisweilen trübe Wirklichkeit.   Den Verfasser der Geno=
veva, des Prinzen Zerbino, des Kaisers Oktavianus — dies
sind die Kern= und Glanzwerke seiner Dichterkraft — lernt
man aus diesen hinreichend und am besten kennen.

Tieck war ein geborner Berliner; sein Vater, ein ehrlicher
Seilermeister, hatte einen Laden in der Roßstraße, wo die
gleichfalls dichterisch begabte Tochter Sophie, nachher Gattin
des Professors Bernhardi und darauf eines Herrn von
Knorring, das Verkaufsgeschäft besorgte.   Der Bruder studirte,
erst auf dem Friedrichswerderschen Gymnasium, dann in Halle,
Göttingen und Erlangen doch ohne ein bestimmtes Fach zu
wählen.   Der jüngere Bruder Friedrich wurde Bildhauer.
Des Dichters Fruchtbarkeit war anfangs sehr groß, und
seine Schriften gewährten ihm reichlich die Mittel seines
Lebensunterhaltes.   Dabei hatte er angesehene Jugendfreunde,
wie Wackenroder und Wilhelm von Burgsdorf.   Durch die
Bekanntschaft mit den Brüdern Schlegel und Friedrich von
Hardenberg nahm seine Poesie einen höheren Schwung, und
er wurde mit ihnen Stifter der sogenannten romantischen
Schule, die mit schweren Kämpfen unter Verachtung und
Hohn, sich zur glänzenden Herrschaft in fast ganz Europa
emporarbeitete, und deren Erlöschen er allein von den Stiftern
noch erlebte! Später ging Tieck nach Italien.   Daß er in
Rom katholisch geworden sei, ist vielfach behauptet worden,
doch seine letzten Schriften wie seine mündlichen Aeußerungen
und seine Lebensweise begründen die Annahme, daß er den
protestantischen Glauben nicht verlassen habe, oder doch bald
zu ihm zurückgekehrt sei.   Sein vieljähriger Aufenthalt in
Dresden, wo die Meisterschaft seines Vorlesens ihn zu einem
der ersten Mittelpunkte der Gesellschaft machte, seine nach=
herige Berufung nach Berlin und sein Wirken daselbst sind
allgemein bekannt und vielfältig besprochen worden.   Er bezog

durch die Gnade des Königs ein Jahrgeld von viertausend Thalern. Ludwig der Vierzehnte ernannte, nachdem er den Marschall Turenne verloren, an dessen Statt acht Marschälle, die man la monnaie de Turenne nannte; so könnten jetzt, als die kleine Münze Tieck's, acht gute Dichter mit schönen und noch immer ansehnlichen Gnadensolden bedacht werden! —

In seiner Jugend war Tieck ein glühender Anhänger der französischen Freiheit, worüber merkwürdige Briefzeugnisse noch vorhanden sind; später hegte er bitteren Haß gegen die Unterdrückungsherrschaft Napoleons, und dehnte diesen Haß auf alles Französische aus. Dem Altdeutschen mit Liebe zugewendet, blieb er doch stets ein Mann seines Zeitalters, und sprach in kirchlichen wie politischen Dingen stets einen löblichen, oft sehr kräftigen Freisinn aus, dem die Hofluft nichts anhaben konnte. Die Ereignisse des Jahres 1848 waren dem alten, kranken Manne zu stark, sie erschreckten ihn mit Besorgnissen, die für ihn zugleich persönliche waren; die Wendung, welche sie im Herbste desselben Jahres nahmen, war ihm daher willkommen; aber die weitere Entwickelung dieser Wendung erschreckte ihn ebenfalls, und er verdammte auch jetzt wieder, was ihm alles Maß zu überschreiten schien. Als Dichter war er überhaupt der eigentlichen Politik fremd. — Wir wünschen, daß eine vollständige Ausgabe seiner Schriften diese auf's neue in die Lesewelt bringen möge. Seine von Rudolf Köpke mit Sorgsamkeit und Liebe reich und anmuthig verfaßte Biographie darf uns als sein schönstes litterarisches Denkmal gelten, neben dem auch einst ein marmornes ohne Zweifel würdig sich erheben wird.

Goethe beim tollen Hagen.

Goethe hat uns in seinen Tag- und Jahresheften eine höchst anmuthige Schilderung des Besuches gegeben, den er in Begleitung Friedrich August Wolf's und Henke's im Sommer 1805 dem Herrn von Hagen auf dessen Gute Nienburg abgestattet hat. Dieser letztere, welcher bei nicht geringer Weltbildung durch absonderliche Sinnesart und Handlungsweise, durch ungewöhnliche Derbheit und unsaubere Natürlichkeit in der ganzen Umgegend sich den Beinamen des „tollen" er- worben hatte, ist von Goethe hinreichend als solcher bezeichnet, jedoch mit derjenigen Mäßigung, welche der eigne Sinn ihm hiebei gebot; er begnügte sich, die wunderlichen Launen, deren Ungebühr und Zuchtlosigkeit, mündlichen Ueberlieferungen zufolge, in's Unglaubliche ging, und deren vollen Ausdruck unsere Schriftsprache zu verweigern pflegt, in bloßen Umrissen anzudeuten, ohne die Sache selbst rohstofflich vorzutragen. Diese Mäßigung hat aber vielleicht auch die andere Seite des Mannes, seine Geistesbildung und redliche Gemüthsart, nicht ganz in das hellste Licht gestellt, sondern uns zwischen zweien widerstreitenden Aeußersten nur in schicklichem Hell- dunkel durchgeführt. Nachdem jedoch, neben Goethe's be- scheidenen Angaben, auch in den unverhülltesten jene tolle Richtung im Uebermaß bekannt geworden, erscheint es billig, auch die guten Eigenschaften, so vortheilhaft als sie es ver- tragen, hervortreten zu lassen, und so das einseitige Bild zu ergänzen. Die Auffassung Goethe's wird damit nicht angetastet, sondern eher bestätigt; sie bleibt als ein richtiger Mittelweg in ihrer Geltung.

Wir finden diese günstige Schilderung des Herrn von Hagen in der sehr schätzbaren und lesenswerthen Autobiographie des Predigers Waitz, die schon im Jahr 1841 zu Halberstadt im Druck erschienen, aber nur wenig bekannt geworden ist. Der Verfasser schreibt, was wir freilich nicht dürfen unbeachtet lassen, als dankbarer Freund und Genosse des Hauses, der persönlich von der sonst herrschenden Unart des Hausherrn — was diesem in dem gegebenen Falle wieder sehr zum Lobe gereicht — nicht zu leiden gehabt hat; in allem was er sagt, ist er gewiß vollkommen wahrheitsgetreu, und seine Angaben wären ganz geeignet, jenem den erworbenen Beinamen fast wieder abzustreifen, ließen sie nicht da, wo sie verschweigen, den Raum zu beliebiger Ausfüllung frei, und wir wissen schon, was hineinzulegen ist!

Waitz beginnt seine Schilderung wie folgt: „Herr von Hagen hatte mich nicht bloß des Unterrichts wegen angezogen, sondern er wollte mir wohl, wollte mir bei meiner kärglichen Einnahme aufhelfen, und mit mir in einen litterarischen und Geistesverkehr treten. In ihm war eine Lebendigkeit und ein bisweilen ungezügelter Humor, wornach er sich dann im Auffallenden gefiel, aber auch überaus viel Geist und Witz, der aus ihm Schlag auf Schlag hervorbrach, ein Geistesphänomen, welches durch nichts zurückgehalten, sich selber treu hervortrat, wie ein Gewitter in Blitz und Wetterleuchten, Hagel und Donner, aber auch in allen schönen segensreichen Erscheinungen, ein durch und durch excentrischer Geist. Früher, besonders als Offizier, hatte ihn sein Temperament und sein muthwilliger Humor zu den tollsten Streichen fortgerissen. Diese Periode aber war vorüber, als ich zu ihm kam. Durch den Ernst der Jahre beruhigt und abgeklärt, war er jetzt einer der treuesten Staatsdiener, voll des begeistertsten Patriotismus, gleich geachtet von den vorgesetzten Behörden und von seinen Untergebenen, ein würdiger Gatte und Vater, ein sehr redlicher Freund, und ein Wohlthäter vieler Nothleidenden und Hülflosen. Nur selten kehrte, worüber er nachher meist verdrießlich war, ein Anfall seiner Ueberlebendigkeit zurück. Er gehörte einmal zu den Geistern, welche sich nicht, wie die Planeten des Sonnensystems, auf schon bekannten Bahnen

bewegen, sondern sich wie die Kometen über alle Bahnen
hinausdrängen. Wäre seine Ausbildung harmonisch gewesen,
so hätte er Großes leisten können. Schon sein Antlitz und
sein Blick kündigten fast ein Uebermaß von Geist an. Seine
Bildung war ursprünglich — wie die fast aller Edelleute
aus dem Zeitalter Friedrichs des Zweiten — eine französische
gewesen. Nicht bloß sprach er die französische Sprache mit
größter Fertigkeit und mit bestem Accent, sondern er las auch
fort und fort die klassischen Schriftsteller, und ließ sich nicht
leicht eine Erscheinung in der neueren französischen Litteratur
entgehen. Dabei war er jedoch keineswegs in der deutschen
Litteratur, oder gar in der deutschen Sprache völlig Idiot;
denn er wußte sich sehr treffend, ja sogar oft mit bewundernswerther Beredsamkeit in ihr auszudrücken. Es fehlte ihm
nur das Technische und Harmonische der Ausbildung. Er
interessirte sich um so lebhafter für jede ausgezeichnete litterarische Leistung, für jede Geistesbildung. Er war mit ausgezeichneten Männern in Verkehr getreten; er hatte sie gesucht,
und sie hatten sich von ihm angezogen gefühlt. Um jene
Zeit verkehrte er mit Henke und Häberlin in Helmstedt, mit
der Familie Maaß, mit dem Superintendenten B., mit dem
Postdirektor H., einem vielseitig gebildeten und kenntnißreichen
Mann, und manchen Anderen aus der Umgegend, und es ist
interessant zu bemerken, daß in Gegenwart solcher Männer
sein Benehmen stets umsichtig und gemessen erschien. Mir
aber ward sein Umgang überaus wichtig, theils weil er gute
Bücher hatte, welche er mir gern lieh, theils weil ich in dem
lebendigen Verkehre mit ihm mich immer geweckt fühlte, und
theils weil sich meinem Blicke in seinem Hause, welches mit
sehr angesehenen und vornehmen Familien verwandt und befreundet war, die höhere Sphäre der Gesellschaft und des
Lebens aufschloß. — Auch selbst meine Stellung zu der
Hausfrau, welche mir bis an's Ende die freundlichste Theilnahme widmete, konnte nicht unwichtig für mich sein. Sie
war eine Frau von wahrer Bildung, vollkommen des schriftlichen Ausdruckes mächtig, still und sanft, fromm, wohlthätig
und aufopfernd, stets ihren Stand behauptend, stets in ruhiger
Heiterkeit sich Anderen darstellend, und jedes Schicksal mit

christlicher Fassung ertragend, streng gegen sich selbst, und milde gegen die Schwächen Anderer."

Nach Erwähnung einiger seine Amtsverhältnisse betreffenden Angelegenheiten, fährt der Verfasser also fort: „Grade um diese Zeit kam in das Haus ein Besuch, welcher mein höchstes Interesse rege machen mußte; es war eine Trias von Männern, wovon jede Einzelheit hingereicht hätte, einen bewundernden und wißbegierigen Blick auf sich zu ziehen. Henke, Goethe und Wolf hatten sich vereinigt, um dem Herrn von Hagen einen Besuch zu machen. Ich hatte grade Ernteferien, und blieb in dieser Zeit immer auf dem Gute, um den Unterricht in der Religion ununterbrochen fortzusetzen. Wie erstaunte ich, als mir beim Kaffee gesagt wurde, wen ich heute sehen werde! Goethe's Gestalt, wie ich ihn vor zwei Jahren in Halle und Lauchstädt gesehen hatte, schwebte mir noch als eine überaus stattliche vor. Unwillkürlich überdachte ich nochmals, was ich von ihm gelesen, in welcher Folge und mit welchen Empfindungen. Ich gedachte der mächtigen Auf= regung, die sein Werther in mir hervorgebracht; des reinen Ideales eines Kunstwerkes, welches seine Iphigenia in der Muttersprache mit hellenischer Wahrheit und Einfachheit mir vorgehalten; des ruhigen genußreichen Ergehens in der Welt seines Wilhelm Meister's, und der kräftigen, biederen, alt= deutschen Natur, welche in seinem Götz, als Repräsentanten seiner Zeit, zu mir gesprochen hatte. Insonderheit aber ge= dachte ich der durchsichtigen, dem Gegenstande stets entsprechenden Prosa, welche im Verfolge der Erzählung einen Eindruck auf mich machte, wie der, den die Fahrt auf einem krystall= hellen ruhigen See hervorbringt. Immer hatte ich von dem wunderbaren Einklange gehört, worin bei Goethe Geist und Körper, gesellschaftliche Darstellung und Kunstleistung, Person und Leben stehe. Dies alles schwebte mir vor, als ich seines Anblickes harrte."

„Als der Wagen vorfuhr, ging der Herr von Hagen den Dreien entgegen, und rief ihnen zu: „Willkommen, will= kommen Ihr Ersten bei einem der Ersten Eurer Verehrer! Seine Augen funkelten dabei vor Freude und Bewegung. Goethe schien anfangs etwas zurückhaltend und gemessen;

aber er thauete immer mehr auf, als er sah, welchen regen
Geist und welch redliches Gemüth er hier vor sich hatte. Er
wurde auf eine Art gesprächig, wie ich es noch von keinem
gehört; so inhaltsreich und doch so einfach, und so darstellend
war seine Mittheilung. Er sprach unter anderen über
Gebirgsschönheiten und Aussichten, und was sie bedinge; über
Farben, Licht und Schatten, und über Landschaftsmaler, und
ich brauche gewiß nicht erst zu versichern, daß Alle mit
gespannter Aufmerksamkeit ihm zuhörten. Einige frappante
Witze, welche der Wirth dazwischen schlenderte, brachten ihn
zum lauten Lachen, was ihm gewiß nicht oft vorgekommen
sein mag. Der Hausherr wagte sogar mit Goethe zu disputiren, indem letzterer der Behauptung widersprach: daß eine
Person, welche die Erfüllung des kategorischen Imperativs
in sich darstelle, zugleich als sittlich vollendetster Charakter
der höchste Gegenstand schöner Darstellung sei, weil die wahre
Größe stets eine sittliche sein müsse. Und wie klar und
geistreich widerlegte Goethe diese Behauptung! Auch auf
objektive und subjektive Darstellung kam die Rede. Wolf
behauptete, bei den Griechen habe, sowohl bei den Dichtern
als bei den Rednern der besten Zeit, die objektive Darstellung
vorgeherrscht, weil die Objektivität zur Subjektivität, nicht
des Individuums bloß, sondern der Nation geworden sei,
als die Nation diese Richtung verloren, sei immer mehr das
Individuell-Subjektive hervorgetreten, und dadurch die volks-
thümlich-klassische Darstellung verloren gegangen. Henke sagte
mehr zu mir, als zu den Anderen: «Was würden die Herren
wohl von einer solchen subjektiven Erkenntniß denken, als
manche Theologen der Gottheit, ja den Personen in der
Gottheit, jeder für sich beilegen, und da theologia eine
wissenschaftliche gelehrte Kenntniß bedeutet, mit dem Namen
der theologia Dei, Jesu Christi und Spiritus Sancti als
ein diesen beiwohnendes gelehrtes Wissen von sich selbst und
von einander bezeichnen?» — In Beziehung auf poetische
Behandlung philosophisch-religiöser Gegenstände, welche Goethe
einen widerstrebenden Stoff nannte, kam die Rede auf Tiedge,
den der Wirth kannte, und an welchem er Wohllaut und
Musik der Sprache lobte. Ein nicht gedrucktes, wirklich

schönes Gedicht, welches er einst von dem Dichter erhalten hatte, trug er mit bewundernswerthem Wohlklange und richtigster Betonung vor. Das nahm Goethe mit großer Freude auf, bemerkte aber einige Stellen, wo «der alte Herr» doch gefehlt hatte. Herr von Hagen sagte: «Die Urania gefällt mir nicht; als Philosophen stört mich die Poesie, und bei der Poesie sperrt sich der Stoff, der sich mir immer in philosophischer Reinheit entgegendrängt. Stoff und Gewand gehören hier nicht zusammen; es ist mir dabei so, als wollte ich dort dem Apoll oder dort der Venus (er wies auf zwei im Saale befindliche Kartonstatuen) ein Kleid von Drapd'or anziehen.» Goethe gab diesem Einfalle seinen Beifall."

„Am Abende, als die Gesellschaft sich in Gruppen vertheilte, würdigte mich Goethe einer kurzen Unterhaltung. Er hatte zufällig gehört, daß ich jetzt hier Religionsunterricht gebe. Da erzählte er mir, daß sein Sohn vor kurzem von Herder konfirmirt und vorher unterrichtet sei. «Ich habe bei dieser Gelegenheit», sagte er, «selbst zugehört und auf den Lehrgang geachtet. Licht und Finsterniß, Gutes und Böses im Menschen, im Zwiespalte und in Mischung, war die Grundlage. Dann folgte die Lehre von des Menschen Freiheit und Sittlichkeit als Bestimmung und seine Hülfsbedürftigkeit. Daraus ward die Nothwendigkeit der Erlösung und Beseligung dargethan, und diese als in Jesu erschienen, nachgewiesen. Was mir dabei sehr gefiel, war, daß alles dem Konfirmanden so hingehalten und überall so klar dargestellt wurde, daß er immer selbst das Rechte erkennen, und bei sich feststellen konnte. Es war eine Vollständigkeit, welche keinen Fehlgriff oder Zweifel aufkommen ließ; überall stand die Frage vor ihm: ob er dem Lichte oder der Finsterniß angehören wollte?» — Dieses letzten Ausdruckes, von dem ich vermuthe, daß ihn Goethe von Herder herübergenommen, weil ich von ihm keinen direkten Bibelausdruck erwartete, und dieser ganzen Mittheilung, habe ich mich oft später erinnert, wenn ich las oder hörte, Goethe habe alle religiösen Ideen zurückgewiesen. Nun darf man zwar nicht vergessen, daß er hier darstellte, wobei es auf den Stoff nicht so sehr ankommt; aber ich bin der Meinung, ohne allen Glauben konnte er

Herder's Verfahren weder auffassen noch mittheilen. Ueberdies sprach aus ihm lebendig die väterliche Theilnahme an des Sohnes Seelenrichtung. Ich glaube daher, Goethe habe religiöse Wahrheiten nur für keinen ihm zu schöner Darstellung zusagenden Stoff gehalten, wenn gleich er vielen Kirchenliedern z. B. denen eines Novalis, den poetischen Werth nicht abge= sprochen haben würde. Auch hat gewiß seine totale Hinneigung zur Natur in ihrer Selbstständigkeit und seine Vorliebe für Spinoza einen Glauben erzeugt, der nicht frei von Materialismus, jedenfalls pantheistisch war."

„Goethe hatte auf dieser Reise seinen Sohn bei sich; ich ging mit ihm spaziren und zeigte ihm von einem nahen Berge die wenigstens zehn Meilen weit reichende Aussicht, und ließ ihn durch einen Tubus den Magdeburger Dom erkennen. Dieser blühende Jüngling gefiel mir außerordentlich; er schien sehr gutmüthig, freundlich und bescheiden."

„Am späteren Abend setzte sich die Gesellschaft nochmals zu Tische: mehr der Unterhaltung als des Essens wegen. Der Wirth gab eine für die seltensten Gäste gesparte Flasche zum Besten. Er bemerkte, daß diese Flasche ein Jahr älter sei, als Goethe und er selbst; beide waren 1749 geboren. Henke, der gerade etwas an Halsschmerzen litt, hatte wenig Wein getrunken, und wollte zu Abend durchaus keinen mehr trinken, sondern hatte sich ein Glas Bier erbeten. Da wollte ihn der heitere Wirth auf seine Weise bewegen, seine Rarität auch zu kosten. Es entstand ein Spaß daraus, der viel Heiterkeit erzeugte. Der Herr von Hagen ernannte nämlich Goethe'n zum Gesetzgeber und Kampfrichter gegen Henke. «Es hilft nichts, Hochwürden», sagte er, «Sie müssen sich heute der Excellenz unterwerfen.» Da diktirte Goethe, jeder solle, wie er es am besten könne, Henke einladen und treiben, den Wein zu kosten. «Der alte Herr hier», sagte er zu Henke, «von dem ich höre, daß er ein fester Kantianer sei, muß es in Form eines Syllogismus thun, dem Henke nichts anhaben kann. Wolf muß ihn in einer griechischen Anrede im Anakreontischen Ton auffordern.» Hierauf sah er mich an; ich verneigte mich mit den Worten: «Ich komme bei dem Symposion solcher Männer nicht in Betracht.» Aber das ließ der Wirth nicht gelten, sondern sprach: «Ei was, der Herr macht Verse, gebe er sein Scherflein auch.» — «Nun gut», sagte Goethe, «so schmieden Sie schnell ein Distichon. Henke aber mag sich vertheidigen, aber nur in lateinischer Rede, die ihm ja so sehr zu Gebote steht.» — «Nein», sagte Henke, «da sitzt der Mann (auf Wolf zeigend), der eine fünfte Fakultät, die philologische, gestiftet hat; der läßt mir nicht ein Wort passiren; es wäre Verwegenheit, mit theologischem Latein vor ihm zu erscheinen.» — «Wenn das erste Glas getrunken und das zweite eingeschenkt ist», sagte Goethe, «muß jeder fertig sein, und wenn Henke überwunden wird, trinken wir mit ihm auf seine Gesundheit.» "

„Herr von Hagen kam zuerst an die Reihe und bestand sehr gut, wiewohl Henke die Abfassung des Major anfocht. Wolf gestand, daß er von Logik nichts wisse, warnte aber Henke'n vor Verschmähung des köstlichen Weines in ächt poeti= scher Rede, worin er Anakreontische Verse verflocht. Was ihm so leicht wurde und immer gelang, that er auch hier; er übersetzte sie ex tempore metrisch, wenn auch nicht in der Kürze des Originals."

„Ich sann mehrere Tage nach, um mir die deutschen Worte zurückzurufen. Der Hauptsache nach (was gut ist, gehört Wolf an, was nicht, kommt auf den Fehler meines Gedächtnisses!) klangen sie etwa so:

> Schönste Gaben, uns zu laben,
> Reicht Lyäus mild und hold;
> Und die Becher froher Zecher
> Füllt er an mit flüss'gem Gold.
> Und er lächelt zu den Zügen,
> Die mit wachsendem Vergnügen
> Jeder tiefer wiederholt:
> Doch auch duldend, daß die Lippe
> Mäßig nur und schüchtern nippe,
> Wenn er Göttertrank ihr beut.
> Schwer jedoch ist das Vergehen,
> Ganz die Gabe zu verschmähen;
> Dieser Undank jeden reut:
> Mit des Durstes Höllenschmerzen
> Nach dem Becher stets im Herzen
> Quälend Schmachten sich erneut.

Doch vergebens! ausgeschlagen,
Achtet er nicht Flehn noch Klagen!
Koste drum! Er winkt dir heut!"

„Darauf kommentirte er sehr geistreich scherzend die Worte,
und schloß mit der Anwendung:

Drum, wer den Wein kennt,
Weiß auch wie Durst brennt,
Und wer den Zorn des Gottes scheut,
Verschmäht nicht, was er freundlich beut."

„Jetzt kam die Reihe an mich, und ich wollte mich abermals
entschuldigen. «Sie haben in's Glas gesehen», sagte Herr
von Hagen, «was haben Sie herausgelesen? Diese Herren,
welche Ihre Lehrer gewesen, wollen sehen, ob Sie etwas
gelernt haben!» Da mußte ich mich denn mit meinem Distichon
hervorwagen, und nicht, weil es an sich gerathen wäre,
sondern weil es in solcher Gesellschaft mit Nachsicht auf=
genommen wurde, mag es hier stehen:

Golden perlet der Wein, das Bild der geistigen Freude,
Aehnlich dem sinnlichen Rausch schäumet das schlechtere Bier."

„Henke setzte darauf sein Bierglas zur Seite, und ließ
sich einige Tropfen des Weines einschenken, und Alle stießen
mit ihm auf seine Gesundheit an, wofür er auf die gemüth=
vollste und heiterste Weise dankte. Am anderen Morgen
schrieb Goethe einen Vers in mein mir leider in der Fran=
zosenzeit entwendetes Stammbuch. Auch die Züge seiner
schönen Handschrift kündigten ein vollendetes Können an."

„In einem Alter von sechsundfünfzig Jahren stellte sich
der große Dichter als einen kräftigen Vierziger dar, als einen
vollendeten Mann, dem die höchste Anmuth und Gewandtheit
der Haltung und des Ausdruckes zu Gebote stand. Seine
Erscheinung ist mir in meinem oft so dunkeln Leben ein
Lichtpunkt geblieben, der nie seinen Glanz verloren hat."

„Henke unterhielt sich nach Goethe's und Wolf's Abreise
noch längere Zeit mit mir. «Nun», sagte er scherzhaft,
«müssen wir das theologische Air wieder annehmen.» Er

rauchte, was er in Goethe's Gegenwart nicht gethan hatte,
eine Pfeife, die man ihm präsentirte, und unterhielt sich mit
Frau von Hagen über religiöse Gegenstände und insonderheit
über Predigten sehr anziehend. Noch mit der langen Thon=
pfeife im Munde, stieg er heiter in den Wagen, und ich,
entzückt von den eben erlebten Stunden eines unvergeßlichen
Geistesgenusses, setzte meine Beschäftigung fort." —

So weit unser wackerer Waitz, dessen gutmüthigen Eifer
zur Vertheidigung Goethe's in Betreff der ihm von Anderen
abgestrittenen religiösen Ansichten und Gefühle man wohl
gleicherweise als überflüssig und unzureichend belächeln kann,
aber doch immer dem starren Unverstande vorziehen muß, der
in die Enge seiner eigenen Beschränktheit den freien Flug
des mächtigen Genius einzwängen möchte. — Wir glauben
den Dank vieler Leser zu verdienen, daß wir diesen Bericht,
welcher dem Goethe'schen sich bescheiden anschließt und ihn
durch manchen artigen Zug ergänzt, hier wiedergegeben und
einem größeren Kreise mitgetheilt haben, als derjenige sein
konnte, den das Buch selbst unmittelbar angesprochen hat.
Dasselbe gewährt nebst manchen trefflichen Einzelheiten —
z. B. die Schilderungen der Lehrvorträge Henke's, Wolf's
und Anderer — einen reichen Einblick in das Stillleben des
Schulmannes und Pfarrers, in welches die allgemeinen Welt=
geschicke gewaltsam eindringen und dasselbe in ihre Wirbel
fortreißen. Wir führen hier zur Empfehlung noch den aus=
führlichen Titel an, der freilich etwas kürzer hätte gefaßt
werden mögen: „Rückblick eines evangelischen Predigers in
der preußischen Provinz Sachsen auf mehr als fünfzig Lebens=
und mehr als dreißig Amtsjahre. Nach dem Tode des
Verfassers herausgegeben von dem ältesten Sohne. Halber=
stadt, 1841."

Rahel Levin und ihre Gesellschaft.

Gegen Ende des Jahres 1801.

(Aus den Papieren des Grafen Z****.)

Gustav von Brinckmann, dem ich von Paris her empfohlen war, sorgte seit den wenigen Tagen, daß ich in Berlin lebte, bestens für meine Unterhaltung, und für den nächsten Abend, wo die Schiller'sche Maria Stuart angekündigt war, hatte er mich in das Theater zu führen versprochen.

Als wir uns dort einfanden, hörten wir, das Stück sei verändert, Madame Unzelmann spiele nicht; und auf diese nur, für welche Brinckmann in starken Flammen stand, hatten wir es abgesehen. Ich verhehlte meinen Verdruß nicht, und wollte nun gar nicht in's Theater.

Brinckmann sah meinen Mißmuth, und einer guten Eingebung folgend rief er plötzlich aus: „Wissen Sie was? Statt des Theaters sollen Sie heute die beste Gesellschaft kennen lernen, die beste in Berlin, und da können Sie nur getrost Ihren Maßstab von Paris und Wien anlegen, wir scheuen ihn nicht!"

Mir ganz recht! erwiederte ich, ich kann mir gern gefallen lassen, daß nach so vielem Guten, was hinter mir liegt, das Beste doch eben jetzt noch vor mir sei. Wo wollen Sie mich hinführen?

„Zu Mademoiselle Levin, Rahel Levin."

Ist es dieselbe, der ich Grüße von Frau von Bandeul auszurichten habe?

„Dieselbe. Ich habe ihr schon gesagt, daß ich Sie bringen werde. Es kann heute so gut geschehen, wie ein andermal."

Frau von Vandeul hatte mir von ihrer Freundin nur im Allgemeinen gesprochen. Auch konnte eine Französin von einer Deutschen nicht wohl das Eigenthümlichste auf= fassen und sagen, selbst wenn die Französin, wie Frau von Vandeul, eine Tochter Diderot's war! Ich fragte daher, wer und wie diese Person eigentlich sei?

„Sie ist" erwiederte Brinckmann, „ein selbstständiges Mädchen von außerordentlichem Geist, klug wie die Sonne, und dabei herzensgut; durchaus eigenthümlich; alles versteht, alles empfindet sie; und was sie sagt, ist in amüsanter Pa= radoxie oft so treffend wahr und tief, daß man es sich noch nach Jahren wiederholt, und darüber nachdenken und er= staunen muß. Die geistreichste und vornehmste Gesellschaft versammelt sich bei ihr, aber ganz ohne Prunk und Osten= tation, ja ich möchte sagen, ohne Unterschied und Auswahl, ganz nach dem natürlichen Zuge der äußeren Anlässe und der inneren Konvenienz. Sie ist wohlhabend, lebt sehr unab= hängig bei ihrer Mutter, die für reich gilt; sie macht keinen Aufwand, die Bewirthung ist es nicht, um derentwillen man hingeht, alles Aeußere ist höchst einfach, aber um so behaglicher, und in dieser Art doch wieder reichlich und auserlesen."

Wir hatten in der Jägerstraße eingelenkt, und nach wenigen Schritten standen wir vor dem Hause. Wir wurden gemeldet und angenommen, durch einen Saal in ein an= stoßendes Eckzimmer geführt, und Brinckmann stellte mich der Dame des Hauses, und bald auch einigen anderen Personen vor, die wir bei ihr fanden.

Demoiselle Levin war weder groß noch schön, aber fein und zart gebildet, von angenehmem Ausdruck; ein Zug von überstandenem Leiden — sie war in der That noch nicht lange von einer Krankheit genesen — gab diesem Ausdruck etwas Tiefrührendes; doch ließ ihr reiner und frischer Teint, zusammenstimmend mit ihren dunklen und lebhaften Augen, die gesunde Kraft nicht verkennen, welche in dem ganzen

Wesen vorherrschte. Aus diesen Augen fiel ein Blick auf mich, ein Blick, der bis in mein Innerstes drang, und dem ich kein schlechtes Gewissen hätte bieten mögen. Aber ich schien ihr dabei kaum ein Gegenstand näheren Interesses; es war dieser Blick nur wie eine vorüberstreifende Frage, die gar nicht ausführliche, sondern nur ungefähre Antwort wollte, und mit der rasch ergriffenen ganz befriedigt schien.

Ich brachte meine Begrüßungen an, und bei dem Namen Vandeul erheiterte sich das ganze Gesicht. Ich mußte in der Eile hersagen, was ich alles wußte. Dlle. Levin schien außerordentlich von der guten Frau eingenommen, und sagte mit wenigen Worten so viel Gutes und Bezeichnendes von ihr, daß ich selber anfing, sie unter ganz neuem Gesichts= punkte zu sehen, und sonderbar genug sie erst jetzt recht kennen lernte, da ich hundertfünfzig Meilen von ihr entfernt war. Ich beklagte mich gegen Dlle. Levin, daß ich sie selber, da sie ja auch vor nicht langer Zeit in Paris gewesen, nicht schon dort gesehen habe, welches doch leicht wäre möglich gewesen, sowohl bei Frau von Vandeul, als auch bei Frau von Humboldt, wo ich ebenfalls zuweilen hingekommen. Sie meinte, wir wollten das jetzige verspätete Begegnen um so besser pflegen, und ihre Worte waren so gütig, daß ich mich gleich aller Verlegenheit enthoben fühlte, und ihr leb= haft ausdrückte, wie ich kühn genug wäre zwischen ihr und mir viel Uebereinstimmendes vorauszusetzen.

Sie sprach darauf einiges mit Brinckmann, wobei ich nicht zuhörte, sondern mir unterdeß die anderen Personen näher ansah.

Neben der Wirthin auf dem Sopha saß eine Dame von großer Schönheit, eine Gräfin Einsiedel, wie ich nachher hörte. Sie schwieg, und schien wenig Antheil an dem zu nehmen, was ihr ein Herr vorsagte, den man Abbé nannte, und dessen Gesicht und Stimme mir gleich den anmaßlichen Pedanten zu erkennen gaben. Rückwärts abgewendet sprach Friedrich Schlegel mit dem Bruder von Rahel, dessen Dich= tername Ludwig Robert späterhin auch sein bürgerlicher wurde. Beide Herren waren mir schon bekannt; Schlegel hatte ich mit seinem Freund und Lobredner Schleiermacher

am Tage zuvor bei Mad. Veit gesehen; daß er seinen Ro=
man Lucinde auch „Bekenntnisse eines Ungeschickten" benannt,
war mir gleich ganz karakteristisch für ihn, denn ungeschickt
im höchsten Grad erschien er mir selbst und sein Roman.
Mit Ludwig Robert aber hatte ich Bekanntschaft bei Mad.
Fleck gemacht, einer schönen und ungemein reizenden Frau, die
den Dichter nicht wenig bezaubert zu haben schien; er war
sehr erfreut über einige neue Chansons und kleine Theater=
stücke, die ich von Paris mitgebracht hatte, und er hoffte
einige der letzteren für die deutsche Bühne zu bearbeiten.

Schlegel und Robert machten sich lustig über den Abbé,
wie ihre Mienen deutlich zeigten, und suchten durch ver=
ständige Winke auch mich in den Scherz hineinzuziehen.
Eben hatte aber die Wirthin ihre Augen dorthin gewandt
und drückte mit ernstem Blick ihre Mißbilligung aus, als
die Thüre aufging, und eine rasche allerliebste Dame herein=
stürmte, die mit heiterem Lachen auf Dlle. Levin zudrang,
und neben ihr auf einen Lehnstuhl sich mehr hinfallen ließ
als setzte. Alle begrüßten sie mit Jubel.

„Aber was ist das? hob Dlle. Levin an, ist denn nicht
heute Maria Stuart? und ich denke, Sie sind" ...

Ja denken Sie nur! versetzte die reizende muntere Frau,
Mortimer ist krank, und da schiebt Iffland geschwind ein
anderes Stück vor, worin ich nichts zu thun habe; ich mache
mir das zu nutz, und komme zu Ihnen, und wenn Sie
mich wollen, bleib' ich den ganzen Abend.

„Prächtig! rief Dlle. Levin, und wie treffen Sie es!
Gleich zwei Ihrer Anbeter treffen Sie hier, Schlegel und
meinen Bruder" ...

Es ist die Unzelmann! hatte mir Brinckmann schon zu=
geflüstert. Sie war vor nicht langer Zeit von Weimar zu=
rückgekehrt, wo sie großes Glück gemacht und Goethe'n oft
gesprochen hatte, von dem sie so bezaubert war, daß sie
dessen Iphigenie nun trotz Iffland's heimlicher Abneigung
mit Gewalt als ihre Benefizvorstellung auf's Theater bringen
wollte. Brinckmann war zu ungeduldig, mir weitere Er=
klärungen zu geben, und nahm einen vollen Anlauf, sich als
den wahren Anbeter der Dame zu bezeigen, als Schlegel

unerwartet ihm vortrat, und sich gegen sie entschuldigte,
etwas feierlich und verlegen, aber dennoch kühn, es sei
eigentlich sein Bruder August Wilhelm, der ein Anbeter von
ihr heißen könne, und der sie als das Feenkind besungen
habe. Mir wurde ganz warm, eine solche deutsche Tölpelei
war mir noch nicht vorgekommen. Aber die muntere Frau
erwiederte lachend: „Ich weiß es recht gut, und unterscheide
die ungleichen Brüder sehr wohl! Doch wenn ich von
Ihnen, lieber Schlegel, nicht mehr fordere, als von Ihrem
Bruder, so können Sie in Gottes Namen einen kurzen
Abend ohne Gefahr seine Rolle übernehmen! Aber, liebe
Kleine! fuhr sie fort, wo haben Sie denn heute ihre Klug=
heit? daß Sie mich auf solche Leute anweisen! Denn sehen
Sie nur, auch Ihr Bruder will sich schon entschuldigen!
Nicht nöthig, nicht nöthig, lieber Robert, ich weiß, daß
Sie für eine Luise brennen, — da wird Ihnen schon wer=
den, was Sie verdienen; nehmen Sie sich nur in Acht, daß
wenn das Feuer aus Mangel an Nahrung plötzlich erlischt,
Sie nicht rathlos im Dunkeln stehen!"

Brinckmann glaubte nun Raum für sich gewonnen zu
haben, und suchte ihn eifrigst auszufüllen. Er richtete seine
Worte bald an Dlle. Levin, bald an Mad. Unzelmann,
bald an beide zugleich. Er sprach mit seltener Fertigkeit,
flocht Ernst und Scherz durch einander, witzelte mit guter
Laune; nur dünkte mich alles, was er sagte, etwas zu red=
selig, er schien es selbst zu fühlen, und wurde nur immer
redseliger. Dlle. Levin schien resignirt, ihn anzuhören, ich
hörte ebenfalls zu, während Mad. Unzelmann mit Schlegel
nebenan ein halblautes Gespräch führte.

Ludwig Robert näherte sich, und machte seiner Schwester
leise Vorwürfe, daß der Abbé, der unleidliche Mensch, wie=
der da sei. „Du bist einzig! sagte sie mit rascher Auf=
wallung, als wenn er meine Liebhaberei wäre! Will ich nicht
verzweifeln, wenn er eintritt? Wein' ich nicht, wenn er
ewig dableibt? Hast du vergessen, wie ich zittre, wenn man
ihn nur nennt? Aber was soll ich machen? Wegweisen
kann ich ihn nicht, auch soll ihn bei mir niemand miß=
handeln und verspotten, so wenig wie den Baron, der auch

meiner ganzen Bekanntschaft verhaßt, mir selbst ein Gräuel ist, und doch ewig kommt!"

Warum rufst du ihn aber auch? sagte Robert lachend, indem er nach der Thüre zeigte; und es trat wirklich in dem Augenblick ein Herr herein, dessen Ordensstern auf einen höheren Rang deutete; ihm folgten unmittelbar zwei Offiziere, die ich als Hrn. von Schack und Hrn. von Gualtieri begrüßen hörte. Der besternte Baron setzte die Wirthin offenbar in üble Laune, sie blickte die Gräfin neben ihr mit tragischen Blicken an; was sagen Sie zu dem Unglück? lag deutlich darin. Doch faßte sie sich gleich, und sprach mit dem Unwillkommenen ohne Widrigkeit noch Gleißnerei ganz einfach und gut.

Die Gesellschaft aber war in Bewegung gerathen, Brinckmann von seinem Platze verdrängt, und von demselben aus machte nun der Major von Gualtieri die Unterhaltung der Damen. In dieser seiner Verstoßung gesellte sich Brinckmann wieder zu mir, zog mich zum Fenster, und wollte mir über die zuletzt Gekommenen nähere Auskunft geben.

„Vor Gualtieri", sagte er, „nehmen Sie sich in Acht, er ist streitsüchtig und rechthaberisch, und in seinen Launen gar nicht zu berechnen. Die kleine Levin macht ein großes Wesen von seinem originellen Geiste, von seinem eigenthümlichen Verstande, ich aber muß bekennen, daß ich sie darin nicht begreife; mir gelingt es nicht, mehr in ihm zu sehen, als einen ungeschulten Sophisten, der sich mit den Leuten alles erlaubt, was ihm einfällt. Ein ganz anderer Mann ist der Major von Schack; man weiß wie man mit ihm dran ist, und kann sich auf ihn verlassen. Sehen Sie auch nur die prächtige Gestalt, dieses ruhige und entschlossene und dabei moquante Aussehen! Er ist ein tapferer Offizier und vollkommener Edelmann, alle Tugenden und Untugenden dieser doppelten Bezeichnung sind in ihm vereint. Gelernt hat er nichts, er spricht nicht einmal richtig deutsch, doch wer spricht das in Berlin? Aber dafür hat er die reichste Dosis Mutterwitz."

Hier unterbrach uns Schlegel, indem er sich beklagte, die Unzelmann habe von Kunst doch keinen Begriff. „Ich

bin", sagte er, „mit meinen Bemerkungen über ihre bedeutend=
sten Rollen ganz bei ihr durchgefallen, sie hat mich gar
nicht verstanden, hat mir die dümmsten Antworten gegeben,
sie ist von keiner ihrer Rollen auch nur die kleinste Rechenschaft
abzulegen fähig." Dies letzte hatte Schack im zufälligen
Annahen noch eben aufgeschnappt, und antwortete sogleich:
„Ihr Herren Kritiker wollt auch zuviel! Die Unzelmann
weiß alles auf ihre Art, sie spielt's und bringt's euch leib=
haftig vor Augen, und ihr selber bewundert sie darin;
warum soll sie dasselbe nun auch auf eure Art geben? Von
der himmlischen Frau zu fordern, daß sie — pfui! — rai=
soniren soll, wie ihr, ist gerade so, wie von euch zu ver
langen, daß ihr spielen sollt, wie sie, — ei das wär' aber
nicht pfui, sondern schön!"

Brav, brav, lieber Schack! rief eine Stimme hinter
ihm; es war Dlle. Levin, die aufgestanden und von unserem
lebhaft=heimlichen Reden herangezogen worden war. Schack,
wie ein Ertappter, war einen Augenblick verlegen, aber nur
einen Augenblick, und fragte dann munter: „Hab' ich's gut
vorgetragen, kluge Kleine? Nun, ich hatte nicht weit dran
zu schleppen, denn, meine Herren, was ich eben gesagt,
hatte ich den Augenblick vorher von dieser klugen Kleinen ge=
hört, und da wollt' ich gleich sehen wie brauchbar es wäre,
und ob Sie was dagegen sagen könnten!" Unter launigen
Scherzworten ging das Gespräch mit Schack weiter, wandte
sich aber von Schlegel und mir ab, und wir blieben beide
am Fenster allein.

Mir gefiel die Fassung des Mannes in der kleinen
Beschämung, und ich theilte meine Bemerkungen darüber
Schlegel'n mit. „O er hat noch ganz andere Fassung", rief
dieser, „und davon werden große Dinge erzählt. Was sagen
Sie zum Beispiel von diesem Stück? Man gewinnt von
einem Kammeraden im Spiel eine große Summe; er bezahlt,
ist aber ruinirt, und schießt sich todt. Das Geld hat man
am Morgen empfangen, die Nachricht vom Erschießen kommt
am Abend, wie man wieder beim hohen Spiel sitzt und
wieder große Summen gewinnt, man hört die Schreckens=
botschaft, spricht ein bedauerndes „So? hat er sich erschossen?"

aus, aber ohne eine Miene weiter zu verziehen, und bemerkt gleichgültig, wie viel Stiche man voraus habe, mit Eifer den neuen Gewinn verfolgend, unbekümmert, ob auch vielleicht diesem ein schreckliches Ereigniß ankleben werde! So war Schack, als Riedesel sich erschossen hatte! Sie mögen die ganze Geschichte abscheulich finden, ich will sie auch nicht vertheidigen, aber das müssen sie gestehen, diese Fassung setzt eine Seelenstärke voraus, die in anderer Richtung die größten Heldenthaten gebären kann. Nun hören Sie aber gleich eine hübschere Geschichte! Eine Hofdame der Prinzessin Heinrich konnte eine Veränderung, die mit ihr vorgegangen war, nicht verbergen; zuletzt hatte Schack, und offenbar genug, ihre Gunst gehabt. Die Prinzessin ließ also den Schuldigen rufen, und hielt ihm sein Vergehen vor, wobei die Worte Verführung, Unschuld, und dergleichen, nicht gespart wurden. Nachdem sie ihn genug gescholten, und er immer schwieg, glaubte sie ihn erschüttert, und fragte mit gebieterischer Art, was er denn jetzt thun werde? Schack, den die Beredsamkeit der Prinzessin wenig gekümmert hatte, fühlte das Gewicht dieser Schlußfrage, und erwiederte kurz doch ehrerbietigst, er wolle fürerst noch warten, um zu sehen, was denn die Anderen thun würden! Die Prinzessin wurde roth bis in die Augen vor Zorn, brach die Unterredung ab, und ließ den Schalk seiner Wege gehen." Ich mußte die faustische Energie dieser Geistesgegenwart anerkennen, jedoch abermals bedauern, daß so schöne Gaben sich im üblen Stoffe verschwendeten.

Unterdeß hatte sich die Gesellschaft durch einige Frauenzimmer vermehrt, mit denen auch Brinckmann sich gleich zu thun machte. Sie gehörten zum Hause; die eine nahm sich des Theemachens an, der anderen wurde ich vorgestellt, sie war die Schwägerin der Dlle. Levin, mit der sie übrigens keine Geistesverwandtschaft zeigte. Um so mehr fiel mir die liebevolle und sorgsame Art auf, mit der diese sie behandelte, in das Gespräch zog, und ihre unbedeutenden Aeußerungen geltend machte. Brinckmann, der wieder zu mir getreten war, sagte mir, das sei kein Wunder, seine vortreffliche Freundin habe so vielen Geist, das sie dessen von niemanden verlange, und mit anderen guten Eigenschaften zufrieden sei. Zudem aber hege sie die stärkste und zärtlichste Zuneigung für ihre ganze Familie, darin sei sie die ächte Orientalin, für die Mutter, die in der That eine äußerst gute und würdige Frau sei, für die Geschwister; besonders aber liebe sie leidenschaftlich zwei kleine Nichten, Töchter dieser Schwägerin.

Er schilderte mir in wenig Worten die Brüder; ein jüngster war in der weiten Welt; von den beiden anwesenden war mir der ältere als Kaufmann angegeben worden, er benahm sich zurückhaltend und abgemessen, gefiel mir aber nicht; der jüngere hingegen, Ludwig Robert, zeigte ein bequemes Dasein, eine lässige Gleichgültigkeit, die gesellschaftlich einen angenehmen Eindruck machte; seine Physiognomie war bedeutend, der scharfe Denker und Beobachter blickte selbst aus der Lässigkeit hervor. Beide Brüder machten zu der herzlichen Wärme und edlen Freiheit der Schwester ein um so stärkeres Gegenbild, als ihr besonders für diese Brüder eine stets thätige und beinahe zärtliche Sorge immerfort anzumerken war.

Das Gespräch wurde sehr lebhaft, und wogte, zwischen den Personen wechselnd, über die mannigfachsten Gegenstände hin. Ich wäre nicht fähig, die raschen Wendungen und den verschiedenartigen Inhalt hier wiederzugeben, und wage den Versuch nicht. Man sprach vom Theater, von Fleck, dessen Krankheit und wahrscheinlich nahen Tod man allgemein beklagte, von Righini, dessen Opern damals den größten Beifall hatten, von Gesellschaftssachen, von den Vorlesungen August Wilhelm Schlegel's, denen auch Damen beiwohnten. Die kühnsten Ideen, die schärfsten Gedanken, der sinnreichste Witz, die launigsten Spiele der Einbildungskraft wurden hier an dem einfachen Faden zufälliger und gewöhnlicher Anlässe aufgereiht. Denn die äußere Gestalt der Unterhaltung war, wie in jeder anderen Gesellschaft, ohne Zwang und Absicht, alles knüpfte sich natürlich an das Interesse des Augenblicks, der Person, des Namens, deren gerade gedacht wurde. Vieles, was in Anspielungen bestand, und irgend eine Kenntniß voraussetzte, entging mir ganz, anderes wenigstens theilweise. Doch wenn Friedrich Schlegel seine Meinung sagte,

zwar mühsam und unbeholfen, aber auch tief und gediegen,
in der eigenthümlichsten Werkstätte geschmiedet, so fühlte
man gleich, daß hier kein leichtes Metall ausgegeben werde,
sondern ein schweres und kostbares; wenn Schack, leicht
erzählend, manche Personen, die durch Rang und Welt=
stellung bedeutend waren, in pikanter Weise schilderte, wenn
er kleine Bemerkungen geschickt einschob, so waren die Ver=
trautheit und Uebersicht unverkennbar, mit denen er eine
unendliche Erfahrung großweltlichen Lebens spielend behandelte.
Die Heiterkeit und Laune der Mad. Unzelmann wirkten un=
aufhörlich belebend ein. Ludwig Robert und Brinckmann
erwiesen sich als ächte Gesellschaftskinder. Alle waren auf
natürliche Weise thätig, und doch keiner aufdringlich, man
schien eben so gern zu hören als zu sprechen. Am merk=
würdigsten war Dlle. Levin selbst. Mit welcher Freiheit
und Grazie wußte sie um sich her anzuregen, zu erhellen,
zu erwärmen! Man vermochte ihrer Munterkeit nicht zu
widerstehen. Und was sagte sie alles! Ich fühlte mich wie
im Wirbel herumgedreht, und konnte nicht mehr unterscheiden,
was in ihren wunderbaren, unerwarteten Aeußerungen Witz,
Tiefsinn, Gutdenken, Genie, oder Sonderbarkeit und Grille
war. Kolossale Sprüche hörte ich von ihr, ware Inspi=
rationen, oft in wenig Worten, die wie Blitze durch die Luft
fuhren, und das innerste Herz trafen. Ueber Goethe sprach
sie Worte der Bewunderung, die alles übertrafen, was ich
je gehört hatte.

Ludwig Robert wurde aufgefordert, seine neuesten Ge=
dichte mitzutheilen. Er ließ sich nicht lange bitten, und las
ein paar Elegieen mit vielem Ausdruck vor. Sie ahmten
den Ton der Goethe'schen sehr glücklich nach, hatten aber
ihren eignen Inhalt. Nur Friedrich Schlegel verzog die
Miene, und stimmte nicht in den Beifall ein. Auch Dlle.
Levin selber trotz des augenscheinlichen Eifers, den Bruder
zu begünstigen, litt etwas bei dieser Vorlesung, und verbarg
zuletzt ihre Ungeduld nicht. Ich erlaubte mir, sie über die
Richtigkeit meiner Wahrnehmung heimlich zu befragen. Sie
sah mir ehrlich und grad in's Gesicht, und sagte lebhaft:
„Sie haben recht gesehen; es ist mein Tod, mir vorlesen

zu lassen; ich hab' es nie geliebt, aber oft kann ich's besser
aushalten."

Durch Vermehrung des Besuchs — zwei Spanier,
Graf Casa=Valencia und Chevalier d'Urquijo, beide Diplo=
maten, waren gekommen, — ließ der Vorleser sich nicht
irren. Aber nach Beendigung eines Gedichts, welches viel=
leicht nicht allgemein verständlich gewesen, verlangte Mad.
Unzelmann, der Dichter solle doch Komisches und Witziges
mittheilen, dessen er ja den größten Vorrath habe. Der
lieblichen Frau war nicht zu widerstehen, ihrem anmuthigen
Gesuch aber trat Gualtieri mit der ungestümsten Forderung
bei: „Ich weiß es ja, liebster Robert", rief er aus, „Sie
haben auf uns Alle wunderschöne Spitzverse gemacht, auch
auf mich ganz allerliebste, thun Sie mir den Gefallen und
lesen Sie die vor, ich will sie hören, ich kann alles hören,
nur ohne Scheu heraus damit!"

Robert las im Stillen für sich einige Blätter, lachte
und entschuldigte sich, es ginge doch nicht. Nur um so
heftiger drang man in ihn, Alle betheuerten, sie wollten
nichts übel nehmen. Schon wollte er lesen, da verbat es
seine Schwester, sie wolle dergleichen nicht leiden, sagte sie,
es sei ein schlechter Spaß, und es verletze insgeheim doch
jeden sich in seiner Eigenheit verspottet zu sehen, niemand
dürfe das fordern, niemand es gewähren. Aber nichts half.
Die erregte Tadellust wollte ihre Beute. So wurde denn
einiges gelesen, was großen Beifall erwarb; Schack, die Un=
zelmann, Schleiermacher, Wilhelm von Humboldt, kamen
ganz leidlich weg, einige andere Personen weit schlechter.
Das Hauptverdienst dieser Verse war, außer der treffenden
Karakteristik, die artige Künstelei, daß die Anfangsbuchstaben
der Zeilen jedesmal den Namen bildeten. Gualtieri bestand
darauf, sein Akrostichon zu hören. „Nur Geduld", versetzte
Robert, „Sie sollen befriedigt werden, und sogar doppelt,
denn Ihren Namen hab' ich zweimal akrostichirt. Hören
Sie denn!"

„Glatt; doch unwahr nie, und säß' er an fürstlicher Tafel;
Unrecht scheuend, behauptet er oftmals dennoch das größte,

Arglos, kühn und geschickt, bethört im eigenen Scharfsinn;
Listig weicht er sich aus, doch stark auch faßt er sich wieder.
Trau' ihm in seinem Gemach, hier darfst du, darf er sich trauen,
In der Gesellschaft ist Krieg, und dort er Soldat und Gesandter.
Einigen wird er sich nur mit dem, der immer ihm beistimmt;
Redend herrschet er dann; doch läßt er auch kindlich sich leiten;
Ja, so lebt er ein Räthsel, gehaßt und geliebt und gefürchtet!"

Die Bezeichnungen müssen treffend gewesen sein, denn die
einzelnen Zeilen und Worte empfingen den größten Beifall;
nur Gualtieri stand unbewegt, als wenn er gar nicht wüßte,
von wem die Rede sei. Als die Anderen aber ihn anriefen,
und scherzend um sein Urtheil baten, fuhr er aus dem
stummen Nachdenken auf: „Das versteh' ich nicht!" rief er.
„Lesen Sie doch das zweite, vielleicht ist das deutlicher!"
Schärfer gewiß, erwiederte Robert, und las:

„Glaube, dir glaubt er nichts, doch glaubt er alles sich selber;
Undankbar stets denkt er, er danke nur alles sich selber.
Alles scheint er zu lieben, und liebt nur den Schein und sich selber.
Laut im Streit, und nicht lauter, so schreit er, und hört nur sich
                                                        selber.
Tiefes Gefühl bleibt tief ihm verborgen, er fühlt nur sich selber.
In Verlegenheit bringst du ihn nie, doch oft er sich selber.
Ehre ist ihm das Erste, drum ehrt er auch ehrlich sich selber.
Reizbar ist er und reizend, und reizt auch öfters sich selber.
Jahrlang könnt ihr ihn tadeln, es hilft nichts, er tadelt sich selber."

Der gesellschaftliche Applaus wird oft durch Kleinigkeiten
unmäßig; ich sah es hier. Komisch und spannend war nur
Gualtieri's Gegenwart. Er fühlte sich mehr geschmeichelt,
als beleidigt, mehrmals hatte er gelächelt, mehrmals sein
„Gutgesagt" dazwischen geworfen. Als aber das Stück zu
Ende war, wurde er doch wieder nachdenklich, und rief ver=
wundert: „Aber Sie machen mich ja ganz und gar zum
Egoisten!" Dann nahm er den Dichter langsam unter den
Arm, zog ihn beiseit, und sagte: „Hören Sie mal, lieber
Robert, was denken Sie sich denn unter einem Egoisten?
Ich hoffe doch, nicht gar zu Schlechtes? Und wenn ich
nun ein Egoiste bin, was ist damit gesagt? Nein, das
müssen Sie mir genauer auseinandersetzen, darüber müssen
wir umständlich reden; denn, sehen Sie, wenn ich mich selber

fühle, und kenne, und ehre, so heißt das doch nicht" —
und somit führte er ihn in das Nebenzimmer, sich in Prosa
nochmals vortragen zu lassen, was er in Versen schon zur
Genüge sollte vernommen haben. „Der will aus dem Re=
gen unter die Traufe", sagte Dlle. Levin, und „Gutnacht!"
rief sie den Abgehenden noch freundlich nach; wirklich kamen
sie nicht wieder zum Vorschein.

Dlle. Levin erklärte sich ernstlich gegen solche geist= und
kunstreiche Spiele, wie überhaupt gegen alle persönliche Sa=
tyre, Parodie und Travestie, als gegen einen Mißbrauch der
Dichtkunst; alles dies, meinte sie, trage etwas Böses in sich,
das zuletzt nur gemeiner Schadenfreude diene; einen großen
Unwillen und Zorn, eine heftige Bitterkeit, ein tiefeinschnei=
dendes Karakterisiren aus Einsicht und zur Einsicht, das alles
begreife sie und respektire sie, wo ein innerer Drang es durch=
aus gebiete, oder wenn wirklich anmuthige und unbezwing=
liche Laune das Gehässige wieder aufhebe.

Schlegel, der sich solcher Vergehen gegen Schiller schul=
dig wußte, stellte die Xenien als Einwand auf; allein die
rasche Gegnerin versetzte: „Das Beispiel spricht grade für
mich; wenn Sie die anführen, stehen Sie schon auf meiner
Seite! Denn wo ist wohl der Zorn gerechter, der Unwille
edler, der Witz lebendiger, als eben in den Xenien? Ueber=
dies sind Goethe und Schiller — nun ja! Goethe und
Schiller!"

Es waren zwei Fremde gemeldet worden. Dlle. Levin
empfing sie höflich; aber in Haltung und Ton war die feine
Linie nicht zu verkennen, durch welche sie vielleicht unbewußt
ausdrückte, daß es nicht vertrauliche Bekannte waren, mit
denen sie sprach. Es war ein Graf aus Wien, ich glaube
ein Graf Paar, sein Begleiter aber hieß Meyern, und wäre
mir unter diesem Namen leicht entgangen, hätte mir Brinck=
mann nicht gesagt, daß er der Verfasser des merkwürdigen
Buches Dya=Na=Sore sei, der aber jetzt weder Romane
noch Indien, sondern nur Krieg und England und Bona=
parte im Kopfe trage. Ich hatte früher in diesem schmerz=
lichen Romane geschwelgt, und seine sehnsüchtigen Liebes=
und Vaterlandswünsche innig mitempfunden, um so mehr

wünschte ich nun, den Mann selber kennen zu lernen, dem es gelungen war, die großen Drangsale der nächsten Wirk= lichkeit in eine entlegene Dichtungswelt hinauszutragen. Allein es war unmöglich, mehr als ein gewöhnliches Höflich= keitswort aus ihm zu locken, er schwieg sogleich wieder, und sah nur immer beobachtend und prüfend auf die Personen hin, die gerade sprachen. Ich vernahm später, er habe es sich zum Gesetz gemacht, als Oesterreicher in Preußen sich möglichst verschlossen zu halten.

Mittlerweile hatte die Gesellschaft sich mannigfach in verschiedene Gesprächsrichtungen abgezweigt, die nur selten auf Augenblicke zu einer allgemeinen zusammenflossen, wenn etwan eine Behauptung, ein Scherz, ein Witz, lebhafter aus= brach und größeren Antheil weckte. Die Gesellschaft war zu zahlreich und zu belebt, um sie noch in einer Einheit zusammenzuhalten und zu leiten; die Wirthin konnte nichts thun, als auch ihrerseits mit Einzelnen anknüpfen, aber ich bemerkte wohl, daß sie hiebei stets aufmerksam blieb, und immer da einzuwirken wußte, wo Stockendes zu beleben, Mißliebiges abzubrechen, Störendes auszugleichen, Angeneh= mes zu vermitteln war. Auch meine vergebliche Bemühung mit Meyern war ihrem scharfen Blick nicht entgangen, und ein Wort von ihr hatte Hrn. von Schack bestimmt, durch eine Frage über Wien den schroffen Mann zugänglich zu machen, der aber auch diesmal seine Antwort so kurz als möglich einrichtete.

Mit Wohlgefallen sah die Wirthin den Abbé und den besternten Diplomaten in abgesondertem Gespräch ganz ver= tieft. Schack begegnete ihr in diesem Bemerken, sie winkte ihm, und ich hörte, daß sie ihm auf den Vorwurf, warum sie ihm nicht erlaubt habe, den Kerl wegzubeißen, voll sanf= tem Eifer antwortete: „Ist es denn so nicht besser? Welch Vergnügen, zu sehen, wie die Beiden sich für uns unschäd= lich machen! Einer schluckt den anderen ein; und ich wette, sie suchen sich bald lieber anderswo auf, und wir sind sie los."

Ich weiß nicht, wer es sich erlaubte, einen in ziemlich schmutziges Gewand gekleideten Witz vorzutragen; niemand wollte lachen, und betroffen über die Unziemlichkeit schwiegen

Alle. Doch Dlle. Levin, die wieder auf dem Sopha Platz genommen, duldete die Pause nicht, in welcher die Unart sich gleichsam fortsetzte, schnell übersah sie das Terrain, und löste die eigene und fremde Verlegenheit, strafte und beseitigte die Ungebühr, indem sie plötzlich, aus aller Menge unerwartet meinen Meyern mit den Augen fassend und ihm das Wort zuwendend, mit dem Ausruf: „Ich weiß auch Saugeschichten!" eine noch stärkere, aber schon dadurch unschuldigere Derbheit einleitete, und dann unvergleichlich rasch und komisch eine französische Anekdote, ich glaube nach Chamfort, sehr glücklich und schicklich erzählte, mit solcher Anmuth und Gewalt, wie ich Aehnliches nur noch Einmal in meinem Leben, viele Jahre später von der Frankfurterin B — leisten sah! Alles fühlte sich wie befreit, und lachte aus vollem Herzen, niemand aber mit solchem Vergnügen und Abandon, wie mein störrischer Meyern, laut und heftig fing er immer auf's neue an, so daß er die Anderen auch immer wieder mit fortriß. Noch eine ganze Zeit wiederholte er sich die Worte: „Ich weiß auch Saugeschichten!" und lachte mit größtem Behagen, bis nach und nach der beobachtende Ernst in seinen Mienen wieder die Oberhand nahm.

Mehrere der Damen und Herren hatten sich bereits entfernt, und ich hielt es für schicklich, ebenfalls an den Rückzug zu denken; allein Brinckmann wollte davon nicht hören, und versicherte, daß es hier noch gar nicht spät sei, im Gegentheil würden wohl noch einige Leute kommen, ja er hielt es nicht für unmöglich, daß noch zwei seiner angebeteten Freundinnen, die herrliche Freiin von A— aus Wien, — das Ister=Mädchen, wie Dlle. Levin sie nenne —, nach abgethanem anderen Besuche noch hier einspräche.

Das Hereintreten eines Mannes, den der Zuruf: „Guten Abend, Gentz!" mir sogleich als den berühmten Publizisten zu erkennen gab, erregte einige Bewegung. Selten habe ich so viel Schüchternheit mit so viel Dreistigkeit beisammen gesehen, wie im Aeußeren dieses Mannes vereinigt war. Mit zaghafter Unsicherheit prüfte er gleichsam die Gesichter und die Plätze; und war nicht eher ruhig, bis er sie alle untersucht hatte. Ich als Fremder schien ihm wohl unbe=

deutend, die Anderen erkannte er als Günstige, nur Friedrich
Schlegel flößte ihm einen heimlichen Schauder ein, auch
wählte er den diesem fernsten Platz. Behaglich und sicher
zwischen Mad. Unzelmann und seinem Beschützer Schack,
knüpfte er mit beiden gleich ein Gespräch an, das bald aber
für Alle gemeinsam wurde. Er erzählte von seinem Mittage,
er hatte bei dem Minister Grafen Haugwitz gegessen, dort
Gesandte und Generale gesprochen, die neusten Neuigkeiten
aus London und Paris erfahren. Mad. Unzelmann verbat
aber alle Politik, und verlangte nur solche Nachrichten, an
denen auch sie Theil nehmen könnte. „Ganz recht, mein
Engel, erwiederte Gentz mit Lebhaftigkeit, auch wir sprachen
am wenigsten von Politik, sondern von den Sitten, den Ver=
gnügungen, von — ist Gualtieri nicht hier? — der De=
pravation, die sich wieder einfindet in Paris, von den
Liebeshändeln, den Theatern, den Restaurateurs, — nicht
wahr, das sind hübsche Gegenstände?“
     Schack, der kürzlich in Frankreich gewesen war, und am
Hofe des Ersten Konsuls Bonaparte der ersten preußischen
Uniform große Ehrenauszeichnung zugezogen hatte, richtete
einige Fragen an Gentz, allein dieser antwortete wenig, und
schien durch Schlegel beunruhigt, der ihn stets finstrer ansah,
und seinen Widerwillen deutlich in seinen Zügen ausdrückte;
die hingemurmelten Worte „feiler Schreiber, nichtswürdiger
Freiheitsfeind“, und andere solche Artigkeiten, welche dem
damals revolutionair und republikanisch gesinnten Verfasser
der Lucinde gemäß waren, erreichten zwar nicht des Feindes
Ohr, aber die reizbare Seele desselben schien jeden bösen
Hauch schon in der Ferne zu wittern.
     Dlle. Levin zog ihn aus der Verlegenheit, indem sie
ihn nach einem Frauenzimmer fragte, das ihn lebhaft be=
schäftigen mußte, denn mit dem größten Feuer sprach er von
dämonischem Reiz und eben solchem Karakter, die ihn entzückten
und in Verzweiflung setzten; er klagte sich strafbarer Schwäche
an; „aber, fuhr er fort, was kann ich dafür? Amor ist
blind, und wirft auch mir die Binde über die Augen!“
     Nein, nein! rief Dlle. Levin; in dem Punkt ändre ich
die Mythologie! Amor ist nicht blind, und hat keine

Binde; im Gegentheil, er löset jede, und die Liebe sieht
klar und scharf, und daß sie, trotz allem was sie sieht, zu
lieben fortfährt, das ist ihr höchstes Kennzeichen!

Gentz wollte den Satz bestreiten, gab ihn aber bald und
immer mehr zu, und rief ihn dann als die wunderbarste
Belehrung aus, die er fortan selber ausbreiten und vertreten
wolle. „Wohl ist dieses Thema unerschöpft und unerschöpflich", sagte er, „und Ihnen, Herzenskundige, kommt es zu,
solche Wahrheiten auszusprechen, vor denen die Irrthümer
ganzer Zeitalter, ja der Mythologieen selbst, zusammenbrechen!"
Er fuhr in dieser Weise fort, sprach von dem Glück und
dem Unglück der Liebe, von ihren Gründen und Bedingnissen,
ihren Wirkungen und Ausgängen; erst nur in kleineren
Sätzen, die er noch konversationsartig an seine Nachbarn
richtete, frageweise, problematisch, allmählig entwand er sich
diesem Bezug und Ton, nahm einen freieren Schwung, wagte
kühnere und festere Behauptungen, und als er sich der Gesinnung und Beistimmung seiner Zuhörer völlig versichert
halten durfte, öffnete er gleichsam alle Schleusen seiner Beredsamkeit, deren gewaltiger Fluß nun unwiderstehlich einher-
strömte, und uns mit staunender Bewunderung erfüllte.
Friedrich Schlegel und seine Lucinde hätten hier etwas lernen
können! Gentz sprach mit Eifer und Wärme, mit Scharfsinn,
mit Fülle, und ein solcher Wohlklang, ein solches Wogen
der Worte, eine solche Folge glücklicher Ausdrücke, guter
Zusammenfügungen, leichter Uebergänge, ein solches wirkliches
Einnehmen und Bereden, ist mir seitdem bei keinem Menschen
wieder vorgekommen. Auch fesselte er jede Aufmerksamkeit
und gewann jeden Beifall. Nur unsere Wirthin, welche die
klugen vergnügten Augen fest auf ihn gerichtet hielt, rief
bisweilen ein „Recht, Gentz!" ein „Prächtig", oder „Bravo",
dann auch wohl ein „Warum nicht gar!" oder „O nein!"
dazwischen. Die Anderen horchten schweigend. Ich wünschte
mir Glück, von dieser so oft gerühmten und mir bis dahin
immer etwas zweifelhaft gebliebenen Vortrefflichkeit ein so
glänzendes und in dieser Art vielleicht einziges Beispiel so
zufällig erlebt zu haben.

Noch war alles gespannt, und einzelne Funken sprühten

noch), gleichsam verspätete Nachzügler des wallenden Feuer= stroms, als eine neue Erscheinung auftrat, Prinz Louis Ferdinand! Die ganze Gesellschaft erhob sich einen Augen= blick, aber gleich rückte und setzte sich alles wieder zurecht, und der Prinz nahm seinen Platz neben Dlle. Levin, mit der er auch unverzüglich ein abgesondertes Gespräch begann. Er schien unruhig, verstört, ein schmerzlicher Ernst verdüsterte sein schönes Gesicht, doch nicht so sehr, um nicht eine liebe= volle Freundlichkeit durchschimmern zu lassen, die bei seiner hohen herrlichen Gestalt, und freien gebieterischen Haltung, um so wirksamer für ihn einnahm. Ich war vom ersten Augenblick bezaubert; einen so günstig ausgestatteten Menschen hatte ich noch nicht gesehen, ich mußte mir bekennen, in solcher Person und in solcher Weltstellung durch das Leben zu gehen, das sei denn doch einmal ein Gang, der der Mühe werth sei! Solche Heldenfigur giebt in der That eine Vor= stellung von höherem Geschlecht, Beruf und Geschick, und wirft in das, was uns bisher nur als Dichtung erschienen, ein lebendiges Zeugniß von Wirklichkeit.

Brinckmann vergötterte den Prinzen, und sprach mit Liebe von seinen menschlichen Eigenschaften, mit Bewunderung von den in ihn gelegten Kräften, die ihn fähig machten, das Größte zu leisten, jeden Entschluß zu fassen, jede That zu vollbringen, zu der eine starke Seele nöthig. „Doch leider", fuhr er fort, „ist es auch sein Unglück, einen so hohen Be= ruf zu haben, den zu erfüllen die Gelegenheit fehlt. Denn was soll er thun? Ein gleich großer, aber nicht so begün= stigter Genius erränge sich erst eine Stellung, und verwendete dazu seine Kraft; dieser aber hat seine Stellung, und kann nichts erstreben, als was grade sie nicht zugesteht. Nur die Welt der Empfindung ist ihm noch übrig und offen, auch hat sein ganzes Wesen sich dahin geworfen, er liebt, liebt leidenschaftlich, und unbefriedigt, und stellt auch hierin wieder ein eigenthümliches und reiches Menschengeschick dar."

Der Prinz war aufgestanden, und hatte sich die Fremden vorstellen lassen, nämlich die beiden Oesterreicher und mich, die Uebrigen waren ihm schon bekannt, und zum Theil, wie Schack, Brinckmann und Gentz, völlig vertraut. Seine

Leutseligkeit war vornehm, und doch durchaus menschenfreund=
lich, ohne den Beischmack von Herablassung, der die Gnade
der Großen meistentheils so ungenießbar macht. Auch wurde
der Prinz durchaus nicht schmeichlerisch behandelt, die her=
kömmlichen Formen der Ehrerbietung fehlten nicht, allein
außer diesen konnte ihn nichts erinnern, daß er mehr sei,
als die Anderen. Nach wenigen Augenblicken fand ich mich
so unbefangen und behaglich in seiner Gegenwart, als hätte
ich ihn schon Jahre lang gekannt. Ihn selber schien kein
Zwang befallen zu können, er verfuhr und sprach, als ob er
unter geprüften Freunden sei.

Diese Freiheit, sich überall ohne Scheu auszusprechen,
war allerdings ein köstliches Vorrecht seiner hohen Stellung,
aber um dasselbe auszuüben, war doch wieder er selbst er=
forderlich. Ihn kompromittirte nichts, weil er sich nie für
kompromittirt ansah. Was man ihm nachsagte, das kümmerte
ihn nicht. In seiner Sphäre wagte sich niemand an ihn,
und eine fremde Macht, vor der ein Prinz von Preußen
sich gebeugt hätte, gab es nicht. So sprach er ohne Zu=
rückhaltung seinen Unwillen und Grimm gegen Bonaparte
und gegen die freundschaftlichen Verhältnisse aus, welche die
Höfe mit ihm unterhielten. Eine der Anklagen, die er gegen
ihn vorbrachte, war in dem Munde eines Prinzen sonder=
bar; man war überrascht, jenem vorgeworfen zu sehen, daß
er die Freiheit untergrabe!

Merkwürdiger noch, als in diesen Aeußerungen, erschien
mir der Prinz in einigen anderen, welche hinter scheinbarer
Zerstreutheit und Unaufmerksamkeit die feinste Beobachtung
und tiefste Menschenkenntniß verriethen. So sprach er von
seiner Familie, von seiner Schwester, der dem Fürsten An=
ton Radziwill verheiratheten Prinzessin Luise, von seinem
Bruder, dem Prinzen August, mit eben so großer Zuneigung
als Offenheit, als ob uns Allen dieser Umgang und diese
Einsicht wie ihm selber vertraut sein müßten. Seinen
Schwager den Fürsten Radziwill schien er besonders zu lie=
ben, die gemeinsame Liebe zur Musik wirkte hier mächtig
ein. Er vermißte ihn, und fragte, ob er schon dagewesen?
Auf die Bemerkung, er sei wohl zur Jagd gefahren, lächelte

der Prinz. „Zur Jagd?" wiederholte er, „da kennen Sie meinen Schwager nicht! O ja, er fährt zur Jagd, wenn es sein muß, er macht alles mit; aber alles, was er thut, thut er nur im musikalischen Sinn, und zum Beispiel auf der Jagd ist ihm an Wild und Beute nichts gelegen, sondern seine Jagdlust läuft einzig darauf hinaus, daß er sich mit der Büchse unter einen Baum stellt, und dann vor sich hin singt: «La caccia! la caccia!»"

Die den Fürsten näher kannten, bestätigten eifrig das treffende Gleichniß, und bewunderten nur, daß der Prinz, der so wenig Acht zu haben schien auf das, was um ihn vorging, zu dieser Auffassung habe kommen können.

Der Prinz nahm seinen Hut, und schickte sich zum Fortgehen an, wir Alle thaten deßgleichen, und eben wollten Brinckmann und ich als die letzten dem Prinzen folgen, als auf der Treppe der Fürst Radziwill uns begegnete, und unter freudigen Aeußerungen den Prinzen wieder zu dem Salon zurückführte.

Brinckmann aber und ich wir gingen unseres Weges weiter. Als wir auf die Straße kamen, fanden wir den Himmel ausgestirnt, die Luft milde, und es gefiel uns, in der breiten Straße noch zu lustwandeln. Ohnehin war ich von dem erlebten Abend in großer Aufregung, und fühlte das Be= dürfniß, manches auszusprechen und vieles zu fragen, was mir aufgefallen oder nicht klar geworden war. Wer hätte mir hiebei besser dienen können, als mein Begleiter, wo wäre größere Bereitwilligkeit zu finden gewesen!

Wir waren etwas auf dem Gendarmenmarkt umher= gegangen, kehrten aber nun in die Jägerstraße zurück, wo der Wagen des Prinzen noch vor dem Hause hielt. In dem Zimmer oben war ein Fenster geöffnet, und Klaviertöne er= klangen. Wir standen still, und lauschten; der Prinz phan= tasirte mit genialer Fertigkeit, Dlle. Levin und Fürst Radzi= will standen mit dem Rücken gegen das Fenster, und wir hörten einigemal die Stimmen ihres Beifalls. Wie gern hätten wir die unsere hinzugefügt! Das Spiel des Prinzen war kühn und gewaltig, oft rührend, meist bizarr, immer von höchster Meisterschaft. Nach einer halben Stunde hörte

er auf, bald nachher fuhr er mit seinem Schwager nach
Hause. Die Uhr war halb eins. Auch wir gingen nun,
und Brinckmann brachte mich zu meinem Gasthof, wo mir
aber die empfangenen Bilder und Eindrücke noch lange den
Schlaf versagten.

Ich habe vergessen zu sagen, daß Ludwig Robert mich
auf den nächsten Vormittag zu sich beschieden hatte, weil
ich noch einige seiner Gedichte hören sollte. Es war schon
gegen Mittag, als ich hinging, und ich glaubte sehr spät
zu kommen. Eine alte wunderliche Magd, die ich schon
gestern unter all der großen Welt ein paarmal hatte wirth=
schaften sehen, führte mich zwei Treppen hinauf; allein die
Thüre links, wo man bei Robert eintrat, war verschlossen,
und es hieß, der Herr schliefe noch. Während ich meine
Bestellung zu machen bemüht war, öffnete sich aber die
Thüre rechts, und ich stand vor Dlle. Levin. Sie entschul=
digte ihren Bruder, der spät nach Hause gekommen sei, und
hieß mich bei ihr eintreten, bis er aufgestanden wäre. Ich
ließ mir den Wechsel gern gefallen. Eine freundliche Man=
sarde, bequem doch ohne Luxus eingerichtet, empfing uns.
Wir setzten uns dem schrägen Dachfenster gegenüber, wo ein
Bild von Lessing an der Wand hing.

Wir sprachen von dem gestrigen Abend; ich bekannte ihr
meine Begeisterung für Prinz Louis, und sah, daß ihr
meine Aeußerungen Freude machten. Sie hielt mich werth,
einige nähere Aufschlüsse über ihn zu empfangen, und er=
zählte mir Züge von ihm, die auch durch die Art, wie sie
von ihr aufgefaßt und gedeutet wurden, Bewunderung ver=
dienten. Sie war aber so entfernt von blinder Eingenommen=
heit, daß sie den Prinzen vielmehr hart und scharf tadelte
wegen seines zerstreuten, aufgelösten Lebens, wegen seines
Mangels an strenger konsequenter Thätigkeit und Einrich=
tung. Sie sagte vortreffliche Sachen über Stellung in der
Welt, Pflicht, Beruf, und über die Bedingungen großen

Wirkens. Besonders fiel mir auf, was sie von der leicht=
sinnigen Vergeudung der Zeit sagte, und noch nie hatte
ich von einer Frau solche Anempfehlung des Fleißes und
der Ordnung, als der Grundfesten jeden Strebens, gehört.

Aehnliches kam über Gentz zur Sprache, jedoch in sehr
verschiedener Weise. Dann sprachen wir von Brinckmann,
den ich gegen manche Urtheile, die ich über ihn gehört hatte,
vertheidigen wollte. Aber Dlle. Levin entriß mir diese Ver=
theidigung, und führte sie kräftiger. „Schwächen und Fehler!"
rief sie aus, „wer hat die nicht, und wer sieht nicht leicht
und scharf die fremden, wenn sie sich auch noch so sehr ver=
stecken, um so mehr die, welche sich gutwillig und offen
zeigen! Aber um's Himmels willen, lassen Sie sich das
gesagt sein, denn es ist im Leben eine Hauptsache, rangiren
Sie niemals einen Menschen nach seinen Gebrechen, sondern
nach seinem Guten und Tüchtigen; dahin richten Sie den
Blick, und je größer dieses ist, um so weniger dürfen
jene gelten. Die Gemeinen machen es umgekehrt, und
weil sie das thun, sind sie die Gemeinen. Sehen Sie
Brinckmann's regen Geist und offnen Sinn, seinen vielseitigen
Eifer, seine schönen Talente, und dann seine treue, unzerstör=
bare Freundschaft, sein Bedürfniß der Anhänglichkeit, erwägen
Sie was er ist und leistet, und dann blicken Sie um=
her, wie wenige Menschen Sie von solchem Werth ersehen
können! Hören Sie nicht auf die seichten Tadler! Die
Besten wissen ihn wohl zu schätzen; fragen Sie Schleiermacher,
fragen Sie Friedrich Schlegel, der so schwer jemanden aner=
kennt, und von mir — denn ich darf mich auch zählen —
hören Sie es schon, wie ich von ihm denke!"

Ich war auf solchen Lobeseifer fast neidisch, und fand
ihn doch so schön und richtig! Nach einigen Zwischenreden
konnte ich nicht umhin, Dlle. Levin zu preisen, daß sie der
Mittelpunkt eines solchen Kreises sei, wie ich ihn gestern um
sie versammelt gesehen. Sie müsse sich sehr glücklich fühlen,
sagte ich.

Aber kaum ausgesprochen, bereute ich das Wort schon.
Die Saite, die ich berührt hatte, klang unerwartet heftig
und schmerzvoll, und ich würde mich in großer Verlegenheit

befunden haben, hätte ich nicht bald erkannt, daß ich doch nur unpersönlich bei den Aeußerungen dastand, die mir den Blick in das Innere dieses Gemüths eröffneten.

„Wie Sie das nehmen!" sagte sie wehmüthig, und ihre Worte richteten sich kaum noch an mich, sie gingen mehr als einsame Klagen in die Luft. „Wie steh' ich denn zu den Menschen allen? Persönliche Zufriedenheit hab' ich von keinem. Ihre Schmerzen, Kränkungen, Bekümmernisse und Sorgen bringen sie mir, ihr Bedürfniß nach Unterhaltung führt sie hieher, und glauben sie einmal anderswo eine bessere zu haben, so lassen sie mich gleich. Ich amüsire sie, helfe ihnen, höre sie an, tröste und berichtige sie. Insofern ich das will und muß, weil es in meiner Natur ist, geb' ich mir eine persönliche Satisfaktion, aber die Anderen empfangen den ganzen Ertrag. Ich weiß, die Menschen sind schwach, unterwürfig, lenksam, auch ich könnte sie mir verpflichten und dienstbar machen, bloß durch den Anspruch, den ich zeigte. Aber ich verachte den Zwang der Höflichkeiten, die Formen von Freundschaften, die zu gesetzlichen Titeln von Leistungen werden müssen, denen ich aber keinen Werth beilege, wenn sie nicht ganz frei aus dem reinen Antrieb eines guten Herzens, also wie aus dem Himmel herab, kommen. Die Anderen aber machen sich diesen meinen Sinn zu nutz, und haben die Rücksichten nicht, die ihnen nicht aufgezwungen werden. Nur die der geselligen Sitte fordre ich, denn die darf ich nicht erlassen, und wer diese verletzt, mit dem ist es aus bei mir. Mit meinem Besten aber steh' ich unbewaffnet allen Verletzungen da, und wie selten berührt ein Tropfen Balsam die Wunden, deren ich mich nicht erwehren kann! — Soll ich Ihnen noch mehr gestehen? Unter allen den Menschen, die Sie gestern bei mir gesehen, ist nur Einer, der mir eigentlich gefällt, — und diesen haben Sie wohl nicht einmal bemerkt!"

Ich fühlte zu sehr, daß ich bei diesen Ausbrüchen nur zufällig dastand, und war zu bescheiden, sie zu beantworten. Auch lenkten die Betrachtungen gleich wieder in's Allgemeine, und es kam die nachdenkliche Paradoxie an den Tag, daß zwischen geistreichen und dummen, gebildeten und verwahrlosten Menschen, ja zwischen tugendhaften und sittenlosen, sofern hierdurch nur eine Thatsache und nicht ein Prinzip bezeichnet werde, im Grunde nur ein geringer Unterschied walte; daß aber der zwischen ursprünglichen, selbstständigen, und sekundairen, untergeordneten, ein ungeheurer, nie zu ermessender noch zu tilgender sei.

Der Eintritt eines Grafen zur Lippe brachte uns anderen Gegenstand und Ton. Noch weiter entführte uns von jener früheren Bahn eine Ueberraschung, die an das Komische gränzte, denn unerwartet stürzte, aber buchstäblich stürzte Gentz in das Zimmer, und ohne auf uns beiden Fremden die geringste Rücksicht zu nehmen, warf er sich auf das Sopha, und rief wie außer sich: „Ich kann nicht mehr! Welche Müdigkeit! welche Qual! Die ganze Nacht geschrieben, gesorgt; seit fünf Uhr verdammte Gläubiger; wo ich hinkomme, treten sie mir entgegen; sie hetzen mich todt, nirgends Ruhe noch Rast! Lassen Sie mich eine halbe Stunde in Sicherheit hier schlafen!" Der große Redner von gestern, der gewaltige Schriftsteller und Staatsgelehrte, erschien in bedaurenswürdigem Zustande! Aber schon lag er, und hatte die Arme verschränkt und die Augen geschlossen; der süßen Ruhe, die er begehrte, schien er in seinem Innern vollkommen fähig, sobald nur von außen sie nicht gestört wurde.

Dlle. Levin, deren tiefes Mitleid doch einem Lächeln nicht wehrte, gönnte dem Armen den schon in Besitz genommenen Raum, und führte uns zu den unteren Zimmern hinab. Sie ließ uns hier mit ihrem Bruder, der inzwischen sichtbar geworden war, und der mir aus dem reichen Vorrathe seiner Gedichte vieles mittheilte, was sich meist auf die Gesellschaft bezog, und wobei die Anmerkungen und Erklärungen mir oft anziehender und wichtiger waren, als die Gedichte selbst. —

Ich sah Dlle. Levin noch mehrmals wieder, und jedesmal vertrauter und herzlicher. Als ich leider allzubald Berlin verlassen mußte, glaubte ich zugleich dasjenige Wesen zu verlassen, dessen Gleichen mir in der Welt wohl am wenigsten ein zweitesmal vorkommen dürfte! Und dieser Glauben ist nicht widerlegt worden.

Im nächsten Jahre kam ich wieder auf einige Zeit nach Berlin, und beeiferte mich, jenen Umgang wieder an= zuknüpfen. Ich fand dieselbe gütige Aufnahme, und großen= theils noch denselben Gesellschaftskreis. Doch fehlten Friedrich Schlegel und Gentz; ersterer war nach Paris, letzterer nach Wien gegangen, jeder in sein Element. Prinz Louis war nur leidenschaftlicher und zerstreuter! ich sah die Geliebte, die ihn beschäftigte und quälte, und mußte gestehen, sie hatte unendlichen Reiz und eine bezaubernde Originalität in allem was sie that und sprach. Dlle. Levin war antheil= voll und eifrig für ihre Freunde, wie sonst. Sie selbst schien zu leiden. Ihr Geist, ihre Lebensmunterkeit aber walteten in aller Kraft und Frische eines erhöhten Daseins.

————

Seitdem habe ich nie aufgehört, den Schicksalen dieser merkwürdigen Freundin, so wie denen der bedeutenden Per= sonen, die ich bei ihr gesehen, und die wunderbar in der Welt zerstreut worden, in diesen vielen Jahren auch aus der Ferne die aufmerksamste und wärmste Theilnahme zu widmen. Die unerwartetste Nachricht von Dlle. Levin war mir die ihrer Verheirathung. Ich hörte nun seltner von ihr, doch daß es ihr wohl erginge. Nachdem aber die Nachricht von ihrem Tode, und bald nachher die sprechenden Zeug= nisse ihrer geistigen Größe und ihres schönen Gemüths in den gedruckten Ueberlieferungen zu mir gelangt sind, habe auch ich mit ihrem Andenken wieder vertrauter mich beschäf= tigen müssen, und aus meinen Tagebüchern und Erinnerungen diese Schilderung zusammengestellt, welche vielleicht hin und wieder noch manches übereinstimmende Andenken hervorruft.

— — —

Der Salon der Frau von Varnhagen.

Berlin, im März 1830.

———

Meine Erinnerungen von der Gesellschaft in Berlin sind etwas verwirrt, ich habe meine Tage dort im beständigen Taumel zugebracht, im Taumel der Geschäfte und im Taumel der Zerstreuungen, deren die große Stadt nur allzuviele bot. Nach den endlosen Konferenzen mit den preußischen Geschäftsmännern, denen die weitläufigsten Wege fast immer die angenehmsten schienen, besuchte ich Abends gewöhnlich die große Welt, einige Hofbälle, die Säle der Minister, der Gesandten; langweilte mich aber bald in dem bunten Gewühl, das in seiner Mannigfaltigkeit doch nur immer dieselben Gesichter zeigte. Wenn auch manche der Anwesenden genug Geist und Leben in sich hatten, die Versammlung gewann dabei nichts, denn niemand wollte oder durfte hier etwas anderes vorstellen, als den äußeren Rang, durch Geburt oder Amt überkommen, und somit war von selbst aller Anspruch auf Geist, Talent oder Liebenswürdigkeit in Ruhe gesetzt. Das Haus eines geadelten Kaufmanns, das man mir gerühmt hatte, konnte mir noch weniger gefallen; in seine Säle stürzte ebenfalls, wie in die anderen, die ganze Hofgesellschaft, es war auch dort dasselbe langweilige Wesen, und wenn der Ton leichter war, so war er dadurch nicht angenehmer. Ich ließ mich selten dort blicken, und nur auf Viertelstunden.

Aber ich fand bald andere Kreise, in denen der Reiz der Berliner Geselligkeit, von dem ich so viel gehört hatte und

an den ich kaum noch glauben wollte, unerwartet sich mir
enthüllte, und von dem ich bald mächtig angezogen wurde.
Ich nenne das reiche und angesehene Haus Beer, wo um
die heimischen schönen Talente die vornehme, künstlerische,
gelehrte und geschäftliche Welt sich versammelte; den ernsten,
aber durch geistvolle Frauen erheiterten Kreis der Familie
von Savigny, den sehr belebten und gewählten der Generalin
von Helvig, die sehr besuchten Abende des klugen und witzi=
gen Geheimen Staatsraths von Stägemann, dessen edle
Gattin alles Schöne und Gute in ihrer Nähe gedeihen ließ,
und dessen liebenswürdige Tochter ich von Neapel her kannte,
ferner das Haus des verständigen und ehrenfesten Stadtraths
Mendelssohn=Bartholdy, dessen feinsinnige Gattin das Ge=
heimniß besaß, gediegene Häuslichkeit mit gesellschaftlicher
Eleganz zu vereinigen, und ich könnte noch mehrere andere
Kreise nennen, die zum Theil aus den vorigen wieder als
kleinere sich absonderten. In den meisten dieser Gesellschaf=
ten hörte ich den Namen der Frau von Varnhagen mit aus=
zeichnender Achtung nennen. Frau von Helvig versicherte,
sie sei gleich vortrefflich durch Güte wie durch Geist, und
so unterhaltend und anregend wie niemand sonst! Ich hätte
sie in jenen Kreisen öfters treffen sollen, allein durch Eigen=
sinn des Zufalls verfehlt' ich sie lange Zeit, und es hieß,
ihre leidende Gesundheit halte sie jetzt viel zu Hause, ohne
doch ihren geselligen und munteren Sinn zu stören. Herrn
von Varnhagen hatte ich schon öfters gesehen, und auch
flüchtig gesprochen, allein ich bekenne, daß er wenig Anziehen=
des für mich besaß, er hatte etwas Scharfes und Ironisches,
das mir ganz mißfiel, und durch ihn am wenigsten wünschte
ich die Bekanntschaft seiner Frau zu machen. Ich bat daher
Frau von Helvig um ein paar einführende Worte, die mir
sehr gern gegeben wurden.

In der gelegenen Zeit, kurz vor dem Theater, verfügt'
ich mich in das bezeichnete Haus in der Mauerstraße, klingelte
im ersten Stock ein Mädchen heraus, und sandte mein Em=
pfehlungsblatt nebst meiner Karte hinein. Nach einer kleinen
Weile kam die Antwort zurück, ich möchte die Dame, welche
jetzt niemanden empfangen könnte, entschuldigen, und würde

auf den späteren Abend willkommen sein. Das Mädchen lachte, indem sie mir das bestellte, und ich fragte um die Ursache. „O nichts", erwiederte sie, „aber die gnädige Frau ist so komisch, und da muß man wohl lachen!" Ein gutes Zeichen! dacht' ich, und von der bloßen Wirkung, deren Grund ich nicht kannte, schon etwas mitergriffen, ging ich lachend ab. —

Am Abend war ich zeitig auf dem Platze, und vernahm, Frau von Varnhagen sei noch ganz allein. Ein erstes Zim= mer ließ durch offene Flügelthüren in ein zweites blicken, wo ich sie an einem Tische sitzen und lesen sah, während ein Kind an ihrer Seite eingeschlafen lag. Ich stand einen Augenblick, und sah mir das Bild an. Ernste Gemüthsruhe und heiteres Wohlwollen waren der Ausdruck ihrer Züge, die sich nicht belauscht ahndeten; ihre kleine, gedrungene Ge= stalt, ihr klares, feines Gesicht, trotz den Jahren und lang= wieriger Kränklichkeit noch von bewundernswerther Frische, ihre feste und leichte Haltung, alles war in einer gewissen Uebereinstimmung, die meinen Sinn lebhaft ansprach. Als sie meine Tritte hörte, schob sie den Tisch etwas ab, wandte sich mir entgegen, und sagte mit leiser Stimme, auf das schlafende Kind deutend, ich möchte verzeihen, sie habe nicht den Muth, das Glück zu stören! Ich bat natürlich, dies ja nicht zu thun. Wir sprachen dann das Nöthige von Frau von Helvig und ihren Einführungszeilen, von meinem bis= herigen Aufenthalt und seiner ferneren Dauer. Auf meine Frage, ob das Kind ihre Nichte sei? erwiederte sie: „Es ist die Tochter meiner Nichte, aber ich lieb' es wie mein eigen Kind!" In ihrem Tone war dabei eine zärtliche Innigkeit, die mir zum Herzen drang, ich fühlte die lebendige Wahrheit ihres einfachen Wortes.

Frau von Varnhagen sagte, ich sei ihr als ein Musik= freund empfohlen, und freute sich, daß ein paar schöne Stim= men sich zum Abend bei ihr angesagt; auch würde vielleicht Fürst Radziwill kommen, der jede Gelegenheit, Musik zu hören und zu üben, gern wahrnehme; er sei der größte Musik= freund, den sie je gesehen, er übertreffe darin weit den be= rühmten Fürsten Lobkowitz, der freilich größere und lärmen=

dere Mittel aufzubieten gehabt, aber Radziwill's Leidenschaft
sei ernster und tiefer, und seine Kompositionen zu Goethe's
Faust reihten ihn den großen Meistern an. Wir sprachen
nun vom Gesang, und namentlich von Liedern und deren
Vortrag, wo denn Frau von Varnhagen der einfachen groß=
artigen Weise, wie Madame Milder deutsche Lieder zu singen
pflegte, volle Gerechtigkeit widerfahren ließ, aber hinzufügte,
eigenthümlicher und rührender habe sie dergleichen nie singen
hören, als vor mehreren Jahren von einem jungen Schwaben
Grüneisen, der habe ihr ordentlich eine neue Sphäre aufge=
schlossen, einen neuen Begriff, von etwas bisher Unbekanntem,
nämlich von ächt und schön deutschem Gesang, himmelweit
verschieden von dem erkünstelten, hohlen, anspruchvollen We=
sen, das auch in der Musik als Deutschheit gelten wolle.
Sie knüpfte an diese Aeußerungen den Wunsch, es möchte
einmal umgekehrt verfahren werden, erst die Musik eines Lie=
des und zu dieser dann die Worte gemacht werden, aus dieser
Entstehungsart würden ganz neue Schönheiten hervorgehen;
ich sah hierin nur eine Paradoxie, und verhehlte es ihr nicht,
sie aber versetzte ruhig: „O nein, das ist es nicht, das be=
zweck' ich nie; auch ist es kein Einfall von heute, und schon
vor langen Jahren gab mir Reichardt darin Recht, und ich
führte die Sache eigentlich nur an, weil Grüneisen's Lieder
mir sehr in dieser Art zu sein schienen, und weil ich dachte,
ich könnte sie Ihnen dadurch einigermaßen deutlich machen;
das wird aber freilich am besten geschehen, wenn Sie ihn
selbst hören; versäumen Sie es nicht, wenn es sich je so
trifft, und grüßen Sie ihn dann auch bestens von mir."

Das eingeschlafene Kind wurde unruhig, erwachte, und
blickte aus zwei himmlischen blauen Augen sogleich lächelnd
die Tante an, deren Augen mit dem Ausdruck inniger Freude
auf die Kleine leuchteten. Nach einigen leisen Worten, zu
denen das Kind beifällig nickte, nahm die Tante dasselbe auf
den Arm, entschuldigte sich bei mir für ein paar Augenblicke,
und trug den Liebling kosend in ein Seitengemach.

Mittlerweile besah ich mir die Oertlichkeit etwas näher;
die hellblauen Zimmer waren geräumig und besonders hoch,
mit freier Aussicht vorwärts in die gerade Straße hinauf,

rückwärts auf hohe Gartenbäume, übrigens ganz einfach aus=
gestattet, ohne Kostbarkeit und Glanz; ein paar geringe Bild=
nisse hingen an der Wand, zwei Büsten, die des Prinzen
Louis Ferdinand und ich glaube Schleiermacher's, standen
zwischen Blumentöpfen; von Geräth schien nur das eben zum
Gebrauche Nothwendige vorhanden; aber das Ganze machte
dennoch einen eleganten Eindruck, oder vielmehr die Anord=
nung war so gefällig und bequem, daß sie jenes eigenthüm=
liche Behagen hervorbrachte, welches durch die höchste Ele=
ganz bewirkt werden soll, und bei den größten Mitteln doch
so oft verfehlt wird. Auf dem Fortepiano lagen einige
Bücher, die ich unwillkürlich in die Hand nahm, ein Band
von Saint=Martin — der Name war beigeschrieben — und
die Gedichte Uhland's, ein französischer Roman und Fichte's
Staatslehre ruhten friedlich beisammen. Ein geschriebenes
Heft, das aufgeschlagen dalag, reizte meine Neugierde; es
enthielt allerlei Bemerkungen, eine von ganz frischem Datum
betraf den Kronprinzen, und ohne daran zu denken, ob ich
unrecht thäte, versagte ich mir nicht, sie zu lesen. Frau
von Varnhagen hatte kürzlich im französischen Theater ihren
Platz ganz nahe der Königlichen Loge gehabt, die Physiog=
nomie und Haltung des Kronprinzen waren ihr ungemein
aufgefallen, und das Ergebniß ihrer scharfen, während der
ganzen Schauspieldauer fortgesetzten Beobachtung hatte sie hier
niedergeschrieben, ein sehr karakteristisches Urtheil, aber auch
ein die Schreiberin karakterisirendes, denn es gab nur eine
schlichte Wahrnehmung, aber diese von so eingreifender und
sicherer Art, daß sie mir nicht wieder aus dem Sinn ge=
kommen ist. In der späterhin erfolgten Ausgabe ihres
schriftlichen Nachlasses hab' ich dieses Urtheil über einen
Prinzen, der damals, wie noch jetzt, die Meinung außer=
ordentlich beschäftigte, ungern vermißt.

Auf ein Geräusch, das ich vernahm, wandte ich mich
von dem Hefte schnell ab, indeß würde Frau von Varnhagen
meine Verlegenheit gewiß noch bemerkt haben, wäre sie nicht
beim Wiedereintreten durch neue Gäste sogleich beschäftigt
worden, die von der anderen Seite ihr schon entgegenkamen.
Es war der Freiherr von Reden mit seinen beiden Töchtern,

hannöverscher Gesandte, ein munterer alter Herr, der an einem Krückstock langsam einherschritt, aber dafür um so rascher und eifriger sprach; in der That war seine Redselig= keit unerschöpflich, aber zugleich so der Ausdruck eines über= fließenden Herzens, einer gutgemeinten Mittheilung, daß man ihn lieb gewann und kaum lästig fand; auch war sein Sprechen wirklich lehrreich, denn sein wunderbares Gedächtniß hegte die gründlichsten Geschichtskenntnisse, und selbst die Stamm= bäume der regierenden Häuser, in deren sämmtlichen Ver= zweigungen er mit seltenster Sicherheit auf= und niederstieg, führten ihn öfters auf überraschende Gesichtspunkte für herr= schende Tagesfragen. Wie früher um das Kind war Frau von Varnhagen jetzt um den Alten sorglich bemüht, suchte mit zartester Aufmerksamkeit ihm alles behaglich zu machen, und dabei ihr Bemühen möglichst unscheinbar zu halten, ohne Zweifel um ihn nicht empfinden zu lassen, daß er so großer Sorgfalt bedürftig sei! Er empfand aber die liebevolle Be= gegnung, und sah mit freundlichster Rührung auf die wackere Wirthin, für die auch seine ältere Tochter die wärmste Freundschaft zu fühlen schien. Diese Tochter war ein Wesen eigener Art, von so glücklichen, edlen und wirksamen Eigen= schaften, daß ihre Gegenwart immer ein Wohlthun war, denn ihre lebhafte Thätigkeit förderte stets auf heitere anspruchs= lose Weise alles Gute und Rechte, wie es dem Augenblicke gemäß erschien, und griff dabei doch niemals eigenmächtig ein; die jüngere Schwester stimmte anmuthig in diese Sinnes= art und Gabe. Kaum hatte der alte Herr im Lehnstuhle behaglich Platz genommen, als auch die für ihn nöthigen Mitsprecher sich einfanden, der Professor Gans mit Ludwig Robert — dem Bruder der Frau von Varnhagen — und Herr von Varnhagen, alle drei schon im Streit, und also= gleich von Herrn von Reden in Beschlag genommen. Sie schienen aber ihr begonnenes Gespräch nur fortzusetzen, und der Gegenstand war damals in Berlin überall an der Tages= ordnung, es war die schwebende Sache der beiden Theologen zu Halle, Wegscheider und Gesenius, deren Rechtgläubigkeit durch hämische Anschuldigungen war verdächtigt worden; ganz Berlin nahm Parthei für oder wider, und die mächtige Ueber=

zahl der Vernünftigen und Freisinnigen war für die Ver=
ketzerten, denen aber in den höchsten Kreisen auch manche Ein=
flüsse feindlich waren, und es konnte daher wohl zweifelhaft
scheinen, auf welcher Seite der Sieg bleiben würde. Die
dunkle Parthei bot alle Mittel auf, aber auch die helle zeigte
unerwartete Kräfte und Anhänger. Es wurde angeführt, daß
ein Minister von größtem Ansehen, der Fürst von Wittgen=
stein, den man bisher unbedenklich zu den Unfreisinnigsten
gezählt, in dieser Sache mit entschiedenem Eifer sich für die
Verfolgten erklärt und gesagt habe, wenn man solchen Ver=
dächtigungen die Bahn öffne, und dem Frömmlerwesen welt=
liche Macht einräume, so werde die ganze Stadt bald nur
eine große Heuchlerschule sein, und jeder ordentliche Mann
aus dem Lande zu laufen wünschen. Den alten Reden ver=
droß, daß auch der Minister vom Stein sich habe dazu
brauchen lassen, aus Kappenberg einen Brief an den König
zu schreiben und ihn aufzufordern, jene Irrlehrer nicht zu
dulden. Der gute Alte fand solche Einmischung unberufen
und gehässig, und meinte, der Minister von Altenstein, der
hier von Amtswegen zunächst einzuwirken habe, würde das
Sachgemäße schon ermitteln, und, wenn es nöthig wäre, auch
auf jener Männer Entfernung vom Lehrstuhl antragen.
„Nöthig möge das doch wohl sein, — fuhr er dann bedenklich
fort, — denn, ich frage Sie, was für Geistliche können aus
solcher Schule, die den Glauben dem Verstand unterordnet,
dem Staate künftig zuwachsen?" — Was für Geistliche? —
fiel hier Herr von Varnhagen mit sanfter, mir widerwärtiger
Stimme ein, — nun, möglicherweise solche Pietisten und Ver=
ketzerer, wie jetzt gegen jene Rationalisten auftreten, denn
alle jetzigen Zeloten haben zu ihrer Zeit keine anderen Lehrer
gehabt, als aufgeklärte und ungläubige. — „Ja, das ist
wahr!" rief der alte Reden und lachte, und erinnerte sich
eines frühen Vorgangs in Göttingen, der dieser Ansicht bei=
stimmte, ihn aber auf hannöversche Verhältnisse ablenkte, in
deren Anpreisung er sich überaus gefiel. Hier aber wider=
sprach ihm Gans als wohlunterrichteter Gegner, und der
gute Alte, verwundert und aufgereizt, wurde nun heftiger,
und führte seine Sache wirklich so gut, daß Gans wenig

mehr aufkam, ich fand ihn sogar matt und ungeschickt, und mußte den Ruhm seiner gepriesenen Dialektik und Beredsamkeit für wenig begründet halten!

Ich verließ den Streit, und wandte mich den Damen zu, die inzwischen die Gesellschaft vermehrt hatten. Frau von Varnhagen stellte mich der Gräfin von York und deren Schwester vor, zweien Damen von sehr ausgezeichnetem Ansehen, und schöner freier Bildung; ich vernahm, daß beide die herrlichsten Stimmen hätten, und beide sagten es nicht ab, vielleicht später einige Lieder zu singen; die jüngere Fräulein von Reden wurde gleichfalls wegen ihres lieblichen, in Italien ausgebildeten Gesanges vorläufig in Anspruch genommen. Frau von Varnhagen aber wurde von dieser Gruppe abgezogen, denn laute Stimmen klangen vom Vorsaale herein, und eine kleine Schaar von Herren erschien und bestürmte sie mit Begrüßungen. Es waren zwei Offiziere, ein Graf von Schl. und Paul E..., ferner der Graf von Mocenigo mit dem Grafen von Kleist, und hinter ihnen zuletzt der spanische Gesandte General Cordova. Mocenigo, ein deutschredender Italiäner und österreichischer Diplomat, zeigte alle Lebhaftigkeit und Gewandtheit, die seinem Ursprung und Stande entsprachen, man sah, auf jedem Boden, den er betrat, mußte er gleich heimisch sein; er war ungezwungen in seinen Aeußerungen, laut und lustig, und nicht allzuwählerisch in seinen Worten, so daß man leicht fürchten konnte, er möchte in seiner Munterkeit etwas zu weit gehen, was doch nie vorkam. Seine Erzählung von dem Verlauf einer kürzlich gesehenen neuen Oper und von den geschmacklosen Anstrengungen einer unzureichenden Sängerin, der das Publikum doch großen Beifall gezollt, war in der That ganz artig anzuhören, und die Damen lachten sehr, während Frau von Varnhagen durch eingestreute Scherz- und Schlagworte die Schärfe milderte und den Ernst erhöhte.

Eine polnische Dame trat ein, und mit ihr einige Stille, denn sie war der Gesellschaft und auch dem Hause — wie es schien — ziemlich fremd, und machte nur einen kurzen Anstandsbesuch. Frau von Varnhagen hatte auch für diese Dame in unbefangener Weise gleich den rechten Ton, und

ich hörte ein feines, sehr verbindliches Gespräch, das mich
vermuthen ließ, Frau von Varnhagen sei hier zu einigem
Dank verpflichtet, und wolle dieses andeuten. Wie sehr erstaunte ich später, als ich erfuhr, daß eine solche Verpflichtung eher im entgegengesetzten Verhältnisse Statt fand, indem
der Mann der Polin nicht ohne die starke Einwirkung des
guten Rathes und der klugen Leitung der Frau von Varnhagen zu einer ihm höchst erwünschten Beförderung gelangt
war! Die Sache hatte die lustige Bewandtniß, daß der Pole,
welcher früher allen seinen Unmuth, alle seine politische Freigeisterei, so wie seine härtesten persönlichen Urtheile, rück-
haltlos der einsichtsvollen Freundin vertraut hatte, jetzt nach
erlangtem Ziele in ganz entgegengesetztem Sinne sprach, und
auch gegen sie, und sogar unter vier Augen, den feurigsten
Anhänger des Staats und der Minister vorstellte, und von
jeher diese Gesinnung bekannt haben wollte! Dies hatte
neben der empörenden auch seine ergötzliche Seite, und gewährte nicht selten der geistigen Ueberlegenheit den Vortheil,
dem Neulinge, der zu der frischen Rolle noch nicht ganz
geübt war, in seinem Eifer den Rang abzulaufen, und ihn
als noch viel zu lau gesinnt erscheinen zu lassen! Die Frau
jedoch schien unbefangen, und ohne Theil an jenem Bemühen.
Unter solchen Umständen hatte das Benehmen der Frau von
Varnhagen jetzt das doppelte Verdienst richtiger Zurückhaltung und feiner Schonung; dies wurde uns Allen erst recht
offenbar, als Ludwig Robert, nachdem der Besuch sich wieder empfohlen hatte, seine beißenden Bemerkungen nicht sparte,
so sehr dies auch seiner Schwester zu mißfallen schien. —

Der General Cordova war keine gleichgültige Erscheinung, er zog die Blicke sehr auf sich, und war es gewohnt,
daß die Damen ihn günstig beachteten. Ein schöner schlan-
ker Mann, von bedeutender Physiognomie, feurigen, unter-
nehmenden Ansehens, ausgestattet mit aller Gewandtheit eines
thätigen Glückskindes; und so jung schon General und Gesandter, hatte er in der großen Welt, nachdem er sie einmal
betreten, leichtes Spiel gehabt; als Günstling seines Königs
war er bei fremden Höfen unter der Voraussetzung erschienen,
ein vollkommener Absolutist zu sein, doch hatte er Klugheit

genug einzusehen, daß diese Meinung nicht überall zum Vor=
theil gereiche, und er wußte sie durch Benehmen und Wort
gelegentlich einzuschränken. Unter dem Anschein bequemer
Lässigkeit merkte er wachsam auf alles, was um ihn her vor=
ging; man glaubte ihn mit Frauen, Musik, Theater, Eleganz
und Mode beschäftigt, und dahinter steckte kühles Beobachten,
meist im Dienste seiner Selbstsucht und seiner stärksten Lei=
denschaft, des Spiels, die er doch gern wieder unter vor=
nehmer Gleichgültigkeit verdecken wollte. Er war ohne Zweifel
tapfer, sogar waghalsig, aber doch weniger auf eigentliche
Kriegsthaten, als auf militairische Abentheuer gerichtet; sein
rasches Aufsteigen verdankte er, wie ich selbst ihn eines
Abends erzählen hörte, dem wilden, unter den Augen des
Königs gefaßten Entschlusse, bei noch zweifelhaftem Anlaß,
ohne sich viel zu bekümmern ob Freund oder Feind getroffen
werde, ein blutiges Gemetzel anzurichten. Solch ein Offizier
war dem Könige Ferdinand dem Siebenten höchst willkommen,
und wurde bestens ausgezeichnet. Aber sich in seiner Er=
hebung am Hofe zu halten, war ihm doch nicht gelungen, er
hatte weichen müssen, indeß nur zu neuem Glücke, denn der
ferne Gesandtschaftsposten, den die Gunst ihm ausersah, war
den Verhältnissen, die für ihn daheim offen standen, weit
vorzuziehen, sowohl an Genuß des Lebens als an Ehren.
Die Politik brauchte ihn hier wenig zu kümmern. Jetzt schien
er ganz von Musik erfüllt und nur mit Partheinahme für
Rossini beschäftigt, und da die Damen seinen Urtheilen wi=
dersprachen, so vertheidigte er ihn mit Lebhaftigkeit. Er
wandte sich aber hauptsächlich an Frau von Varnhagen, und
trug ihr seine Meinung umständlich vor, ja zum besseren Be=
lege zog er ein Blatt des Courrier français aus der Tasche,
und las einen von ihm selbst verfaßten und dem Pariser
Journal zugesandten Artikel, worüber nicht wenig Verwun=
derung entstand, denn im Gesandten Ferdinands des Sie=
benten einen Mitarbeiter des heftigsten französischen Oppo=
sitionsblattes zu entdecken, war allerdings befremdlich genug;
er hatte aber auch hier wahrscheinlich nicht erst lange unter=
scheiden mögen, ob er Freund oder Feind vor sich habe, das
Blatt stand ihm durch seinen Landsmann den Pariser Banquier

Aguado zufällig offen, und so benutzte er es, ohne sich um dessen politische Farbe weiter zu bekümmern. Merkwürdig war sein Benehmen gegen Frau von Varnhagen; er wußte im Ganzen sehr gut seinen Ton nach den Personen zu stimmen, doch selbst wenn er aufmerksame Artigkeit bezeigen wollte, lag noch etwas Unverbindliches in seinem Ausdruck, das gleichsam merken ließ, es beliebe ihm jetzt gerade so zu sein, und könne der nächste Augenblick ihn ganz anders zeigen. Nur bei Frau von Varnhagen schien er diesen Rückhalt auf- zugeben, mit ihr schien er unbefangen sich auf gleichen Boden zu stellen, für sie zeigte er ungewöhnliche Beachtung und eine Art freundlicher Zuversicht, die seinem Wesen übrigens fremd war. Jugend und Schönheit hätten dies nicht über ihn ver- mocht, bloßer Rang auch nicht, den Geist allein war er weder fähig noch willig in so hohem Werth anzuerkennen; was bewog ihn zu diesem auffallenden guten Vernehmen? Ich glaube den Grund einzusehen! Cordova hatte das Ge- fühl, hier sei ein Wesen, das ihn durchschaue, und das ihn, bei diesem Durchschauen, mit vollkommener Güte gelten lasse, das sich nicht gegen ihn überhebe, sondern das Menschliche in ihm anerkenne. Wenigstens habe ich stets wahrgenommen, daß die sprödesten Menschen in solchem Falle, wo sie sich erkannt und doch geschont sehen, unwillkürlich sich dankbar und gefällig erweisen. Wie selten aber findet sich diese wahre christliche Milde, die ebenso verzeiht als erkennt! In Frau von Varnhagen schien sie wirklich eingeboren, und dies war ohne Zweifel ein Haupttheil des Zaubers, den sie auf die verschiedensten Gemüthsarten unmittelbar ausübte. —

Wir bildeten, theils sitzend, theils stehend, eine Gruppe bei dem Sopha, die Musik war fortwährend das Haupt- thema des Gesprächs, welches doch nur von eigentlich drei oder vier Personen geführt wurde; E... und Graf von Mocenigo wechselten abgesondert vertrauliche Worte; der Graf von Kleist stand beharrlich als schweigsamer Beobachter, ohne durch Laut oder Miene zu verrathen, wessen Meinung er etwa beistimme. Unterdessen wurde Madame Milder, die herrliche Sängerin, durch den Grafen von York hereingeführt, und von den Damen mit größter Vorliebe aufgenommen; daß

sie singen würde, war sogleich entschieden, sie war entzückter
Hörerinnen gewiß, und ihnen gern gefällig.

Plötzlich aber hören wir einen lebhaften Aufschrei, wir
wenden unwillkürlich die Köpfe, und sehen Herrn von Reden
mit zornigen Gebärden sich ereifern, er weist eine Beschul-
digung heftig zurück, welche Robert unvorsichtig gegen den
Grafen von Münster vorgebracht; dies war ein Punkt, wo
der treue hannöversche Staatsdiener keinen Spaß verstand,
sondern sogleich Flamme fing. Robert selber war etwas er-
schrocken über den Knall des Schusses, den er absichtslos
gethan hatte. Frau von Varnhagen trat hinzu, lobte den
guten Alten wegen seines Eifers, der sich schon dadurch gleich
besänftigte, und sagte dem Bruder, Herr von Reden werde
nicht böse auf ihn sein; „o nein, ganz und gar nicht!" rief
der letztere gerührt, und bot jenem traulich die Hand. Völlig
geschlichtet und vergessen wurde die Mißhelligkeit durch den
Eintritt der Gattin Robert's, der schönen Friederike. Man
mochte diese Frau leiden können oder nicht, schön finden mußte
man sie, und sie war es in höchstem Grade, sie strahlte so
hell, daß die anderen Gesichter neben ihr im Schatten zu
sein schienen, eine Wirkung, die nur nicht von Dauer war,
denn allmählig suchte der Blick doch wieder den Ausdruck des
Geistes, der Klugheit, der Güte, des Freisinns, der Zartheit, und anderer Eigenschaften, durch welche hier die augenblicklich verdunkelten Physiognomieen bald wieder sich erhellten,
und zuletzt die bloße Schönheit weit überflügelten. Jetzt aber
wirkte die schöne Friederike wie ein guter Genius, Frau von
Varnhagen führte sie zu Herrn von Reden, der seine galanten
Huldigungen hier gern anbrachte und gern gehört wurde. Die
jüngeren Herren drängten sich nun auch herzu, der Schönheit widerfuhr ihr volles Recht, wie Frau von Varnhagen
munter sagte. —

Madame Milder war inzwischen zum Fortepiano getreten,
und bereitete sich zu singen. Bald war alles still, und harrte
der mächtigen Töne dieser Silberglocken. Sie begannen, in
zartester Reinheit und Süßigkeit, und schwollen zu dem stärksten Strom, ohne getrübt zu werden. Lieder von Kreutzer,
von Schubert und Beethoven, rissen uns Alle zum Entzücken

hin. Eine zauberische Einfalt wirkte in diesen Tönen, rührte
das innerste Herz, das Gemüth fühlte sich durchschauert und
emporgehoben. Frau von Varnhagen lächelte mit feuchtem
Auge; selbst Graf von Mocenigo, der ausschließliche Bewun=
derer italiänischen Gesanges, lobte diesen deutschen; nur Ge=
neral Cordova wehrte sich gegen den Eindruck, und blickte
wie zerstreut in seinen Courrier français, den er zusammen=
gefaltet noch zwischen den Fingern hielt.

Während des Singens waren zwei Herren still herein=
gekommen, welche jetzt ihre Begrüßungen machten. Der
eine war der General von Pfuel, einer der ausgezeichnetsten
höheren Offiziere der preußischen Armee, dessen entschlossenes,
rüstiges Aussehen den bewährten Kriegsmann sogleich erkennen
ließ. Er war bekannt als überaus geschickt in körperlichen
Uebungen, besonders im Fechten und Schwimmen, und überall,
wo er sich aufgehalten, und wo das Wasser nicht gefehlt,
hatte er durch errichtete Schwimmschulen sein Andenken ver=
ewigt. Aber ausgezeichneter noch war seine geistige Bildung;
mit größter Natürlichkeit fein und taktvoll, sprach er sach=
kundig und klar über viele Dinge, die einem General nicht
geläufig zu sein brauchen, und sprach, wo es der Anlaß for=
derte, mit Leichtigkeit ein gediegenes Französisch. Der andere,
mit ihm gekommene Herr war gerade hierin sehr das Gegen=
theil; seine Zunge lief wohl rasch über die französischen Re=
densarten hin, aber keine blieb unbeschädigt, und alle Vokale
und Akzente rangen in der schrecklichsten Verwirrung. Albert
Brisbane, ein junger Bürger der Vereinigten Staaten von
Amerika, war seiner Ausbildung wegen nach Europa gekom=
men, und verfolgte seinen Zweck, wie erzählt wurde, mit
einem Ernst und Eifer, der einem Vierzigjährigen Ehre ge=
macht hätte. Nach Art seiner amerikanischen Landsleute wollte
er alles nach praktischen Prinzipien und mit möglichster Zeit=
ersparung lernen; er verlangte von Hegel's Schülern die
Philosophie ihres Meisters auf einem Quartblatt; einen Mah=
ler bat er um die Mittheilung der Grundsätze, nach denen
er ein Portrait mache; von dem General verlangte er die
Regeln, wie man eine Schlacht gewinne; genug, in seinem
technischen Bildungsdrange ein so wunderliches und hier zu

Lande fremdartiges Menschenkind, daß ein Urmensch jenes Bodens, eine Rothhaut selbst, hier kaum größeres Staunen hätt' wecken können. Sein unerschütterlicher Gleichmuth, sein unermüdetes, lerngieriges Fragen, und die achtlose Offenheit, mit der er sich selbst und alle Anderen einzig für seinen nächsten Zweck behandelte, waren zu ergötzlich, als daß sie hätten verletzen können. Als er von Madame Milder ein Rezept verlangte, wie sie ihre Stimme gebrauche, gleichsam als wolle er dergleichen in den Vereinigten Staaten nach-erzeugen, erheiterte sich die ganze Gesellschaft, und besonders hatte der preußische General — vielleicht aus Sympathie technischen Hanges, der auch ihm nicht fremd war — das größte Vergnügen an dem Sonderling, den übrigens Frau von Varnhagen, unter eigenem Lachen und Scherz, einigemal eifrig in Schutz nahm, und seinen wirklichen Vorzügen und Kenntnissen Anerkennung zu verschaffen wußte. —

Durch eine Neuigkeit, welche jemand mitgebracht, lenkte sich das Gespräch auf politische Dinge, und Professor Gans, der schon viele Zeichen von Ungeduld und Verdrießlichkeit gegeben hatte, ergriff den Anlaß, nun auch seinerseits thätig hervorzutreten. Ich hatte ihm wahrlich Unrecht gethan, ihn vorhin für ungeschickt und schüchtern zu halten; ich sah nun vollkommen ein, daß er nur rücksichtsvoll gewesen, und den guten alten Reden nicht hatte ärgern wollen. Jetzt brannte er sichtbar darauf hin, es mit dem bedeutenderen Gegner auf-zunehmen, und als Cordova eine Bemerkung hingeworfen hatte, rief er ihm scharfen Widerspruch zu. Der Spanier, etwas verwundert, maß seinen Gegner, und schien zum Streiten eben nicht Lust zu haben, antwortete aber einige Worte, mit denen er die Sache vornehm abzuthun glaubte. Doch das war gar nicht die Meinung von Gans! Der kühne Dialektiker faßte seinen Mann nur enger, und zwang ihn Rede zu stehen. Das Gespräch setzte sich auf den mißlichsten und gefährlichsten Gegenstand, der mit einem spanischen Ge-sandten zu erörtern sein mochte, nämlich auf die Verbind-lichkeit der Eide und Versprechungen, welche der Fürst dem Volke leistet. Gans hatte sich heftig zum Streite gedrängt, aber als dieser entzündet und er des Kampfes sicher war,

da wurde er wunderbar ruhig, und führte mit Gelassenheit
die kühnsten und doch bedachtvollsten Streiche, geschickt die
ihm brauchbaren Thatsachen einflechtend, folgerecht die trif=
tigsten Gründe und bündigsten Schlüsse darlegend, immer
bereit den Gegner zu hören, ihn immer ausreden lassend,
aber dann, mit größter Beherrschung des Stoffes und mit
scharfsinnigster Benutzung aller gegebenen Blößen, seine Ar=
gumentation fortsetzend, und sie endlich in klares, einleuchten=
des Ergebniß abschließend. Dies alles geschah in fließendem,
schwungvollen Französisch, mit größter Präzision, mit heller,
freimüthiger Stimme, so daß es ein Vergnügen war, den
wackeren Redner anzuhören. Auch siegte er vollkommen; selbst
der alte Reden murmelte Beifall. Ueberdies erleichterte Gans
dem Gegner die Niederlage großmüthig, indem er, als sie
schon entschieden war, zum Schlusse alles in die unerwartete
Behauptung zusammenfaßte, es sei von Haus aus Unrecht,
einem Könige dergleichen Eide zuzumuthen oder solche Ver=
sprechungen abzufordern, die er ja freiwillig nie schwören
oder geben würde. Cordova, der auch seinerseits eigentlich
ohne Erbitterung gekämpft, und mehr aus vermeinter Schick=
lichkeit, als aus Gesinnung und Ueberzeugung, etwas ver=
fochten hatte, das er selber nicht recht zu bezeichnen wußte,
indem er ja weder den Eid verwerfen, noch den Meineid
vertheidigen konnte, durfte sich diese Wendung gefallen lassen,
wenn auch nicht in gleichem Maße den Nachsatz, welchen
Gans schon außerhalb des Streites hinzufügte, daß in sol=
chem Falle der Zwang, anstatt der losen Zusage, lieber
gleich der Sache selber sich bemächtigen sollte!

Der lebhafte, rasche Disput war wie ein improvisirtes
Schauspiel von beiden Seiten recht schicklich aufgeführt wor=
den, und nur einigemal hatten der preußische General und
Frau von Varnhagen leichte Zwischenworte hineingeworfen,
welche dazu beitrugen, alles in gutem Gleise zu erhalten,
was vorzüglich dadurch gelang, daß man um weniges voraus=
eilend die Bahn eröffnete, die der Streit nehmen sollte, denn
unwillkürlich lenkt der Beeiferte in den bequemst vorliegenden
Weg, sollte er auch nicht ganz der sein, den er aus freien
Stücken wählen würde. Der General von Pfuel aber hatte

die eigene Gabe, Maß und Vermittelung mit einer besonderen
Energie darzubieten, indem er den heißen Eifer in die Schnee-
region technischer Betrachtung erhob, wo derselbe sich nothwendig abkühlte.   Frau von Varnhagen dagegen klärte die
schwülen Lüfte durch rasche Blitze eines leichten Humors, der
ihr so einzig eigen war, und dessen Ueberraschendes ich nicht
besser bezeichnen kann, als daß ich es einen angenehmen
Schreck nenne, eine kleine Erschütterung aus Staunen und
Behagen gemischt, und dadurch wohlthätig, daß alle falschen
Spannungen sogleich erschlaffen und die Sachen wieder auf
ursprünglichem Boden stehen.   Sie übte solchergestalt die
Rolle, welche der Dichter wohl dem Grazioso überweist,
nämlich die Härte der Berührungen durch Scherz zu mil-
dern, und dabei selber in dieser Weise das Treffendste auszusprechen.

    Durch einen zufälligen Uebergang kam die Rede auf
Mlle. Sontag und den erhöhten Beifall, der ihr seit ihrer
Rückkehr von Paris zu Theil wurde.   Sie verdiene ihn durchaus, wurde behauptet, sie habe dort ungemein an Ausdruck
und Grazie gewonnen, und sei jetzt eine vollkommene Meisterin.   Ich weiß nicht mehr, wer dies bestritt, und dagegen
meinte, sie sei nur vollkommener geworden in der musikalischen Koketterie, denn die Gunst des Publikums zu gewinnen,
habe noch niemand so gut verstanden.   Man erinnerte an
das Wort der Catalani, die von Mlle. Sontag, nachdem
sie dieselbe zum erstenmal singen hören, gesagt habe: „Dans
son genre elle est parfaite, mais son genre est petit."
Man führte satyrische Zeilen von Ludwig Robert an, der
diesen Ausspruch noch gehässig verstärkt hatte.   Der Tadel
gewann nun weit die Oberhand, und besonders wurde Gans,
der Musik und Gespräch über Musik nur mit größter Ungeduld ertrug, jetzt auf's neue laut, und wollte wiederholen,
was er in französischen Blättern kürzlich über Mlle. Sontag
gelesen hatte.   Aber Frau von Varnhagen bezeigte großes
Mißfallen, und wollte das Gespräch in dieser Wendung nicht
weitergehen lassen; sie rief mit guter Laune und komischer
Heftigkeit dem Sprecher zu: „Lieber Gans, kommen Sie her,
Ihnen muß man Mlle. Sontag als politisches Ereigniß

erklären, und das will ich thun! Dann werden Sie ein=
sichtig und also gerecht über sie urtheilen. Sehen Sie ein=
mal den Karakter und Gang unserer Welt im Allgemeinen
an, seit der französischen Restauration; betrachten Sie die
Ideen, den Geschmack, die Tonart, die seitdem an Höfen,
in der höchsten Gesellschaft — und also unbewußt auch in
der niedrigsten — herrschen und gefallen, was finden Sie?
Ueberall ist das Große und Erhabene geschwunden, das
Mäßige, das Anmuthige, ist an die Stelle getreten; jenes
ist unbequem, wir vertragen es nicht, es macht uns zu klein,
unsere Gesellschaftswelt mag nicht erschüttert, nicht fortgerissen
werden, sie will geschmeichelt, geliebkost sein, die Talente
sollen uns und unsere vielseitige, aber schwache Bildung aus=
drücken, nicht bloß künstlerische Meisterschaft, sondern ein
Gemisch von allem, — ein artiges Betragen, gefällige Ele=
ganz, sittsame Zurückhaltung bei gehöriger Lebhaftigkeit, eine
selbstbewußte Bescheidenheit, — kurz, die leibhafte Mlle. Son=
tag; und so ist sie denn ein Ausdruck des politisch=sozialen
Eklektizismus unserer Zeit, die Künstlerin, wie unsere Zu=
stände sie hervorbringen, tragen, erlauben. Verstehen Sie
was ich meine?" — Vollkommen versteh' ich Sie, und
gebe Ihnen vollkommen Recht! versetzte Gans, ja, so ist
es, und ich wundere mich nur, daß ich das nicht längst ein=
gesehen!" —

Man lächelte über dies letztere Bekenntniß, und Ludwig
Robert meinte, das sei recht wie Gans, der keine seiner
Schwächen je zu verhehlen wisse, und darin wahrhaft lie=
benswürdig sei. Gans aber war von der neuen Erkenntniß
sichtbar angeregt, und bearbeitete sie in seinen Gedanken
weiter; nach einer kleinen Weile neigte er sich zu Frau von
Varnhagen, und sprach leise mit ihr, doch nicht so leise, daß
ich nicht alles deutlich gehört hätte. „Recht gern, lieber
Gans, und mit vielem Danke dazu, es wird mir eine große
Ehre sein!" sagte Frau von Varnhagen freundlich, und
drückte ihm die Hand. Er hatte sie nämlich gebeten, ihm
den eben ausgesprochenen Gedanken abzulassen, er wolle ihn
gern weiter entwickeln, und einen kleinen Aufsatz daraus
machen, dergleichen müsse öffentlich ausgesprochen werden.

Wie auch geschah; denn wir lasen bald nachher in der musi=
kalischen Zeitung einen mit Eduard Gans unterschriebenen
Artikel, der in bekannter Weise darzuthun suchte, Mlle. Son=
tag sei kein Individuum, sondern eine Begebenheit! —

Noch vieles Musikalische wurde besprochen; die Verdienste
Spontini's kamen zur Erörterung; von ihm wurde gesagt,
er sei der Komponist der Zeiten Napoleon's, und je weiter
uns die Kaiserzeit entschwinde, desto fremder werde uns
Spontini, bis er endlich mit ihren Erinnerungen werde zu
Ruhe gesetzt werden. Ueber Rellstab's feindselige, grausame
Kritik wurde geklagt, daneben im Allgemeinen sein Talent
der Auffassung und Karakterisirung gerühmt, wie er es na=
mentlich in den Artikeln über Paganini bewiesen habe, ferner
seine rüstige Tapferkeit, seine rasche Entschlossenheit, denn er
horche nicht erst ängstlich umher nach anderen Urtheilen, son=
dern das seinige trete gleich entschieden hervor, und sei ge=
schrieben und gedruckt, ehe andere Kritiker sich noch besonnen
hätten, was sie sagen wollten. Von Zelter sagte Robert,
er sei mehr Berliner als Musiker, und dadurch eben der
rechte Berliner Musiker! Der Geschmack Berlins in der
Musik, ja in Künsten überhaupt, wurde heftig angegriffen
und eben so vertheidigt, es kam bis zu der Behauptung, die
Scheinheiligkeit sei tief in die Musik eingedrungen, es gebe
viele Leute, die sich für Händel, Sebastian Bach, und auch
noch für Gluck und Haydn in derselben Art passionirten, wie
für Goßner und Hengstenberg, und sich oft genug für ihre
doppelte Heuchelei durch doppelte Langeweile straften! Genug,
über diejenige Kunst, deren Wesen am meisten Zusammen=
stimmung und Eintracht fordert, fielen die Meinungen gerade
am verschiedensten und feindseligsten aus, und in der That,
keine andere hat jemals so erbitterte, so hartnäckige Streitig=
keiten gehegt!

Von den musikalischen Partheien hatte man nicht weit zu
den politischen; sie fanden sich in der kleinen Gesellschaft hin=
länglich vertreten, vom äußersten Ultra durch viele Mittel=
glieder bis zum äußersten Liberalen. Da seit vierzig Jahren
der Zustand von Frankreich Stoff und Maß und Ton für
alle politischen Erörterungen giebt, und alles sonstige politische

Interesse seiner Natur nach in diesen Wirbel fällt, so war bald von dem Ministerium Polignac die Rede. Fast einstimmig hatte man große Befürchtungen. Frau von Varnhagen erzählte, wie ihr den Sommer vorher in Baden=Baden der kluge Benjamin Constant den Gang dieser Dinge vorausgesagt, und wie bisher noch alles so ziemlich nach seiner Verkündigung eingetroffen, der letzte Entscheidungskampf aber noch bevorstehe. Jemand sagte, der Fürst von Polignac werde dreist genug sein, denn er sei kurzsichtig und übermüthig, und solche Leute brauche man zu Staatsstreichen. Cordova bemerkte dagegen mit höhnischem Lächeln, die Franzosen verständen Revolutionen zu machen, aber nicht sie zu beendigen, darin könnten sie von den spanischen Nachbarn etwas lernen! — „Aber ist denn die spanische Revolution schon beendigt? — fiel der alte Reden lebhaft ein, — mit blutigem Gemetzel ist es in solchen Fällen nicht abgethan, sondern mit weiser Lenkung, und Spanien hat den guten Rath der anderen Mächte leider stets verschmäht! Graf Münster schrieb mir noch neulich . . ., ja, er schrieb mir, daß das englische Ministerium vor kurzem auf's neue" . . ., das Weitere vernahm nur der Nächststehende, und Cordova hatte sich bereits entfernt. Nun wunderte man sich, was alles man ihm habe sagen dürfen; aber es hieß, ihm sei gar nichts an politischen Grundsätzen gelegen, er werde jeder Regierung seines Landes dienen, die seinen Ehrgeiz nähre, und hier, in dieser Entfernung von Hause, halte er es nicht der Mühe werth, seine Gleichgültigkeit zu verbergen. Frau von Varnhagen rechnete es ihm zu Ehren an, daß er nicht mehr als nöthig heuchle, daran erkenne man noch den letzten Rest des Guten im Menschen, daß er des Schlechten nicht mehr thue, als es sein Zweck unumgänglich erfordere, die völligen Schufte, die aber immer auch die Pfuscher seien, thäten alles gleich im Uebermaße, in der Meinung dann am sichersten zu gehen, doch daraus erfolge ihnen gewöhnlich erst recht das Unheil. „Schade, — rief der preußische General, — daß Sie nicht fechten und Schach spielen, den leitenden Grundsatz für beides haben Sie!" —

Mehrere Personen hatten sich schon verzogen, als noch

spät Alexander von Humboldt eintrat, und durch ihn die
Gesellschaft neues Leben empfing. Er kam aus dem Hof=
kreise, hatte dort „den Infanten", wie er scherzweise den
jungen Herrn von Rothschild nannte, gesehen, und wichtige
Neuigkeiten aus Paris vernommen. Der Fürst von Polignac
setzte den Kampf gegen die Mehrheit der Deputirtenkammer
eigensinnig fort, und der Widerstand in der Nation wuchs
gefahrdrohend an. Es kam die Rede darauf, wiefern das
katholische Pfaffenbemühn in Frankreich wohl mit dem pro=
testantischen in Deutschland eine Verbindung eingehen könne,
oder vielleicht schon habe? — „Keine Verbindung, wurde er=
wiedert, als nur die in der Gunst der Jahreszeit liegt;
mannigfaches Ungeziefer wird von demselben Sonnenschein
geweckt, das sich aber unter einander anfeindet und auffrißt;
übrigens vergleiche man nur nicht unser armes, vereinzeltes,
mehr widerwärtiges als gefährliches Frömmlerwesen mit dem
furchtbaren, allverzweigten, nachhaltigen Vordringen römischer
Hierarchie! Jenes hat gar keinen eigenen Boden, indem es
anwächst fällt es aus einander, und wird höchstens dadurch
etwas, daß es zu dem alten Stamm hinübergeht, wozu alles
protestantische Frömmeln von jeher Neigung hat, — zum
Katholischen." Herr von Varnhagen, — der mir, sei es bei=
her gesagt, den ganzen Abend hindurch wenig gefiel, —
stimmte der letzteren Meinung bei, nicht aber der ersteren, er
hielt die römische Hierarchie nicht für gefährlich, oder höch=
stens in protestantischen Ländern, in katholischen sei ihre
Macht gebrochen, und in Frankreich selbst, wo sie jetzt am
mächtigsten scheine, habe sie bloß den Hof, aber nicht Staat
noch Volk für sich. — Man wandte das Umsichgreifen der
Jesuiten ein, die nicht bloß in Frankreich, sondern in den
Niederlanden, in der Schweiz, in Oesterreich, und sogar in
England geheim und offen stets mehr Boden gewönnen; aber
dem wurde entgegengesetzt, daß die Jesuiten selbst nicht mehr
das seien noch werden könnten, was sie einst gewesen; diese
Behauptung wurde durch ein Wort erhärtet, die ein alter
Exjesuit in Rom gegen Wessenberg geäußert; dieser nämlich
hatte gefragt, ob ihn denn nicht freue, die Erneuerung des
Ordens erlebt zu haben, und ob er nicht dadurch zu frischer

Thätigkeit ermuntert worden? Da sei der Greis, hieß es, wie verjüngt aufgefahren, und habe feurig ausgerufen: „Blut und Leben für unseren alten Orden! Aber für dieses alberne Nachgebild keinen Pfifferling!" — Man erzählte darauf mancherlei Scherzhaftes, um die Unschuld des hiesigen Pietismus zu bezeichnen; als ganz kürzlich vorgefallen wurde folgendes Geschichtchen verbürgt: In der Familie eines angesehenen Frommen wollte man alles Lügen, auch das bloß formelle und eigentlich nichtssagende, auf das strengste abschaffen, und hatte zu diesem Zweck auch die Kinder und besonders die Dienerschaft genau verständigt; eines Abends sitzt man beim Thee, und spricht erbaulich oder schweigt auch, da wird ein störender Besuch angemeldet, doppelt störend, weil er als ein weltlich gesinnter bekannt ist, und die Dame des Hauses entschließt sich kurz, und flüstert dem Bedienten zu: „Sag' Er, wir seien nicht zu Hause!" Der kluge Diener aber, schon gut eingelernt, versetzt demüthig: „Verzeihen Ew. Gnaden, da würde ich ja lügen!" Die Dame, betroffen und ihres Misgriffs eingeständig, faßt sich, und sagt mit sanftem Tone: „Nun, so sag' Er, es würde uns recht angenehm sein!" Damit geht der Bediente ab, ist aber kaum hinaus, so sagt ein kleiner Knabe ganz unschuldig: „Aber Mutter, du lügst ja wieder!" In solche Klemme, sagte der Erzähler, geräth man, wenn man das Aeußerliche zur Herrschaft erhebt, und Wesen und Gehalt ihm unterordnet! —

Humboldt, der die Gabe besitzt, den tiefsten Ernst in ein anmuthiges Gewand zu kleiden, und bald als beißende Anekdote, bald als wissenschaftliche Erkenntniß, bald auch als erheiternden Witz vorzutragen, war unerschöpflich in Angaben der mannigfachsten Art, aus denen der Gegenstand in immer neuem Lichte sich abspiegelte; die verschiedenen Gattungen der Frömmigkeit, welche er in allen Sphären seiner umfassenden Weltkunde beobachtet, bei Anglikanern, Quäkern und Methodisten, in Paris unter Napoleon's Konkordat und am Hofe Karl's des Zehnten, bei spanischen Katholiken, unter Wilden am Orinoko und am Mississippi, alle klassifizirte er, wie ein Botaniker seine Pflanzen, nach bestimmten karakteristischen Zeichen, und begehrte die des Berliner Frömmelns

näher zu erfragen, um danach Geschlecht und Ordnung sicher
auszufinden; aber am Ende schien er alle Sorten nur für
Spielarten, künstliche und verderbte, einer unscheinbaren Pflanze
zu halten, die in ihrer ächten ursprünglichen Art nur an ein-
samen, stillen Orten zu finden sei! —

Die Gesellschaft minderte sich; nach einer Weile sah ich
auch Herrn von Humboldt nicht mehr, der doch sonst aller
Orten fast immer einer der Letzten wegging; um so lebhafter
aber wurde nun sein Ruhm verkündet; Frau von Varnhagen
stellte seine edlen Eigenschaften, die man um seiner glänzenden willen zu oft übersehe, in das hellste Licht; sie verbot
geradezu, bei bedeutenden Menschen sich an ihre Schwächen
oder persönliche Kleinigkeiten zu halten, die man jedem Anderen
zu verzeihen bereit sei, nur gerade einem großen Manne nicht,
dem doch allein sie zu verzeihen wären. —

Wir waren noch ungefähr sechs oder sieben Personen,
und das Gespräch zog sich mehr zusammen, indem es zugleich lebhafter und traulicher wurde. Gans warf sich mehr
und mehr als Beherrscher desselben auf, aber auch Frau von
Varnhagen ließ ihren Antheil nicht vermissen. Ich betrach-
tete mit Wohlgefallen ihre Art einzuwirken und zu beleben,
erkannte darin ein wahrhaftes Talent, und fragte mich im
Stillen, auf welchen Gaben und Kräften der Seele wohl
vorzugsweise dieses Talent sich gründe? Der Geist war es
nicht allein, die Güte allein auch nicht, sogar die Vereinigung
von beiden schien nicht gerade diese besonderen, eigenthümlichen
Wirkungen hervorbringen zu müssen. Einigen Aufschluß gab
mir die Wahrnehmung, die sich mir plötzlich darbot; ich
glaubte nämlich zu entdecken, daß ein großer Theil der geselligen Stärke dieser Frau darin liege, daß die Menschen,
welche sie sah, ihr nicht wesenlose Schatten waren, sondern
daß jeder, wenigstens für den Augenblick, ihr ein wirkliches
Interesse darbot, und nicht nur ein allgemein menschliches,
sondern auch ein individuelles, was freilich nur durch Einsicht
und Eingehen in das Wesen jedes Einzelnen möglich war.
Eine eben so gütige, als blitzesschnelle Menschenkenntniß gab
ihr die Leichtigkeit, an jedem Menschen auf der Stelle seine
vortheilhafte Seite zu finden, die sie dann zum Lichte hervor-

zuwenden und zu beleben wußte, wodurch die unvortheilhaften
Seiten wie selbst im Schatten blieben. Sie hatte auf diese
Weise mit jedem Einzelnen eine persönliche Beziehung, stand
mit ihm auf irgend einem Punkt in ächtem Verhältniß, das
natürlich in den mannigfachsten Richtungen und Graden sich
schied und abstufte. Hier war also ein wirkliches Zusammen-
sein, keine bloß hervorgebrachte leere Form, und das Wesentliche ist immer fruchtbar. Mit ihrem Willen war es nie,
daß irgend jemand, sei es Mann oder Frau, sich als leere
Gesellschaftsdekoration, als leblose Salonkaryatide hielt; dagegen ich in anderen Kreisen oft gesehen, daß, weil die Leute
mit ihren Wirthen eigentlich durch nichts zusammenhingen,
nichts mit ihnen gemein hatten, sogar die sonst bedeutendsten
Menschen nutzlos gleich den geringsten zu bloßer Zimmer-
füllung dienten.

Gans konnte nicht lange reden, ohne wieder in die Politik zu gerathen, und die Sachen in Frankreich standen allerdings in so wichtiger Krisis, daß jederman die Spannung
theilte, wie der Zuschauer eines Drama's, das seiner Kata-
strophe entgegeneilt. Man erörterte die Hoffnungen des
Hofes, die Begehren der Nation, und wog die Kräfte beider
gegen einander ab. Gans besprach mit heller Sachkenntniß
die Stellung der französischen Kammern, der Gerichtshöfe,
der Minister und der Verwaltungsbehörden; er hoffte das
Beste von den Gerichten, und meinte, der Hof würde bei
deren Widerstande nicht weiter gehen. Aber dieser Ansicht
stellten sich andere entgegen. Selbst Benjamin Constant, der
bei allen diesen Dingen so nahe betheiligt war, hatte im
letzten Sommer gegen Frau von Varnhagen das offene Bekenntniß abgelegt, er werde für die gesetzliche Freiheit kämpfen
bis zum letzten Hauche, ob er und seine Freunde aber siegen
werden, das sei mehr als zweifelhaft, der König wolle ihre
Köpfe, und vielleicht werde er sie bekommen. Diese Aeußerung machte auf Gans nicht geringen Eindruck; er schien
auch Köpfe zu wollen. —

Hiemit im Gegensatz, nach einer kurzen nachdenklichen
Pause, die der Ernst der Sache in uns allen bewirkte, sagte
Frau von Varnhagen mit der ausgemachten Gewißheit, die

keiner höheren Betonung bedarf: „Ich werd' es nicht erleben, aber, gebt Acht! die Bourbons bleiben nicht!" — „Das mein' ich ebenfalls, rief Gans, und die Geschichte hat den Gang der Dinge schon ganz vorgezeichnet, es wird in Frankreich gehen, wie vordem in England, man wird den faulen Theil der Dynastie wegwerfen, und den gesunden bewahren, Or= leans wird auf den Thron kommen. — Aber Frau von Varn= hagen schüttelte den Kopf und sagte: „Das wird wenig helfen. Auch der Theil, den Sie den gesunden nennen, ist den Fran= zosen schon ein angefaulter. Auch Orleans kann nicht bleiben. Allen Franzosen — lehrt sie mich nicht kennen! — siegt die Republik in den Gliedern, und Republik werden sie werden. Ob ihnen zum Heil oder Unheil, das ist hier gleich; ich halte auch die Konstitutionen, nach denen alles verlangt und strebt, in ihrem Erfolge für gar nicht so gewiß, sie können vielleicht das größte Unheil sein, aber das hindert nicht, daß wir hinein und hindurch müssen, es ist kein anderer Weg in die Zukunft. Wie für uns Konstitution, ist für die Franzosen, die ja immer voraus sind — mein Vorvolk, wie ich sie nenne, — Republik unvermeidlich. Der frühere Versuch war zu kurz, um durch sein Mißlingen etwas zu entscheiden, aber stark genug, um zu immer neuen Versuchen anzureizen, bis einer gelingt. Und es kann gelingen; denn je mehr ich mir die Franzosen ansehe, desto mehr drängt sich mir die Ueberzeugung auf, daß sie vor allen anderen Nationen zur Republik geeignet sind, in jedem von ihnen steckt etwas von Selbstherrlichkeit, jeder unterwirft sich am liebsten einem Abstraktum, und wo das Ansehen der Person nicht mehr gilt, ist man der Republik ganz nahe." Indem sie dies sagte, mußt' ich über den Ausdruck erstaunen, den ihr Gesicht angenommen hatte; die kleine, bisher so mild und bescheiden einwirkende Frau war ernst, grundernst geworden; ihr Blick — noch sanft, und beinahe der gewöhnliche, — hatte etwas eigenthümlich Festes, ihre Züge sprachen Entschei= dung und Entschlossenheit, ein fast herrscherlicher Trotz be= zeugte den tiefsten Glauben an das, was sie sagte.

Sie glauben also nicht, daß Orleans regieren wird? fragte nach einer Weile Gans mit erhöhtem Eifer. —

„Regieren? — versetzte Frau von Varnhagen — warum nicht! Wer kann alle Zwischenszenen berechnen! Aber die großen Ereignisse von anshaltender geschichtlicher Gestalt gehen darüber hinweg und machen daraus den Staub ihres Weges."

Das letztere Bild hatte etwas schauerlich Großes, und war ganz in der Eigenthümlichkeit der Sprecherin. Auch erregte ihr Ausspruch eine besondere Spannung; aber die Prophezeihung klang doch etwas abentheuerlich, und wir glaubten ihr keineswegs. Noch saßen die Bourbons in aller Macht auf dem Thron, noch war Orleans nur der demüthige Agnat, und hier wurde nicht nur der Fall von jenen, sondern auch schon von diesem, der noch erst erhöht werden mußte, frischweg verkündigt. Jedoch wenige Monate später war der erste Theil der fabelhaften Weissagung bereits erfüllt, und in den seitherigen Ereignissen ist nichts, was der Möglichkeit widerspräche, daß auch der zweite Theil in Erfüllung gehen könnte! —

Der Gang des Gesprächs und unserer Betrachtungen wurde unterbrochen durch die Anmeldung, der Fürst von Pückler komme. Die späte Tageszeit — es war nahe an Mitternacht, — war für ihn eine gewöhnliche, und es schien nichts Auffallendes, daß er zu solcher Stunde käme; wohl aber wunderte sich Frau von Varnhagen, daß der Fürst in Berlin sei, da er eben erst aus Muskau geschrieben habe. Als wir mit einiger Spannung seinem Eintritt entgegensahen, öffnete sich die Thüre nur ein wenig, und ein artiger Kopf bog sich durch die Spalte schalkhaft hervor, gleichsam das Terrain prüfend; es war Bettina von Arnim, der sogleich Frau von Varnhagen mit lebhaftem Willkommen entgegenstürzte, und die halb Widerstrebende an der Hand hereinführte. „Gelt, ich hab' euch erschreckt? sagte Frau von Arnim; aber ich wollt' nur sehen, was ihr für Gesichter macht, wenn ihr denkt der Fürst Pückler kommt; und ich glaub' doch fast, er wär' euch lieber gewesen, als ich." Alle Einrede ablehnend, fuhr sie fort, und bewies, man habe Recht, alles Mögliche auf den Fürsten zu halten, er sei in unseren Tagen der wahre Geniale, und es käme nur auf die

Gelegenheit an, daß er vor aller Welt groß dastünde. Sie richtete darauf an Gans eine merkwürdige Anrede, sie wisse wohl, daß er in das Lob des Fürsten nicht so völlig einstimme, allein er thue Unrecht darin, er selber sei ja auch ein ausgezeichneter Geist, und alle solche müßten einander bereitwillig anerkennen und stützen, wie die Könige auch unter einander thäten, wenn sie auch sonst nicht immer die besten Freunde wären; er solle nur nicht werden, wie andere Rechtsgelehrte, die vor Stolz und Würde ganz blind und taub würden, und gar nichts mehr in der Welt kennten, als sich selbst und ihre todte Gelehrsamkeit: er solle frischen Geistes bleiben, und dazu müsse man auch den Fürsten Pückler lieben. — Von Gans ging Frau von Arnim zu dem General über, von diesem zu Herrn von Varnhagen, und sagte jedem etwas Launiges, spöttisch Belehrendes, aus dem hin und wieder auch etwas Spitziges hervorstach. Aber vergebens wollte man ihr antworten; die beredtesten Männer verstummten vor diesem glänzenden Bilderstrom, auf welchem Witz und Gedanke muthig dahinschifften; kaum daß Frau von Varnhagen, mittelst der ihr eigenen Raschheit und Kürze, noch wohl einen Spruch einschob, aller sonstigen Redefäden hatte sich die wunderbare Zauberfrau bemächtigt, und hielt sie gleich Zügeln in den Händen, bald rechts- bald linkshin lenkend, bald geradaus ihre beschwingten Gedankenbilder zu vollem Lauf auslassend. In der That, niemand sprach jetzt noch, als nur sie; aber so schön, so reich, so bezaubernd, daß wir Alle hingerissen und nur noch mehr zu hören begierig waren. Diese Phantasieen, Ideen, Einfälle, Witzworte, Launen, alles beflügelt in raschem Wechsel vorübereilend, und doch zu Einem großen Sinn und Zwecke sich sammelnd, kann ich nur der wunderbaren Musik ihres Lieblings Beethoven vergleichen, und mir war wirklich zu Muth, als vernähme ich eine von seinen herrlichsten Symphonieen. Von dergleichen Bezauberungsmacht des beseelten Wortes hatte ich vorher keinen Begriff gehabt! Frau von Arnim schien ihre Leute zu kennen, und zu wissen, daß sie hier ihre besten Gaben nicht zurückzuhalten brauche, daß diese gut hier aufgenommen, und nicht verschwendet seien. Vergebens aber

würde ich unternehmen, hier den reizenden Flug ihrer Laune
und Seltsamkeit nachzuerzählen, oder die Tiefe und Anmuth
ihres schöpferischen Geistes zu schildern; dazu bedürft' ich
ihrer eigenen Feder, und würde auch dann nur ein schwaches
Abbild der Genialität wiedergeben, welche vollständig darzu=
stellen nur ihre persönliche Gegenwart vermag.

Genug, dies war das Bouquet des reichbelebten Abends,
den ich bei Frau von Varnhagen zubrachte, und mir ist nach
diesem Schlusse nichts weiter mehr erinnerlich, als daß wir
uns spät getrennt, und ich unter der Gewalt dieser letzten
Eindrücke mich fröhlich=müde dem süßen Schlaf und den bil=
derhellen Träumen überließ, die wie ein Sternenhimmel sich
immer gedrängter und glänzender über mir ausbreiteten.

———

Ich sah Frau von Varnhagen noch öfters wieder, auch
in anderen Häusern, bei Reden's, bei Frau von Helvig, bei
der Fürstin von Hatzfeldt, und immer und überall war sie
dieselbe heitere, erfreuende Erscheinung, belebt und belebend,
aufrichtig, klar, freundlich, immer und überall übte sie ihr
angeborenes Talent des edelsten Menschenumgangs, nicht
vordringend, aber auch nie zurückgezogen, sondern recht
eigentlich gegenwärtig, mit gutem Willen und reger Seele.
Doch hatte sie bei sich zu Hause noch den Vorzug, daß die
unbestrittene Verpflichtung der Fürsorge für alle Anwesenden
ihren wohlthuenden Eifer nur erhöhte, und ihn auch in un=
scheinbaren Dingen wirksam eintreten ließ; dagegen auf frem=
dem Boden sie sich mehr enthielt, so lange nicht ein auf=
fallender Anlaß ihr reizbares Gefühl zum Besten des Ganzen
oder Einzelner in lebhaftere Thätigkeit setzte. Dann konnte
auch sie mit aller Geistesmacht hervortreten, und mit schöner
Leidenschaft und rücksichtslosem Muthe das Unrecht bekäm=
pfen, die Verkehrtheit berichtigen, und anmaßlichen Unsinn
durch das volle Licht der Wahrheit in seine Nichtigkeit auf=
lösen. — So war sie denn freilich noch etwas mehr, als

eine vortreffliche Dienerin der Geselligkeit, wozu mei=
stens eine gebildete, feine, wohlmeinende Negativität aus=
reicht, sie war zugleich eine Meisterin der Gesellschaft,
welche derselben das Gute mit muthiger Entschlossenheit ge=
waltsam aufzuerlegen, ihr das Schlechte schonungslos abzu=
streifen nie müde wurde.

———————

Rahels Bild.

Das Bildniß Rahels vor der Sammlung ihrer Briefe giebt keine getreue Vorstellung der Züge und des Ausdrucks, die ihr Gesicht wirklich hatte. Ein lebhaft aufgefaßtes, in gewissem Sinne sehr ähnliches Miniaturgemälde, im Jahre 1817 von dem Wiener Mahler Daffinger in Karlsruhe zart und leicht entworfen, hat in dem harten Stahlstich einen ganz veränderten Karakter bekommen. Mund und Nase sind vergrößert, und dadurch alle Verhältnisse verdorben, die ganze Physiognomie entstellt. Ein neuer Kupferstich, allenfalls auch Steindruck, war beabsichtigt; auch konnte dafür eine schöne Zeichnung von Wilhelm Hensel aus dem Jahre 1822 benutzt werden. Rahel hatte selber die Worte aus Goethe's Stella hinzugefügt: „Mich dünkt immer, die Gestalt des Menschen ist der Text zu allem, was sich über ihn empfinden und sagen läßt"; und noch für den Künstler die Nachschrift: „Für Ihre Auslegung sage ich den aufrichtigsten Dank." Kunstverständige fanden aber die glückliche Uebertragung oder gar Verschmelzung beider Bilder höchst schwierig, wenn sich der Aufgabe nicht eine Meisterhand unterzöge, die im Augenblicke leider fehlte.

Aus früherer Zeit waren von Rahel noch zwei andere Bilder vorhanden. Eines, wo sie in ganzer Figur, neben ihrem ältesten Bruder stehend, als Mädchen von elf bis zwölf Jahren vorgestellt ist, von Frisch in Oel gemahlt, ein artiges Bild in damaliger Tracht, eines jetzt seltsamen Eindrucks, und nicht geeignet, uns die ausgebildete Persönlichkeit zu vergegenwärtigen, wie wir sie uns im Zusammen-

14*

hang mit ihren schriftlichen Denkmalen jetzt denken möchten. Das andere Bild, von Friedel in Pastell gemahlt, erfüllt ebenfalls nicht die Forderungen, die wir in dem erwähnten Bezuge zu machen haben; eine gewisse Aehnlichkeit ist nicht abzuläugnen, aber sie ist ohne Künstlergeist, mit beschränkten Mitteln, roh, und doch nur zum Theil wiedergegeben. Von diesem Bilde sagte sie selbst in einem Briefe: „Mein Bild zu Hause mißfällt mir sehr. Ich sehe, daß es ähnlich ist. Ich sehe aber gewiß manchmal anders aus. Sonst wär' ich zu widerwärtig." Und in einem anderen Briefe, vom Jahre 1814, ertheilt sie hierüber diese nähere, merkwürdige Auskunft: „Zwei unaussprechliche Fehler hab' ich: und die kennt niemand. — Jede Eigenschaft wird einer, die man nicht regieren kann. Es ist mir nie gelungen, und ich verzweifle auch nun ganz daran. Drum beicht' ich sie gern. Sie sind hideuse! Nämlich: ich habe etwas Hideuses, und das sind sie. Ja, denk dir, es existiren zwei Abbildungen von mir, ein Basrelief von Tieck's frühester Arbeit, und das Bild (von Friedel), welches bei meinem Bruder hängt: beide sind' ich sehr ähnlich: und es sind mir die widerwärtigsten Gesichter für mich, die ich kenne. Bloß, weil ich jene Eigenschaften bis zum langgezogenen Fehler darin sehe. Auch in noch zwei anderen Menschen ihren Gesichtern — die sehr hübsch sind — kenne ich sie; nur im leisesten Grad und doch sind sie schon Karikatur; bei Graf B. und Prinz Louis Ferdinand. Der Ursprung liegt im Kinn. Beide, der Prinz und der Graf, haben auch diese Züge im Karakter. — Die beiden Eigenschaften aber sind bei mir: eine zu große Dankbarkeit und zu viel Rücksicht für menschlich Angesicht —. Eher kann ich nach dem eignen Herzen mit der Hand fassen, und es verletzen, als ein Angesicht kränken, und ein gekränktes sehen. Und zu dankbar bin ich, weil es mir zu schlecht ging, und ich gleich an lauter Leisten und Vergelten denke; auch weil nur ich immer leistete; dies Letzte ist ganz leidenschaftlich und mechanisch zugleich geworden." u. s. w. —

Das hier erwähnte Relief, von Friedrich Tieck im Jahre 1796 gebildet, schien gänzlich verloren; vergeblich waren

nach Rahels Tode alle eifrigen Nachfragen, und Tieck selber
konnte nur den Verlust bedauern, den er nicht mehr zu er=
setzen vermochte.   Die Freunde und Freundinnen, welche sich
Abgüsse davon früher zugeeignet hatten, waren zerstreut ge=
storben, und der zerbrechliche Gyps hatte den langen Zeit=
raum großer Bewegungen, die fast keinen Menschen ohne
Wechsel des Orts und der Umstände ließen, nirgends glück=
lich durchdauert.   Da kam unerwartet die Kunde aus Schwe=
den, dort habe sich im Besitz einer Jugendfreundin Rahels,
der Gräfin Sparre, dennoch ein Abguß jenes Reliefs er=
halten, zwar nicht unverletzt, aber doch in solchem Zustande,
daß das Ganze leicht und sicher wiederherzustellen war.

Ich empfing die mir unschätzbaren Bruchstücke des werthen
Bildes, und übergab sie der Sorgfalt Friedrich Tieck's, der
sie, ohne an dem Gesicht das Geringste zu ändern, sorgsam
zusammenfügte, dem Ganzen eine kunstgemäße Anordnung
gab, und davon unter seiner Aufsicht eine Anzahl neuer
Abgüsse sowohl in Gyps, als in Erz verfertigen ließ.   Die
Freunde und Verehrer Rahels sahen mit Freude und Be=
wunderung ein Bild in ihren Händen, welches mit dem
Verdienste die größte befriedigendste Aehnlichkeit darzubieten,
zugleich den hohen Werth eines zarten und edlen Kunstwerks
vereinigte.   Wirklich hat in dieser kleinen und frühen, aber
ungemein gelungenen und ansprechenden Arbeit sich die Meister=
hand, und man dürfte fast sagen noch mehr der Meistersinn,
des trefflichen Künstlers ausgezeichnet bewährt!

Auf einem runden vertieften Grunde hebt sich das Profil
Rahels dergestalt hervor, daß sowohl der untere Abschnitt
der Brust, und die Wölbung des Kopfes mit dem Haar=
wuchs, als auch die vordere Gesichtslinie selbst, den viereckten
Einfassungsrand etwas überragen.   Durch die kühne und
wohlgeführte Hervorwendung, infolge deren die Nase sich
von der Grundfläche völlig absondert, und hinter dem rechten
Auge selbst das zurückliegende linke etwas sichtbar wird,
gewinnt das Bild eine ungewöhnliche Lebendigkeit, die sich
dem Beschauer sogleich aufdrängt und seinen Blick festhält;
es ist, als wolle das Bild ihm etwas Besonderes sagen,
und er müsse abwarten, was sich begeben werde.   Die

Züge sind fein und scharf, in zarter Uebereinstimmung, durchaus beseelt, nicht idealisirt, sondern in frischer Wirk=
lichkeit gehalten, die das Geistige in dem Körperlichen dar=
stellt, dieses aber nie zu bloßem Stoffe werden läßt. Die Aehnlichkeit ist so groß, daß alle Freunde, welche in jener frühen Zeit Rahel gekannt haben, versichern, schon damals sei das Bild sprechend ähnlich gewesen, und daß gleicher=
weise ihr späteres Aussehen in ihren letzten Lebensjahren vollkommen dadurch wiedergegeben ist. Diese Auffassung des Wesentlichen und Bleibenden, das durch einen Zeitraum von sechsunddreißig Jahren sich bewährt hat, gereicht dem Künstler zur großen Ehre. Das Bild ist gleichsam ohne ausgedrücktes Alter, und gleicht auch darin wieder seinem Gegenstande, indem man von Rahel selber sagen kann, was sie einst so geistreich als tief zur Bezeichnung Wilhelms von Humboldt angab, daß nämlich eine Haupteigenschaft seines Wesens sei, gleichsam außerhalb jedes Alters zu stehen!

Den Karakterausdruck dieses Gesichts näher anzugeben, möchten wir den Scharfsinn und die Wortfülle eines Lavater herbeirufen. Schade, daß die physiognomische Kunst, das physiognomische Talent, in unseren Tagen so vernachläßigt, fast ganz abhanden gekommen sind! In Rahel selbst lebte es noch in frischer Thätigkeit, sie konnte mit durchdringen=
dem Scharfsinn die verborgensten Gesichter aufschließen, Ka=
rakter und Schicksal der Menschen in kurzen raschen Sprüchen geläufig lesen. Von dem Einzelnen und Persönlichen, das sie so leicht und stark erfaßte, ging sie indeß immerfort und unaufhaltsam zu dem Allgemeinen über, und ihre Ergebnisse tragen alle den Karakter eines höheren Gebietes.

Wir glauben, Tieck hat einen solchen Moment hier er=
griffen. Er zeigt uns Rahel in dem Augenblicke, wo sich eben ein eigenthümliches Gebild ihrem Geiste darstellt, das Auge scheint kühn und freudig seine Lichtstrahlen auszusenden, welche den Gegenstand erhellten, entwickeln, sichern! Die klare, freie Stirne, von seltener Kraft und Vordringung, verräth den Gedankenreichthum, aus dem jenes neue Gebild sich entwunden hat, oder zu dem es gesellt werden soll; das

ganze Gesicht nimmt mit heiterer Spannung Theil an der von oben angeregten Bewegung.

Der Mund, schön geformt, öffnet nur leise die milden, mäßig geschwellten Lippen, denen aber die Worte noch zögern, mit welchen doch plötzlich ausgesprochen werden wird, was noch nie gesagt worden ist. Die Oberlippe fügt sich in kurzer Einbiegung aufwärts etwas vorgezogen der Nase an, in welcher Schweifung die Physiognomiker eine Andeutung von feiner Empfindsamkeit und Geschmack erkennen wollen.

Die Nase selbst, höchst ausdrucksvoll, scheint die Zeichen entgegengesetzter Anlagen zu vereinigen, unschuldigen Natur= sinns und ausgebildeter Spürkraft. In der feinen, schmalen Nasenwurzel, um welche von beiden Seiten die Augen nah zusammenstehen, geht der bezeichnete Ausdruck in den ver= wandten der Augen und der Stirne harmonisch über. Hier ist es, wo auch neben der Schärfe des Denkens, der Sinn für Witz und Laune, die Auffassung des Komischen, so wie in der Stellung der Lippen der Ausbruch und Genuß des= selben, sich offenbaren.

Ueber das Kinn hat Rahel selbst wie wir gesehen, sich ungünstig geäußert. Sein etwas gedehntes Hervortreten deutet auf dreiste Thätigkeit, entschlossenen Willen und Eifer, hart= näckigen Muth, und in sofern die anderen, mehr idealen Bil= dungen und Züge des Gesichts gerade diesem realistischen Zuge widersprechen und ihn fast aufheben, drückt das Kinn allerdings etwas Unvereintes und Störendes aus. Allein die beiden Karakterfehler, von welchen Rahel sagt, daß sie gerade in diesem Bilde merkbar durch das Kinn bezeichnet seien, vermögen wir in diesem Theile des Gesichts am we= nigsten wiederzufinden. Eher dürften wir sagen, das Kinn drückte das Gegentheil jener Fehler aus, und also wirk= liche Fehler; denn keinem Leser kann entgangen sein, daß die von Rahel dafür angegebenen in Wahrheit die schönsten und frömmsten Eigenschaften sind. Eine zu große Dank= barkeit, ein stets bereitwilliges Leisten, eine unwiderstehliche Ehrerbietung und Schonung für menschlich Angesicht, dem leuchtenden Ebenbilde des höchsten Geistes! Wer darf hier die edelste, seltenste Tugend mißkennen? Aber freilich

stellt die Ausübung dieser Tugend sich gegen die Welt als
Schwäche dar, als Widerspruch gegen die Anforderung
des Verstandes, gegen die Einsicht in die Bedingungen
der gemeinen Welt: und so wird nach außen zum offen=
baren Nachtheil, zum wirksamen Schaden, was innerlich die
reinste Erhebung der Seele ist! Den Ausdruck dieser Eigen=
schaften finden wir aber vorzugsweise in dem Theile des
Gesichts, der unterhalb der Augen zu Mund und Wange
hin sich erstreckt; hier ist der Sitz der seelenvollen Güte, der
milden Nachsicht und Weichheit, der selbstvergessenen Theil=
nahme, der reichen Gefühlsfähigkeit, welche das volle Ge=
gengewicht der geistigen Eigenschaften bilden, und mit ihnen
die lebendigste Wechselwirkung eingehen; für sich allein aber
wie diese, das irdische Leben leicht in unglückliche Wen=
dungen führen! In diesem Sinne nur, daß der selbstische
irdische Trieb, den das Kinn entschieden ausdrückt, unge=
achtet so starker Anlage, in seiner Absonderung doch bloß
als nutz= und kraftlose Demonstration erscheint, als beherrscht
von beseelteren Kräften, nur in sofern konnte Rahel, wie uns
dünkt, jene sogenannten Fehler als solche in der Bildung
des Kinnes wahrnehmen, hier, wo es als Nachtheil sicht=
bar wird, daß sie anderweitig vorhanden sind, und daß
sie dennoch einen Ausdruck, den sie gleichsam bemeistert und
aufgehoben haben, vereinzelt noch fortbestehen lassen!

Rahel.

Brief an Varnhagen von Ense, nach dem Tode seiner Gattin, von
Gustav Freiherrn von Brinckmann.

— ——

> Let Fate do her worst, there are relics of joy,
> bright dreams of the past, which she cannot destroy;
> which come in the night-time of sorrow and care,
> and bring back the features, that joy used to wear.
>
> Thomas Moore.

Am Grabe der Verklärten fordern Sie mich auf, der
Tage zu gedenken „die nicht mehr sind!“ und ein heiliges
Todtenopfer darzubringen der Einzigen, welche das jugendliche
Streben meines Denkens und meiner Gefühle zu einem
geistigen Leben veredelte.

Und wie sollte der Einsame, nun so schmerzlich Verwaiste!
nicht mit jedem Pulsschlage dieses geistigen Lebens empfinden,
nicht mit seinem letzten Athemzuge vor nachlebenden Freunden
noch stolz und demüthig bekennen, was Sie ihm war,
was er ihr als den innersten Schatz seines Lebens verdankt?
— Ihr, wie keiner Anderen! —

Als eine höchst merkwürdige Erscheinung ergriff Sie mein
ganzes jugendliches Gemüth bei unserer ersten, von mir längst
gewünschten Bekanntschaft. Wir trafen uns in einer ziemlich
gemischten Gesellschaft, wo Rahel wenig sprach, aber „geflügelte
Worte“, die mich um so aufmerksamer machten, als sie nicht
selten den feinen, tiefeindringenden Stachel der Biene verriethen. Wir anderen glaubten wohl ziemlich klug zu sprechen,
ich selbst nicht ohne Ansprüche auf Geist; und in dieser
Stimmung warf ich ein paar Einfälle hin, welche eine Freundin

von mir lebhaft widerlegte, wie es mir vorkam, nicht ohne
beleidigenden Scherz gegen mich. Ich schwieg, weil ich nicht
empfindlich scheinen wollte; als ich aber Rahel die Treppe
hinab begleitete, fragte ich ziemlich unbefangen: ob sie wohl
die Kernsprüche meiner Gegnerin für wahr hielte? —
„Keinesweges! antwortete sie; aber wohl verdienten Sie die
neckenden Stiche, die Ihnen, wie ich gleich merkte, so wehe
thaten. Um so mehr da Ihre Behauptungen eben so wenig
Wahrheit enthielten, und dabei nicht einmal ehrlich gemeint
waren. Es ist immer Eitelkeit, den Ernst, sei er auch
noch so unbeholfen, durch witzige Einfälle niederschlagen zu
wollen, ohne Rücksicht auf die Ueberzeugung des anders Den=
kenden; Eitelkeit aber verdient keine Schonung. Ich sollte
Ihre Freundin sein! ganz andere Dinge würden
Sie von mir hören müssen!"

Betroffen aber doch freudig überrascht von dieser an=
gebotenen Vertraulichkeit, blickte ich sehnsuchtsvoll in ihr geist=
reiches Auge, drückte ihr die Hand, und sprach leise: „O:
möchten Sie es werden!"

Dies Treppengespräch war unsere erste Bekanntschaft;
und für mich wahrlich keine gleichgültige. Bald darauf be=
suchte ich Sie in ihrer Wohnung, und da ich Sie allein
traf, wurde unsere Unterredung sehr schnell ernsthaft und
inhaltreich. Ich wurde mächtig angezogen von der Klarheit
ihres überlegenen Verstandes, und von der Offenheit ihres
selbstständigen und doch so sanften Gemüths. Ihr gegenüber
fühlte ich es um so schmerzlicher als jemals, wie sehr ich in
mir unklar und verworren sei, und wie unfähig, das bunte
Gewühl des äußeren Lebens, und die stille Tiefe des
inneren versöhnlich zu enträthseln. Sie dagegen begriff
mich vollkommen, und verdeutlichte mich mir selbst. —

Was ich in den Hörsälen der Weisen, in den geheimniß=
vollen Tempelhallen der Frommen, in der sinnlichen Pracht=
welt vergebens gesucht hatte: ungeschleierte Wahrheit, Selbst=
ständigkeit des Geistes und Innigkeit des Gefühls, kam mir
in dem Dachstübchen dieser seltenen Selbstdenkerin als eine
heilige Offenbarung entgegen.

Beinah wehmüthig lächelnd sagte sie mir einmal, nicht

lange nach unserer vertraulicheren Verbindung: „Sie sind
ein hoffnungsvolles Kind, das noch weder seine Anlagen,
noch seine Kräfte kennt. Ihr Gott und Ihre Tugend
sind Blumen eines schönen kindlichen Gefühls; aber Sie
sind nicht bestimmt ein ewiges Kind zu bleiben, oder wie
die Meisten, ein unreifer Mensch. Sie müssen frei und
selbstständig werden, oder Sie werden schlecht; um so
schlechter, je bescheidener Sie geweihten Vorurtheilen huldigen.
Denn giebt es wohl etwas schlechteres, als Sklavensinn
und Menschenfurcht, wie zierlich und geschmackvoll Sie
auch Ihre Ketten abschleifen und glätten mögen? Götter=
scheu ist um nichts besser. Tugend? — das giebt sich
von selbst, wenn man nur ein ganzer, nicht etwa ein
halber, oder dreiviertel Mensch ist. Lesen und begreifen
Sie, den „Prometheus", und glauben Sie an Goethe,
wie an mich!

> „Wer half mir wider der Titanen Uebermuth?
> wer rettete vom Tode mich, von Sklaverei?
> Hast du nicht alles selbst vollendet, heilig —
> glühend Herz?" —

Muth, mein Lieber, ist alles! Geistesmuth nämlich!
Heldenmuth von außen ist Kleinigkeit, oft kleinlich. Aber
Muth im Innern, und Selbstvertrauen wider eine Welt
von Vorurtheilen, eigenen und Fremden — hätten Sie den,
Sie würden eben so heiter in sich, eben so fest und eben
so gescheidt sein, wie ich. Aber Sie zweifeln lieber an
sich, als an den Verheißungen irgend einer übermüthigen
Weltweisheit, die bei Gott! nichts Ehrwürdiges hat, als
ihre tausendjährigen Ahnen. Und doch ist ja diese allgepriesene
Bescheidenheit des Gemüths so selten etwas anderes,
als eine geadelte Feigheit des Geistes. — Gott und
Tugend! — Ja! wohl haben wir frühzeitig gelernt, diese
vieldeutigen Wörter auszusprechen, wie eine Zauber=
formel; aber was meinen wir damit? — Alles, oder
Nichts! je nachdem wir selbst Alles sind, oder Nichts!"

Hören Sie nicht, lieber Varnhagen! hier noch die lächelnde
Sibylle, wie in so manchen Stunden tiefsinniger Ver=
traulichkeit? — Wie oft erinnerte ich Sie später daran, daß

dieses Gespräch die Geburtsstunde unserer ewig unauflös=
lichen Freundschaft eingeläutet hätte. Es wirkte auf mich
für das ganze Leben, wie ein Zauberschlag, der mich plötz=
lich in eine ganz neue Geisteswelt versetzt hätte.

Denn giebt es nicht in dem Leben mancher reichbegabten,
aber noch in irgend einem Irrthum befangenen Menschen
gewisse Augenblicke, wo ein Licht von oben sie blitzschnell
erleuchtet; vor dem sie zwar anfangs erblinden, aber bald
fällt es von ihren Augen wie Schuppen, und sie erblicken
hernach sich selbst, die Welt und die Menschen im Zauber=
spiegel der Wahrheit. —

Für gescheidt, kenntnißreich, gebildet, und was man so
gewöhnlich ausgezeichnet nennt, galt ich schon, ehe ich
unsere Freundin kennen lernte. Gar manches hatte ich mir
angelernt und anempfunden von der Weisheit des Tages
und von der Bildung schöner Umgebungen; nach Freiheit
schmachtete schon mein Geist, wie mein Herz nach Reichthum
und Fülle des inneren Lebens; aber die kühne Wollust des
Selbstdenkens entzündete sich in mir an der Altargluth
ihrer höheren Welt= und Lebensansichten.

„Almosen kann ich Ihnen nicht spenden, sagte sie mir
einmal; schenken kann ich Ihnen nichts von dem Meinigen;
keiner hat mehr als er selbst braucht. Aber reich werden,
ohne zu betteln, durch trotziges Zurückfordern Ihrer an=
geborenen Besitzthümer von den habsüchtigen Vormündern
Ihres volljährigen Geistes, Ihrer Seelenkräfte — das können
Sie lernen von Ihrer freigeisterischen Freundin. — In
der Tiefe des Gemüths verbirgt die Menschheit ihre Schätze;
die Oberfläche gewährt nichts als zierliche Blumenbeete,
wenn es hoch kömmt, prunkende Gartenanlagen. — Sie
haben nun einmal Verstand, und mit dem ist nicht zu
spaßen. Der ist stärker als eine Leidenschaft. Em=
pören kann man sich gegen ihn, nicht aber ihn besiegen, wie
jene. Zum Freunde müssen wir ihn haben im Scherz, wie
im Ernste, oder er wird unser Plagteufel in allen Verhält=
nissen des Lebens. — Die Hunderttausende, die keinen Ver=
stand besitzen, oder nur so ein bischen zum kärglichen
Hausbedarf, die können sich behelfen mit Schwärmerei, mit

sogenannter Glückseligkeit, mit sinnlichem Genuß, mit Fröm=
melei, vorzüglich mit Leichtsinn und Nichtdenken. Wohl
können wir von dem allen auch etwas brauchen, wenigstens
den schönen Leichtsinn: aber doch auf andere Weise;
nur mit und durch den Verstand, der bei uns keinen
Augenblick seine Rechte aufgiebt. Nichts wäre freilich be=
quemer, als wenn man nach Belieben, bisweilen klug, und
bisweilen dumm sein könnte, das geht aber nicht; und uns
bleibt keine andere Wahl übrig, als Galeerensklaven oder
freiwillige Freunde des Verstandes zu sein — besser
freilich der Vernunft."

So freundlich und ernst ermuthigte sie mich oft, wenn
sie zu fürchten schien, ich möchte feige oder träge zurückblei=
ben, in der mir nicht bestimmten Heimath lieblicher
Täuschungen, und die Stimme der höheren Begeisterung
überhören, die zu Abraham sprach: „Gehe aus Deinem
Vaterland, und von Deiner Freundschaft, und aus Deines
Vaters Hause, in ein Land, das ich dir zeigen werde."

Sehen Sie hier, lieber B., was mich von unserer ersten
Bekanntschaft so unauflöslich vereinigte mit dieser geistes=
kräftigen Denkerin; was so mächtig wiederklang in meiner
eigenen Brust bei jedem offenmüthigen Gespräch mit ihr:
„Höhere Sittlichkeit durch höhere Freiheit!" Nur
durch diese begriff man ihr Leben, wie ihre Weisheit,
und nur hiedurch hat sie auf mein innerstes Sein und
Denken gewirkt, wie keine der neun Musen. Sie, die Be=
geisterte der selbstthätigen Vernunft, deren geistiger Schüler
zu sein ich mich immer und überall gerühmt habe, vor
Weisen und Fürstinnen, wenn diese etwa an meiner eigen=
thümlichen Weltansicht oder Geistesrichtung etwas Ausge=
zeichnetes fanden. —

So fragte mich einmal Herder, als es mir geglückt war,
sein näheres Vertrauen zu gewinnen, und ich mit der hei=
tersten Freimüthigkeit über alle göttliche und menschliche Dinge
mit ihm sprach: „Aber wie sind Sie so zeitig zu diesem
Reichthum von Erfahrungen gekommen, zu dieser Klarheit
der Weltanschauung, zu dieser Durcharbeitung Ihres Innern?
Von den Hochschulen haben Sie das nicht, auch wahrlich

nicht von der Berliner Aufklärung." — „Nein", antwortete
ich ihm, „aber größtentheils von einem Berliner Mädchen,
einer Selbstdenkerin, die noch jünger ist als ich, der aber
ein Geist der Weissagung, und mit dem zugleich alle Erfahrungen angeboren sind. Die aber deswegen so Herrliches und so Lebendiges lehren kann, weil sie selbst
nichts gelernt, nur alles empfangen hat mit keuscher
Seele von dem Gott in uns, als eine Offenbarung der
Vernunft; die von dieser allein begeistert, die Wahrheit
eben so naturgemäß denkt und empfindet, wie sie die Luft
einathmet und lebt, ohne schulgerecht dem Wunder nachzu-
spüren, wodurch beides wohl möglich wird." —

Wohl hatte sie, wie Sie wissen, beinahe spielend Kunde
genommen von allen Helden des Denkens, von allen Götter-
söhnen des Genius; aber mehr wie sie scherzend behauptete, um zu untersuchen, wie weit diese auch wohl selbst
die Eingebungen verstanden hätten, die sie von oben empfangen, nur um die ächten Propheten von den falschen
zu sondern. —

„Aus der zweiten Hand", meinte sie, „müßte man nichts
kaufen; nicht eben, weil die Waare gewöhnlich verfälscht
sei, sondern weil der wohlfeile Preis den Geist nachlässig
und träge mache, daß er selbst nicht mehr gräbt und em-
porarbeitet, was die Tiefe seines Innern ihm darbeut.
Keine Begeisterung muß uns anwehen von außen, sie muß
aufglühen von dem heiligen Opferheerd unseres eigenen Gemüthes. Auf das Selbstdenken kommt alles an; auf
die Gegenstände desselben oft sehr wenig; wie selbst auf die
Geliebte oft weniger als auf das Lieben." — „Ich konnte
lange nicht begreifen", fuhr sie fort, „warum mir nichts in
den Kopf wollte von allen den schönen Sachen, die andere
gleich auswendig wußten. Ich meinte wohl ich sei dumm,
bis ich einsehen lernte, daß meine Lehrer es waren.
Sie hätten begreifen sollen, daß mein Geist zu reich geboren,
schon zu beschäftigt und zu unruhig sei, um so schnell Fremdartiges aufzunehmen; daß in meinem Köpfchen kein Platz
sei für Neues, ehe dort alles aufgeräumt und in Ordnung
gestellt wäre."

„Mit Menschen habe ich mich überhaupt lieber abge=
geben, als mit Büchern. Jene sind leichter und bequemer
zu lesen; denn es steht gewöhnlich nicht viel auf jeder Seite,
und doch beinahe immer etwas, welches die Buchmacher
am häufigsten übersehen. Freilich, das Sehen! und vor=
züglich das Schnellsehen ist nicht bloß eine schwere, sondern
ich möchte glauben, eine unverlernbare Kunst. Sie
schickten mir neulich Hessen's „Versuche zu sehen". Das
Buch ist aber nicht übel, und der Titel ist vortrefflich.
Der weiß es doch wenigstens, daß das Sehen keine so
leichte Kunst ist." —

Und gerade diese Kunst besaß Rahel selbst in einer Voll=
kommenheit, die ich wenigstens bei niemanden wieder ange=
troffen habe. Nicht bloß ihr geistiges, sondern auch ihr
körperliches Auge war so klar, so scharf, und so geübt,
daß in der zahlreichsten Gesellschaft ihr nicht leicht die geringste
Kleinigkeit entging, wodurch einzelne Personen sich mehr
oder weniger auszeichneten, — und das oft bei dem flüch=
tigsten Ueberblick. Daher war auch die größte, von ihr selbst
bewunderte Schauspielerin nie gleichgültig gegen ihr oft
strenges, aber immer wohlbegründetes Urtheil.

Ich entsinne mich noch des Abends, wo Iffland zum
erstenmal in Berlin auftrat; angekündigt von Weimar aus
als ein zweiter Garrick, empfangen und beklatscht mit rau=
schendem Beifall. Wir sammelten uns nach dem Schauspiel
bei Rahel, und alle wünschten, sie über den allbewunder=
ten Künstler zu hören. — „Iffland", sagte sie ganz ge=
lassen, „ist kein Genie, wie unser Fleck; aber ein großes
Talent. Folglich mag er immer vortrefflich spielen, wenn
er seine Rolle gut eingelernt hat; angeboren ist ihm
keine, wie dem Genie jede. Daher wohl hie und da Miß=
griffe, wenn auch in Kleinigkeiten, die aber doch für den
aufmerksamen Beobachter den Kunstgenuß stören. So war
zum Beispiel heute Abend bei jener Stelle sein Mienen=
spiel sehr richtig, aber die Bewegung der Hand damit
völlig im Widerspruch." — Keiner von uns hatte das be=
merkt; aber alle fanden nun den Mißgriff auffallend, wie
Rahel denselben flüchtig nachmachte. —

„Meine sichern Augen!" rief sie selbst bisweilen
aus, „die soll mir wenigstens niemand absprechen." Und
wer hätte das auch gewagt? Traf doch ihr erster Blick oft,
wie der Blitz, nicht etwa die Oberfläche des Gegenstandes,
sondern spaltete diesen bis zur Enthüllung des inneren Kerns.
In einer großen Gesellschaft erschienen zwei fremde Frauen
zum erstenmale, und es wurde viel hin und her gesprochen
über ihre Schönheit und welche wohl durch ihre Gesichts=
züge den meisten Geist verriethe. — „Und Sie?" fragte
ich Rahel. Mit einem hastigen Blick auf die eine, die am
meisten zu versprechen schien, sagte sie: „Aquarelle!"
dann mit einem Winke auf die andere: „Oelgemählde!"
und die nähere Bekanntschaft beider Frauen bewährte voll=
kommen den Augentakt der schnellblickenden Seherin.

So haben mich auch Künstler versichert, daß sie gewöhn=
lich mit dem ersten Hinblick auf ein Gemählde sogleich mit
fröhlichem Ausruf dem Gelungenen huldigte, das wirklich
Verfehlte eben so schnell mit bedeutendem Stillschweigen
rügte. Und daran erkannte man sie wirklich in allen Ver=
hältnissen des Lebens. Sie schmeichelte nie, in der un=
redlichen Bedeutung des Worts; aber sie hatte große Freude
daran, gerechtes Lob zu ertheilen; vorzüglich wo sie
wußte, welchen großen Werth man auf ihren Beifall setzte.

Auch das machte ihren gesellschaftlichen Kreis so be=
haglich, so bequem, so unbefangen und lebensfroh, daß sie
jedes Mitglied desselben noch mehr geltend zu machen suchte,
als worauf er selbst hätte Anspruch machen können; daß
sie alles, was sie etwa mißbilligte mit Schonung übersah,
und mit seltenem Zartgefühl das Gespräch von jedem Streit=
punkte ablenkte, der auch nur eine augenblickliche Verstim=
mung hätte verursachen können. — „Meinen Tadel", sagte
sie mir einmal, „spare ich für meine näheren Freunde.
Euch werde ich, wo es Noth thut, wahrlich nicht schonen.
Meine Freigeisterei, meinen Stolz, meine hochherzige Ver=
achtung aller geistfesselnden Vorurtheile, gehören bloß für
die Klügsten und Vertrautesten unter euch; aber jeder ge=
mischten Gesellschaft, die sich bei mir versammelt, bin
ich pflichtig, Gutmüthigkeit und Anmuth umsonst darzu=

bieten, — wie Thee oder Gefrorenes. Hier ist ja nicht von Tugenden die Rede, sondern von schönen Formen der Umgänge. Ohne diese kein Witz, keine Freimüthigkeit, kein fröhliches Sichgehenlassen, die nicht in Beleidigungen ausarten könnten. Mich verstimmt schon jeder Scherz, der nicht immer ohne Absicht, auf Geschichten oder Verhält=nisse anspielt, welche irgend einen aus der Gesellschaft in Verlegenheit setzen müssen. Meine Rache dabei ist gewöhn=lich ein dummes Gesicht, mit der Frage: „Wie meinen Sie das? ich verstehe Sie nicht," wodurch denn die Verlegenheit oft glücklich genug zurückgewälzt wird auf den unbesonnenen Witzling. — Sie sind in Behandlung der All=tagsmenschen viel ungeschickter als ich. Sie schweigen auch bei überraschenden Dummheiten, aber mit sichtbarem Ver=druß; ich aus meiner Gutmüthigkeit; und nehme ich gewisse Plattheiten erst komisch, so belustigen sie mich bisweilen eben so sehr, wie die glücklichen Einfälle. Glauben Sie mir: es ist gleich abgeschmackt, den Ernst, oder die Tu=gend, am unrechten Ort geltend zu machen. Schweigen und reden müssen wir, wenn wir einmal gefallen wollen, nicht immer wie uns der Schnabel gewachsen ist, sondern wie den anderen die Ohren." —

So spielte sie denn auch ihre doppelte Rolle überall unnachahmlich schön; und wohl mußte man von ihr rühmen, wie Wieland von seiner Musarion:

„Gefallend, wenn sie schwieg; bezaubernd, wenn sie sprach! —
und jener leichte Witz, dem's nie an Reiz gebrach!
 Zum Stechen, oder liebzukosen
gleich aufgelegt: doch lächelnd, wenn er stach, und ohne
                      Gift." —

Und so nur konnte es ihr gelingen; — ihr, dem an=spruchlosen Bürgermädchen, ohne glänzende Verbindungen, ohne den allgültigen Freibrief der Schönheit, und ohne be=deutendes Vermögen, doch allmählig einen zahlreichen Ge=sellschaftskreis um sich zu versammeln, der, ohne allen Vergleich, der anziehendste und geistreichste war in ganz Berlin. Einen Kreis, in welchen aufgenommen zu werden Königliche Prinzen, fremde Gesandten, Künstler, Gelehrte

oder Geschäftsmänner jedes Ranges, Gräfinnen und Schau=
spielerinnen — sich gleich eifrig bemühten; und wo jeder
von ihnen nicht mehr Werth, aber auch nie weniger hatte,
als er selbst durch seine gebildete Persönlichkeit geltend zu
machen vermochte. —

Sie kannten diesen Kreis nicht in seinen frühesten Blüthen=
jahren, lieber Barnhagen, denn als Sie die nähere Bekannt=
schaft unserer Freundin machten, waren die meisten Mitglieder
desselben, vorzüglich viele des alten Stammes, schon durch
den anbrechenden Zeitsturm aus einander gesprengt. Aber
alle, die ihm einst angehörten — wie schmerzlich und sehn=
suchtsvoll vermißten wir nicht überall diese Frühlingsmomente
eines geselligen Vollgenusses, in der öden Ferne des ein=
samen Spätherbstes. Ja! sie selbst, die Schöpferin jener
Glückseligkeit, theilte ja mit uns diese Sehnsucht nach einer
ganz einzigen Vergangenheit, die sich nicht wieder zurück=
zaubern ließ in die verwandelte Gegenwart. In einer viel
späteren Zeit, und in ganz neuen Verhältnissen schrieb sie
mir nicht ohne wehmüthige Erinnerungen: „Alles Uebrige wäre
denn recht gut; aber ich vermisse unendlich, schmerz=
lich, ertödtend, meinen alten Umgang, und kann
mir keinen ähnlichen mehr aus dem neuen bilden. Von der
Seite werde ich also ewig darben." —

Und wie sollte sie nicht vermissen, was sie vermuthlich
in allen Ländern vergebens gesucht hätte? Ich wenigstens,
der ich doch auch ziemlich in der Welt herumgekommen bin,
und überall nichts so angelegentlich zu erforschen gesucht,
als den herrschenden Gesellschaftston, im Allgemeinen so=
wohl, als in den Freimaurer=Vereinigungen des vertraulichen
Umgangs, muß offenherzig bekennen, daß ich nie und nir=
gends einen Kreis angetroffen, der sich so ausgezeichnet hätte
durch gediegene Unterhaltung, tiefgeschöpfte Bemerkungen
über das Leben, die Welt und die Menschen, ja durch geist=
reichen Scherz, und oft sprudelnden Witz — als Rahels
mir ewig unvergeßliches Dachstübchen. —

Mit dem allen sei aber keineswegs behauptet, daß die
Wahl ihres Umgangs die höhere Bildung gewisser Klassen
der Gesellschaft ausschließend begünstigt hätte. Den Großen

und Vornehmen wurde ihr Stand eher verziehen, als zu gute gerechnet, und ihr brennender Durst nach Kenntniß der Menschheit durch die Menschen erlaubte ihr keine französische Gränzlinie zu ziehen zwischen Adel und Bürgerlichkeit — im geistigen Sinne. Dies anzudeuten, wiederholte sie mir einmal Schiller's Verse:

> „Ungleich vertheilt sind des Lebens Güter unter der Menschen flücht'gem Geschlecht: aber die Natur, sie ist ewig gerecht!"

und setzte dann hinzu: „Ich bin wie die Natur!"

Ihre frische Beweglichkeit in der Außenwelt, auf Reisen, im Schauspiel, oder auf Sammlungsplätzen des öffentlichen Vergnügens, brachte sie daher auch in Berührung mit Personen, welche ihr grade eine besondere Theilnahme einflößten, die wir einseitiger Gebildeten nicht immer aneignen konnten. Aber auch das war vorzüglich auszeichnend in ihrem oft bunten Gesellschaftskreis, daß jeder Neuhineingezogene sogleich mit dem Ganzen verschmolz, und daß der unläugbar feine Ton ihrer Umgebung dadurch auch nie auf das leiseste verstimmt wurde.

Wohl hörte man sie irgend einmal mißlaunig ausrufen: „Ach! was soll ich denn mit all den neuen Menschen? kenn' ich sie denn nicht schon alle mehr als zu gut?" — Aber darauf hätte es keiner wagen dürfen, sie etwa ganz einfältig zu ermahnen, ihren Kreis einzuschränken, und sich mit dem Umgang einiger Auserwählten zu begnügen, denn spöttisch möchte sie vielleicht darauf geantwortet haben: „Wie wißt ihr denn, ob ich nicht allenfalls noch besser wählen kann?" —

Denn die Menschen in Masse, wie im Einzelnen, waren und blieben doch ihre unermüdete Liebhaberei. „Sie sind doch alle verschieden", sagte sie wohl dann wieder, und unstreitig mochte sie gerade diese Liebhaberei auch bisweilen nachsichtiger machen bei der Wahl ihrer bloß gesellschaftlichen Umgebung. Als sie Schleiermacher'n einmal vorwarf, daß er sie so selten besuchte, und dieser scherzend antwortete: „Ja, wenn Sie nur nicht so viel schlechte Gesellschaft

sähen, mit der ich durchaus nichts anzufangen weiß", —
erwiederte sie lächelnd: „Aber das ist eben Ihr Fehler.
Mit allem muß der Denker etwas anzufangen wissen, nur
auf seine eigene Weise. Wären Sie selbst, bei all
Ihren trefflichen Anlagen, und Ihrem übermächtigen Geist,
wohl ein so großer Gelehrter und ein solcher Vielwisser
geworden, wenn sie nicht sehr viel schlechte Bücher
gelesen hätten? Nicht durch diese Bücher, aber bei Gelegenheit derselben, durch das eigene Sichten und Bearbeiten jenes dummen und platten Inhalts, haben Sie ihren
eigenthümlichen Genius so vielseitig und selbstständig aus=
gebildet. Warum beurtheilen Sie meine schlechte Ge=
sellschaft nicht eben so? Fragen Sie nur Brinckmann,
den habe ich endlich gelehrt, Menschen aller Art zu lesen
oder durchzublättern." —

„Man kann nie Welt= und Menschenkenntniß genug
haben", sagte sie oft, „um selbst die alltäglichen Verhältnisse
des Lebens richtig zu beurtheilen und zu behandeln. Der
Verstand und die Lehrbücher reichen bei weitem nicht hin.
Mit Geist und Herz muß man aufsuchen und zusammenlesen,
was die Natur mit unendlichem Reichthum überall vertheilt,
die Wirklichkeit so armselig zersplittert, oder einschränkt.
Shakespeare verstand das, und weil er so groß war,
selbst in Behandlung des niedrigsten Stoffes, hielt ihn
Voltaire für gemein. Und Goethe! Hat er wohl das
arme bürgerliche Gretchen weniger verherrlicht, weniger
anziehend dargestellt, als Iphigenia, oder die Fürstinnen
von Ferrara? Kennen mußte er also doch die eine, wie
die andere, um aus beider lebendigster Eigenthümlichkeit das
rein Menschliche zu läutern und zur Kunstschönheit zu
erheben. Er mußte, weil er es gefühlt hatte, daß ein
niedriges, aber engelschönes Clärchen das ganze große
Heldenherz eines Egmont ausfüllen konnte, weil dieser
Egmont, wie der Dichter selbst, nicht blos geistreich ehr-
geizig und erhaben war, sondern auch «ruhig, offen, glücklich,
geliebt und gekannt von dem besten Herzen, das auch er
ganz kennt, und mit voller Liebe und Zutrauen an das seine
drückt.» (Goethe's Egm.) Für die höhere Kunst giebt es

in der ganzen Menschheit nichts Niedriges, außer der
rohen Sinnlichkeit und der vornehmen Sittenverwilderung;
und gerade diesen ließ Voltaire nur allzugroßmüthig den
Strahlenkranz seiner Muse. Verhält es sich aber mit dem
Leben anders, als mit der Kunst? Nur adle man den
Pöbel nicht zum Volk; der Grundirrthum alles jetzigen
Gerätsches über Freiheit und Gleichheit! Wer möchte
dem Volke nicht lieber angehören, als dem Hofgesindel?
Der freien Natur nicht lieber, als dem zugestutzten Kunst=
garten? Die Dummen begreifen das freilich nicht; aber
auch die bloß Klug=Gebildeten wollen es nicht gerne Wort
haben, damit sie für Geistes=Adel gelten, und berechtigt
scheinen mögen, den bürgerlichen Reichthum zu ver=
achten, wie sehr sie solchen auch heimlich beneiden. —
Ich verachte wahrlich nicht die Feinheit, den Geschmack und
die anziehende Art und Weise, die man oft vorzugsweise in
der großen Welt antrifft. Denn diese Formveredelung des
Lebens und des Umgangs gehört ursprünglich jeder höheren
rein menschlichen Ausbildung; und was verhinderte uns
denn die schöne Welt überall anzubauen, auch außerhalb
der großen? Aber selbst wenn in dieser letzteren jene
sittliche Veredelung der äußeren Verfeinerung nicht zur
Grundlage dient, so erinnert sie wenigstens unwillkürlich
daran; und schon das ist kein gleichgültiger Vorzug des
guten Geschmacks. Nur die eigentlichen im alltäglichen
Sinne sogenannten «Leute von Welt», diese anspruchsvollen
Tutusköpfe einer gekräuselten Zиererei, die sich einbilden,
allein und ausschließend allen Reichthum des schönen
Lebens der Kunst und der Dichtung in Erbpacht genommen
zu haben — nur diese sind mir ein Gräuel; denn sie sind
von allen die leersten, die eingeschränktesten und die arm=
seligsten Welt= und Menschenkenner. In allen Ländern
sind sie ganz eigentlich. — «Ausgewanderte Franzosen»,
welche die Landessprache der Menschheit zu lernen ver=
schmähen, und von der Geschichte, den Sitten und Gebräuchen
derselben nichts wissen, als durch platte Uebersetzungen,
welche ihre eigenen unwissenden Glaubensgenossen hie
und da versucht haben — den hochberühmten La Roche=

foucauld mit einberechnet. Diese «grauen Schüler»,
wie Schiller seinen Philipp so glücklich nennt, kennen kaum
die Frakturbuchstaben gewisser Stände oder Amtsverhält=
nisse, und ich möchte so gerne alle Menschen in der flüch=
tigsten Handschrift lesen können. — Ach! wohl fühl' ich,
was ja schon unseren großen Meister schmerzlich genug
beängstigt hat:

«Ich zittre nur, ich stottre nur, und kann es doch nicht
lassen.» —"

Hierüber war Rahel unerschöpflich; und auf diese allum=
fassenden Ansichten des Lebens, auf diese Thalquellen
der Menschenkenntniß kam sie immer wieder zurück, so oft
von engerem oder ausgebreiterem Umgang die Rede war. —
Auch darum war ihr Goethe der erste aller Dichter,
ihr einziger Lehrer! „Der hat «seinen ganzen Menschen»
mit an den Hof gebracht", sagte sie, „und sich dort wahr=
haftig nicht einen neuen bordiren lassen. Seinen Reich=
thum hat er dort nicht eingesammelt, sondern überall.
Sein Gold hat er dort nicht umprägen lassen zu Schau=
münzen für reiche Liebhaber, sondern wohlthätiger aus=
gemünzt zu vollwichtigen Thalern und Groschen, die im
Handel und Wandel umlaufen, und auf dem Markte gelten,
wie am Spieltisch, weil jeder sie nach seinem Bedürfniß
einwechseln und wieder ausgeben kann."
— „Solche Menschenkenntniß wie Goethe's", sagte sie
ein anderesmal, „kommt einem nicht angeflogen, wenn man
sich in englischen Wagen durch die Welt wiegen läßt.
Dazu muß man zu Fuße gehen, mit Weisen, oder mit
lustigen Gesellen, wie es kommt; nicht «die Cour machen»,
sondern Liebschaften haben, immer frische und leben=
dige, nachdem derselbe Werther sich längst schon erschossen
hat. Man muß sich nicht anmelden lassen, oder Karten
abgeben bei vornehmen und hochberühmten Philosophen,
um gehorsamst nachzufragen, wie sich die Menschheit be=
findet? man muß sie selbst aufsuchen, sie mag zu Hause
sein, oder ausgebeten; und ohne anzuklopfen sich heimisch
niederlassen bei Kranken und Gesunden, und so allen ganz

unbemerkt nach dem Pulse fühlen. Man muß hinhor=
chen, wo die Dummheit salbadert, oder die Klugheit,
weil beide doch hie und da irgend einen geheimen Sinn ver=
rathen möchten. Man muß am Schlüsselloche lauschen, auch
in der armseligsten Hütte, wo unsere alltäglichen Beobachter
kaum ein Schloß vermuthen. — So lernt man, so weiß
man endlich etwas von dem Vielen, — was wir doch
am Ende nie gründlich und vollkommen erfahren. — Nen=
net mir aber, unter allen unseren Dichtern Einen solchen
reichen und vornehmen Fußgänger außer Goethe'n! Was
der nicht weiß, werden wir wohl sobald nicht erfahren!" —

„Schade!" sagte einer von uns, „daß Faust nur ein
Bruchstück geblieben ist!" — „Schade?!" rief Rahel;
„ist denn das nicht sein größtes Verdienst? Ist er denn
nicht eben dadurch ein so sprechendes Bild der ganzen
inneren Menschheit, die mit all ihren Höhen und Tiefen,
ihrem Steigen und Sinken, ihren Ahnungen und Räthseln,
für uns doch wohl ein ewiges Bruchstück bleiben wird,
ohne Auflösung und beruhigende Entwickelung. Goethe
darf kaum dies Gedicht fortsetzen, wenn das Nachbild dem
Urbilde getreu bleiben soll; daß er es nicht zu einem über=
einstimmenden Ganzen vollenden kann, — dafür hat
Gott gesorgt; oder, wenn Ihr wollt: der Teufel — durch
den Sündenfall." —

Nach diesem so sinnigen und bestimmten Wort möchten
wir wohl zweifeln, ob Rahel durch den später erschienenen
zweiten Theil des Faust sich für widerlegt halten würde. —

So anmuthig und belehrend entwickelte sie oft mit Ernst
und Laune ihre eigenthümlichen Ansichten in dem geschlossenen
Kreise ihrer theilnehmenden Freunde und Vertrauten. — Kür=
zer, oder ausführlicher, wenn auch vielleicht nicht immer mit
den nämlichen Ausdrücken, deren ich mich hier bedient
habe, um ihre oft abspringenden Sinnsprüche zusammen=
hängender mitzutheilen. Und doch möchten wohl auch diese,
vorzüglich die ihr eigenthümlichen und am meisten bezeich=
nenden selten genug von mir gegen gleichgültigere aus=
getauscht worden sein. Gewiß wird keiner, der ihrer vertrauten
Gespräche zu meiner Zeit gewürdigt wurde, mich einer un=

richtigen Auffassung ihrer Denkart und Meinungen zeihen. —

Mit so strengen und hohen Forderungen an die ihr genügenden Welt= und Menschenbeobachter, ist es sehr natürlich, daß sie keinen sonderlichen Werth legte auf jene französischen Schönschreiberinnen, die eine so feine und scharfe Menschenkenntniß aus dem Umgange mit dem Hofe und den höheren Ständen geschöpft haben wollten. Gelesen hatte sie alle derselben, und, wie sie sich einmal ausdrückte, „aufmerksam genug, um auch hie und da etwas Vernünf= tiges hineinzulesen; weil der klare schöne Styl die dicke Dummheit und Verworrenheit der Begriffe doch nicht recht zu Worte kommen ließe"; — aber gewöhnlich fertigte sie eine solche „Hoch= und Wohlgeborene Denkerin" kurz ab; oft wohl mit einem mitleidigen Achselzucken: „Die hätte auch manches in meinem Dachstübchen lernen können. Etwas mehr bin ich doch!"

Und wohl hatte sie Recht. Wie unendlich viel mehr war sie nicht! — Wie sie aber dies war, und wie sie es geworden, hätte vielleicht keiner, der sie noch so genau kannte, glücklicher entwickeln können, als Schiller in einem seiner Briefe „über die ästhetische Erziehung des Menschen= geschlechts." —

„Je vielseitiger", sagte er, „sich die Empfänglichkeit ausbildet, je beweglicher dieselbe ist, und je mehr Fläche sie den Erscheinungen darbietet, desto mehr Welt ergreift der Mensch, desto mehr Anlagen entwickelt er in sich. Je mehr Kraft und Tiefe die Persönlichkeit, je mehr Freiheit die Ver= nunft gewinnt, desto mehr Welt begreift der Mensch. Wo sich diese beiden Eigenschaften vereinigen, da wird der Mensch mit die höchsten Fülle von Dasein, die höchste Selbstständigkeit und Freiheit verbinden; und anstatt sich an die Welt zu verlieren, diese vielmehr mit der ganzen Unendlichkeit der Erscheinungen in sich ziehen, und der Einheit seiner Vernunft unterwerfen."

Vorzüglich mit Bezug auf Rahel waren mir diese Zeilen beim ersten Lesen als wahr und treffend aufgefallen. Ich schickte ihr das Buch, die obige Stelle unterstrichen, mit

der Frage, wie ihr das wohl gefiele? und als ich es zurück=
bekam hatte sie, wie nicht selten mit scherzendem Stolze,
an den Rand geschrieben: „Ja! so ist's, denn so bin
ich!" —

Für Sie, lieber Varnhagen, brauche ich wohl kein Wort
zu verlieren über dieses bekräftigende „denn"; wir sind
beide hinlänglich überzeugt, daß dieser scherzende, bis=
weilen auch wohl ganz ernsthaft gemeinte Stolz bei
ihr nicht die geringste Beimischung von Eitelkeit hatte,
oder von Ueberschätzung ihres eigenen Werthes. Es war die
natürliche Unbefangenheit eines vorzüglichen Geistes
und einer gesunden Seele, welche beide die heuchelnde
Ziererei mit der eigenen Persönlichkeit albern und verächt=
lich fanden. —

Sie konnte nie begreifen, „warum man furchtsamer
von seinen geistigen Eigenthümlichkeiten sprechen sollte, als
von seiner körperlichen Gesundheit, seinen blauen Augen
oder seinem dunkelbraunen Haar." Wohl aber wußte
sie, vor wem sie das that; und mit jenem Morgenhäubchen
der Vertraulichkeit ging sie wahrlich nicht in's Schauspiel
oder auf den Ball. Wer wußte besser als sie, wo der
Schleier hingehörte, und wo er bloß unnütz und unbequem=
lich war? War es denn Stolz, wenn sie ihre Schwächen,
ihre „Seelenkrankheiten" eben so freimüthig ihren Ver=
trauten, nicht bloß eingestand, sondern auch auf solche auf=
merksam machte, mit denen manche gefallsüchtige Frau noch
allenfalls hätte prunken können, als mit Schönpfläſterchen
empfindsamer Ziererei? Schrieb sie mir doch wenige Jahre
vor ihrem Hinscheiden: „Freilich besitze ich noch meine ganze
Kraft, meinen ganzen inneren Werth, aber auch alle meine
unheilbaren Schwächen und Ungeschicklichkeiten, die
Sie kennen, und über welche Sie mich oft so gutmüthig
trösteten. Aber sie sind immer noch da, und werden mich
martern, bis das Herz keinen Schmerz mehr empfindet und
keine Freude." Und ein anderesmal wie rührend! — „Hal=
ten Sie mich, nach dem Obigen, auch nicht für zu stolz?
Ach, lieber Brinckmann, man ist nicht stolz mit Thränen
in den Augen, wie ich diesen Brief schreibe."

Nein! Ihre Unbefangenheit hatte keine Ahnung von
kleinlicher Eigenliebe oder absprechendem Stolze. Wie wir
anderen ohne Unbescheidenheit gestehen können, daß wir Griechisch wissen, wenn wir mit Gelehrten sprechen, so ver-
heimlichte auch sie nicht ihre tiefere Menschenkenntniß, ihren
durchdringenden Scharfblick vor denjenigen, die Sinn hatten
für ihre seltene Eigenthümlichkeit und würdig waren, von
ihr belehrt und gebildet zu werden. Mit der geputzten
Mittelmäßigkeit sprach sie von dem neuesten Schauspiel,
von den „Wunderaugen der Marchetti", oder von dem
Iphigenien-Schleier der Unzelmann. —

Vielleicht gehörte aber auch eine solche Allseitigkeit
des Geistes dazu, wie die ihrige, um auch aus noch so gemischten Gesellschaftsverbindungen nicht bloß Vergnügen,
sondern Nutzen zu schöpfen. So reich ihre Menschenkenntniß
war, so bewunderungswürdig gewandt und leicht abgewogen
war ihre Behandlung der verschiedensten, sich einander
oft völlig widersprechenden Karaktere. Belustigend durch
ihren Witz und ihre scherzhafte Laune; liebenswürdig durch
die Herzlichkeit ihrer Theilnahme an allem Guten und Schönen;
anziehend durch anspruchlose Gutmüthigkeit, die mit jedem
Kinde spielte, wie mit „lebenden Blumen"; und doch
dabei ehrfurchtgebietend, durch eine Geistesüberlegenheit, die
für den Kenner überall durchschimmerte. — So genügte
sie den strengen Forderungen des erhabensten Genius, wie
der fröhlichen Unbefangenheit alltäglicher Vergnügungen.

Sie wissen, wie sehr Goethe ihren seltenen Werth an-
erkannte, und ihren Umgang liebte; und doch war dieses,
sobald er sie einmal kannte, leichter zu erwarten, als daß
Fürst De Ligne, selbst ein unerreichtes Muster geistreicher
Liebenswürdigkeit aus der Blüthenzeit des Französischen
Hoftons, so viel Sinn haben sollte für diese ächte gediegene Deutsche. Zwischen ihr und Goethe ließ sich eine
Wahlverwandtschaft des Geistes und der Gesinnungen voraussetzen, aber für De Ligne hätte ihre höchste Eigenthümlichkeit durchaus fremd bleiben müssen, wenn sie ihn nicht erst
durch ihren leichten Witz und ihre anmuthige Lebensgewandt-
heit aufmerksam gemacht hätte auf die erstere. So lernte

er schnell genug auch diese schätzen, und bei jedem Wieder=
sehen fand er unsere Freundin immer von neuem einzig
anziehend und liebenswürdig, wie Briefe und Gedichte
von ihm an sie hinlänglich bezeugen.

Eine größere Eroberung war aber unstreitig die Frau
von Stael; und Sie wissen vielleicht nicht, wie schnell,
diese geistreichste aller Französinnen gleich nach der ersten
Bekanntschaft bis zur Bewunderung hingerissen wurde
von der unverkennbaren Ueberlegenheit unserer anspruchlosen
Freundin. *) Die berühmte Reisende hörte nämlich in Ber=
lin den Prinzen Louis von Rahel sprechen als von einer
Person, welche, „wie man versicherte", in jedem Lande
unter den Höchstgebildeten Aufsehen erregen und Eindruck
machen würde. Da die Stael dem fürstlichen Urtheil nicht
recht zu trauen schien, wandte sie sich im Vertrauen an
mich: „Que pensez-vous de cette prétension? Une petite Berlinoise qui ferait de l'effét dans les cercles de
Paris! Vous la connaissez sans doute; trouvez vous
donc, qu'elle a tant d'esprit?" — „De l'esprit?"
antwortete ich ihr: „il vaudrait bien la peine de la pré-
coniser tant, si elle n'avait que de l'esprit. Mais,
selon moi, son génie ferait certainement de l'effét à

---

*) Rahel hat die Frau von Stael nicht zuerst in Berlin,
und nicht nur Einmal, gesehen, sondern schon früher ein paar=
mal in Paris. In einem erst jetzt gefundenen Briefchen vom
Jahre 1804, als Frau von Stael eben in Berlin war, sagt Rahel:

„Je serai assez charmée de faire la connaissance de
madame de Stael; mais je l'ai lue; et j'ai assouvie la cu-
riosité qu'on a de connaitre une personne intéressante. Je
l'ai vue deux fois très bien et très-parlante chez les Humboldt à Paris: elle m'a même parlé, et de Brinckmann
aussi; mais elle m'a oubliée. Mais voilà tout! Une intime
connaissance n'est presque pas possible. Mais comme elle
fait la pluie et le beau temps dans ce moment, je me pro-
mènerai assez volontiers dans sa saison. Elle ne m'échap-
pera pas! Savez-vous pourquoi elle parle aussi toujours
d'Urquijo? parce qu'il est Espagnol, son héros dans Delphine l'est aussi. Elle croit qu'ils aiment bien! Et Dieu
sait qu'elle idée elle se fait des filles d'Abraham!" —

Athènes même, si la Grèce existait encore. Qui dit donc de Madame de Stael qu'elle a beaucoup d'esprit?" — „Ah! Vous la comparéz donc à moi? Cela n'est pas mal. A-t-elle écrit quelque chose?" — „Non! je crois même, qu'elle ne le fera jamais; mais il serait à souhaiter, qu'elle pût inspirer son génie à vingt auteurs, qui en manquent." — „Mais vous êtes fou, mon ami! C'est à dire: vous êtes Allemand; fanatique en amitié, comme en philosophie; mais enfin il faut connaître cette merveille; et vous me donneréz une soirée avec elle." — Bald darauf trafen sie sich bei mir in einer großen Gesellschaft, wo ich alles eingeladen hatte, was der Verfasserin der Delphine mehr oder weniger Theilnahme einflößen konnte: Königliche Prinzen, Gelehrte jeder Farbe, Frauenzimmer vom Hofe, Fichte, die Unzelmann, Iffland, mit Anderen; aber kaum war Rahel der Frau von Stael vorgestellt worden, als sie sich mit dieser in die Ecke eines Sophas setzte, wo sie sich über anderthalb Stunden mit ihr ganz allein unterhielt, ohne sich um die ganze übrige Gesellschaft zu bekümmern. Späterhin kam sie ganz ernsthaft zu mir und sagte: „Je vous fais amende honorable: vous n'avez rien exagéré. Elle est étonnante! Je ne saurais que répétér, ce que j'ai dit millefois pendant ce voyage; que l'Allemagne est une mine de génie, dont on ne connait nulle part les richesses, ni la profondeur. Vous êtes bien heureux de posséder ici une amie pareille. — Vous me communiqueréz ce qu'elle dira de moi." — — „En attendant Madame! je vous communiquerai ce qu'elle a dit de vous, il y a longtems; après la première lecture de votre ouvrage «sur les Passions»." — „Voilà, me dit elle, une femme qui saurait tout, si elle était Allemande; j'espère, qu'elle le deviendra un jour, car le malheur est, qu'en fait de philosophie il faut absolument savoir tout, pour bien savoir quoi que ce soit." — „Ah! mon dieu!" rief Frau von Stael, „que cela est juste! Elle a bien raison; j'étais loin alors de savoir tout. Mais je vaux

mieux à présent." Hierauf winkte sie Rahel herbei. „Ecou-
téz, Mademoiselle! Vous avez ici un ami, qui sait bien
vous apprécier, comme vous le meritez, et si je res-
tais ici, je crois, que je deviendrais jalouse de votre
supériorité." — „Vous, Madame?" lächelte Rahel;
„Oh! non; je vous aimerais tant, et cela me rendrait
si heureuse, que vous ne deviendriez jalouse que de
mon bonheur; car qui pourrais jamais vous en inspirer
un pareil?" —

Wenn aber die Hochgebildete durch diese glänzende Kunst=
fertigkeit ihres Geistes alle Erscheinungen des äußeren Lebens
mit Leichtigkeit in sich aufnahm, wenn sie solche verschönert
zurückstrahlte auf die gesellschaftlichen Verhältnisse, denen
sie oft ausschließend anzugehören schien; wenn sie folglich
ihre Ueberlegenheit überall geltend zu machen vermochte, ohne
jemals durch diese, weder die Bescheidenheit, noch die Liebe
zurückzustoßen, womit die Weisen und Guten ihr so willig
entgegenkamen, — wie wenig war doch diese Kunstfertig=
keit ihres Geistes gegen die hohe Begeisterung ihrer eigen=
thümlichen Persönlichkeit, in der stillen Heimath ihres schönen
Gemüths und ihres heilig klopfenden Herzens? Hier war
es, wo der ganze Reichthum dieser großen Seele nur mit
Eingeweihten getheilt wurde, und wo alle Strahlen ihres
flammenden Genius sich in Einem Brennpunkt vereinigten,
um uns Glückliche nicht bloß zu erleuchten, sondern ich
möchte wohl sagen, um unser geistiges und sittliches Leben
mit dem ihrigen zu verschmelzen. Hier war es wo mir
wenigstens die Freidenkerin zugleich als eine Heilige
erschien, die nicht bloß die zärtlichen, sondern selbst die kränk=
lichen Gefühle der unmündigen Unschuld mit den Anforde=
rungen der reinsten Vernunft ausglich und versöhnte. — Und
in dieser stillen Heimath hat sich ja auch in mir alles aus=
gebildet und veredelt, was mich allenfalls würdig machen
mochte, von einer solchen Muse der zartsinnigsten Wahr=
heit begeistert zu werden. —

Daher zwischen uns beiden diese anziehende Verstandes=
vertraulichkeit, die bei mir bald leidenschaftlich wurde,
wie eine Liebe; aber von ganz eigenthümlicher Art, weder

sinnlich noch platonisch, sondern, ich möchte sagen: geistkräftig und hochmenschlich.

Und daß ich dieses Glaubensbekenntniß nicht jetzt erst ablege, da der Schmerz über die Verlorene jede ihrer Eigenschaften verklärt, jedes Gefühl der Dankbarkeit und Sehnsucht in mir vergeistigt, — davon können sie sich am besten überzeugen durch eins meiner Gedichte: „An die Vertraute", das wenigstens einen Schattenriß der Vortrefflichen enthielt, den sie selbst damals für ähnlich und getroffen erklärte. (Es ist die Elegie des zweiten Buches.)

Die Alltagswelt hätte sie freilich, auch unter dem sprechendsten Bilde nicht erkannt. Denn für diese blieb sie immer mehr eine Merkwürdigkeit, als das Urbild der reichsten und seelenvollsten Eigenthümlichkeit. Wie Goethe's Muse, wurde sie mißverstanden; nicht selten von den nämlichen Personen, welche in beiden nicht begreifen konnte, wie für sie —

„Des schnellsten Lebens lärmende Bewegung nur ein leichter
    Flor sei,
durch den sie des Daseins edlere Gestalten immerfort, wie
    in Wolken erblickten."

Uns, den Eingeweihten ihrer höheren Unschuld, die bei Gott! etwas Edleres und Köstlicheres war als die dürftige, gefallsüchtige Tugend der Menge, uns leuchtete diese, auch bei ihrem vielseitigen Spiele mit den flüchtigen Vergnügungen des Augenblicks —

„Ueberall freundlich und treu, wie durch des Nordlichts
beweglicher Strahlen ewige Sterne schimmern. —

Als ich einmal Goethe's Epigramme auf ihrem Tische fand, zeigte sie mit dem Finger auf folgendes:

„Frech wohl bin ich geworden; es ist kein Wunder! Ihr
    Götter!
wisset, und wißt nicht allein, daß ich auch fromm bin
    und gut!"

„Das bin ich", sagte sie, „wie die Dummen mich beurtheilen, und wie Sie mich kennen! Allenfalls auch die Götter."

Und wohl kannte ich sie so. Fromm und gut, wie wenige ihres Geschlechts; ob sie gleich als Mensch und als Denkerin so hoch über ihnen stand, daß man ihr jeden Stolz, jede Verachtung ihrer meisten alltäglichen Umgebungen hätte verzeihen können. Der Frommen und Guten konnte sich jedes Herz vertrauen; der Geistreichen, der Scharf= blickenden konnte sich keine Unlauterkeit verbergen; auch nicht die leiseste, oder schlaueste Gemeinheit. Und die strenge Rüge solcher Ungezogenheit des inneren Menschen mochte wohl frech scheinen den Dummen, die selbst keine andere Bescheidenheit anerkennen, als um Schonung bettelnde Feigheit. Für den unbefangenen Wahrheitsfreund, selbst den unbedeutenden, war ihre Ueberlegenheit nie drückend, viel= mehr wußte sie alles Bessere, alles selbst ihm Unbekannte, aus ihm hervorzulocken, ja wohl gar heiter und gutmüthig als ein Gastgeschenk von ihm zu empfangen.

In meiner Seele las sie, wie in einem offenen Buche mit breiten Rändern, wo sie überall etwas hinzuschrieb und verbesserte; und wo irgend die Handschrift meines un= ruhigen Geistes mir selbst unleserlich schien, entzifferte sie solche oft schneller und fertiger als ich selbst.

Darum war und blieb sie für mich unter allen Um= wälzungen meines Schicksals und meiner Verhältnisse — Friedrich die Einzige, wie ich sie wohl manchmal im Scherz nannte; die Freundin ohne Beiwort und Zusatz. Und das trotz der Vielen, welche ich in allen Ländern neben ihr verehrt, geliebt, bewundert und angebetet habe; trotz der eben so vielen, welche ihr in der nämlichen Zeit Empfindungen jeder Farbenmischung einflößten; — denn was sie mir war, konnte mir dadurch nicht entrissen, ja nicht einen Augenblick verkümmert werden. „Bin ich doch", sagte sie mir einmal, „nicht bloß Ihre Freundin, sondern auch Ihr Freund, und einen treuern hatten Sie nie."

Viele mögen sie oft lebhafter beschäftigt haben, als ich; sie vielseitiger angezogen, sie wenigstens eine Weile fröhlicher unterhalten, aber darauf möchte ich gerne stolz sein, daß sie wahrscheinlich mit keinem bloßen Freunde inniger, ich möchte sagen häuslicher vertraut gewesen als mit mir. Eben deswegen war sie vielleicht strenger gegen mich, als gegen viele, nicht selten unbedeutende Günstlinge des Augenblicks, welche sie bisweilen mit einer schonenden Nach= giebigkeit, ja mit einer Selbstverläugnung behandelte, auf die auch der beste keine Ansprüche hätte machen dürfen. Mir hingegen ließ sie nichts hingehen, verzieh sie nicht die mindeste Alltäglichkeit der Ansicht, oder der Gesinnung, und rügte mit Ernst, was sie an mir mißbilligte. Schmeichel= haft genug beantwortete sie jedoch einst meine unbefangene Anmerkung über diesen anscheinenden Widerspruch: „Das wundert Sie? Wissen Sie denn doch nicht, daß die bloße Neigung ihre Kinder verhätschelt, unbekümmert, was daraus wird, die Achtung hingegen die ihrigen durch Zucht und Strenge veredelt?"

Furchtsam, oder minder offen gegen sie machte mich diese Strenge nicht; denn wer hätte mir wohl ein so gränzen= loses Vertrauen einflößen können, wie diese liebevolle Ver= standes= und Herzensfreundin? Aber meine Ehrfurcht vor ihren höheren Geisteskräften war so tief gewurzelt, daß es nicht leicht zu irgend einem Meinungsstreit zwischen uns kam, wie sehr auch unsere Ansichten bei gewissen Gelegenheiten sich durchkreuzen mochten. Sie konnte in meinen Augen nicht leicht Unrecht haben, ich hingegen sehr leicht zu kurz= sichtig sein, wenn mir die Gegenstände ihres Adlerblickes noch nebelicht erschienen. Ich hielt eher meinen Stand= punkt für zu niedrig, als den ihrigen für unsicher. Dann schwieg ich mit nachsinnender Bescheidenheit, wiewohl das ihr nicht eben recht war. „So sprechen Sie doch!" sagte sie bisweilen; „was liegt mir denn am Rechthaben? Viel= leicht verstehen Sie mich nur nicht; und das kann ja eben so leicht mein Fehler sein, wie der Ihrige. Dem wird ja eben abgeholfen durch Streiten, nicht aber durch eine übertriebene Bescheidenheit, welche Sie lieber an andere ab= geben können, die solche eher vonnöthen haben möchten. Mit wem soll ich denn streiten und zanken, wenn nicht mit Ihnen? Heimtückisch und unredlich werden wir einander doch nicht verwunden."

Spöttelnd — witzig schrieb sie mir einmal über diese

meine schüchterne Ehrfurcht vor ihr, als vor einem höheren
Wesen: „Ihr gestriger Brief hat es wieder recht darauf
angelegt mir meine, von Ihnen so hoch gepriesene Ueber=
legenheit verdächtig zu machen. Oder spielen Sie falsch?
und wollen mir meine Künste nur ablauern, und solche
wider mich selbst kehren? Das soll Ihnen doch wohl nicht
gelingen. Wenn Sie sich im Verhältniß zu mir so gar
schwach darstellen, und mich so hoch über sich erheben,
so könnte das auch boshaft genug scheinen. Denn dadurch
machen Sie mich eigentlich zu einem Götzenbild und sich
zum lebenden Menschen. Nicht übel ausgedacht! denn
dem letzteren mag es unter anderem auch schön vorkom=
men, sich einmal zu sammeln, zu bewundern, zu fürchten
und anzubeten. Was verliert er dabei? vorzüglich wenn er
sich heimlich gesteht, daß er „das goldene Kalb“ doch selbst
gegossen hat. Der kleine Hausgott aber, wenn er nicht
von Gold, oder Marmor ist, sondern von Fleisch und Blut,
könnte sich's einfallen lassen in seinem hirnlosen Köpfchen an
diese Anbetung seiner selbst zu glauben, und würde da=
durch sein eigener und aller Leute Narr. — Dafür
bedank' ich mich schönstens. Ich habe mich in der allge=
meinen Weltnoth nur Einer Göttin ganz hingegeben: der
Wahrheit; die rettete mich überall, die soll mich auch
diesmal vor Ihnen retten. Sie hat mir immer geboten,
aufrichtig gegen Sie zu sein; und diese Aufrichtigkeit muß
Sie in jedem Verhältniß zu mir beruhigen, befriedigen,
stolz und freimüthig machen; — oder ich bin wirklich werth
in einem Kapellchen zu stehen, und die Augen vor meiner
eigenen Glorie zu schließen. Kennen wir einander denn
nicht durch und durch, und wissen ungefähr was wir gelten?
Auf Heller= und Pfennige=Berechnung kömmt es eben nicht
an; genug wir haben beide zu leben, und so können
wir recht gut und ohne gegenseitige Ziererei, einander zu
Gaste bitten — auf hausbackene Vernunft.“
  Welch ein Buch könnte ich zusammenschreiben über alles,
was die Einzige mir Kluges und Herrliches geschrieben, ge=
sagt, und zugeblickt und zugelächelt hat? Aber sie
leben nicht bloß in meinem Gedächtniß, diese goldenen Sprüche

der seelenvollsten Weisheit, sie sind übergegangen in das Mark meiner besseren Gefühle, meiner eigenthümlichen Denkweise.

Ich versprach ihr einmal im Scherz: ihre Gespräche zu bearbeiten, wie Platon die Sokratischen, ob ich gleich voraussähe, daß sie dabei ausrufen würde, wie der Weise von Athen: „Was doch der gutmüthige Mensch mich für albernes Zeug schwatzen läßt." Auch sagte sie mir hernach lächelnd bei ein paar Stellen meiner philosophischen Ansichten: „Da haben Sie mich doch nicht recht verstanden."

Finden Sie nicht vielleicht, daß ich schon in diesem Briefe angefangen habe, stark genug zu platonisiren? Ich habe vieles zusammengedrängt, was Rahel oft bei verschiedenen Gelegenheiten gesprochen und briefliche Mittheilungen aus sehr abwechselnden Zeiten angeführt, wo es mir bloß darum zu thun war, ihre nie veränderten Ansichten und Gesinnungen in folgerichtigem Zusammenhang deutlicher zu entwickeln. An reichhaltigem Stoff hat es mir wahrlich nicht gefehlt. Habe ich doch aus jenen glücklichen Jahren unseres vertraulichen Umgangs nicht bloß ihren köstlichen Briefwechsel, wo oft ein unbedeutendes, jedem Fremden unverständliches, Zettelchen meinem lebendigen Gedächtniß ganze Gespräche wieder erneuert, welche dadurch nur eingeleitet wurden; sondern meine eigenen Sammlungen von Tageblättern und Aufsätzen, worin ich, oft noch bei der frischesten Erinnerung, alles niederlegte, was ich von ihren flüchtigsten Reden aufzubewahren wünschte. Das alles ist nicht sie selbst; aber es ist Rahel — wahr und treu dargestellt, wie sie mir erschien, nach langer Beobachtung und gewissenhafter Auffassung ihrer sprechenden Gesichtszüge. Mehr leistet im Grunde auch der beste Mahler nicht; und daher, selbst bei Meisterstücken, die so ungleichen Urtheile über Wahrheit und Aehnlichkeit des dargestellten Gegenstandes. Anders wurde der nämliche Sokrates von Platon aufgefaßt, anders von Xenophon; und doch waren beide gleich treu; und in mancher Rücksicht gleich — unähnlich. Sokrates, wie Rahel, theilte sich eigentlich nur mit durch mündliche Gespräche, und diese sind immer berechnet auf bestimmte Zuhörer; man wagt sehr viel, wenn man ihnen den nämlichen Reiz zutraut für fremde mit ihrer ganzen Eigenthümlichkeit unbekannte Leser. An dem Inhalt muß man nur keinen Raub begehen; von diesem kann man oft das Gehaltreichste wiedergeben, aber die lebendige Form des beweglichen Vortrags läßt sich bei ihr weniger, als bei kunst= gerechten Sprechern abdrucken in todte Buchstabenschrift. —

Denn wer von uns, ihren glücklichsten Zuhörern, sollte nicht die Schwierigkeit empfinden, „das lebendige Wort" der hohen Seherin so ursprünglich und treffend wieder= zugeben, als wir es empfingen in Augenblicken der Ein= gebung? Denn durch diese nur herrschte sie im Gespräch, nicht durch ruhmsüchtige Beredsamkeit, wie manche der so= genannten geistreichen Frauen, deren Andenken noch fortlebt in französischen Denkwürdigkeiten und Mustersammlungen. Im Gespräch wie in den flüchtigsten Mittheilungen ihrer Feder, war Rahel so eigenthümlich nur sie selbst, daß sie mit keiner Schönsprecherin verglichen werden, für keine solche als ein Vorbild aufgestellt werden konnte. Die Begeiste= rung des Augenblicks wirkte bei ihr oft wie der Blitz; und welcher Pinsel hat diesen wohl anschaulich gemahlt für denjenigen, der den zuckenden Strahl nie selbst gesehen am hohen feierlich bewegten Himmel? Was sie sprach und schrieb war Geist, Gefühl, Gedanke, Bild, Witz oder Ein= fall — anregend, erschütternd, belehrend und herzerquickend für die Eingeweihten, die Vertrauten ihrer jedesmaligen Stimmung; aber dies alles war nie verarbeitet zum ab= geglätteten Kunstwerk für die wohlerzogene Lesewelt. Für jede prunkende Oeffentlichkeit war ihre „Art und Kunst" zu vornehm, und setzte überall Ebenbürtigkeit des Geistes und der Gesinnung voraus — bei Hörern und Lesern. —

„Ich bin keine Schriftstellerin", sagte sie mir einmal, „und wozu? Wer meine Abkürzungen, mein Verschweigen alles desjenigen, was die eigentliche Weisheit der Nicht= denkenden ausmacht, nicht versteht, meine Kreuz= und Quer= sprünge nicht mag — für den sprech' und schreibe ich eben nicht. Meine Briefe, oder abgerissenen Zettelchen an Sie,

und wirkliche Vertraute, sind nur — ein Stückchen Leben
mit Euch; Papier und Federn sind nur ein Reisebehelf,
damit wir schneller zusammenkommen. Dann plaudern wir
bei verschlossenen Thüren. — Für die heißhungrige
Lesewelt sollte ich mich abmüden? — Habe ich doch
manchmal gewünscht, den ganzen Goethe heimlich und in
der Handschrift lesen zu können, um nur so viel gemeine
und verruchte Urtheile über ihn nie anhören zu müssen.
Versteht ihn denn das Gesindel seiner dreißig= oder vier=
zigtausend Leser? Wußten wohl die Lumpen Werther's,
die sich erschossen, wie Goethe und der wirkliche es ge=
meint hatten?" —

Ob sie eine große Schriftstellerin hätte werden
können, auch nach dem Begriffe unserer klassischen Kunst=
richter — wer mag das gradezu behaupten oder verneinen?
Der scharfsinnigste Denker wird es seltener, als der leicht
auffassende Darsteller, und der hinreißendste Sprecher fühlt
oft das ganze lebendige Gebärdenspiel seines Genies verlahmt,
wie er nur die Feder in die Hand nimmt, und gebückt nieder=
sitzen muß. Mancher Feldherr, der auf dem Schlacht=
felde Wunder verrichtet, wäre vielleicht nicht im Stande jene
mächtigen Eingebungen des Augenblicks auf seinem Schreib=
zimmer zu Papier zu bringen. — „Ich kam, sah und
siegte", sagt Cäsar, und überließ es den Kriegsgelehrten
der Nachwelt diese drei Wörter durch scharfsinnige Werke
und wohlgestochene Karten zu erläutern. So schrieb auch
Rahel keine Abhandlungen; sie kam, sprach und siegte
— mit dem Munde, oder mit der Feder, denn beides
war ihr eins — und so bieten uns ihre mündlichen Ueber=
lieferungen, wie ihr schriftlicher Nachlaß, wohl eine köstliche
Sammlung von gewichtigen Kernsprüchen, von blitzfenrigem
Witz und geflügelten Worten der allbegeisterten Denkerin,
nur kein gemeiseltes Kunstwerk. — Sie dichtete keinen Ro=
man; aber der gehaltvolle ihres eigenen Lebens könnte auch
von keinem Walter Scott für die Lesewelt anschaulich
dargestellt werden; eher von Jean Paul durch den Zauber=
spiegel seiner schönsten Zeit, wo seine lieblich=schwebenden
Gestalten alle ihre Hauptrollen noch spielten in der heiligen

Welt des Gemüths und der dichterähnlichen Vernunft=
forschung. Dort wandelte Rahel ja so gern in Stunden
der Weihe —

> „Durch der Schönheit stille Schattenlande,
> wo auf ihrer Wellen Silberrande
> sich Aurora mahlt und Hesperus." —

In dieses Schattenreich des inneren Lebens dringt aber selten
der sonst so entdeckungsreiche Britte; der Deutsche hin=
gegen ist dort gerade einheimisch, und verirrt sich leichter
in der wirklichen Welt. —

Nicht also die Schriftstellerin Rahel, sondern der
hohe weibliche Genius, die weissagende Selbstdenkerin, die
neuerstandene „Veleda" unserer Deutschen Mitwelt
hat mir von jeher eine so andächtige, liebevolle Ehrfurcht
eingeflößt für diese Einzige, die keine Neider besaß, und
keine Nebenbuhlerin.

Mir genügte nicht bloß, mich entzückte mehr als
andere ihre fürstliche Verachtung jedes leeren und zufälligen
Putzes schöngeisterischer Eitelkeit. Ueberall, wie leise sie auch
die erhabensten Gegenstände des Denkens, oder der Empfin=
dung, oft nur wie im Fluge berührte, konnte sie uns
Buchstabenmenschen belehren, ja selbst den glücklichsten Künst=
ler noch begeistern und zurechtweisen, aber ihr selbst war
wenig daran gelegen, ob sie auch eine Quartseite so schrieb,
wie es etwa der Preßbengel verlangte.

Allerdings findet man auch hierin einen nicht zu ver=
kennenden Unterschied zwischen ihren frühesten und späteren
Mittheilungen. Durch eine so vieljährige Uebung — denn
wenige Frauen mögen so viel Briefe geschrieben haben, wie
Rahel — wurde selbst ihre kühne, abspringende Schreibart
unwillkürlich, und gewiß ohne Absicht, mehr abgerundet, die
flüchtigste Darstellung ihres innerlich bewegten Lebens auch
der künstlerischen Vollendung näher gebracht. Aber dennoch
war und verblieb die Ursprache ihrer eigenthümlichen Be=
geisterung immer ein geheimnißreiches „Sanskrit" für
priesterliche Bramanen, auf dessen Verständniß keine Pa=
rias Ansprüche machen dürfen.

Wohl weiß ich, daß man auch sie, diese tiefsinnige Naturdichterin des Denkens übersetzen kann, wie die Bibel, oft verrückt genug, in alle Sprachen der Welt. Habe ich es doch selbst nicht selten versucht, wie eben jetzt in diesen Blättern, wo ich Mündliches, zum Theil aus dem Gedächtniß, wiederherzustellen versuchte; — unwillkürlich im Ausdrucke weniger treu, wie sehr ich mich auch bemühte, dem Inhalte nichts von dem meinigen zu leihen. Aber schon während des Schreibens wiederholte ich mir immer im Stillen, was ein Alter von den Schriften des Demosthenes sagte: „Wie anders würdet ihr ihn bewundern, wenn ihr ihn selbst gehört hättet." — Und eben darum war ich immer so vorsichtig, wenn ich Mündliches oder Schriftliches von ihr mittheilte an solche, welche die Einzige nur durch Erzählungen kannten, nicht durch lebendige Anschauung und persönliche Vertraulichkeit. —

Da liegt sie eben aufgeschlagen vor mir die ganze reiche Sammlung jener köstlichen Briefe, durch welche Rahel auch mit mir einst so vertraulich „ein Stückchen Leben" zurücklegte! Wie selige Schatten aus Elysium versammeln sich ja wieder um mich alle Geister der Vergangenheit, mit allen Freuden und allen Schmerzen meines jugendlich klopfenden Herzens! Mit jedem Blick auf diese heiligen Sibyllenblätter sehe und höre ich ja sie noch — gerade, wie sie zu mir sprach und an keinen anderen dabei dachte. Wie übersetzt man denn bei solchen Liebesbriefen lebendiger Vertraulichkeit — Ton und Blick und Seufzer und Aufschreien, oft bei einem einzelnen Wort, ohne welche doch Rahels Schrift für den fremden Leser oft eben so unverständlich wird, als eine unpunktirte hebräische Bibel für den ungeübten Anfänger. —

> „Ach wie traurig sieht in Lettern
> schwarz auf weiß das Blatt mich an,
> das aus Deinem Mund vergöttern,
> das ein Herz zerreißen kann!" —

Ihre Bruchstücke des Scherzes sowohl wie des Ernstes bildeten in ihr ein Ganzes, das nur unzusammenhängend schien und mißgestellt bei einer zu grellen Beleuchtung aus einer unrichtig berechneten Ferne. Und eben deswegen scheint mir öffentliche Mittheilung ihrer schriftlichen Aufsätze die sorgfältigste Auswahl und die gewissenhafteste Prüfung zu fordern. Wer liebte unter anderen, wer vergötterte, möchte ich sagen, wie sie, den Witz? aber von wem lernte ich auch bestimmter, als von ihr, die feine Gränzlinie zu gewahren zwischen dem schriftstellerischen, dem brief=lichen und dem mündlichen, ja selbst dem mahlerischen Witze, der bloß durch Blick und Ton flüchtig hingespielt wird.

„Ob ich, eh' ihn die That aussprach, auch den schönern
Gedanken
ahne, der inhaltreich, kaum sich dem Blicke vertraut,
Worte verschmäht, und den ärmlichen Wunsch in die Kreise
der Sprachkunst
niederzubannen den Geist, der im Unendlichen schwebt." —

So sprach ich über sie selbst zu unserer zartsinnigen Freundin in dem oben erwähnten Gedicht. Diesen „schö=neren Gedanken" lese ich noch immer auf dem weißen Zwischenraume ihrer flüchtigsten Zeilen, und eben ihn fürchte ich so leicht durch Druckerschwärze zu verletzen. Alles Wahre und Schöne wollen wir von ihr wissen, nicht aber das Mißverstandene, welches immer unwahr ist, — auch wenn es mit ihren eigensten Worten ausgedrückt wäre. Denn mißverstanden muß alles werden, was aus seiner Verbindung gerissen, einzeln und zerstümmelt der Be=trachtung dargestellt wird; — vorzüglich wenn zu dieser Verbindung nicht bloß bestimmte Verhältnisse, sondern bestimmte Menschen und vielleicht jedesmalige Stimmung des Augenblicks gehörten. — Ja könnte ich die Freunde und Freundinnen der Verklärten noch um mich versammeln, aus den „Tagen die nicht mehr sind", wie gern wollte ich ihnen jedes Blättchen preisgeben, ja! jedes unleserliche Zet=telchen, das doch wohl das Gepräge ihrer Eigenthümlich=keit verräth, — aber der gleichgültigen Lesewelt? der rohen Menge, die in der Regel keines Menschen Freun=din ist? — Mir grauet vor solchen Kampfrichtern ihres Ruhmes und ihres inneren Werthes. —

Der geistige Zögling dieser priesterlichen Muse der Ver=
traulichkeit ist zu furchtsam, vielleicht auch zu stolz, um sich
bei dem jetzigen sogenannten Geist der Zeit wieder in die
Lehre zu geben. Bei diesem unreinen Geist rücksichtsloser
Offenkundigkeit, welcher die Welt dadurch erleuchten soll,
daß er alle Freimaurergeheimnisse des Herzens den Unheiligen
preisgiebt, keinen Schleier der Bescheidenheit schont, ja kein
Feigenblatt der Bedürfnisse, damit auch der bessere Mensch
oft dastehe, nicht in seiner Unschuld, sondern in seiner
Blöße, zum erbaulichen Schauspiele für die hohnlachende
Gemeinheit. —

Das alles giebt nur im Allgemeinen jenen frechen
Geist der Zeit, wie er sich, leider! schon in allen Ländern
zu offenbaren beginnt; — nirgends vielleicht unverschämter,
als hier in meinem äußersten Thule.

Von Ihnen, lieber Varnhagen, fürchte ich wahrlich nichts
Aehnliches. Sie werden schon zartsinnig, weise, und selbst,
wie ich hoffe, schüchtern hiebei verfahren. Fromm und auf=
merksam werden Sie hinhorchen auf die leisen Wünsche unse=
rer Verewigten, die uns ja noch „jenseits der Urnen" zu=
flüstert, daß wir ihre Asche nicht entheiligen, und solche nicht
preisgeben sollen allen Winden des Neides, des Leichtsinns
und der Herzlosigkeit. —

———————

Wohl Ihnen, dem es vergönnt wurde die letzten Erden=
wünsche dieser Einzigen noch von ihren sterbenden Lippen
aufzuathmen. Mir Armen wurde sie schon viel früher ge=
raubt durch den Neid eines unerbittlichen Schicksals. Der
Frühling meines Lebens wurde durch ihre Großmuth ver=
schönert und bereichert; aber ach! warum durfte dieser milde
Sonnenschein für mich nicht fortdauern, um auch die Früchte
des Herbstes zu zeitigen und zu veredeln! —. Wohl ward
ich durch sie — wenigstens mehr, als ich sonst geworden
wäre: genug vielleicht für meine späteren Weltumgebungen;
aber wie wenig, wie arm und unbeholfen fühle ich mich
selbst in diesem Wittwenstande trostloser Sehnsucht! Hätte

sie meine Jugend nicht so freundselig gemacht, so würde ich jetzt die Vereinsamung des sinkenden Alters nicht so drückend empfinden.

Nach unbekannten Gütern einer habsüchtigen Einbildungskraft hat mein genügsames Herz nie geschmachtet; aber wie sollte das dankbare nicht ewig vermissen, was es einst so schön, so eigenthümlich besessen? —

„Wie geht es Ihnen dort oben, in ihrer kalten, vornehmen Welt?" fragte mich Rahel einmal nach meiner letzten Verbannung aus unserem gemeinschaftlichen Frühlingsgarten der „Dichtung und Wahrheit", — und ich antwortete ihr darauf durch folgende kleine Arabesken:

1. Der Verarmte.

„Bist du allein denn an Freunden so arm? du allein so verkannt hier?
 trösten dich Tausende nicht ärmer, doch froher als du?" —
„Nein! denn ich war ja so reich, wie die Tausende nimmer; und elend
 macht uns die Armuth nicht, macht die Verarmung allein!" —

2. Sehnsucht.

„O! wie beglückt Sehnsucht, die das Nimmergefundene froh noch
 ahnt, wenn das Herz sorglos künftige Schätze verschwelgt! —
O! wie entnervt Sehnsucht, die dem Ewigverlornen nachweint,
 und vom entseelten Genuß drückende Schulden nur erbt!" —

Und doch nahm ich ja immer noch Theil an dem Reichthum der Großmüthigen, so lange sie dem Leben noch angehörte, und mein Genius sie überall umschwebte in der leuchtenden Ferne. Getreu blieb sie dem Verarmten, wie einst dem überseligen Schwelger; den Jahren erlaubten wir beide keine Rechte an unsere bloß reifer gewordene Jugend, und dem Schicksal keine Macht, unsere Seelen zu trennen. Ja! selbst scherzend — aufmunternd waren

noch ihre letzten Briefe an mich, die ich jetzt mit so schmerz=
lichen Thränen wiederlese.

„Was sagen Sie denn dazu, daß ich verheirathet
bin? Es hat aber für Sie nichts zu bedeuten. Ich war
nie freier, als jetzt; eigentlich «nur mit mir selbst verhei=
rathet», wie Sie einmal sagten. Sie sehen also, worauf
ich noch immer den meisten Werth lege. Ihnen und mir
fehlt aber immer noch «das unermeßliche Geld», das wir
uns immer wünschten, um «ganz bescheiden nach unse=
rem Sinne leben zu können»; denn wären wir beide
sonst wohl vor dem Tode getrennt worden? Auf alle Fälle
glauben Sie mich ja nicht anders wie sonst. Nichts für
den Augenblick allgemein Geltendes gilt bei mir. Ich
bin keine «vernünftige» für Sie verlorene Frau; keine
wüthende Patriotin, keine neumodische Christin; ich bin
noch die ich war, und wohl immer bleiben werde. Was
treiben Sie denn? Bücher und Liebe gewiß; denn wir
beide verändern uns ja in nichts; und in jenem Leben
sprechen wir über das jetzige gerade wie hier. Verhei=
rathet sind Sie nicht. Schade! Ihnen wäre das doch
gewiß gut bekommen. Aber ich verstehe schon «das uner=
meßliche Geld»! Das Lieben ist jedoch die Hauptsache.
Wenn man nicht mehr liebt, ist das Herz schon verdorrt
und verschimmelt; — versteint wäre zu gut gesagt. Dann
ist es aus! mit allem rein aus!“ —

Wie rührend beantwortete sie nicht einen meiner letzten
Briefe nicht lange vor ihrem Hinscheiden. — „Da besitze
ich Sie ja wieder ganz, theurer, lieber junger Freund!
Denn nur das sind die ächten Freunde, die immer jung
bleiben, oder, noch besser, wie Sie, sich wirklich ver=
jüngern. Wir also gehören zusammen; denn auch ich
habe die Bekanntschaft des Alters auf eine ganz andere Art
gemacht, als die Meisten. Ich, nämlich, habe noch alle
meine ehemaligen Neigungen, zu und ab dieselben Ge=
fühle, ja dieselben Meinungen; meine ganze ehemalige
Kraft zu leben und zu wirken. Nur für alles dies habe
ich in die Vorrathskammer meines Innern mehr Gründe
eingesammelt, mehr Beweise, mehr Beläge. Diese Vorraths=

kammer nur immer reicher, vollständiger, mir selbst genügen=
der zusammenzuordnen — halte ich für das eigentliche
Geschäft meines Lebens. Dort können Sie mich also noch
immer wiederfinden, ja selbst die sechzehn= oder zwanzig=
jährige, wenn Sie es wünschen." —

So freundlich lud mich die noch Lebende wieder zurück
in die schöne Vergangenheit. Mit dem Gedanken ihres
Todes hatte ich mich niemals vertraut machen können —
und nun steht auf einmal ihr Grabhügel mitten in meiner
veröbeten Gegenwart!! —

> „Weit in nebelgrauer Ferne
> liegt mir das verlorne Glück!
> nur an Einem schönen Sterne
> weilt mit Liebe noch der Blick,
> aber, wie des Sternes Pracht,
> ist es nur ein Schein der Nacht!" —

Und was stehet nun Ihnen bevor, lieber Barnhagen.
Ich habe aufrichtig und brüderlich Ihren Schmerz empfunden,
meine Thränen mit den Ihrigen gemischt, und lange ge=
schwiegen. Denn nur bei geringen Leiden ist man für Trost
empfänglich, nicht aber bei einem unersetzlichen, das innere
Leben in allen dessen Pulsadern erschütternden Verlust.

Nur undankbar wollen wir nicht trauern; nicht ver=
gessen, daß wir doch lange ein Glück genossen, das wenig
Sterblichen zu Theil ward. Mit den Worten des Dichters,
welcher ja der innigste Seelenverwandte unserer Verklärten
war, wollen wir auch jetzt noch aus weiter Entfernung
einander zurufen:

> „O! was auch immer dir begegnet sei,
> so halte dich an der Gewißheit fest:
> Ich habe sie gekannt, mit ihr gelebt!
> Sie sprach zu mir; ich habe sie verstanden.
> Der Blick, der Ton, der Worte holder Sinn,
> Sie sind auf ewig mein!! Es raubt sie nicht
> Die Zeit, das Schicksal, noch das wilde Glück. —

Es sei! so hab' ich mich doch werth gezeigt
Des köstlichen Vertrauens, das mich erquickt;
In dieser Stunde selbst erquickt, die mir
Die schwarze Pforte langer Trauerzeit
Auf ewig öffnet!!"

Stockholm 1834.

G. von Brinckmann.

Madame de Varnhagen.

Par le marquis de Custine.

Full many a gem of purest ray serene,
The dark unfathomed caves of ocean bear;
Full many a flower is born to blush unseen,
And waste its sweetness on the desert air.
Elegy written in a country church yard,
by Thomas Gray.

Je n'ai jamais arrêté ma pensée sur le spectacle de la nature sans éprouver un sentiment d'effroi mêlé d'admiration. Le luxe des existences perdues plaît au régulateur de notre univers. Que de germes avortés, que de richesses inconnues!... Quelle dépense de spectacles sans spectateurs!... Que de problèmes insolubles pour l'intelligence du soi-disant roi de la nature!... En vain lui répète-t-on que l'indifférence du créateur pour l'individu ne s'étend pas jusqu'à la race.... Il y avait parmi les animaux des espèces qui ont disparu comme des nations parmi les hommes. Si la terrible influence du hasard s'arrête quelque part sur la terre, c'est au bord de la tombe. Là est écrit le mot de toutes les énigmes; là, tout blasphème reçoit sa réponse.

La transformation de notre être est si brusque et si complète, que nous la prenons pour l'anéantissement; mais si la mort était la cessation de la vie, ou ce qui me paraît synonyme, la perte du sentiment individuel, l'iniquité, la déraison, seraient Dieu, le seul Dieu du moins avec lequel l'esprit humain pourrait communiquer.

Des réflexions analogues à celles que fait naître la

contemplation de la nature sont inspirées au philosophe
par l'étude des sociétés. Que de destinées manquées,
que de force infructueuse et même souvent aussi per-
nicieuse aux autres que nuisible à qui la possède! quelle
amère ironie dans la répartition des dons les plus rares
et du succès, plus rarement encore proportionné au
mérite! que d'injustice dans les renommées, que de génie
inconnu, de médiocrité illustre, que de talents avortés,
de vertu calomniée, de vice déifié! Et tout cela au profit
de qui? Au profit de la mort. La mort hérite de
toutes les vérités perdues dans le désordre de la vie de
ce monde, elle recueille, elle classe, comme des semences
précieuses, tous les moyens négligés, tous les dons
étouffés, toutes les affections méconnues, tous les mérites
obscurcis, tous les desseins de Dieu trompés par les
démons de la terre; et c'est avec cette moisson de nobles
débris, que la mort, c'est-à-dire l'esprit de vie par
excellence, refait des palais aux gloires injuriées, jette
des voiles sur les fronts injustement couronnés, entoure
d'auréoles des têtes de héros insultés par le silence de
la terre; en un mot, la mort, c'est la justice dégagée
de toute entrave. La porte de la tombe est la seule
ouverture par laquelle le saint jour de la vérité toute
puissante pénètre du ciel jusqu'au coeur de l'homme.

Le 7 mai 1833, il y a quatre ans et demi, Rachel,
âgée de soixante-deux ans, est morte à Berlin, où elle
était née. Je l'ai connue en 1816. C'était une femme
aussi extraordinaire que Mme de Staël, par les facultés
de l'esprit, par l'abondance des idées, la lumière de l'ame
et la bonté du coeur: elle avait de plus que l'auteur
de *Corinne* le dédain de l'éloquence; elle n'écrivait pas.
Le silence des esprits comme le sien est une force.
Avec plus de vanité, une personne aussi supérieure aurait
cherché à se faire un public; Rachel n'a voulu que des
amis. Elle parlait pour communiquer la vie qui était
en elle; jamais elle ne parlait pour être admirée.

Je laisse aux esprits doués de plus de sagacité que
je n'en ai à décider si l'obscurité dont elle n'a jamais

essayé de sortir, était la conséquence inévitable de l'excès
de vivacité qui l'empêchait quelquefois de coordonner ses
idées de manière à les faire adopter par la foule, ou si
sa foi, dans la spiritualité de l'ame, lui montrait d'un
coup d'oeil l'inutilité de toutes les créations de l'art
humain, où la forme entre toujours pour beaucoup, et la
retenait volontairement dans le quétisme. La contemplation de la nature et de la providence qui la dirige
était pour elle une jouissance si vive, que ce spectacle,
considéré du point de vue élevé où elle était placée,
suffisait à son activité. La vie, pour elle, était un travail
continuel; mais elle n'en a pas fait d'autre. Ses lectures
mêmes devenaient des conversations; elle vivait, elle
discutait avec les livres comme avec des personnes.
L'intensité de sa vie était telle qu'elle animait tout sans
le vouloir; elle faisait plus que percevoir, elle per-
sonnifiait les idées; son intelligence était un monde où
tout avait son emploi, comme dans le monde de Dieu.
Jamais esprit plus productif ne fut moins connu de la
foule; dans des sociétés dont les forces seraient autrement
combinées que celles du monde où nous vivons, Rachel
aurait été pour les nations ce qu'elle était pour un petit
cercle d'amis intimes: la lumière des esprits, le guide
des ames.

Ses lettres recueillies et publiées depuis sa mort,
n'étaient point des oeuvres; c'étaient des éclairs qui
partaient de son coeur et de son brillant esprit pour
toucher le coeur de ses amis.*) Pour elle, écrire, ce
n'était pas briguer la gloire, c'était chercher un remède
à l'absence.

Il me semble qu'on peut la définir d'un mot: elle
avait l'esprit d'un philosophe et le coeur d'un apôtre;
et malgré cela elle était enfant et femme autant qu'on

---

*) Ce livre a paru à Berlin, en 3 volumes, sous le titre
de Rachel à ses amis. Il a été publié en allemand par Duncker
et Humblot, Berlin, 1834.

peut l'être. Son esprit pénétrait dans les obscurités les
plus profondes de la nature; elle pensait avec autant de
force et plus de clarté que notre théosophe Saint-Martin,
qu'elle comprenait et admirait, et elle sentait comme un
artiste. Ses perceptions étaient toujours doubles; elle
atteignait aux vérités les plus sublimes par deux facultés
qui s'excluent chez les hommes ordinaires: par le sentiment
et par la réflexion. Ses amis se demandaient d'où sortaient les éclairs de genie qu'elle lançait dans la conversation. Était-ce le résultat de longues études? Était-ce
l'effet d'inspirations soudaines? C'était l'intuition accordée
pour récompense, par le ciel, aux ames vraies; ces ames
martyres luttent pour la vérité qu'elles pressentent,
souffrent pour le Dieu qu'elles aiment, et leur vie entière
est l'école de l'éternité.

Voici comment celle-ci se rendait témoignage à elle-
même, dans une lettre écrite le 5 novembre 1808, à M^r
de Varnhagen d'Ense, qu'elle épousa depuis.

Berlin ce 5 novembre 1808.

„Enfin je suis chagrine! Sais-tu tout ce que ce mot
signifie? Mais aussi quelle complication! ... Le temps
même devient fou. ... Depuis le mois de juillet (cela
te paraîtra risible), l'hiver, en convulsion, lutte contre
l'été. Voilà deux jours que je me tourmente pour savoir
si j'écrirai ou non; je ne puis pas mentir, surtout avec
toi, avec toi pour qui la vérité m'arrive tout entière,
et pourtant j'ai de jolies choses à t'écrire! ... Oh! les
dons que je possède, on ne les a pas en vain! ... Il
faut souffrir pour eux. Ma science des choses, ma sagacité, mon discernement: ce sentiment de l'infini qui est
en moi, le rapport intime qui existe entre ma vie et la
vie de la nature, enfin le quelque peu de conscience que
j'ai de tout cela (et ce peu veut ici dire beaucoup), cela
coûte quelque chose. Quelle souffrance, quelle inquiétude,
quel abandon pendant le Développement! ... Quelle lutte
intérieure n'ai-je pas à soutenir? Je doute que toi-même

tu en aies une idée. Et comme mes entours, sont dégoûtants, rabaissants, impatientants, offensants, insensées, misérables! comme ils sont bas! pourtant je ne puis leur échapper; et tant que je ne le puis pas, ils me poursuivent. Les éviter doucement, il n'y faut pas penser; le moindre contact, le moindre rapport me souille, me fait déroger, et ce combat n'a pas de fin, il a commencé avec moi, il durera tant que je vivrai. Où se terminera-t-il? Cette conviction (non que le combat est inévitable, mais que mes efforts sont sans but et ne peuvent cesser qu'avec la perte de mes facultés) me met dans une rage qui approche de la déraison. Tout ce que je rencontre de beau dans la vie, passe étranger devant moi, comme une visite, et il faut que je vive méconnue parmi des êtres indignes. Ils usent et abusent de moi. Nous sommes liés par des rapports réciproques: eux parce qu'ils se servent de moi, moi parce qu'une lutte corps à corps, une lutte sanglante ne me délivrerait pas d'eux. Tu le vois, je suis hors de moi! C'est ce qu'on dit quand la vraie voix du coeur parle. Les sots et les menteurs se protègent entre eux; mais moi, point de loi, point de proches, point d'amis, rien ... Et ce qu'il y a de pis, c'est que, vivant au milieu de l'injustice, le blâme m'irrite comme une nouveauté. Il n'y a pas un seul de ceux qui me condamment qui, dans sa propre opinion, n'ait manqué à tout. Personne ne prend ma défense; ils me persécutent, parceque j'ai toujours parlé à chacun en faveur de l'autre. Je te fais grace des misérables histoires qui m'arrachent des réflexions pendant ton absence. Oh, comme je leur échapperais par ta seule présence, par la présence d'un ami, d'une créature *sympathique!* Les femmes que je vois m'anéantissent: c'est un effet physique, leur présence agit sur mes nerfs! elles m'abattent la pensée, tant je les trouve dénuées d'énergie; imprudentes sans excuse, car c'est par pure inconséquence; et elles établissent leur parallèle entre elles et moi avec une sécurité si complète, que je n'ai d'autre refuge que de quitter la chambre. Elles mentent aussi ... elles en

ont si souvent besoin! . . . C'est qu'il faut de l'esprit
pour dire la vérité. Aussi le mensonge m'ennuie comme
une maladie, comme la bêtise . . .

„L'après-midi, le soleil, caché depuis bien des jours,
parut un moment où je sortais. Les diaprés m'attirèrent
plus loin. C'était comme un printemps, et aussi comme
un soir de janvier, calme, pur, quand la neige, déjà battue,
n'est point fondante. Des saisons diverses avec le souvenir
de tout ce qu'on a senti traversaient ma pensée; toutes
les promenades que j'ai jamais faites avec leurs images,
et les innocentes dispositions de mon coeur, repassaient
rapidement, mais très distinctement, dans mon esprit, et
tout cela à la fois, comme un cortège qu'on aperçoit
de loin tout entier d'un coup d'œil. Je savais bien ce
que je sentais, et pourtant je m'étonnais; mon passé
revivait tout entier; l'avenir seul m'était fermé . . . L'air
doux favorisait ma vue: je découvris au loin le jardin
du Prince*), véritable cimetière; j'étais attiré là.

Le jardin était déjà brillant et assez semblable au
printemps avec ses promesses et l'inquiétude qu'il verse
dans les veines; c'était comme s'il dansait avec l'automne
à l'instar des grands personnages qui se donnent des
fêtes après les combats et les guerres. J'eus envie de
traverser le pont; l'eau était limpide, le soleil chaud;
je m'acheminai vers la digue. Là je pensai; C'est le
chemin de Varnhagen, et la tristesse me revint. Je
continuai au grand soleil; près du jardin d'Ephraim, il
fallut revenir sur mes pas; il est trop solitaire, et je ne
pouvais pourtant traverser le parc toute seule. Je revis
encore ton chemin, et m'en revins doucement. J'avais
alors le soleil derrière moi, et devant moi un arbre
magnifique éclairé par lui, vert touffu: il se trouve à
l'entrée du jardin d'Ephraim; je ne pus résister au desir
d'aller à cet arbre, il aurait pu me réjouir le coeur;

---

*) Le prince Louis de Prusse, tué deux ans auparavant
dans la campagne d'Jéna.

mais quand je m'approchai, les branches étaient bien plus hautes, qu'elles ne m'avaient paru. J'étais absolument seule; un bourgeois vint à passer au sortir du parc, il avait un bâton sous le bras, un habit gris, un chapeau à trois cornes: — Oh! monsieur, vous êtes plus grand que moi! — Cet arbre a encore une si belle verdure, ne pourriez-vous m'en cueillir une feuille? — L'homme, avec beaucoup d'intérêt et de soin me choisit la plus verte et me la donna d'un air content. Quand je le quittai après l'avoir remercié, il me regarda encore avec satisfaction; il paraissait charmé de voir qu'une personne en douillette, avec un chapeau et un châle, s'amusât d'une pareille chose. Je l'ai mise dans l'eau et je te l'envoie dans cette lettre.“

Quelle source de bonheur qu'une disposition d'ame si poétique, qu'un si profond sentiment de la nature uni à tant de connaissance des hommes et des choses, à une si grande puissance d'analyse; et tout cela naturel comme l'enfance! Avec une personne qui traite ainsi la vie, il n'y a jamais rien de petit, ni de vulgaire, ni d'impossible.

La lettre qu'on vient de lire a été choisie au hasard; cette fois ce mot veut dire quelque chose, c'est-à-dire l'exacte vérité; j'ai ouvert le premier tome de ce volumineux recueil, et je me suis mis à traduire la page que j'avais sous les yeux. Je n'ai pu bien rendre la poésie du style allemand, de ce style des hommes dominés par le coeur, mais j'espère en avoir donné une idée.

Je n'ai pas connu toutes les circonstances de la vie de Mme de Varnhagen; mais je sais qu'elle a été une des femmes les plus heureuses du monde. Sa manière de sentir la rendait nécessaire à certaines ames, qui, dès-lors, lui étaient nécessaires aussi. Personne n'a été plus aimée. Que faut-il de plus? Toutes les agitations des hommes sont inventées inutilement pour suppléer cette source de la félicité que rien ne supplée et qui tient lieu de tout. Quand l'ame tarit, l'esprit travaille encore, mais sans fruit; voilà le secret de tous les ennuis de la vie du monde; c'est un tourment que Rachel n'a jamais connu, et c'est le plus grand de tous, car il implique une sorte d'humiliation. Mme de Varnhagen, qui savait tout, répétait souvent: Je ne plains pas les malheurs dont on se plaint; le vrai malheur se voile; il est honteux!

Comme toutes les vérités profondes, ce mot simple est capable de faire pleurer.

Et l'on ne pouvait causer un quart d'heure avec elle sans tirer de ce foyer de lumière une foule d'étincelles. Le comique était à sa portée comme le plus haut degré du sublime. La preuve qu'elle était naturelle, c'est qu'elle entendait le rire comme la douleur; elle le prenait comme un moyen plus prompt de montrer la vérité; tout résonnait en elle, et sa manière de recevoir les impressions que vous vouliez lui faire partager modifiait les vôtres; on l'adorait d'abord parce qu'elle avait des dons admirables, et puis, ce qui l'emportait surtout, parce qu'elle était amusante. Elle n'était rien pour vous, ou elle était tout, et elle pouvait être tout pour plusieurs à la fois sans exciter de jalousie, tant sa noble nature l'approchait de la source de toute vie, de toute clarté. Quand on a perdu jeune une telle amie et quelques autres qui lui ressemblaient, l'époque des souvenirs remonte si haut qu'elle remplit plus de la moitié de la vie.

Qu'est-ce que le monde a su de cet être extraordinaire? Que sait-il aujourd'hui, du moins en France, du livre qui le fait connaître? Un article dans le Journal des Débats, racontant l'amour de Mr Gentz pour Mlle Fanny Elsler, est, je crois, tout ce que Paris a lu sur les lettres de Rachel ... et le monde serait tout! ... Non, l'obscurité d'un être tel que Rachel suffirait pour me prouver que la lumière du soleil n'est pas la lumière de l'ame.

Rachel Levin, connue aussi à Berlin sous le nom de Rachel Robert, naquit dans cette ville en 1771. Son enfance fut une lutte prolongée entre une organisation dont la vigueur promettait la santé, et une imagination trop vive pour ne pas détruire l'équilibre. Cette lutte

produisit une jeunesse agitée par des maladies extra-
ordinaires, de ces maladies indéfinissables qu'on appelle
nerveuses parce qu'elles ont plus d'ame que de corps.
Mais cette jeunesse douloureuse fut brillante par l'esprit,
et même, dit-on, par l'expression de la figure. Mlle
Levin, sans autre moyen d'influence que sa supériorité
personnelle, devint le centre de la société la plus spiri-
tuelle et la plus élégante de Berlin, à une époque où
les hommes distingués affluaient dans cette ville. Le
mouvement de la pensée en Allemagne étonnait alors le
monde, et Berlin était le point où cette vie de l'esprit
avait le plus d'intensité. La philosophie et la poésie se
partageaient l'existence de cette nation qui se croyait à
plaindre, et qui peut dire aujourd'hui comme Mlle Arnould:
„C'était le bon temps, j'étais bien malheureuse.“ Mme
de Varnhagen, comme tous les êtres doués de facultés
supérieures, était le miroir fidèle de ses contemporains et
de ses compatriotes. Apprendre à connaître cette femme
extraordinaire, c'est étudier l'Allemagne et particulièrement
la Prusse à l'époque la plus brillante de leur développement
intellectuel et la plus malheureuse de leur histoire: au
commencement du siècle.

Paris même, l'ignorant Paris de ce temps-là, ignorant
par orgueil et par paresse entendit parler du prince
Louis de Prusse. Ce prince était de toutes les soirées
de Mlle Levin. L'assiduité du plus proche parent du roi
chez cette personne, à part de toutes les autres, paraissait
aussi honorable pour lui que pour elle. Les grands qui
craignent l'esprit sont bien petits dans ce siècle et bien
maladroits; ils font un ennemi d'un allié.

En 1814, le 27 septembre, Mlle Levin épousa M^r de
Varnhagen d'Ense, plus jeune qu'elle de douze ou quinze
ans; mais comme il est un des hommes les plus spirituels
de l'Allemagne, leur union, qui dura dix-neuf ans, fut la
plus heureuse que j'aie vue.

C'est lui qui a recueilli religieusement, et non sans
beaucoup de peine, les lettres de Rachel, écrites à diverses personnes et dispersées dans toute l'Europe. Ce

livre ne fut tiré d'abord qu'à un très petit nombre
d'exemplaires. Le succès qu'il obtint auprès d'un public
d'élite a déterminé plus tard l'éditeur à le publier avec
des nombreuses et notables augmentations.

Les souvenirs de Rachel, traduits un jour dans toutes
les langues, grossiront le nombre, moins considérable
qu'on ne le pense peut-être, des ouvrages qui appar-
tiennent à la littérature européenne. Monument littéraire
qui ne fut ni ne fit rien dans le monde, par un mari
dont la vie entière est maintenant consacrée à la mémoire
de sa femme, ce livre honore la personne qu'il est
destinée à nous faire connaître, plus que ne l'honoreraient
les louanges d'une foule d'hommes. Mr de Varnhagen
est connu pour un homme de talent et de mérite; et
l'attachement de ce seul homme, attachement qui survit
à la mort, devient un éloge plus flatteur que l'enthousiasme public; la foule est moins puissante qu'elle ne le
croit, même sous le règne des majorités. Les masses
ne jugent jamais d'après elles, aussi leur suffrage ne
peut-il qu'enivrer; celui des hommes supérieurs devrait
seul flatter.

Mon but n'est rien moins que d'analyser ici un recueil
des lettres aussi variées que les phases de la vie de celle
qui les écrivit; je ne veux que donner le désir de la
connaitre aux personnes qui savent tout ce qu'il y a de
supériorité d'esprit et d'ame hors de la liste des noms
que le caprice du monde a glorifiés.

Voici comme Mr de Varnhagen parle de Rachel dans
l'introduction qu'il a mise à la tête de ses lettres:

„Je ne veux pas essayer de vous faire le portrait
de ma bien-aimée Rachel; il n'est donné qu'à quelques·uns
de ceux qui vecurent de suite et longtemps dans son
intimité de la bien connaître et de l'apprécier. Ses lettres
mêmes, avec quelque abondance que les sources vives de
l'esprit et de l'ame y coulent, ne sont qu'une image
incomplète de sa vie. Ce qui caractérise cet être extraordinaire, c'est précisément la création toujours renouvelée,
l'inattendu, la spontanéité de ses impressions. C'est l'ame

sans cesse en action, et qui, par cette activité même,
donne à tout un aspect nouveau, distribue l'ombre et la
lumière, enchante, attire, réconcile, et tout cela à la fois.
Comment rendre de telles impressions par un récit?
comment une réprésentation successive pourrait-elle donner
l'idée de tant d'actions simultanées? Je ne veux qu'essayer
de retracer en peu de paroles le premier effet que produisit
sur moi la rencontre de Mlle Levin."

Il commence par raconter la manière dont elle était
jugée par les personnes les plus distinguées qu'il connût,
et le désir que ces jugements favorables, mais singuliers,
lui avaient donné de la connaître; enfin, il la voit, et
voici comme il retrace la première impression qu'il reçut:
„D'abord, je dois dire qu'en sa présence j'éprouvait un
sentiment tout nouveau. Je crus retrouver le type primitif de l'être humain; je sentis qu'une créature à peine
sortie des mains de Dieu était là devant moi dans sa
pureté, dans sa perfection. Partout l'esprit et le corps
échangeant leur mutuelle influence; partout des images
vraies, des cordes vibrantes, un sentiment immédiat de
la nature; à chaque instant la communication sincère
des pensées d'un esprit original et naïf, la révélation
des sensations d'un être tout primitif, être grandiose par
un mélange d'innocence et de finesse prudente, être prompt
en paroles comme en actions, car la présence d'esprit la
plus rare, l'adresse, la sagacité, la perspicacité la plus
extraordinaire, se trouvaient réunies en elle; et tout cela
était vivifié par la chaleur d'une bonté toute pure, par
un amour de l'humanité toujours actif, toujours pratique
et vrai, par la participation la plus vive au bien et au
mal d'autrui. Les qualités que j'avais trouvées jusque
là desséminées parmi plusieurs, je les voyais réunies dans
un seul individu. La compréhension et le trait, la
profondeur et la franchise, l'imagination et l'ironie, liées
ensemble dans son être comme dans un monde, se mani-
festaient par une suite de petites circonstances inatten-
dues et gracieuses, qui faisaient sa vie, et qui, selon le
jugement de Goethe, touchaient de près au fond des

choses, étaient les choses elles-mêmes agissant de toute
la puissance de la réalité. Mais à la force et à la
grandeur se joignaient toujours en elle la douceur et la
grace d'une femme, qui se peignaient surtout dans la
charmante expression de ses yeux et de sa bouche, sans
exclure la passion, ni l'enthousiasme. „Je doute qu'on
se forme tout d'abord une idée juste de cet ensemble
composé de tant d'éléments contraires. Quant à moi, j'ai
passé par plusieurs incertitudes, par bien des erreurs,
avant de croire à ce que je pressentais, jusqu'à ce qu'enfin
je reconnus pour toujours, que j'avais devant les yeux
l'être le plus parfait et le plus extraordinaire ... Nul
préjugé ne pouvait résister à son influence; sa présence
était lumière et vérité; ses manières simples et naturelles,
la clarté bienveillante de son esprit, sa facilité à vivre,
l'absence de toute prétention, faisaient le ton de sa conversation, même lorsqu'elle roulait d'abord sur des sujets
de peu d'importance et elles excluaient tout parti pris:
peu à peu le discours s'élevait vers des sujets nouveaux,
qui naissaient du moment présent, et qui pour cela même,
avaient l'intérêt de la réalité et réveillaient l'attention
des plus indifferents par l'attrait qui s'attache à ce qui
est vivant, à ce qui est vrai. Son esprit donnait à ce
qui est commun le charme de l'extraordinaire. En sa
présence, je me sentis transporté dans un monde nouveau;
j'étais conduit à la sphère de la poésie, et cela par ce
qu'on est communément convenu d'appeler anti-poétique,
par la réalité substituée à l'illusion, la chose à l'apparence;
en un mot, par la vérité dont Rachel avait le sens plus
que personne." . . . .
    J'ai eu tort de citer, car je m'aperçois que je ne
pourrai rien dire, d'après moi, qui soit aussi juste que
ce portrait tracé par Mr de Varnhagen lui-même. Pourtant
j'y joindrai mes propres souvenirs. Ce qu'on a senti et
vu a toujours l'intérêt de la vérité, vérité qui, par là
même qu'elle est relative, jette un jour nouveau sur
l'objet qu'on cherche à faire connaître. Chaque individu

est comme une facette de prisme, qui reflète le rayon de lumière en le décomposant à sa manière.

J'ai dit que ce n'est qu'en 1816 que j'ai fait connaissance avec Mme de Varnhagen. Je l'avais rencontrée à Vienne, en 1814, pendant le congrès; mais nous avions passé l'un à côté de l'autre, sans nous voir, au milieu de cette foule des souverains. Deux ans plus tard, j'étais resté malade à Francfort, où ma mère vint passer l'hiver pour me soigner. Des circonstances trop romanesques et trop personnelles pour qu'il soit à propos de les rapporter ici, obligèrent ma mère à se lier un peu avec une dame de Berlin dont le caractère et les manières ne lui convenaient nullement. Cette Dame, qui tenait à ce qu'il y avait de plus considérable en Prusse, allait quitter Francfort après avoir rempli notre petit cercle du bruit de ses intrigues d'ambition, et non sans avoir troublé notre vie par des tromperies dont les gens dénués de coeur ne connaissent jamais la portée. Ces personnes paraissent perfides, elles ne sont qu'insensibles; c'est assez pour les fuir, ce n'est pas assez pour les condamner.

Ma mère fut obligée de subir une dernière entrevue avec cette femme, et c'était pour ma mère un sacrifice dont l'étendue ne peut être appréciée que par les personnes qui savent, comme moi, tout ce qu'il lui en coûtait pour faire céder un seul instant les affections du coeur aux convenances sociales.

Je la vis partir pour cette visite avec une répuguance qui m'aurait fait rire, si elle ne m'avait affligée.

— Vous êtes une sauvage de salon, lui disais-je; plus vous voyez que les gens du monde mentent, et plus vous devenez vraie avec eux. Vous parlez un autre language que le leur. A quoi réussirez-vous?

— A rester toute ma vie comme je suis, répondit ma mère en souriant; et elle sortit dans une disposition d'humeur difficile à définir, puisqu'elle paraissait gaie et contrariée en même temps.

On voit que, dès le temps de ma jeunesse, les enfants

avaient pour habitude de régenter leurs parents. Je restai
seul, attendant avec une anxiété qui combattait mon
impatience le récit que ma mère me ferait à son retour.
Je désirais vivement et je craignais presque autant de
savoir ce qu'aurait dit Mme de *** pour dernier adieu.

Ma mère revint bientôt; son visage était rayonnant.
— Eh bien! lui dis-je. — Ah! tu ne sais pas ce que je
viens de faire? — Quoi donc? qu'a-t-elle dit? — Qui?
de qui parles-tu? — De Mme de ***. Vous a-t-elle dit
adieu? — Je n'en sais rien; mais je viens de chez elle,
où j'ai fait connaissance avec la personne la plus spiri-
tuelle, la plus distinguée que j'aie rencontrée depuis
long-temps. Tu seras charmé de la voir; je suis sûre
qu'elle te plaira. — Il faut qu'elle me plaise beaucoup
pour me faire oublier ce qui m'afflige. — Elle te fera
oublier tout, te dis-je.

Ma mère avait raison; elle se connaissait en personnes
supérieures. Nous fîmes connaissance avec Mme de Varnhagen, et un mois après j'avais tout oublié. J'étais lié
irrévocablement sans être amoureux. Cet attachement,
aussi fort que désintéressé, est tout simplement la perfection des relations humaines: c'est un problème, que
Rachel seule pouvait résoudre avec sa pureté, sa vérité
de sentiment, le prestige de son esprit, la sublime compassion de son ame!... A cette triste époque de ma
vie, je lui dus la résurrection de la pensée, tuée en moi
par le chagrin. Nous passions des soirées délicieuses à
parcourir les riantes campagnes des environs de Francfort,
qui sont le jardin de l'Allemagne, comme la Touraine
est le jardin de la France, ou à causer chez ma mère
et chez Mme de Varnhagen. Le monde visible, le monde
intérieur, l'univers entier, l'ame de l'univers, tout était
décrit, analysé, compris, pressenti dans ces longs entretiens
qui me paraissaient courts. La conversation de Mme de
Varnhagen n'était pas un discours plus ou moins brillant;
c'était une action intime, mais toujours inattendue, parce
qu'elle était motivée par le besoin et la disposition de
la personne qui causait avec elle; causer n'est pas le

mot, tout ce qu'on disait á Mme de Varnhagen était une confession, volontaire ou non. Sa manière d'entendre changeait le mensonge même en confidence; jamais clarté si bienfaisante ne pénétra dans les coeurs souffrants.

Elle animait un cercle autant qu'elle interessait un ami en tête-à-tête, et cette double faculté est rare, son esprit suffisait à tout, parce que c'était mieux que de l'esprit: c'était du génie au service de l'intimité et même de la société; elle ne trouvait rien au-dessous d'elle dans les petits événements de la journée, et rien n'était au-dessus dans les plus grandes circonstances de la vie. Sa pensée se faisait toute à tous: elle ne l'économisait pas pour des livres ou pour des intrigues politiques; elle ne jouait pas un rôle, ne calculait jamais un effet: quand on n'a pas assez d'esprit pour en perdre, disait elle, c'est qu'on n'en a pas assez pour ce qu'on en veut faire.

Le silence, si à la mode chez nous parmi les personnes qui se *posent*, comme elle disent, à la tête des *supériorités intellectuelles* de l'époque, n'était pas à l'usage de Rachel; quand elle était triste ou souffrante, elle restait chez elle où elle ne recevait que les amis qui lui permettaient de se taire; mais quand elle voyait des personnes du monde, c'était pour tâcher de leur être agréable: elle avait une délicatesse de tact qui lui faisait comprendre les devoirs et les plaisirs de la société, comme elle avait un sentiment inné du beau qui la mettait en communication avec la nature et avec l'art.

Le ton dominant de la conversation à Berlin était alors l'enthousiasme et cet enjouement obligé dégénérait assez souvent en affection; Mme de Varnhagen n'affectait rien, mais elle exprimait ce qu'elle sentait avec plus de liberté que si elle avait vécu habituellement dans un autre pays. Cette confiance dans l'intelligence et la bonne fois des autres lui donnait quelquefois une apparence d'exagération aux yeux des personnes médiocres; mais cette injustice lui rendait ses amis plus chers. La juger, c'était un titre à son affection: son ame avait besoin de se montrer, comme d'autres sentent la nécessité de se

cacher, et nous disions, à propos de tout, qu'il n'y a de
mal véritable que le mensonge. Point de mensonge
sans bêtise, ni de sincérité sans esprit, disait elle encore.
C'est juste, répliquais-je; la vérité a toujours besoin
d'excuse, le monde exige qu'on la défende contre lui,
et, pour plaider, il faut du talent. Mentir, c'est fuir
l'obligation d'expliquer; il y a souvent autant de paresse,
c'est-à-dire de bêtise, que d'infidélité dans le mensonge.

En réfléchissant plus tard à ce mot de Mme de Varnhagen, je trouvais que sa définition ne s'appliquait pas
à tous les genres de mensonges. Il y a tel mensonge
qui dénote moins les bornes de l'esprit que la misère de
l'ame. Un attachement vrai apporterait toujours, au coeur
qui l'éprouverait, le courage de le manifester; tout
sentiment naturel peut s'avouer, l'ambition même, l'amour
de la richesse, comme moyen d'influence légitime, l'orgueil
du talent, l'amour, cet immortel besoin de la perfection;
on peut avouer tout cela, pourvu qu'on l'ait; mais ce
qu'on ne peut avouer, c'est la prétention malheureuse de
l'acquérir. Alors on retombe dans ce que Mme de Varnhagen appelait le vrai malheur, le malheur honteux et
qui se cache; alors on ment. Mais on peut mentir ainsi
avec beaucoup d'esprit; ce qu'il faut pour être toujours
franc, c'est de la force. On ne ment jamais quand on
sent fortement.

Nous parlions souvent de Goethe: il était à cette
époque, en Allemagne, l'objet d'un culte fanatique, et,
parmi ses adorateurs, les plus fiers étaient ceux qui
l'exaltaient davantage. Moi, étranger, je riais de cette
joûte d'esprit pour savoir à qui louerait le maître avec
plus d'exagération, et, tout en admirant le génie du dieu,
je me permettais quelquefois d'être choqué de l'insensibilité
de l'homme.

Je reprochais alors à Mme de Varnhagen de céder
trop à l'engouement général, d'oublier, pour Goethe, une
de ses qualités distinctives, l'indépendance. Elle me
répondait qu'elle n'était indépendante que du vulgaire,
mais que le génie avait sur elle un pouvoir absolu. On

demandait un jour, chez elle, quel était le meilleur
ouvrage de ce grand poète; chacun nommait celui qu'il
préférait, soit en vers, soit en prose. A la fin, Mme de
Varnhagen prend la parole et dit: Le meilleur ouvrage
de Goethe, ce n'est pas celui qui plaît davantage à tel
ou tel esprit, c'est celui qui nous fait comprendre comment
il a pu faire tous les autres; voilà pourquoi je crois que
son chef-d'oeuvre est *le Tasse*. Elle a répété dans une
de ses lettres, ce jugement motivé d'une manière si
frappante; et moi, je l'ai d'autant mieux retenu que
j'avais entendu dire à Mme de Staël que, de tous les
ouvrages de Goethe, le seul où elle ne trouvait rien à
admirer, c'était *le Tasse*. J'ai pensé bien souvent à cette
diversité de sentiment de la part de deux femmes qui
me paraissent égales l'une à l'autre par les dons de la
nature et l'intensité de la vie intellectuelle. Le grand
mérite du *Tasse* est dans le développement du caractère
principal, indiqué par des nuances de style; et c'est ce
que les étrangers sentent le plus difficilement. On
s'épouvante en voyant quelle distance des habitudes, les
langues, les sociétés peuvent mettre entre deux esprits
que la nature et Dieu avaient créés frères.

Mme de Varnhagen fit un voyage; pendant cette
absence, Goethe vint à Francfort où je le vis pour la
première fois. Voici comment je rendais compte de cette
rencontre à Mme de Varnhagen, dans une lettre qu'elle
me rapporta quelque temps après en m'ordonnant de la
garder, parce qu'elle ne voulait pas avoir chez elle ce
qu'elle appelait *une diatribe* contre le grand homme: le
lecteur jugera de son impartialité et de la mienne:

„Enfin j'ai vu votre Goethe! et, pour la première
fois de ma vie, j'ai senti qu'on peut s'arrêter devant un
homme comme devant un monument, sans lui parler.
J'ai dû lui paraître bien ridicule: je le contemplais comme
un phénomène de la nature. C'est votre faute; pourquoi
m'avoir tant parlé de lui? Dans le premier moment,
son apparition m'a inspiré le besoin de méditer plus que
celui de causer. Il ne m'embarrassait pas, sa sphère est

au-dessus de ce qui intimide; je ne crois pas que jamais quelqu'un ait été occupé de sa personne et de l'effet qu'elle peut produire devant le Jupiter du Vatican; je ne pouvais pas non plus penser à moi devant Goethe. Cet homme, dont l'abord est différent de celui de tous les hommes que j'ai rencontrés, me faisait l'effet d'une solitude; j'étais saisi de respect; j'éprouvait du bien-être et de la frayeur, sans savoir pourquoi; il me semblait que je regardais au bord d'un abîme d'où montait la voix d'un oracle.

„Il y a long-temps que vous n'avez vu Goethe; il a soixante-quatre ans; son visage est encore superbe; c'est comme vous le dites, la tête de Jupiter, ou plutôt d'Homère. Quand sa physionomie n'est point animée, elle exprime une noble tristesse: on croit voir un héros de l'antiquité écrasé sous le poids de notre misère. Ce siècle, où le burlesque domine, lui pèse; il a dans le front et dans le regard quelque chose de profondément tragique. Quand il s'anime, il pétille d'esprit; et quand il se laisse aller à sourire, il est plein de grace. Ce qui me frappe surtout dans ses traits, c'est l'harmonie de l'ensemble: je n'ai vu nulle part tant d'accord uni à tant de variété; tous les sentiments et toutes les pensées humaines se peignent sur son visage; sa physionomie, pleine de vie, est le miroir du monde, et en même temps l'expression d'un caractère: on y lit depuis Werther jusqu'à Faust et au Traité sur l'Optique; c'est un esprit universel; la science et la poésie habitent ce front qui contient tout; il semble que c'est d'après lui qu'on a dit: L'homme est l'abrégé du monde.

„Ses manières sont froides; cependant on se sent attiré vers lui comme vers un être surnaturel; mais on sent tout de suite qu'on n'est pas son semblable. Quand il lève les yeux, on disait qu'il pleure sur l'humanité; quand il les fixe sur vous, son regard pénètre. Mais cette perspicacité vous fait du bien. Ce qui rend un homme ordinaire fatigant, c'est qu'il ne comprend jamais tout-à-fait un autre homme. Goethe comprend la nature;

comment ne comprendait-il pas un pauvre atome humain?
J'aurais voulu m'approcher de lui, et lui dire: Apprenez-
moi ce que je suis. Oracle, dictez-moi ce qui doit décider
de ma vie, ce qui doit sortir de moi.

Quoique sa dignité constante paraisse un peu raide,
il a de la simplicité, et on pourrait le croire naïf: il est
pourtant à une distance immense de la naïveté: en lui,
tout est volonté et conscience de sa volonté. Si l'on
disait à Goethe: „Pourquoi êtes-vous comme vous êtes?“
au lieu de répondre: „Parce que je suis moi“, il disait:
„Parce que *je veux* être moi.“ Cette réponse met un
espace infini entre lui et la naïveté; mais son esprit lui
rend le charme des hommes naïfs. Seulement on ne peut
se fier au plaisir qu'on éprouve en causant avec lui.
Qu'on ne s'y trompe pas, il est plus qu'un homme. Rien
de plus gracieux que sa manière de s'entretenir avec les
personnes qui lui sont présentées: il a par moments une
ironie si fine et si délicate, qu'elle ne saurait blesser; il
possède au suprème degré le talent, ou plutôt le don
d'intéresser à ce qu'il dit; sa personne, sa seule présence,
son silence, portent à la méditation, et font désirer ses
paroles; il réunit la chaleur au calme, il se contient comme
s'il avait peu de vie, et cependant il sent comme un
autre se passionne; c'est un homme supérieur au vulgaire
et supérieur à lui-même. Il est maître de lui; il est
résigné à supporter les inconvénients de sa destinée; c'est
le premier grand homme qui m'ait paru décidé à subir
sans se plaindre les malheurs du génie; il est malheureux,
parce qu'il est seul; mais il veut être seul, parce qu'il
a reconnu qu'il le faut.

„J'ai dit qu'on trouvait tout dans sa physionomie,
il y manque pourtant une chose, et une chose nécessaire:
l'amour. Je ne crois pas qu'il ait la faculté de vivre
dans un autre; il a tout en lui, hors ce qui fait qu'on
renonce à tout. La richesse de sa nature le trompe,
elle le confirme dans la personnalité; il est seul en ce
monde, et peut-être déjà se prepare-t-il à rester seul dans
l'autre: poussé à ce point, l'égoïsme est un exil.

„C'est un phénomène bien extraordinaire qu'un homme
parvenu à cette étendue, à cette élévation de pensée, sans
reconnaître le christianisme. C'est comme un naufragé
qui ne croirait qu'à la plage.*)

„C'est un malheur pour Goethe que la religion chré-
tienne soit une révélation divine, il l'aurait peut-être
inventée; mais comme il la trouve arrivée avant lui en ce
monde, et avec elle quelques accessoires qu'il n'y aurait
pas joints s'il l'avait faite; comme il voit dans ses prêtres
ce qu'il n'y voudrait pas voir, et qu'il n'y voit pas ce
qu'il voudrait, il la rejette. Aussi le vide qu'elle laisse
au dedans de lui l'accable; l'ennui le ronge, il s'attache
aux moindres détails de l'existence, il s'impose l'étude et
le goût des petites choses, enfin il se traîne dans la nuit
de ce monde comme s'il n'en était pas une des lumières;
et l'on est forcé de convenir que ce prodigieux génie est
aussi étonnant par ce qui lui manque que par ce qu'il
a. Aussi mon ami Werner compare-t-il la tête de Goethe
à une immense coupole sans lanterne, ce qui fait que le
jour y vient d'en bas.“

L'engouement aveugle et exclusif de quelques esprits
pour Goethe était tel en Allemagne, à l'époque où je
fis connaissance avec Mᵐᵉ de Varnhagen, que malgré sa
supériorité, elle eut peine à me pardonner ce jugement,
et pourtant elle pardonnait beaucoup, parce qu'elle voyait
loin et juste.

Mᵐᵉ de Varnhagen avait sur le mariage des idées
qui, depuis elle, ont été adoptées par bien des gens, et
fort exagérées dans l'application. Les inventeurs sont
toujours les metteurs en oeuvre plus timides que les
imitateurs. Elle regardait cette institution comme trop

***

*) Depuis ce temps, Goethe s'est rapproché du chris-
tianisme, comme on peut s'en assurer dans l'intéressant
ouvrage, publié en allemand par Eckermann, sous le titre de
Conversations de Goethe. On s'étonne de voir que tant de
livres curieux ne soient pas encore traduits en français.

sacrée pour être dégradée au service des petits interêts
du monde: elle blamait le mariage comme affaire, et
trouvait la société absurde de rabaisser une loi divine
au niveau des réglements qui fixent les devoirs civils du
citoyen. Sa profonde horreur pour l'hypocrisie faisait
condamner même ce que le monde appelle la bonne
conduite, quand elle n'est pas l'expression des bons sentiments.

Je n'ai jamais bien connu le fond de ses idées sur
le christianisme; ce que je sais, c'est qu'elle aimait Dieu
et le prochain avec ferveur; elle était plus religieuse
que la plupart des dévots que j'ai rencontrés. J'avais
un tel besoin de penser que j'étais de son avis, que je
me suis répété souvent en son absence qu'elle pressentait
une révolution religieuse, dont la fin serait la régéneration
pacifique et volontaire des formes du christianisme sous
la direction de l'église catholique, la seule qui eût l'autorité nécessaire pour conserver la vérité intacte, et
pour la défendre jusqu'à la fin des temps. Je ne pourrais
pourtant assurer que ce fût là son espoir; peut-être son
grand esprit se faisait-il une idée plus libre des moyens
adoptés par la puissance infinie pour se manifester à la
terre; mais ce que je puis dire, c'est que toutes les fois
que le regret et le désir me ramenaient en pensée vers
Rachel, je me consolais en me répétant que nous avions
la même opinion sur la seule chose vraiment importante
en ce monde. Cet accord avec un être si supérieur, ne
l'eussé-je que rêvé, suffirait pour me tranquilliser: c'était
comme une assurance contre mes propres incertitudes.

La moisson d'idées fécondes, d'expressions soudaines,
originales, sublimes, piquantes, d'aperçus neufs et sur-
prenants, qu'on recueille en lisant ces trois volumes de
lettres, montre ce qu'aurait pu produire en littérature
celle qui les a écrites, non pour écrire, mais pour manifester et pour étendre sa bienfaisante existence.

Si je n'avait pas connu Mme de Varnhagen, je ne
serais peut-être pas aussi persuadé que je le suis
d'une vérité consolante, c'est que le vulgaire juge les

hommes sur ce qu'ils ont fait, tandis que les esprits supérieurs les apprécient d'après ce qu'ils pourraient faire.

C'est ainsi que Rachel jugeait, et c'est ainsi qu'elle a le droit de demander qu'on la juge.

Saint-Gratien, ce 2 novembre 1837.

A. de Custine.

Ueber Rahels Religiosität.

Von einem ihrer älteren Freunde.

Als das Buch „Rahel" zuerst an's Licht trat, machte diese außerordentliche Erscheinung bei Allen, denen sie zukam, den wunderbarsten Eindruck. Das Erstaunen, die Bewunderung, das Entzücken, die Hingebung waren allgemein. Die Tiefe und der Reichthum der Gedanken, die Wärme und Frische des Herzens, die Ursprünglichkeit und Wahrheit des ausgesprochenen Lebens, so wie die Kraft, Laune, Grazie und Naivetät der Darstellung, wirkten auf die empfänglichen Gemüther wie ein wohlthätiges Labsal, eine freudige Erhebung. Schnell verbreitete sich der Ruf und Inhalt des Buches durch ganz Deutschland, ja weit über dessen Gränzen hinaus. Das Buch bekam eine Existenz, die bei der Herausgabe nicht beabsichtigt sein konnte.

Die Wirkung war eigentlich keine litterarische. Das Buch griff unmittelbar in das Leben ein, und regte das Innerste der Gemüther auf. Die reinsten und höchsten Stimmungen wurden wach. Man fühlte sich in ungewohnter Weise angesprochen, mit Vertrauen und Liebe, mit Trost und Erleuchtung; man hörte wie im eignen Herzen eine Stimme von oben wiederklingen. Der Eindruck war ein religiöser, und nicht nur durch die Stellen, wo von Religion die Rede ist, sondern durch alle, wo mit Ernst und Innigkeit die wesentlichen Dinge, die wirklichen Angelegenheiten der Menschen besprochen sind. Das Buch wirkte wie ein Erbauungsbuch, und wurde als eines der Art benutzt und geliebt.

18*

Kranke und Leidende wollten es nicht mehr aus den Händen lassen; in mancher Seele zündete es einen neuen, vielleicht den ersten Geistesfunken an; es fand Gunst bei frommer Andacht, und erweckte diese, wo sie schlummerte. Der Geist, der in dem Ganzen athmete, sprach noch lebhafter in den Aeußerungen, die einen bestimmten religiösen Gehalt aus-drückten, und theils durch liebliche Wärme das Herz erhoben, theils durch eigenthümliche Wendungen das Nachdenken beschäftigten. Schien der Inhalt auch bisweilen auffallend, gewagt, verwunderlich, man nahm keinen Anstoß daran; das Gefühl, daß wahrhaftiger, treuer Sinn und redlicher Geist hier walteten, überwog jeden Zweifel und jedes Mißtrauen, wozu der Buchstabe hier manchmal wohl die Rechtgläubigen hätte führen können. Fromme der verschiedensten Bekenntnisse und Richtungen sprachen laut ihre Freude und Theilnahme aus. Die Worte wurden häufig wiederholt, die ein an-gesehener Geistlicher gesagt haben soll: „Man sehe es wohl, daß Rahel, wie dem Stammgeschlechte, so auch dem Geiste nach, aus den Regionen sei, woher uns die Bibel gekommen." Ob es grade Schleiermacher gewesen, der dieses gesagt, wie Manche vermuthen, lassen wir dahingestellt. Schwerlich hat er in seiner letzteren Zeit und über das Buch sich so ge-äußert. In seinen früheren Zeiten wäre ihm das Wort sehr wohl beizumessen.

Bei der darauf erfolgten größeren und öffentlichen Aus-gabe des Buches „Rahel" zeigte sich eine merkbare Ver-schiedenheit. Der Stoff war ungemein vermehrt, der Umfang und die Mannigfaltigkeit der Gegenstände sehr erweitert, die Lebensverhältnisse traten zahlreicher, bestimmter, die Urtheile auffallender und schneidender hervor. Manche persönliche Empfindlichkeit wurde gereizt, manche herrschende Meinung verletzt. Der Herausgeber hatte die frühere Schonung und Rücksicht außer Acht gesetzt, besonders die litterarischen Aeuße-rungen freimüthiger mitgetheilt, und sogar merken lassen, daß der Folgezeit vieles noch Schärfere vorbehalten sei. Wenn dies nicht überhaupt ein Mißgriff war, so war es doch gewiß ein Nachtheil. Aengstliche Gemüther wurden irre, oder doch besorgt, manches unlautere Gewissen regte sich.

Der ganze Eindruck des Buches wurde nun mehr litterarisch; man gab sich seinem Gehalte weniger hin, man suchte ihm zu widerstehen; man hing sich an Kleinigkeiten der Form, und es erhoben sich Mißlaute, und Gegenstimmen. Dies war im Allgemeinen wohl richtig und natürlich. Welche Geistes= richtung in der Welt wäre dem nicht unterworfen? welche persönliche Bedeutung wäre nicht angefochten, geläugnet worden, welche noch so große Geistesmacht und Liebenswürdigkeit hätte man nicht auch zu verneinen gesucht? Aber es läßt sich nicht in Abrede stellen, manchen Tadel hätte der Herausgeber durch größere Klugheit in Auswahl des Mitzutheilenden entfernt halten können. Daß er Gründe gehabt, solche Klugheit zu verschmähen, dürfen wir freilich voraussetzen.

Doch die Wirkung des Buches wurde im Ganzen durch den verlautenden Widerspruch weder geschwächt, noch wesentlich verändert; sie erschien jetzt nur ausgedehnter, bewegter, kampf= reicher auf dem offenen Schauplatz, ohne daß der stille Strom segenvoller Gemüthseindrücke zu fließen aufhörte; ununter= brochen ergoß sich vor wie nach diese klare Fluth heiterer Lebenswogen in bedürftige und harrende Seelen, und befruchtete nah und fern die frömmsten Empfindungen. An mehreren Orten haben sich stille, freundliche Gemeinden solcher Seelen gebildet, die in dem Andenken Rahels gleichsam neue Quellen des Trostes und der Kraft gefunden haben, zu neuem Auf= schwunge beflügelt worden sind, und nicht zählbar sind die Einzelnen, die sich durch Rahels Wort und Beispiel fortwährend als neugekräftigt und erhoben zu erkennen geben!

Bei dieser Eigenheit einer so durchgreifend religiösen Richtung, wie sie bei einem Buche neuerer Zeit, das nicht ausdrücklich als ein Erbauungsbuch sich ankündigt, wohl selten vorkommt, entsteht sehr natürlich das Verlangen, diese reli= giöse Richtung näher zu erkennen; deutlicher einzusehen, weß Geistes sie sei, welche Elemente in ihr sich verbinden, welche Grundlage und welches Ziel sie habe?

Göschel, wie wir irgendwo gelesen, hat in Naumburg und Berlin einem kleinen Kreise besondere Vorträge über das Buch „Rahel" gehalten, von deren Inhalt aber nichts näher verlautet ist. Ohne Zweifel hat er dabei, nach seiner Art,

vom christlichen Standpunkt aus, die scheinbaren Abweichungen
zu ermitteln, das ungenannt Christliche unter christliche
Benennung zu bringen gesucht, wie bei Goethe und Hegel.
Am meisten fähig, den religiösen Karakter Rahels aufzufassen
und zu bestimmen, wäre wohl Carové, der alle Kenntniß
und Umsicht vereinigt, deren es zur gerechten Würdigung
eigenthümlicher oder neugestalteter Religiosität bedarf, und die
nur durch vielseitigen geistigen Verkehr mit den verschiedensten
Religionserscheinungen erworben werden. Bis nun aber eine
geschicktere Hand eine solche Arbeit liefert, möge die Vorübung
eines Laien erlaubt sein, durch welche der Gegenstand zwar
nicht erschöpft werden, jedoch in seinem Zusammenhange und
in seiner Bedeutung erscheinen kann.

Die Zeit, in welche die Jugend und Bildung Rahels
fällt, ist die Zeit Lessing's, Mendelssohn's und Kant's. Wer
die Denkweise dieser Häupter und ihrer Geistesgenossen kennt,
der weiß, daß von dem geoffenbarten Christenthum damals
wenig die Rede war; die Prediger selbst ließen die Religion
schwinden, und retteten nur die christliche Moral, Wunder
und Dogmen dem aufklärenden Verstand überlassend, der
schnell damit fertig wurde. In dem letzten Drittheil des
achtzehnten Jahrhunderts war der sogenannte Vernunftglaube
unbedingt vorherrschend, und selbst denen, die ihn an der
wissenschaftlichen Quelle nicht schöpfen konnten, fiel er als
Bodensatz der allgemeinen Lebensbewegung zu; im untersten
Volk wie unter den Gebildeten wurde Religion nur im all=
gemeinsten und weitesten Sinne noch geehrt, auf die bestimmten
Gestaltungen aber wenig Werth gelegt.

Wie kein Mensch seinem Zeitalter ganz entgeht, so entging
auch Rahel dem ihren nicht. Doch war sie insofern durch
ihre persönliche Stellung begünstigt, als ihr bei der Entfernung
religiöser Beispiele und Lehren, die ein Herz wie das ihre
frühzeitig beglückt haben müßten, wenigstens das gemeine
Verstandeswesen die einseitige, aufklärerische Beschränktheit,
nicht aufgedrungen, daß ihr die Stätte der Religion un=
entweiht und frei gelassen, und nicht mit Falschem und
Verkehrtem erfüllt wurde. „Mir wurde nichts gelehrt —
schreibt sie an Fouqué, (1811) — ich bin in einem Walde

von Menschen erwachsen, und da nahm sich der Himmel
meiner an: viel Schmutz und Unwahrheit ist nicht an mich
gekommen. So kann ich aber auch nichts lernen. Auch keine
Religion, und erwarte auch die von oben. Nämlich den
Namen zu meiner, oder eine neu offenbarte." Sie sagt
ebenda: „An Indifferentismus habe ich nie gelitten. War
mir etwas indifferent, so wußte ich nichts davon, und es
berührte mich nicht. War mir etwas wichtig und wurmte
mich, so verhehlte ich's wohl, aber ich verläugnete es nicht."
Sie bekennt, im Gegentheil, daß Offenbarung ihr als das
größte Geschenk des Himmels erscheine; sie sagt: „Gott
segne Ihnen in aller Ewigkeit Ihr Glück, die Offenbarung
gefunden zu haben. Diese Gnade ist dem Geschenk des
Daseins zu vergleichen, und ist wie dies, so positiv und wirklich,
daß kein Wort mehr dazu paßt. Dies Glück muß Jeder,
der einen Begriff davon haben, ein Bedürfniß dazu fühlen
kann, in tiefst=unterworfener Demuth abwarten: und mit
gedoppelter Kraft das Große auch im Dunkeln ehren. Auch
eine göttliche Aufgabe für seine Menschen!" Allerdings ist
dieses Abwarten die reinste Frömmigkeit, und im Warten nicht
verzagen, der höchste Muth.

Es zeugt von der innersten Redlichkeit, von der unmittelbar
auf das Wahrste und Tiefste angewiesenen Seele, daß Rahel
in demselben Briefe fragt: „Ob ein Mensch dem anderen —
ohne Offenbarung — ein Religionsgefühl, Meinung und
Ansicht beibringen könne? ob das nicht der letzte intime Act
zwischen der Kreatur und Gott sei?" Sie ist davon durch=
drungen, „daß man das Große, Göttliche, Unendliche, selbst
finden müsse, daß es frevel=sündhaft sei, den Menschen nicht
alle Fragen, nicht solche Entdeckungen selbst machen lassen."
Wenn es in diesem Gebiete dennoch Lehrbares giebt, wessen
Schuld war es, daß dieses nicht an sie gelangt ist? Williger
zum Aufnehmen war gewiß nie ein Gemüth; gab es keinen
rechten Lehrer, oder fanden sie nur nicht zu ihr den Weg?
Wie recht mag sie oft gehabt haben, dasjenige, was man
ihr als Religion anbot, wofür man ihren Glauben in Anspruch
nahm, nicht annehmen zu wollen! Da war ihr geduldiges
Warten eine tapfrere Frömmigkeit, als die von matten Seelen

scheinbar ausgeübte, die auf dem gefährlichen Posten gleich dem ersten Anrufe fällt, und sich, um nur unterzukommen, dem ersten besten Menschenwerke gefangen giebt! Letztere Beispiele sieht man alle Tage, wo die armen Menschen, um nur dem Kampfe nicht bloßzustehen, sich eiligst dem nächsten Gebild in muthloser Beeiserung anschließen, hier katholisch, dort lutherisch, auch wohl wechselnd, und dann nur froh sind, irgendwo hinzugehören, nur nicht in Kampf und Prüfung, wo doch, so lange sie Gott nicht abruft, ihre wahre Stelle wäre! Nicht so Rahel. Lieber blieb sie allen Zweifeln ausgesetzt und allen Kämpfen, als daß sie die Religion je zum Nothbehelf ergriffen hätte. Der Himmel war gnädig gegen sie, und sandte ihr Trost die Fülle, reiche, beruhigende, beseligende Gedanken ihr lebenlang; gab es noch höheren, noch vollständigeren Trost, den ihr der Himmel vorenthielt, so unterwarf sie sich auch dieser Fügung ohne Murren, gefaßt auf das Beste, bemüht, dessen würdig zu sein, und das Weitere Gott überlassend, aber nicht durch willkürliche Anbildung ihm vorgreifend. „Das Abspeisen — sagt sie in einem Briefe an Marwitz (1812) — neumodischer Art, mit dem Glaubenswesen, ist meiner tiefsten Seele zuwider. Einzeln steht dieser Behelf: auf keinem Grund und Boden erwachsen; nicht auf Güte, nicht auf keuschem Auffassen der Geschichte, nicht auf Enthusiasmus des göttlichsten Exempels, nicht auf kinderhaftem Glauben an das, was Eltern und Lehrer meinen und lehren; auf schlechte Weise, wie Theater und Galerieen besucht werden, hausen sie und disputiren, und verschanzen sie sich gegen les ennuis (den „großen Verdruß") in's neu erfundene Glaubenswesen hinein und herum! — Sie lieb' ich doppelt wegen Ihrem Brief, und Ihren Gebeten darin. Es giebt nichts anderes! Wer nicht in der Welt wie in einem Tempel umhergeht, der wird in ihr keinen finden."

Wie mancher Geistreiche und Hochbegabte, mit welchem sich Rahel gern, wie sie dazu immer nicht nur bereit, sondern eifrig war, von den höchsten Dingen unterhielt und den sie vertrauend sogar in seinem Beruf um Belehrung und Erleuchtung ansprechen zu können meinte, bekannte sich ihr gegenüber nicht reicher, als sie selbst war, bekannte sich des

Besitzes hablos, den er mittheilen sollte, und gab wohl gar mit Lächeln die Tröstung ab, wer so denke und empfinde, der brauche nichts weiter! Richtig vielleicht und wahr! Allein warum dann den Schein behalten, und sich darein kleiden, als hätte man doch noch Anderes? Rührend ist es, wenn Rahel in jener eben bemerkten Zeit noch sagt, sie stehe darnach, die Bibel zu lesen, könne aber keine kriegen! Freilich gab es auch damals in Berlin Bibeln genug, auch war nachher wohl eine zur Hand; aber dennoch ist es auffallend, daß in ganzen Lebenskreisen damals dieses Buch fehlen konnte, dem man im Jahre 1835 gewiß in keinem Hause von Berlin vergeblich nachfragen würde! —

Aus dem Bisherigen ist schon einleuchtend, daß Rahel auf einem anderen Boden stand, als dem des bloßen Vernunft=glaubens. Sie glaubte an Offenbarung; sie fühlte das Bedürfniß, sie erkannte den Werth derselben. Was aber sollte sie, neben dem in ihr selbst sich Erschließenden, von außen als solche aufnehmen? Das zum bloßen Schattenwesen verflüchtigte Christenthum der Aufklärer, welches in ihrer Jugendzeit allgemein herrschte? Das geistreicher aufgeputzte, aber dem Wesen nach kaum davon verschiedene der späteren Denkkünstler, welche sich von den Gebildeten die Erlaubniß ausbaten, in den herkömmlichen Ausdrucksweisen fortzureden? Das hinterhaltige, unaufrichtige der Neukatholiken, oder das starre, buchstabengläubige der protestantischen Frömmler, welche beiden Richtungen in den letzteren Zeiten sich besonders geltend machten? Alle diese Gestalten mußten Rahel zurückstoßen, statt sie anzuziehen. Ihr reines, eifriges Herz, ihr untrüglicher Wahrheitssinn, konnte mit solchen Erscheinungen nicht zu=sammengehen.

Die Verkündiger und Ausleger des Christenthums weckten ihr öfters, anstatt beistimmender Gedanken, sogar gegnerische, und diese sind als Zeugnisse der unbefangensten Aufrichtigkeit nur um so schätzbarer, als sie eigentlich aus wahrhaft christlichem Standpunkte nur die Entstellungen des Christenthums angehen und bestreiten, und nur den Werth der sonstigen und weit überwiegenden, auch im Ausdrucke christlicher Aeußerungen erhöhen. „Die menschliche Seele

ist von Natur eine Christin", ein solch schönes Wort allein
ist ein ganzes Glaubensbekenntniß werth. Und wie heilig
erscheint Jesus ihr! Wie hält sie ihn als hohes Beispiel
der Demuth, der Menschenliebe, selbst in gewöhnlichen Lebens=
vorgängen sich zum Muster vor! Wie empört sie sich gegen
das „verstockte Lumpenvolk, das sich untersteht, Christus
Namen zu lästern, indem es ihn ausspricht!" Und wie ganz
ergriffen im Geiste, wie ganz hingegebenen Herzens, empfing
sie jeden Funken des Göttlichen, den eignes Forschen, die
Eindrücke der Natur, und die Ergebnisse des Lebens, oder
ein begabter und hiezu auserwählter Menschengeist ihr zu=
führten! So wirkte auf sie Fichte's Wort, weniger durch
seinen Gedankeninhalt, als durch die treue, religiöse Stärke
seiner tiefen Gesinnung. So faßte sie von Novalis, Schleier=
macher, Friedrich Schlegel, mit heißer Neigung alles auf,
was in diesen dem reinen Quell religiösen Denkens — der
dies nicht immer war — zu entströmen schien. So spricht
sie mit Entzücken von Lavater. „Den lieb' ich — sagt sie
(1818) — von ganzer Seele. Er ist brav; geistreich; voller
Einfälle; gütig=ungeduldig; nämlich, übt die höchste Geduld
mit Menschen aller Art, von allseitiger und tiefer gütiger
Einsicht. Nach der Bibel religiös: mit so vieler wahren
erhabenen Religion, daß ich ihn liebe, wenn er unzubehauptende
Dinge behauptet. Ein englischer Mensch! Lesen Sie, wenn
Sie es nur irgend bekommen können, gleich: „Aussichten in
die Ewigkeit, von Lavater." Wundergöttlich. Dies Buch
allein hat mich diesen Winter über erhalten. Sonst hätte
ich mich für gesunken halten müssen. Noch scheint mir dies
Buch wie warme lichte Sonne in meine Zeit. Lassen Sie
sich nicht abschrecken von mancher präcautionirenden Weit=
läufigkeit in dem Buche, der arme Lavater mußte sich der
damaligen Geistesepoche beugen; es war die der — vielleicht
präsumtuosen — Aufklärung, er thut es mit Grazie, und
Geduld, und Ungeduld: wir lernen jene Zeit und ihre
Schwierigkeiten daraus kennen, und unsere tüchtiger auch schon
als eine ehemalige beurtheilen, und sehen flache Stübchen
mit großer Anmaßung betreten." So folgte, mit größerer
Innigkeit und höherem Vertrauen, ihre Seele den milden

Aufflügen Saint=Martin's und Tauler's, den mächtigen Schwingungen des feurigen Angelus Silesius. (Daß dieser herrliche Geist litterarisch wiedererstanden ist, und uns wieder angehört, ist nur Folge des beseelten Antheils, den Rahel ihm seit der ersten Stunde unermüdlich gewidmet hat.) Mit welcher Liebeswärme nahm sie alles Biblische auf, wenn dies ohne mißverständliche Beigabe lauter und hell an sie gelangte!

Allein Rahels Religiosität konnte auf keines fremden, wenn auch noch so hohen Geistes, ja selbst nicht auf ihres eigenen Geistes Macht beruhen; ihre Frömmigkeit nährte sich durch jedes Geistige, woher es auch kommen mochte, aber ihren Ursprung nahm sie aus anderer Quelle. Aus ihrem Herzen strömte, lauter und stark, die religiöse Energie, von der sie durchdrungen war, und neben der ihre Geistesgaben wie untergeordnet und unnütz wurden; aus dem tiefsten Gefühl erhob sich ihre unmittelbare Verbindung mit dem Göttlichen, jedem Irrwege des Denkens entrückt! Die reinste Demuth und Ergebung, das kindlichste, unerschütterlichste Vertrauen wurzelten hier, von hier erzeugte sich unaufhörlich jede That und Wirksamkeit der Liebe!

In dieser Unmittelbarkeit eines inneren Gottes=bundes, eines im Gefühl und Vertrauen dieses Zusammen=hanges, dieses Schutzes hingeführten Lebens, in dieser feurigen Inbrunst, die immer und jeden Augenblick, bei den kleinsten wie größten Dingen, in Schmerz und Freude, in den Ge=schäften des Tages und in den Launen der Unterhaltung, den Bezug auf Gott gegenwärtig behielt, anrufen und um sich her beleben konnte, in dieser steten Gegenwart und Wirkung des Höchsten, welche ihrer innersten Natur entsprachen, hatte Rahel in der That etwas Ungewöhnliches, unseren neueren Zuständen Fremdartiges, das man wohl als biblisch bezeichnen darf.

Der Geist und Karakter der biblischen Erzväter, welche die ersten Offenbarungen derjenigen Religion empfingen, worin die späteren Offenbarungen des Christenthums sich entfalteten, sind von diesem in ihrer Kraft und Heiligung aufgenommen und bestätigt; auf ihren frühesten Bund und Glauben ist

noch fortwährend unsere ganze Religionsentwickelung gegründet. Der unvermittelte Gottesglaube und Gottesverkehr
im alten Testamente hat etwas Auserwähltes, Persönliches,
welches allerdings in dem Christenthume sich mehr zu all-
gemeinem Menschlichen erhebt! Aber mit diesem steht jenes
nicht im Widerspruch, sondern enthält vielmehr alle späteren
Entwickelungen schon im Keime, fähig und bestimmt, sie
hervorzubringen und fortzupflanzen. Es ließe sich sehr wohl
denken, und die Kirchengeschichte dürfte genug Belege dafür
liefern, daß die reinste christliche Sinnesart sich aus den
Entstellungen, welche die Christuslehre in ihrer menschlichen
Ausbildung so oft und schrecklich erleiden mußte, zu den
Urzuständen flüchtete, wo die Lehre und Kraft noch im
unschuldigen Keime sicher und heilig bewahrt liegen. Daß
auch dieser Rückweg eine Verirrung werden könne, stellen
wir nicht in Abrede. Ihn zu wählen wäre bedenklich; aber
durch natürliche Begabung und Fügung auf ihm vorschreitend
sich zu befinden, darf als eine eigenthümliche Erscheinung
gelten, die ungewöhnlicher Kraft und Wärme fähig ist.

Auf diese Entwickelungsstufe, dünkt uns, war Rahel gestellt.
In ihr giebt sich der Geist und Karakter altbiblischer
Offenbarung zu erkennen, indem sie zugleich mit allem
Wesentlichen des Christenthums erfüllt ist. Beides
verbunden, in höchster Eintracht und kräftigster Wirkung, ist
der Inbegriff und Kern ihrer Frömmigkeit. Es ist dies kein
bloßer Deismus, wie ihn die Vernunft lehrt; es wirkt die
lebendige Kraft, das beseelende Feuer der Offenbarung
darin. Es ist auch nicht die bestimmte Gestalt heutigen
kirchlichen Christenthums, wo die gereisten Früchte mit den
tauben wirr durch einander liegen, und sich oft gar nicht mehr
unterscheiden lassen; denn die Vernunft tritt an die Stelle
eines starren Lehrbegriffs, und läßt nichts gelten, was ihrem
Ansehen und Ausspruch widerstreitet. Hat doch das Christenthum selbst dafür gesorgt, das Nichtvorhandensein des Buch-
stabens, der äußeren Form, sich nicht zum Merkmal setzen
zu lassen, woraus man schließen dürfte, daß es selber nicht
zugegen sei, sondern es verweiset auf den Geist und die
Früchte!

Solche Stellung, hoch entrückt dem Getümmel der Zeit=
meinungen, die sich öffentlich um eine vergängliche Herrschaft
streiten, neutral gegen die Kämpfenden, liebreich für manches
Geschmähte, unzugänglich für das stolz sich Aufdringende,
einem Höchsten, Festen, Reinen unerschütterlich zugewandt, —
solche Stellung scheint in unserer Zeit der nothwendige Anhalt,
das tiefe Bedürfniß vieler Gemüther zu sein, welche die
Religion aufrichtig suchen, und jedes Gefundene treu und
wahrhaft hegen, ohne sich einem äußerlich dastehenden
Glaubensbekenntniß einverleiben, dasselbe im ganzen Umfange
zu dem ihrigen machen zu können, und deren ehrlichem Sinne
es unmöglich wird, in dem Schein einer Zustimmung zu
leben, die innerlich nicht vollständig wäre. Die Gemüther,
welche zu dieser Stellung hingewiesen sind, haben eine schwere
Aufgabe, und große Entbehrungen zu tragen. Sie entbehren
der innigen Gemeinschaft, woraus die Religion eine so tröst=
liche Stärke schöpft, die ihrem Bedürfniß entsprechende Nahrung
des Herzens und des Geistes dringt spärlich in die vereinsamte
Abgeschiedenheit. Findet sich irgend eine Zustimmung, so ist
sie doch meist nur kühl, zaghaft, schwach, weil in dieser
Gemüthsrichtung die Gluth eines lebendigen Glaubens wohl
gefordert, aber selten gefunden wird, indem von hier aus
alle Wege fast nur niederwärts führen, zu dürftigen Ver=
standesberuhigungen, und nur selten ein Pfad aufwärts in
das höchste Gebiet wahrer Religion leitet.

Für diese weitverbreitete, harrende, unbefriedigte, und
doch je ehrlicher empfangene desto weniger willkürlich zu
vertauschende Gemüthsverfassung mußte Rahel ein höchst will=
kommenes, ein belebendes Phänomen sein, denn in ihr fand
sich die ganze Richtung, der ganze Gehalt jener in edler
Stille gepflegten, an öde Gränzen gedrängten und in aller
Vielheit doch nur vereinsamten Religiosität ausgesprochen
mit aller Gluth und Kraft lebendigen Glaubens, persönlich
empfundener Offenbarung, mit aller Macht des flammenden
Beispiels einer das ganze Leben durchströmenden, jeden Stoff
ergreifenden, in jedem Begegnisse sich verherrlichenden Gott=
innigkeit.

Aus dem Zusammentreffen jenes verbreiteten Sinnes und

Bedürfnisses mit dieser seltenen, ja einzigen Darbietung —
beide ächt, wahrhaft, geistig hoch und schön — erklärt sich,
unserer Ansicht nach, der große religiöse Eindruck, den das
Buch Rahel auf so viele edle Gemüther machte, die entzückte
Befriedigung, mit der so Viele sich zu diesem neuen Worte
bekennen wollten! —

Die religiösen Vorstellungen Rahels tragen dies höchste
Zeichen seltener Begabung an sich, daß in ihnen die größten
philosophischen Gedanken sich mit der lieblichsten Kindereinfalt
vereinigen. Die besondere Eigenschaft und Kraft, die in
jedem dieser Endpunkte geistiger Auffassung liegt, wird hier,
auf dieser Gemüths= und Geistesstätte, wie in einer gemein=
samen Mitte zusammengezogen, und bricht mit einer neuen
Energie, die aus der Vereinigung entspringt, in herrlichen
Blitzen und lieblichem Schimmern hervor. Daß es dasselbe
Herz ist, welches so leidet, so gerührt ist, derselbe Geist, der
so kühn denkt und aufstrebt, derselbe Sinn, der so lebhaft
und vielseitig für diese Welt erschlossen, sie so innig zu
verstehen und zu genießen fähig ist, daß es diese selben
Gaben und Anlagen sind, die sich mit reinstem Vertrauen
und völliger Ergebung dem Höchsten zuwenden, dies in allem
suchen und ehren, sich ihm ganz unterwerfen, mit freiester
Selbstständigkeit und kindlicher Hingebung — darin liegt
der stärkste Reiz und die höchste Kraft dieser ganzen Er=
scheinung.

Die philosophische Tiefe zu ermessen, bedarf es aber selbst
wieder eines gedankenkundigen Geistes; nur ein solcher
wird die Urquelle würdigen, aus welcher Betrachtungen fließen,
wie die nachfolgende, von Rahel einem flüchtigen Blatt
(1812) anvertraute: „Ich glaube, ich werde wohl ein=
gewilligt haben, diesen Jammerweg des Lebens zu gehen,
und als Mensch menschliche Geschicke zu erfahren; oder es
mag ein Höherer, mit tieferer Einsicht, weil er es für mich
als gut erkannte, diese Einwilligung für mich gegeben haben;
genug, die Einwilligung denke ich mir immer, und dieser
Gedanke nur kann mich trösten für allen erlittenen, sonst
unvergeltbaren Schmerz. Vielleicht war es nur so möglich,
die Persönlichkeit zu gewinnen, und den Keim künftiger Er=

hebungen in gedeihlicheren Existenzen; wenn es auch nur das
wäre, was die unselige Menschheit bedeuten soll, daß der
bewußtlose im Ganzen der Gottheit aufgelöst gewesene Licht=
punkt als Menschenseele in das selbstständige Dasein eines
eigenen Ganzen göttlich hinüberginge! O gewiß ist es auf
diese Weise; höher konnten meine Gedanken nicht klimmen
am Rande aller Wissenschaft, und keine Weisheit wurde mir
bekannt, die höher gedrungen sei." — Denselben Gedanken
drückte sie später (1821) mit schärferer Abgränzung und
neuer Wendung aus: „Einwilligen! das sublimste Wort!
die größte Bewilligung für Menschen. Durch Einsicht mit=
wollen zu können, begreift die Persönlichkeit in sich, die größte
Gnadenverleihung." Aussprüche, wie dieser (1825): „Wo
wir herstammen, und wo wir hinströmen, das sind so
gut Glieder von uns, als die, welche wir im zeitigen
Gebrauch haben"; stellen sich als Aufgaben, denen das
fortgesetzte Nachdenken immer neues, immer ausgebreiteteres
Licht entlockt. Nicht minder tief, aber durch Wort und
Begriff unmittelbar jedes Verständniß ansprechend, zeigt sich
die fast gleichzeitige Aeußerung über das in der Natur selbst
geoffenbarte Unterpfand eines höheren Daseins und göttlichen
Zusammenhanges: „Der mir durch den dunkeln Mutterleib
geholfen, wird mir auch durch die dunkle Erde helfen!" —
    Zur Kindereinfalt aber senkt sich derselbe Gedankenflug
lieblich nieder, wenn Rahel an einem Frühlingsmorgen
(1825), bei jungem Grün und milden Lüften, nach Gesprächen
über das Wunder des Lebens, und über noch versagte Er=
innerung in die vor dem Anfange dieses Erdenlebens zurück=
liegende Vergangenheit, mit sehnsüchtiger Trauer ausruft:
„Ach, wir sind nur ein Tropfen Bewußtsein! Ich will
auch ja so gern wieder zurück ins Meer, will gar nichts
besonderes sein!" Oder wenn sie (1818) mit völliger Hin=
gebung sagt: „Oft entschlag' ich mich aller Sorge, und stelle
dann alles Gott anheim, als dem besten Freund und Vater,
mit dem ich mich ganz unaussprechlich gut stehe. Ja, wir
sind auf einem ganz vertrauten Fuß." „Er wird's schon
wissen und machen", denk' ich, „und lehne mich ordentlich
an ihn an, und schlummere so zu Füßen ein wenig, so unten

an seinem Mantel!" Welches herrliche, rührende Bild sie in
ihrer letzten Krankheit (1833) vollständiger also mittheilt:
„In meinem siebenten Jahre träumte mir einmal, ich sähe
den lieben Gott ganz nahe, er hatte sich über mir ausgebreitet,
und sein Mantel war der ganze Himmel; auf einer Ecke
dieses Mantels durfte ich ruhen, und lag in beglücktem Frieden
zum Entschlummern da. Seitdem kehrte mir dieser Traum
durch mein ganzes Leben immer wieder, und in den schlimmsten
Zeiten war mir dieselbe Vorstellung auch im Wachen gegen=
wärtig, und ein himmlischer Trost: ich durfte mich zu den
Füßen Gottes auf eine Ecke seines Mantels legen, und da
jeder Sorge frei werden; er erlaubte es." Wie sie denn
oft noch, mit dem ihr ganz eigenen rührenden Stimmenlaute
bei und nach den angstvollen Leiden vertrauend wiederholte:
„Ich lege mich auf Gottes Mantel, er erlaubt es. Wenn
ich auch leide, ich bin doch glücklich, Gott ist ja bei mir,
ich bin in seiner Hand, und er weiß alles am besten, was
mir gut ist, und warum es so sein muß!"

Die stete Gegenwart und Wirksamkeit solchen frommen
Inhalts, welchen die Seele Rahels bis in die Träume hinein
bildlich verarbeitete, zeigt sich mit größter Kraft noch in einem
Gesicht, das so erzählt wird (1825): „Heute Nacht träumte
mir, ich sei auf einem ganz gewöhnlichen Orte mit vielen
nahen Bekannten zusammen; von Ludwig Robert aber nur
weiß ich deutlich, daß er dabei war. Plötzlich wird ein Un=
wetter mit Blitz und Sturm; doch gar bald blitzt es nicht
mehr; sogar erinnere ich mich nicht deutlich eines Blitzes.
Aber eine Röthe entstand am Himmel, und bald umfloß die
den ganzen Raum, dick war er davon erfüllt; kein Gegenstand
mehr zu sehen; meine Freunde waren in diesem herrlichen
Abendroth — mit Staub oder vielmehr Dunst untermischt —
verschwunden, obgleich mir ganz nah, eine Stubenweite nur
entfernt. Die Erde schwankt, das Roth immer schöner, all=
gemeiner. „Wo seid Ihr?" schrei' ich; „das ist ein Unter=
gang", denk' ich; „oder Tod!" Ich will aufpassen, wie es
kommt, wo meine Seele bleibt! „Robert, wo bist Du?"
schrei' ich; greife mit der Hand nach ihm: vergeblich. „Wir
wollen Alle zusammen bleiben; kommt zu mir; wir wollen

zusammen sterben." Die Erde schwankt noch mehr. „Robert, komm her! denk' an Gott. Denk' nur an Gott; ich denke an Gott." Und so passe ich auf meine Seele, und schreie das immer, weil ich weiß, Robert ist ganz nah. Vom Geschrei erwache ich. — Ist das nicht ein trostvoller, göttlicher Traum? Ich hatte mir gestern Abend einen be= deutungsvollen erbeten — weil ich sehr am Rande war. Solcher Traum ist mir so lieb als Leben, und solche Gnade nach dem Gebet, daß ich mich schäme und scheue. Gott weiß es." —

Sehen wir auf den bestimmten Inhalt von Rahels reli= giösen Vorstellungen, so finden wir bei ihr in gedrängter Bündigkeit kurz und einfach als vollständigen und uner= schütterlichen Besitz alles zusammen, was der suchende Mensch oft weit und mühsam als Wünschenswerthes sich anzueignen strebt, und doch meist nur mangelhaft und unsicher auf seinen Lebenswegen erlangt und behauptet.

Rahel hatte sich mancherlei Gedankenreihen der Weltweisen gefallen lassen, sie konnte sich in jede leicht finden, und er= faßte schnell den Punkt, wo jede den Aufschwung zu Gott gestatten mußte. Sie konnte muthig und heiter den Ansichten Spinoza's und des Pantheismus folgen, sie erbebte vor keinem Gedanken, der sich als richtige Folgerung darstellen durfte; nichts, was aus ehrlichem Suchen hervorging, wollte sie verwerfen. Allein bei allem diesem Denken und Betrachten, Untersuchen und Forschen, fand sie in ihrem Inneren jeden Augenblick unverhüllt und unerschüttert den lebendigen Glauben an einen persönlichen Gott aufrecht; an einen persönlichen — denn gerade diese Vorstellung war ihrem tiefsten Wesen wie eingeboren, ihrem Vorstellungsvermögen ganz vertraut und unentbehrlich, wenn auch ihr Geist im Denken jeder anderen Betrachtungsweise für den Augenblick furchtlos folgen konnte. Sie drückte sich hierüber in naiver Weise einst mit den munteren Worten aus: „Ich hasse jedes Bild, jedes willkürlich und kleinlich bestimmte, das wir uns von dem in kein Bild zu Fassenden machen wollen, selbst die allgemeine Vorstellung einer Persönlichkeit des Urseins ist mir beschränkt und willkürlich — aber ich kann nicht anders, ich bin doch immer wieder darauf zurückgewiesen, und ich kann es mir nicht nehmen lassen, das Weltall und die ganze geistige Schöpfung erscheinen mir doch nur als Glieder, zu denen es ein Haupt geben muß! Ohne persönlichen Gott kommt mir alles wie verstümmelt, wie dessen beraubt vor, das dem Uebrigen erst Leben, Schönheit und Bedeutung giebt." Hieher gehört auch folgende Stelle (1818): „Wie finden wir uns? frag' ich. Mit einem persönlichen Bewußt= sein; erstlich begränzt in dieser Persönlichkeit selbst, dann in den Bewegungen unseres Geistes, so sehr dieser auch das Weitreichendste in uns ist; die Persönlichkeit ist die schärfste Bedingung und der für uns zu erreichende Grund unseres Bewußtseins. Durch sie wird allein Sittlichkeit möglich: unser Höchstes jetzt; einzig sicheres, einzig mögliches Schaffen. Nur in Persönlichkeit können wir Glückseligkeit und Unglück= seligkeit finden. Daß uns der größte, also auch gütigste Geist diese Persönlichkeit nur unter so harten Bedingungen verleihen mochte oder konnte — hier gleichviel! — ist sein Geheimniß; die Ergebung in dieses Geheimniß, meine Religion, meine Demuth, meine Weisheit, meine Ruhe! Alle andere Voraussetzungen sind mir kindisch und unwill= kürlich. Mein Geist kann immer höher steigen, mächtiger, schauender werden; und ist Gott mit allem Eins, so ist's wie mit uns selbst; auch zu uns gehört unser ganzer Leib und die Intelligenzen aller unserer Organe, und es ist doch eine vornehmste da: der Kopf weiß vom Fuß, der nicht vom Kopf!" — Hiermit ist auch das Folgende zu verknüpfen (1824): „Wenn wir uns nun erst Gott nach allen unseren Kräften vorstellen, so ist es doch nur nach kleinem Muster und Konception. Drum sind alle redliche Vorstellungen gleich: und auch eine „persönliche" nicht unerläßlich: eine Person wie Gott, das Bewußtsein des Alls, welches wir nicht sind, kann doch nicht Statt haben. Was wollen Sie also? daß die Vorstellung zu einer gegebenen Zeit passe? zu einer? zu Zeit? Uns vor unserem eigenen Unvermögen beugen, an jeder Gränze von uns Gott finden, ihm unbegriffen vertrauen; wegen der Pfänder, die wir in Recht, Vernunft und Mitgefühl in uns finden: solch Gutes! von ihm er=

warten, daß wir's uns gar nicht vorstellen können, darum, weil wir uns etwas Gutes vorstellen können; und alle Tage von neuem fleißig untersuchen: — das ist Gottesfurcht und Gottesliebe; auf Wahrhaftigkeit dringen: — Religion verbreiten. Aber Bildervorstellungen dahingestellt sein lassen! Wie Einer kann; aber nicht wie er will!" —

In gleicher Weise verhielt es sich mit der Unsterblichkeit der Seele. Rahel hatte keine Angst darum. Sie pflegte in früheren Zeiten wohl zu sagen, ihr könne das gleichviel sein, ob die Seele sterbe oder nicht; wie es Gott geordnet habe, so müsse es gut sein; existire man nicht, so falle die Sorge mit dem Gegenstande weg, existire man aber, so habe man ja den Gegenstand, und also wieder keine Sorge. Auch konnte sie mit großartiger Fassung und eindringendem Scharfsinn ruhig und klar die mancherlei Lehren aufnehmen und verfolgen, die sich ihr durch ausgezeichnete Geister in vertrauter Mittheilung hierüber darboten; die Lehren Schleiermacher's, der in jener Zeit, als er die Reden über Religion schrieb, und auch noch viel später, die persönliche Fortdauer entschieden verneinte; die Lehren Friedrich Schlegel's, welcher gleichzeitig mit der in der Lucinde versuchten Hochstellung des Sinnlichen, auch dem Geistigen einen neuen Weg mystischer Erhebung eröffnen wollte, und geradezu behauptete, die Unsterblichkeit sei keine Eigenschaft der Seele, sondern von überlieferter Wissenschaft und Weihe abhängig, die er seinen Freunden und Vertrauten anbieten zu können glaubte! Rahel ließ jede Reihe von Bildern, welche irgend einem Bedürfnisse der Vorstellung entsprachen, in diesem Gebiete willig gelten, und ging wohl mit in sie ein, in mythologische, in streng kirchliche, in ganz phantastische; aber stets nur als Bilder nahm sie solche auf, nie als das Wesen. Eine Bilderreihe, die sich ihr als ausschließliche aufdringen wollte, der gewaltsame und blinde Aberglaube, so wie jede Faselei, empörten sie. Im Inneren unangefochten von aller Mannigfaltigkeit und Verwirrung solcher Gebilde, nicht verführt von den lieblichsten, von den furchtbarsten, hegte sie treu und immer gegenwärtig den festen Glauben an die persönliche Fortdauer. Ihr überragte die Per=

fönlichkeit dieſes Erdenlebens auf beiden Endpunkten, nicht
nur über den Tod, ſondern auch, wie ſich aus mehrfachen
merkwürdigen Aeußerungen ergiebt, rückwärts über die Ge=
burt hinaus. Sich Bedingungen vorzuſtellen, unter welchen
ſolche Zuſtände für uns denkbar werden, fühlt jeder Menſch
einen unwiderſtehlichen Drang; auf das Wiederſehen der Ge=
liebten kann kein liebendes Gemüth je verzichten; aber wenn
kein Denken hier Grund, kein Bild Beſtand findet, ſo bleibt
dem ehrlich Frommen doch zuletzt nichts übrig, als die tiefſte
Ergebung in das Unbekannte und Unerforſchliche, in jede
Bedingung, die ſein kann. Dies that Rahel aufrichtig und
vollſtändig.

Sie ſagt einmal (1818) ſo tief als einfach und ſchön:
„Unſere Unſchuld beſteht darin, daß wir Manches noch
nicht erfahren und wiſſen; aber darin beſteht auch die
Eigenheit unſeres hieſigen Zuſtandes, daß wir Vieles hier
überhaupt nicht erfahren und wiſſen können; vielleicht iſt
das ganze Erdenleben nur eine Art Unſchuld, auf die ein
höherer Zuſtand mit weiterem Aufſchluſſe des Daſeins folgt.
Wenn dem ſo wäre, ſo könnte nichts tröſtlicher und erhei=
ternder ſein, als dieſer Unſchuld mit Bewußtſein ſich
überlaſſen, und ſie in dieſem Gedanken freudig zu ge=
nießen.“ — Und in demſelben Sinne auf Anlaß einer
Betrachtung von Saint=Martin (1822): „Das denk’ ich
auch immer; und das iſt meine einzige Art von Todesfurcht;
daß Unverhältniſſe ſich einfinden, die ſchwerer zu durch=
brechen ſind mit dem tief=ordnenden Geiſt; ſowohl in dem —
Haupt= — Begriff der Zeit, als ſonſt; und allerdings
kann das entſtehen, wenn man nicht fleißig genug
war; wie auch ſchon hier: man muß nachholen. Der
wahre Glauben, die wahre Hoffnung, beſtehen aber darin,
daß es noch ganz anders kommen und ſein kann, als
wir es uns vorzuſtellen vermögen: und dies iſt mein feſt=
lichſter Gedanke. Da iſt Religion. Kein Bild; die leere Tafel;
wo Bilder ſind, ſchuf Gott unſere Welt; die für uns.“ —
Noch ſpäter findet ſich folgende Aeußerung (1826): „Es
giebt nur Verwunderung, aber keine Wunder. Alles, was
endlich geſchieht, muß geſchehen können; alſo hört das Wun=

der auf mit dem Faktum selbst. — Wer sich recht besinnt,
still und ehrlich in sich, muß gewahr werden: Es sei mit
dem Ursprung und dem Auftrag der Seele wie es immer
will, ihr sind Gränzen zugemessen, in denen sie jetzt lebt.
Es fehlen ihr mittenin Stücke heraus, aus ihren Fähigkeiten,
wie herausgebrochen. Beschränkte Farben, beschränkte Töne;
beschränktere Antworten auf schon beschränkte Fragen, die
sie sich selbst vorlegt, — und doch ein schwaches Wissen
eines klareren Seins, welches uns wie gleichsam wieder aus
dem Gehirn entfällt, — daher Wunder; Wunderbares;
Voraussetzung aller Art; und die höchste; die eines ab=
soluten Geistes, der Grund seines eigenen Daseins und
Wirkens ist; welches wir selbst sind. — Das ist keine
Kleinigkeit, die wir erfahren werden! Probe davon ist:
Bewußtsein, unabläugbares Bewußtsein haben; wie schon
jetzt." Zuletzt löst aller Schrecken des Todes sich ihr in
das herrlichste Lebensvertrauen auf: „Wenn wir uns in
den Schmerz des trennenden Todes versenken wollen, be=
trachten wir lieber das ewige große Wunder des Lebens,
welches beides Eins ausmacht, und uns zur tiefsten Unter=
würfigkeit leitet, und auf die größte Liebe anweist."

Rahel verwarf die Bilder, welche blos dem Bedürfnisse
schmeicheln wollten; sie ergab sich unbedingt in jede Ord=
nung, welche als von Gott gefügt denkbar sein mochte;
und dennoch, so oft der eigenste Sinn frei seinem Hange
gemäß, das tiefste Gemüth nach seinem eingeborenen Wesen
hervorbrach, in jedem reinen und großen Lebensmoment,
war auch diese Ueberzeugung unsterblichen Daseins als
unmittelbares Gefühl lebendig immer da, und hielt
sich an die einfachste, kindlichste Vorstellung seligen Erwa=
chens und Wiederfindens! —

In reicher Mannigfaltigkeit und Schönheit liegen die
Zeugnisse vor uns von Rahels festem Vertrauen und rast=
losen Hinwenden zu Gott. Sie unterwirft sich dem Höchsten
ganz, und erwartet in Demuth und Ergebung, was ihr von
daher beschieden wird. So tröstet sie sich über das Nicht=
zuverstehende, vertrauend, daß ein höherer Geist es ver=
steht und leitet zu unserem Besten. Sie schreibt an Trozler

(1816): „So wie kein Dichter sich ausdenken kann, was besser, mannigfaltiger und sonderbarer wäre, als was sich wirklich in der Welt entwickelt und zuträgt; und nur der den besten Roman machen kann, welcher Kraft genug hat, das, was geschieht, zu sehen, und in seiner Seele auseinander zu halten; eben so sind unsere tief=natürlichsten W ü n s ch e r o h; und gränelhaft entwickelte sich ihre Erfüllung für uns; nur das, was Gott wirklich zuläßt, ist in allen Beziehungen heilsam für uns, weil wir uns ihm entgegenbilden können. Mir ist dies in Prag schmerzhaft geschehen, und klar geworden. Wem dies glimpflich begegnet, der hat Glück. Der Ausdruck „rohe Wünsche“ fiel mir sehr auf, und so etwas kann mich erstaunlich freuen; so sehr mir auch meine Ausdrücke aus dem Kopf und aus der Feder fahren, so entschieden destilliren sie sich doch durch alles, was ich lebe, vorlängst in meinem Kopf zurecht; durch Gut und Blut, und Arbeit, ununterbrochener Art; darum gehe ich wohl verschwenderisch damit um, und achte es nicht, wenn meine Ausdrücke nicht beachtet werden, wenn aber einer davon einmal gerade so wirken will, als ich ihn gemeint hatte, d. h. alle Gründe mit beleuchtet und bewegt, die ihn geschaffen haben, dann freut es mich als etwas Gelungenes, dem Recht geschieht, und welches nicht umsonst da ist; dies nun ist mir in Fülle dadurch diesmal gelungen, daß Sie sich bei demselben Gedanken desselben Ausdrucks bedienten: und daher mein freudiges Bravo, und mein umständliches Beurkunden meines Anspruchs darauf. Sie sehen also, wie bereit ich bin, mir Gerechtigkeit widerfahren zu lassen, wenn auch, zu meiner Ehre, durch mein eigenes Lob. — Ich bin doch ein Rebell! Aber auch s e h r ergeben: nur will ich auch das s ch l e ch t zu f ü h l e n d e schlecht n e n n e n dürfen: aber d o ch d u l d e n, weil es wohl g u t s e i n wird.“ — Reiner und höher drückt sich derselbe Gedanke in folgender Stelle aus: „Was uns unsere Irrthümer bringen — was wir in ihnen befangen wählen und thun, was sich daraus entwickelt — schickt uns Gott o h n e uns; was wir mit Sinn, Verstand wählen, schaffen und behalten, schickt er uns d u r ch uns. Beides muß der Mensch mit Sinn annehmen; davon kommt ruhigste Ergebung, und Heiterkeit im Sehen." In höchster Verklärung aber spricht diese Einsicht durch folgendes Wort sich aus: „So lange wir nicht auch das Unrecht, welches uns geschieht und uns die kühlen brennenden Thränen aus= preßt, auch für Recht halten, sind wir noch in der dicksten Finsterniß, ohne Dämmerung." In gleichem Sinne ist folgende Stelle (1829): „Pauvre humanité! Niemandem wird etwas gereicht, der nicht herzhaft den bitteren Kelch vor die feine Zunge nimmt; und herunter, herunter; alles hinein! Unverhofft wird's veilchenartig, aromatisch, süß genug; und hell um uns her, und ruhig: und das nur, weil wir das Bittere abgetrunken, was wir selbst hinaufgehäuft; Unge= sehenes, Unwahres, Falsches sogar; nach dem herben, muth= verlangenden Abtrinken ist reiner Grund und Wahrheit da; und in uns; und diese ist Himmelselement; weil ihr Wesen darin besteht und zu erkennen ist, daß sie zu den nächsten Gliedern passen muß; und dadurch bis zum Himmel hinauf passen kann. Alles, was wir thun können, besteht in einem richtigen Erschauen, nach innen und außen hin; daß wir uns wiederfinden im neuen bereichernden Erfassen! Der Faule muß alles nachholen, noch Einmal beginnen, bei harter Strafe und Schmerz; bei hartem Befinden. Wir suchen Alle, und oft, faul zu sein; aber wir müssen es nicht bleiben: Clemens ruht sich wieder zu sehr beim Katholizis= mus aus; vorwärts, armer Clemens! je eher je lieber. So viel Klügere auch wollen das große Defizit nicht ertra= gen: und mit Goethe'n nicht „verzweifeln, wenn sie leben wollen." Beugt euch, Menschen, tief: dann könnt ihr euch erheben. Ich prahle hier nicht: ich sträube mich alle Tage unartigst im Einzelnen. Was heißt das aber? Ich sträube mich in den Momenten des Lebens, wo aus Zorn oder Einzelwunsch mein Auge, erhitzt oder verblindet, das Ganze nicht erfaßt; aber — wenn wir an's Ganze denken, das wir vor unseren Sinn gebracht haben, und dann uns nicht beugen, nicht rein werden, nicht verzweifeln wollen, nicht unterwürfig sind; in der eigenen Brust, und in dem Drang nach Vernunft, Recht und Richtigkeit keine Bürgen finden, dann müssen wir erst noch recht leiden — und

werden." Hieher gehört auch die folgende Aeußerung (1827):
„Mir scheint endlich das Resultat des ganzen hiesigen
Lebens für den Geist nur dies: — ich soll lernen, eine
ganz andere Voraussetzung für die Existenz überhaupt machen,
als hier nur irgend eine zu ergründen ist. Und da ich sie
gar nicht zu machen im Stande bin, so kann sie das Herr=
lichste, Göttlichste sein! Das ist mein Paradies, mein
Himmel, meine Hoffnung, meine Zuversicht auf den Geist,
der meinen schaffen konnte und wollte! Lauter irdische Worte
indessen: bis wir das Allerklärende gefunden haben! Bis
dahin wundere ich mich über meine eigenen Fähigkeiten, Wün=
sche und Bedürfnisse: das Bedürfniß zum Glücke — ist
uns doch der höchste Bürge für dessen Existenz: und so auch
mit unserem Schimmerchen von Vernunft."

Einem Freunde, welcher durch einen Todesfall schmerz=
lich betroffen war, schrieb Rahel (1821): „Da ist nichts
zu sagen, als Gott anzusehen, ob er uns nichts sagen wird.
Der spricht aber nur ein= für allemal, wenn er uns in's
Leben ruft. Und richtig citiren Sie den, der da sagt: il
y a des moments, où l'on ne peut rien faire que de
vivre. Leben, ist die große Uressenz, der tiefe Urstoff,
woraus alles entquillt, mit und ohne unser Zuthun." In
großer Krankheit (1829) schrieb sie mit noch schwacher Hand
zu dem schönen Worte von Saint=Martin: „Un des
grands dangers de l'homme est de se croire abandonné,
quand il souffre. N'oublions jamais qu'on veut ici notre
purification, et non pas notre perte", indem sie die letzten
Worte unterstrich, ein inhaltschweres „Amen!" worin aller
Schmerz der Seele sich in himmlischen Trost verwandelte!
Und zwei Tage später spricht sie zu einer Freundin: „Ich
war vor Gericht; ich ward freigesprochen. Das große Leiden,
meine inneren Zustände milndblich! Ich grüße Sie aus bestem
Herzen! Ich dachte an Sie. Aus dem Frühling ist nichts
geworden: aus unserem gar nichts. Gott will es so:
und somit ich auch. Ganz still und ergeben. Für Sie
mit; Menschentochter! Ich habe wahrlich gelernt ergeben
sein, und alles Gewünschte Gott — mehr vertrauender,
als meinen Herzensströmen — zu Füßen zu legen. Grü=

nes sehen (!!!) — auch. Mehr hab' ich nicht; mehr kann ich nicht. Aber Athem holen, das muß ich. Der war weg." Aus demselben Jahre ist auch noch Folgendes: „Zersplittert sind wir in einer Arbeit begriffen: in eine Arbeit, in eine Zersplitterung gegangen — aus dem Paradies; zum Verständniß; — in eine Arbeit vertieft, in einen Theil unseres Vermögens: wie hier, wenn wir uns in einer Wissenschaft augenblicklich verlieren. Dessen bin ich gewiß: bis Zauberschlag — des Denkens, zum Beispiel — uns nicht rettet, hilft nichts als Ergebung, — oder Spiel, im weitesten Sinne des Wortes, — die Gewißheit aber, daß wir nur mit einem Theil des Verständnisses hier hausen, die habe ich: und dies ist Trost und Religion. Umsonst sind wir auch so nicht abgegangen, so zersplittert. Es ist schlimm: aber hat gewiß einen guten Grund; wie all' unsere Thorheiten noch immer. — Dieser Gedanke war vorgestern Nacht der Anfang meiner vielen mir wie zuströmenden; erleuchteten, hätte ich sie ihrer Hellheit und Umrisse wegen nennen können, — inmitten welcher mich ein Krampf und eine Unfähigkeit überfiel."

In früherer Krankheit (1825) hatte Rahel, als sie eine große Entscheidung herannahen glaubte, inmitten aller Schmerzen und angstvollen Spannungen des Körpers, ihren Seelenzustand mit glühender Innigkeit dargethan. Sie bat Gott um einen nicht allzuschweren Kampf: sie versicherte, ganz ruhig und gefaßt zu sein, wie immer. Dann sagte sie: „O, ich liebe alle Menschen; sie sind alle wie von meinem Fleisch und Blut; so zuckt es mir, wenn einem von ihnen was ist." Ueber ihre Schmerzen: „Ich verstehe sie nicht; aber ein Anderer. Schmerz ist Gottes Geheimniß; der versteht ihn." Ferner: „Könnte man sich nur recht zu Gott wenden, so wär' einem gleich geholfen. Mit seiner Hand hebt der einen heraus; ich habe sie schon an mir gefühlt, seine Hand. Aber so recht, wie man kann und soll, sich so ganz mit dem Auge an ihn ansaugen, das gelingt nicht immer, man will und kann nicht immer stark genug." Und dann: „Höhere Geister sehen und hören jetzt meinen Jammer. Gott selbst hört und sieht mich, er weiß um mich), und um jeden Schmerz in mir; er ist nicht zu groß dazu." Später äußerte sie: „Solche Krankheit, ich fühl' es, ist jedesmal eine Gnade. Es wird einem ein Ruck gegeben, ich fühl' es, zum Besseren, zur Entwickelung. Man muß dafür danken, und gute Gelübde thun."

Von ihrer letzten Krankheit aber möge man die umständ= lichen Nachrichten lesen, die uns darüber aufbewahrt sind. Hier ist kein philosophisches Grübeln, kein geistreiches Spiel der Gedanken, keine Beschäftigung mit Ansichten, Meinungen, Formeln: hier ist der Kampf selber um Leben und Tod, die große Schlacht, in der es die menschliche Seele gilt, hier ist Werk und That, die ganze Fülle und Macht der Religion in Ausübung!

In einem so regen, feurigen Verhältnisse der Seele zur Gottheit mußte als höchster Ausdruck desselben auch das Gebet sich in eigenthümlicher Kraft und Lebendigkeit dar= stellen. Merkwürdig ist hier zuerst die große Erörterung dieses Gegenstandes in einem Briefe an den Grafen Custine (1817), wo es unter Anderem heißt: „Ich muß sagen, daß ich's nicht verstehe, wie man sich mit Bedacht zu irgend einem Seelenzustande, mit Geflissenheit oder Willkür, stimme! Nur zu einem Guten in der Welt muß man sich zwingen, und nur das eine bleibt, meines Bedünkens, auch erzwungen noch Gutes. Zum Rechtthun nämlich. Alles Andere läßt sich bei mir wenigstens gar nicht erzwingen. Am aller= wenigsten das Gebet; das Gebet durch Gebet. Dieses Ausströmen der Seele! Wo sie losgelassen sein muß von allen Gedanken und Banden des hiesigen Daseins, welche ihr nur Angst oder Entzücken, Berührung Gottes durch allen Weltdrang durch, abstreifen können! — Wenn wir denken, können wir nicht beten, und unterhalten wir uns dann weniger mit dem höchsten, alles verstehenden Geist? Ist Gott fragen, oder zu ihm beten, nicht Eins? Wenn auch das Eine mehr ein Genießen, ein Seligsein? Kann ich mir kindisch den höchsten Geist denken, wie ich selbst nicht mehr bin? daß er gelobt, gepriesen, gehallelujaht sein will? Verstehen, begreifen muß ich ihn; immer mehr von ihm, durch ihn wissen; empfinden muß ich ihn; mit ihm sein

können; so viel als möglich; immer mehr! Wenn meine
Thätigkeitskräfte sinken, die Verständnißgaben nicht mehr
hinreichen, nichts mehr das Innerste von uns, das Herz,
erleuchten, ihm antworten, es beruhigen kann: wenn wir
erliegen in Entzücken oder Angst, dann strömt das Gebet!
Ein anderes, als das uns aufgegebene Dasein hebt an, wir
haben eine augenblickliche Kraft eben weil die anderen Kräfte
schweigen, aufzufahren, ohne hiesige Bedingung. — Ein
Gedanke an Gott ist beten. Heilige, fromme, ernste, recht=
liche Vorsätze sind beten. Gründlich, recht, angestrengt, ohne
Eitelkeit tief nachdenken, ergründen ist beten. Wenn sonst
hier nichts, und nichts Besseres zu thun wäre, als Beten,
Lavater's Beten; wie müßt' ich mir den höchsten Geist den=
ken? Ich soll beten, bis er mich erhellt, wieder zu sich,
oder überhaupt mich ihm näher bringt. Warum läßt er
sich so sehr bitten? Oder ist's eine selbstthätige Arbeit,
ein Weiterschreiten, das Beten, so ist's das Denken auch:
und dem lieben Gott gewiß lieb! Es ist überhaupt kin=
disch — meinen besten Menschen kann ich diesen Gedanken
nicht als ein Geheimniß hehlen! — vom lieben Gott zu
sprechen, und den anders als in der Person der Vernunft
und Güte in unsere Angelegenheiten einzuführen. Wir
sind gezwungen, einen höheren, einen höchsten Vernunft=
geist, der sich und alles versteht, anzunehmen; das angst=
und entzückenfähige, helle, für's Licht der Erde blinde Herz
bedarf eines Vaters, an dessen Hand es sich schmiegt. Eben
weil wir ihn nicht begreifen und verstehen, und er in allem,
was begriffen werden kann, nicht zu fassen über uns steht:
und ewig legen wir seinem Urtheil, seinen Absichten unseren
Maßstab an; den höchsten, den er uns gab, das ist Ver=
nunft und liebliche Güte; ein Mitgefühl für Andere,
ein Stückchen Persönlichkeit in ihrer Persönlichkeit; durch
Vernunft und Mitgefühl wissen wir von einander, und ver=
kehren wir mit einander. Dies hat uns Gott verliehen.
An den beiden Enden, Entzücken und Verzweiflung: an
beiden Enden einen gedankenlosen élan; Gebet! Den können
wir aber nicht machen: sonst ist's ein Bitten um dies und

jenes, welches ich kindisch den ganzen Tag executire; aber
schon weiß, was ich davon halte. Innere Erleuch=
tungen, Wunder, alles ist möglich; mir sind sie nicht fremd,
ich erwarte sie immer, und glaube sie ehrlichen Menschen.“ —
Ja, die Erhörungen, die Zeichen und Wunder, die fort=
dauernde Offenbarung lagen dieser Seele wieder ganz;
im Gebiete des täglichen Lebens, und die Natur selbst
mit ihren Gesetzen, die des Geistes mitbegriffen, war ihr
nur groß und erhaben und tröstlich und süß, in sofern das
Unendliche sie daraus ansprach!

Wie die Persönlichkeit Gottes und die Unsterblichkeit der
Seele für Rahels Denken nicht ängstliche Erfordernisse waren,
aber indem ihr Geist sich frei emporschwang, dennoch ihr
Gemüth von jenen Vorstellungen durchdrungen war, in ihnen
lebte, sie mit keiner anderen vertauschen konnte: so war
auch das Gebet, neben jener dargelegten hohen und freien
Ansicht, die dessen Ausübung, wo nicht entbehrlich zu machen,
doch sehr zu beschränken scheint, in der Wirklichkeit für
Rahel die dringendste, nothwendigste, immer und immer
sich darbietende, sicherste und innigste Zuflucht ihres
Herzens. Alle ihre Gedanken nahmen diese Wendung, ihre
Gefühle, ihre Wünsche, von jedem Gegenstande her, von
jeder Stimmung aus. Sie sprach mit höchster Inbrunst
und ganz persönlich zu Gott, trug ihm jedes Anliegen vor,
mit rührender Kraft, auf den Knieen, in Thränen, in star=
kem und heiterem Vertrauen! Gott war in allem ihr Zeuge,
ihr Anhalt, ihr Rather und Helfer, zu ihm schrie sie wie
ein Kind zu seinem Vater, den es nie fern glaubt. In
dieser treuen und süßen Gewöhnung konnte sie sogar zu
froher Laune übergehen, und wenn sie einst (1821) bei einem
Streit über eine ganz unbedeutende Sache, wo aber die auf=
fallendste Verkehrtheit sich geltend machen wollte, leidenschaft=
lich ausrief: „Gott! hast du denn keinen Donner mehr?
und wenn es auch nur um einer Kleinigkeit willen ist,
schick’ einen, zum Zeichen!“ so bestand neben dem Ko=
mischen solch liebenswürdigen Ausbruchs die fromme Ehr=
lichkeit der Berufung doch in ganzer Kraft!

Wie diese stete Hinwendung zu Gott nun auch sich als
Liebe zu seinen Geschöpfen, zu den Nächsten darthat, als
allgemeine Menschenliebe und Wohlthätigkeit hervorbrach, da=
von zeugen auf allen Seiten des Buches Rahel die vielfach=
sten, die rührendsten Aussprüche und Erzählungen. Wen
bewegt es nicht, wenn Rahel, krank, in der Fremde, be=
drängt, angstvoll, und dabei hart und schroff von den Näch=
sten behandelt, auf einen endlich guten Brief den Geschwistern
antwortet (1813): „O! äußert euch gut gegen mich! Ich
bin einmal leidenschaftlich, und nicht nur, wie ich sehe, in
der Liebe, wie man's nennt: in allen Affectionen; ja, ich
bestehe, und glaube, der Mensch besteht nur aus Affecten:
und dreist kann ich euch Allen die Frage machen: kennt ihr
mich nur für mich bewegt, besorgt und thätig? Wem von
euch sein Interesse geht mir nicht durch und durch in's Herz?
Hans! zittere und weine ich nicht so heftig, als für mich,
wenn du mir einen Unfall von dir mittheilst? Beweintet ihr
heftiger Paulinchen als ich? Knie' und bet' und schrei' ich
nicht zu Gott, wenn ihr krank seid, als wenn ich's selbst
bin? Pflegt' ich euch nicht Alle seit meinem neunten Jahr!
Robert zu einem Jahr! Theil' ich euch nicht alles mit?
Ruhe ich eher, ehe ihr Intellektuelles, Angenehmes, Ge=
selliges, alles habt, was ich nur erreichen konnte, hab' ich
je ich, nicht immer wir gesagt, und Gott weiß, wie ewig
gedacht! Ich bin kein stockiger Selbstler: ein freudiger, em=
pfindlicher Lebensverbreiter! Und viele Fehler müßt ihr, könnt
ihr solchem Freund zu Gute halten! Also freute mich euer
letzter Brief ungemein! heilte gleich das Herz mir, für
Vergangenheit, Gegenwart und für noch furchtbare Zukunft.
Weil er freundlich und gütig war!" — Und während es ihr
so schlimm erging, Verwandte und alte Freunde, auf die sie
gerechnet hatte, ihr fremd und untreu wurden, Furcht und
Sorge und Krankheit auf sie einstürmten, wie vergaß sie
ihrer selbst, um in dieser Lage noch fremder Noth beizustehen,
der größeren, der dringenderen! In kurzen wahrhaften Zügen
drückt sich dies durch folgende an eine Freundin gerichtete
Worte aus: „Tausend und tausend Menschen konnte ich hier
helfen, beistehen, stützen, unterstützen, trösten. Unser ganzes

Land sah ich hier. Es schwoll mein Herz. — So kam die
Culmer Schlacht; unsere vom Platzregen begossenen Straßen
waren mit unbehausten Verwundeten bedeckt. Meine Lands=
leute! Ich stürzte auf meine Kniee und schrie zu Gott. Er
gab mir einen Brief nach Wien ein, und Geld, unzählige
Kleidungsstücke und Wäsche erhielt ich. Frauen standen mir
hier bei: und ich ließ kochen; und half. So lange bis ich
unpaß wurde, dies aber der Verwundeten, Darbenden
wegen nicht achten konnte; ich wurde kränker, mußte mich im
Oktober legen: arbeitete doch: stand wieder auf, ward immer
kränker; die Agitation dazu; alle Preußen kamen zu mir,
jeder schnitt mir in's Herz. So ging's, mit tausend Er=
eignissen, die nur zum Erzählen sind, vermischt. So kam
Dezember; da wurde meine freundliche Wirthin heftig und
gefährlich krank; ich wartete sie, selbst krank; sechs Wochen
quälte ich mich mit Wirthschaft und allem, wie du bei
Grotthuß. Ich wurde immer kränker: den letzten Montag
vor sechs Wochen stürzt' ich zu Bette, wo ich noch liege. —
Auch nur mündlich! Wie von meinen Gebeten, Gelübden,
wie sie Gott annahm und erhörte. Dir darf ich mit
Gotteserlaubniß so etwas erzählen. Dies ist meine ganze
Liebe zu dir. — Offenbart sich uns des Allmächtigen Willen
so hart? Amen! Er weiß es: ich bin ganz ergeben, und
denke mir wahrlich Gutes aus während unverständlichen Lei=
den und Schmerzen; damit auch schon jetzt für mein Be=
wußtsein welches daraus entstehe. Anders weiß ich Gott
nicht zu dienen; mich nicht aus der Verzweiflung zu ziehen."
Mit vollem Rechte konnte Rahel von sich sagen (1814):
„Wenn Gott mir Menschen schickt, bei mir ist kein Athem=
zug, kein Pulsschlag, kein Blick verloren. Drum bin ich so
außer mir, wenn mir die Nächsten fehlen. Eltern, Ge=
schwister, Geliebte! Weil ich an Gottes reinem Altar jedes
niederlegen würde; im frischen, reinen Herzen hintragen!" —
Und wie lieblich und fromm quillen diese Gebetesworte her=
vor, welche die Betrachtung eines Unglücklichen und Trost=
bedürftigen dem bewegten Herzen eingiebt: „Holde, milde,
trostvolle Natur, nimm ihn auf in deinen unendlichen Schoß!
verwehe ihm jede Menschenspur aus dem geängstigten, miß=

brauchten, von ihm selbst mißbrauchten und mißverstandenen
Herzen: verleibe ihn ein in dein Gesundheitsathmen, vereinige
ihn mit Element und Wetter! daß er selbst gesund, durch=
sonnte Atmosphäre athme, einsauge, empfinde, und mit ihr
einverstanden sei, durch frei bewegten Organismus der Glie=
der und seines Geistes; daß er kein Verhältniß, nur ein
Sein fühle, und eine frohe Welt empfinde!" Nach den
gewonnenen Schlachten ist Rahels Empfindung auch zuerst
gleich wieder auf das Menschliche gerichtet, und welchen Aus=
druck findet sie dafür! „Friede will ich — ruft sie aus —
und jeden Sohn bei seiner Mutter; Feinde und
Freunde ihre."

Schön ist auch folgende, aus ernstem und scharfem Gei=
stesblicke zu liebevoller Güte sich hinbeugende Betrachtung
(1826): „Niemand ist gnädig gegen uns, als Gott und unser
Gewissen. Weil kein Anderer uns und die Weise, wie etwas
in uns vorgeht, kennt. Auch wir lieben nur die, welche
wir kennen; und müssen Alle lieben, die wir kennen. Ge=
hässiges bleibt uns immer fremd; und Tadel und Haß sind
nur eine gehässige Bemühung und Probe zur Liebe; die
dem Leidenden sowohl, als dem thätigen Gegenstande der=
selben wehe thun; darum können wir nicht zart und behutsam
genug damit umgehen: und wir lügen nicht, wenn wir sie
verbergen, und diese Versuche so zart anstellen, als der weise
Arzt die Werkzeuge seiner Kunst gebraucht. Ueberhaupt thäten
wir gut, einander als erst Genesende zu behandeln, da wir
ja Alle erst die völlige Gesundheit des geistigen Lebens
zu erstreben haben. Welches wir immer vergessen." —
Auf dieses Thema kommt Rahel in den mannigfachsten Wen=
dungen immer zurück; so in folgender Stelle (1829): „Wo
zwei oder drei im Namen des Herrn versammelt sind —
verheißt er — er woll' mitten unter ihnen sein. Der gute
Geist ist da schon mit ihnen. Da kann schon Liebe und
Gerechtigkeit wirken. Menschen gehören zusammen; um das
Maß, Vernunft, anzulegen; um lieben zu können. Das
Herz ist die Zunge, womit wir die Nahrung unsers Geistes
gleichsam schmecken. Welche große, geistreiche Anstalt! Aus
diesem Punkte her ist zu hoffen." —

Der religiöse Bezug der Milde, der höchste und innigste Antrieb des Wohlthuns, lassen sich nicht kräftiger und lieblicher ausdrücken, als in diesem seelenvollen Worte: „Der beste Wille, die höchste Pflicht, die größte Kreaturenliebe wird in Anspruch genommen, wenn ein Armer das Wort sagt: «Um Gotteswillen!» Das solle uns immer erschüttern." Von diesen Antrieben der Wohlthätigkeit, von den Empfindungen der Menschenliebe, war Rahel ihr ganzes Leben hindurch erfüllt, und sie fand in dieser Fähigkeit des Antheils für Andere sogar einen Ersatz für die Gaben, die sie vermißte. So sagt sie (1829): „Nur durch Liebe und wahre Gottesfurcht können die Menschen in das Herzenselement zurückgeführt werden. Gottesfurcht besteht in der Einsicht, daß wir Alle von ihm herkommen und gleich sind, und gleich gut und schlecht behandelt werden sollen! Täglich bekomme ich mehr und mehr Belege dafür, ein empfindlich Herz ist eine Gottesgabe: das öffnet die Pforten dieser Einsicht; das brachte ich mit. Dies ist aber auch mein ganzes Talent; für alle andere, die ich nicht habe. O welch Surrogat!" — Und in demselben Sinne konnte sie späterhin (1831) demüthig und bescheiden, alles Geistreichthums vergessend, den ganzen Ausdruck ihres Wesens in den einfachen Worten finden, die sie sich zur Grabschrift erdacht; sie sollten heißen: „Gute Menschen, wenn etwas Gutes für die Menschheit geschieht, dann gedenkt freundlich in eurer Freude auch meiner." —

Rahels Selbstverläugnung und Milde, wo es auf Thun und Leiden ankam — nicht wo es Einsicht und Beurtheilung galt, denn da war ihr strenger Wahrheitssinn unbeugsam und keiner Verläugnung oder nur Verschleierung fähig — zeigten sich am schönsten in der Art, wie sie Unrecht ertrug und vergab. Sie fühlte es tief, sie empörte sich lebhaft dagegen in ihrem dafür besonders empfindlichen Gemüthe; allein immer wählte sie lieber den eigenen Nachtheil oder Schmerz, als den des Anderen, nie befreite sie sich durch Härte und Bitterkeit von der, welche ihr Andere zufügten. Und jedes Unrecht, jede Härte, welche sie erlitt, sie waren in ihrer Seele ausgelöscht, so wie nur der Andere dies wollte, nur selber sie vergaß! Sie erlebte oft Rache, sie wollte sie aber nie; niemals hat ein Mensch, bei so verwundbarem Gefühl und starkem Gedächtniß für das Erlittene, sich weniger zu rächen gesucht! Und auch darin wollte sie kein Verdienst sich beilegen, keine Tugendübung anerkannt sehen. Sie sagte vielmehr (1817): „Ich bin ohnehin gesonnen, mich nur zum Verklagtwerden, aber nicht zum Klagen, am jüngsten Tage zu stellen! — Mißverstehen Sie mich auch nicht! Dies geschieht nicht aus Großmuth, aber aus Ueberdruß: Ekel; ich mag die alten Höllengeschichten und Erinnerungsempfindungen nicht noch einmal durchgehen, auch mache ich mir aus keinem Rechtkriegen mehr etwas, was mir nicht mehr dienen kann, außer zum Recht; so hatte ich's hier auch schon; und alles, was zu alt ist, zu lange dauert, gefällt mir nicht mehr. Also will ich mich nur stellen, wo ich's nicht vermeiden kann — und den Himmel — oder ein Künftiges — als Himmel ansehen und annehmen.‟ — Daß sie selber dem Urtheil nicht entgehen wollte, zeigte sie ihr Leben lang, und hiebei war so sehr das gute Gewissen, als die wahre Gerechtigkeitsliebe in ihr wirksam. Ja sie wünschte die Tage des Gerichts vervielfältigt, und schrieb hierüber in höchster Beziehung die merkwürdigen Worte (1817): „Gern lasse ich mich beurtheilen; schon als Kind wünscht' ich mir oft den jüngsten Tag nah, damit alles Unrecht und Recht, was meine Seele drückte, an sein Licht käme! An eines andern Tages Licht kommt leider nur allzuwenig die eigentliche Bewandtniß und Verwickelung menschlichen Handelns, und die Gesinnung als Triebfeder! Redlich ist's und sittenbetriebsam, wo möglich Tage herbeizurufen, die dem großen verheißenen vorgehen; und stufenweise, nach unserer Kraft und besten Einsicht, jenes allheilende Licht schon jetzt uns näher zu bringen.‟ Denn als eine Heilung und Ausgleichung, nicht als Grimm und Strafe, erschien ihr die ewige Gerechtigkeit; nur milde und gütige Vorstellungen wollte sie in diesem Betreff hegen, und die menschenfreundlichen Zeilen eines edlen französischen Dichters:

„Il est assez puni par son sort rigoureux,
　Et c'est être innocent que d'être malheureux‟,

worin ihre Denkungsart bündig ausgedrückt ist, waren ihr von jeher als Wahlspruch in's Herz geprägt, und bis in ihre letzte Lebenszeit trostvoll gegenwärtig! —

Doch konnte diese Weichheit des Herzens, diese Güte des Sinnes, diese Bescheidenheit und Selbstverläugnung, welche Rahel ununterbrochen bewies und ausübte, niemals in ihr die falsche Demuth erzeugen, sich selbst unwürdig herabzusetzen, oder auch nur zu verkennen. Sie war, wie sie wohl wußte, des Zornes fähig; und tadelte sich allenfalls wegen zu großer Heftigkeit der Aeußerung, aber nicht wegen der Gemüthsregung selbst; sie liebte vielmehr den Zorn, bei sich selber, und auch an Anderen; sie sah etwas Ursprüngliches, Ehrliches und Tüchtiges in ihm, das ihr ihn werth machte. Ihr Gefühl hierin zu vertheidigen, und als ein religiöses sogar zu rechtfertigen, kommen uns die Worte eines gottseligen Lehrers zu Statten, Johann Tauler's, der in seinem Werke von den Tugenden sagt: „Die Kraft zu zürnen, ist sie nur männlicher Art, ist wohl eine edle Kraft, sie beflügelt und erhebt den Geist zu erhabenen Dingen, wohin die Seele nach ihrem höheren Geistesvermögen unaufhörlich strebt." Rahel aber hatte das Hochgefühl des eigenen Daseins, die freudige Selbstgenügsamkeit, welche nicht mindere Bestandtheile der wahren Frömmigkeit sind, als Demuth und Unterwerfung. Sie wußte, wer sie war, und was sie hatte; und bekannte es laut und gern mit solcher Unbefangenheit, so unpersönlich, so zur Ehre Gottes könnte man sagen, daß wohl selten ein Mensch mit solcher Geradheit, so ohne Anmaßung und Eitelkeit, gegen Andere sein eigenes Lob auszusprechen fähig und berechtigt war! Rahel konnte so unschuldig als wahr an Marwitz schreiben (1812): „Was erspähe, was erfrage ich auch alles, was ist die Welt! Welche Schicksale! Welche stille, ungerühmte Größe, Religion im höchsten Sinn, lebt in Weibern, die ich in grasbewachsenen, vergessenen Höfen fand. — Wie ist alles anders, als es von den berühmtest Klügsten ausgeschrieen, gedruckt, gelesen und geglaubt wird!!! Gott weiß nur die Bewandtnisse, die inneren Herzensbeweggründe; und manche von ihm herabgelassene, wahrhafte, unbetrügliche, einfache gute Menschen.

Mich hat er auch dazu erwählt. Der furchtbringendste Frevel wär' es, wenn es nicht wahr wäre, und ich es sagte. Aber alle Tage werde ich frömmer und innerlicher; und reinige mich mehr." Und früher, in einem der gewaltigsten Briefe, die je geschrieben worden, an Veit (1805), wo sie nach vielem anderen Großartigen, von sich selber spricht: „Welche Freundin haben Sie gewählt, gefunden und empfunden! Ich verstehe einen Menschen, Sie ganz. Vermag es, wie doppelt organisirt ihm meine Seele zu leihen, und habe die gewaltige Kraft, mich zu verdoppeln, ohne mich zu verwirren. Ich bin so einzig, als die größte Erscheinung dieser Erde. Der größte Künstler, Philosoph, oder Dichter, ist nicht über mir. Wir sind vom selben Element. Im selben Rang, und gehören zusammen. Und der den Anderen ausschließen wollte, schließt nur sich aus. Mir aber war das Leben angewiesen; und ich blieb im Keim, bis zu meinem Jahrhundert, und bin von außen ganz verschüttet, drum sag' ich's selbst. Damit ein Abbild die Existenz beschließt. Auch ist der Schmerz, wie ich ihn kenne, auch ein Leben; und ich denke, ich bin eins von den Gebilden, die die Menschheit werfen soll, und dann nicht mehr braucht, und nicht mehr kann. Mich kann Niemand trösten: solch weisen Mann giebt's nicht: ich bin mein Trost; nun giebt es noch das Glück! Das ist aber wie beleidigt von mir: und ich fühle auch, ich beleidige es. Das Glück definir' ich Ihnen ein andermal. So ungefähr steht's mit mir. Lebten Sie in Einer Stadt mit mir, Sie hätten einen unendlichen Genuß! Sie können sich das ewige Erblühen meines Lebens gar nicht denken. Aber Sie müßten sich die Strenge gefallen lassen, mich nur zu sehen, wann ich will. Sterben Sie nur nicht! Das hängt ganz von Ihnen ab. Ich will mich gewiß nicht so vergessen. Ein Mensch, wie wir, kann nur aus inadvertance sterben; das fühl' ich auf's Lebhafteste. Auch giebt es eine andere Art, das Leben zu erhalten; es giebt Tropfen auf anderen Sternen, die allein hinlänglich sind, ein von Erde gesponnenes Leben zu erhalten; den Umschwung, die Nahrung des begriffenern, gröbern

Lebens, u. s. w.!!! Sein Sie nicht ängstlich, ich bin gewöhnlich gelassener. Wenn ich aber an Menschen schreibe,
geschieht es mir, daß der schwer erfüllte Horizont meiner
Seele losgewittert. Himmlische Menschen lieben Gewitter.
Auch ein Grund, warum ich das Schreiben scheue." — Wer
so über sich zu reden vermag, der beweist eben dadurch seine
Berechtigung, es zu thun. —

Ihren eigenen Satz, „daß jeder Mensch ein großes
Schicksal hat, der da weiß, was er für eins hat", machte
Rahel an sich selber wahr. Den Zusammenhang ihres Daseins, ihres Lebens, hatte sie tief erfaßt und stark in sich
verarbeitet, zum klarsten Bewußtsein geläutert. Von den
zahlreichen hierauf bezüglichen Stellen führen wir nur einige
beispielsweise an, da dieser Gegenstand hier über unsere
Absicht hinausgeht. In einem Briefe vom Jahre 1811 heißt
es: „Nur Neigung, nur Herzenswünsche! kann ich ihnen
nicht leben, bin ich dazu zu elend, zu verworfen, zu herunter-
gerissen und mißhandelt: so will ich sie von nun an mir ergründen und sie anbeten! Gottes starker Wille ist das im
Herzen — im dunkeln, blutwogenden —, der keinen Namen
bei uns hat, deswegen täuschen wir uns, bis es todt ist.
Sie haben mich gefaßter gefunden die letzten Tage. Was
ist es anders, als daß ich zu meiner Neigung wieder hinab-
gestiegen war, über die ich mich erheben, zerstreuen wollte.
Glücklich bin ich fürwahr nicht von ihr gemacht; noch sanft,
noch nur menschenverständlich behandelt, und doch erhalt' ich
mich nur selbst, wenn auch in herbem Zustand, wenn ich
mich ihr hingebe, mich ihrer ganz erinnere, und nicht Sinnen
und Herz ihre Güter vertauschen will." Im Jahre 1814
aus Prag schreibt Rahel die entschiedene Wahrnehmung:
„Hier hab' ich herausgegrübelt: Schicksal und Glück sind
mir nicht gut; Gott und Natur lieben mich aber." —

Solche Betrachtungen begleiteten Rahel ihr ganzes Leben
hindurch, und nur immer geläuterter, ruhiger und gottergebe-
ner wird ihr Inhalt. Sie schreibt bei Gelegenheit eines
Oratoriums von Händel (1826): „Ich weinte auch da. Was
thut's! — Ich bin in Weinen alt geworden. Es wird
schon recht sein. Gott ist klüger als wir. — Am reinsten

und großartigsten aber ist es, daß noch vor ihrem wirklichen
Lebensende dieser Entwickelungsgang einen reifen und frucht=
baren Abschluß gewinnt. Rahel findet ihr Schicksal schon
beendigt, und darüber hinauslebend und auf das Ende zurück=,
wie auf den neuen Anfang vorwärtsblickend, schreibt sie (im
November 1832) diese erhebenden Gedanken nieder: „Nach
Beendigung unseres Schicksals haben wir gleiche Gefühle,
wie vor Anfang desselben. Eine Art von vaguem neu=
gierigem Jugenddasein, ein zum All gehöriges Da=
sein. Wenn man sich nun einmal hat verlieren müssen, so
ist es schön, diese kleine Seligkeit, diese zweite Jugend
noch auf der Erde abzuleben, sie auch nur zu kosten.
Welch ruhevolles, genußergiebiges Daseinsgefühl ist es,
gleichsam nur zur Atmosphäre gehörig, mit ihr und durch
sie zu leben; mit einem Geist gekrönt, der dies betrachtet;
mit einem Herzen im Busen, welches dies allen Mit=
geschöpfen verschaffen möchte! Dann ist nur Gesund=
heit nöthig, die uns nicht trennt von der Atmosphäre! Ich
erwarte mir in aller Ewigkeit, wie Saint Martin, immer
neue Offenbarungen. Wie schwer aber gelangt man zu
ihnen! Wie lange bleiben sie aus! Welche Schmerzen müssen
wir durchmachen! Aber ich danke für das Schimmer=Tag!“
Was zunächst ihrem Sterben voranging, der schmerzliche
und doch befriedigte Rückblick auf ihre ganze Lebens=
fügung, das nicht zu missende Unglück, das doch er=
blühte Glück — dies alles an seinem Ort umständlich Er=
zählte begnügen wir uns, hier nur eilig dem Leser in's Ge=
dächtniß zu rufen. —

Wir dürfen bei Rahels Religiosität die besondere Eigen=
thümlichkeit nicht unerwähnt lassen, mit welcher sie von jeher
der Vorstellung vom Sündenfall sich abgeneigt erwies, und
dieselbe bei jedem Anlasse beharrlich bestritt. Sie sagt hier=
über, in einer der vielen Stellen, einmal (1822): „Der
Mensch ist noch vorwitzig über das, was er nicht weiß;
rebellisch gegen das, was er nicht kennt. Er soll es aber
sein: denn er ist so geschaffen. Aus Gnade und Güte,
nicht aus Sündenfall. Er soll eine Persönlichkeit haben,
und hat sie: Gnade, Güte, ist Existenz. In dieser uns be=

kannten Persönlichkeit ist uns nichts, was wir imaginiren
oder wahrnehmen, gewiß, noch bleibend — also keine Ga=
rantie, die wir brauchen — so gehen wir Stufe vor Stufe
nach dieser Gewißheit in uns selbst hinab, bis wir einen
kleinen Punkt der wahren Unabhängigkeit entdecken, und der
Gewißheit: Gewissen, das innerste Wissen, das Wollen
und Thun, was wir für recht, für richtig — übereinstim=
mend mit dem Meisten — halten. Und unsere höchste Sitt=
lichkeit ist wieder ein sich frei, ein sich unabhängig machen
wollen. Nichts hängt von uns ab, als dies. Und es ist
gerade umgekehrt, wie man sagt. Gott können wir uns nur
mit — durch — unsere Fähigkeiten denken; was der be=
absichtigte, nur mit der Intelligenz erdenken, die die größte
Güte in uns legte; und unsere ahnende Vernunft kann nur
vermuthen, daß noch eine höhere, erleuchtendere Aufgabe in
uns aufgehen könne, als jetzt die unserer größten Sittlichkeit.
Dies ist kein Fall: sondern ein Steigen; und nicht wir
stimmen mit Gott, das können wir nicht; er stimmt mit uns
ein; er regiert uns, und wir müssen uns darum frei und
unabhängig glauben — mühen und irren: aber ohne weitere
Mährchen ergeben sein." — Ein anderesmal, da von der
Begier des Menschen nach Erkenntniß die Rede war, und
daß er von den verbotenen Früchten des Baumes der Er=
kenntniß durchaus habe „fressen" wollen, fuhr Rahel mit
Eifer fort: „Der Mensch ist ein Geist; der soll nicht vom
Baum der Erkenntniß fressen wollen! Wovon soll er denn
fressen? Das wäre noch schöner!"

Es ist offenbar, daß hier nicht sowohl die Bedeutung,
nicht die geistige Thatsache, welche dem Bilde zum Grunde
liegt, als vielmehr nur das Bild abgelehnt wird. Rahel
sagt in Betreff jener Thatsache selber (1827): „Alle Men=
schen waren dereinst Ein Mensch. Die ärgste Folge des
begangenen Irrthums ist, dies vergessen zu haben; und
glauben zu müssen, wir leiden ungerecht willkürlich. Den
tieferen Ursprung aber, den der Möglichkeit des Irrens,
müssen wir einer höheren Einsicht anheim stellen." Daß aber
jene bildliche Vorstellungsweise auch bei strenger christlicher
Lehre abgelehnt werden könne, zeigt uns, neben dem Beispiele

vieler Gottesgelehrten, auch das bedeutende von Hegel, dessen
Uebereinstimmung mit dem kirchlichen Lehrbegriff des prote=
stantischen Lutherthums anerkannt ist, und der in seiner Re=
ligionsphilosophie sagt: „Ueber die Frage, wie ist das Böse
in die Welt gekommen? ist uns eine alte Vorstellung, der
Sündenfall, in der Bibel aufbewahrt. Diese bekannte Dar=
stellung ist in die Form eines Mythus, einer Parabel gleich=
sam eingekleidet. Wenn nun das Spekulative, das Wahr=
hafte, so in sinnlicher Gestaltung, in der Weise vom Ge=
schehensein dargestellt wird, so kann es nicht fehlen, daß
unpassende Züge darin vorkommen." Worauf er diese
näher angiebt und beleuchtet. —

Die Wichtigkeit des Bildes wurde nur deßhalb so groß,
weil man sich gewöhnt hatte, die Grundlage des Christen=
thums, nämlich die Wiederherstellung des Menschen, in einem
buchstäblichen Zusammenhang mit jenem zu halten. Den we=
sentlichen Zusammenhang hält auch hier Rahel fest, und
sagt unter Anderem in einem Briefe an Adam Müller (1820):
„Ich möchte sagen, was ist am Ende der Mensch anders,
als eine Frage! Zum Fragen, nur zum Fragen, zum ehr=
lich kühnen Fragen, und zum demüthigen Warten auf Ant=
wort, ist er hier. Nicht kühn fragen, und sich schmeichel=
hafte Antworten geben, ist der tiefe Grund zu allem Irrthum:
Und ist man in diesem auch ehrlich, und irrt nur, so
ist es doch Verzärtelung und Mangel an Klarheit; und bei
beiden können wir nicht immer verweilen: die große allgütige
Einrichtung Gottes, das wirkliche Verhalten der Dinge unter
einander, und der Gedanken zu den Dingen, wird uns doch
zum schwereren, demüthigeren Werke mit fortreißen. Auf
solche Weise, glaub' ich, sind wir zum ganzen hiesigen Da=
sein gekommen. Wir mußten es durchmachen. Wie über=
haupt Menschengeister lernen. Mit eigener Mühe; dabei
fängt die große Mitgift, Persönlichkeit an. Dies ist für
mich „der Gedanke aller Gedanken, die Menschwerdung
Gottes"; die Gnade uns eine Person werden zu lassen, und
in dieser Gnade sind' ich auch gleich ihren eigenen Grund:
sie enthält ihre Bedingung in sich selbst." — In welcher
Gestalt und Wendung aber dieser Gegenstand, aus allem

dogmatischen Streit erhoben, ihr am reinsten zum Herzen drang, legen klar und schön die ihr besonders theuren Sprüche von Angelus Silesius dar, wo es heißt:

"Wird Christus tausendmal zu Bethlehem geboren,
Und nicht in dir: du bleibst doch ewiglich verloren."

Und ferner:

"Das Kreuz zu Golgatha kann dich nicht von dem Bösen,
Wo es nicht auch in dir wird aufgericht, erlösen."

Zuletzt:

"Ich sag', es hilft dir nichts, daß Christus auferstanden,
Wo du noch liegen bleibst in Sünd' und Todesbanden."

Und die rührende Aeußerung wenige Tage vor ihrem Hin=
scheiden, wo Rahel von Jesus als einem Freund und
Bruder spricht, beweiset genugsam, wie tiefverbunden und
persönlich nahe sie sich dem hohen Vorbilde fühlen konnte!
Wem übrigens hier das christliche Bekenntniß doch nicht buch=
stäblich genug ausgesprochen erschiene, den dürfen wir hin=
sichtlich der christlichen Frömmigkeit und des christlichen Geistes
auf die Worte hinweisen, welche Schleiermacher, in den An=
merkungen zu seinen Reden, über Spinoza rechtfertigend
sagt! Und schließlich muß in Betreff Rahels überhaupt
die Bemerkung gelten, daß hier vom Leben die Rede
ist, nicht aber von einem System, einer Wissenschaft oder
Theorie! —

Daß Rahel ihr ganzes Leben hindurch von Unglück und
Leiden aller Art heimgesucht worden, daß sie mit größtem
Schmerz ihr Mißgeschick stets empfunden, und bitter beklagt,
und auf persönliches Glück früh verzichtet, ohne darum
das persönliche Leid minder herb zu fühlen, dies hat ein
kritischer Verneinungsgeist als ein Zeugniß gegen sie anführen
wollen, daß ihre Frömmigkeit nicht die rechte, daß sie von
dem Christenthume nicht durchdrungen gewesen sein könne,
denn sonst würde sie ja glückliche Ruhe und frohe Befrie=
digung gefunden haben! Ein solcher Einspruch will sich zwar

das Ansehen geben, aus einer frommen und befriedigten Ge=
sinnung zu stammen, läßt aber den Kundigen leicht erkennen,
daß nur gleißnerischer Dünkel und scheinheilige Aeußerlichkeit
zu solcher Anschuldigung verirren und sich in solchem Fehl=
gehen offenbaren konnte! Wer mit ächter Frömmigkeit ver=
traut ist, wer sie wahrhaft besitzt und übt, der ist weit von
der Anmaßung entfernt, sein irdisches Leben in Glück und
Zufriedenheit durchzubringen, der weiß, daß Leiden und
Kämpfe den Guten auf allen Wegen des Höchsten prüfend
begleiten, und daß ihre Fülle und ihr Uebermaß immer
nur die Größe der Auserwählung bezeichnen, zu welcher die
Seele berufen ist. Nur der Scheinheilige, der von Fröm=
migkeit nichts weiß, aber in ihrem Schmuck einhergehen will,
kann sich stolz als Vorbild anbieten eines heiligen Zustandes,
in welchem die Leiden und Schmerzen des Lebens ihm nichts
anthun könnten: der Fromme weiß in seiner Demuth, daß
er nur von Gnaden lebt, und daß seine Frömmigkeit ihn
nicht gegen Leiden und Schmerzen schützt, im Gegentheil ihn
sie vollständig erfahren und tragen heißt; und sie wären nicht,
was sie sein sollen, wenn er sie nicht als solche tief em=
pfände, wenn er nicht nah der Verzweiflung doch immer
höheren Trost und Zuversicht sich erhielte! Jener Verneinungs=
geist muß nie das Beispiel, welches uns von Jesus selbst
aufgestellt worden, recht bedacht haben, muß niemals die
Lebensläufe der Frommen und Erweckten achtsam eingesehen
haben, sonst würde ihm einleuchtend geworden sein, daß seine
scheingerechte und scheinweise Voraussetzung nur seine Unkunde,
seine Gleißnerei verräth! —

Kein Mensch war je von Schein und Aeußerlichkeit mehr
entfernt, als Rahel, kein Mensch unfähiger, die Frömmigkeit
zur Frömmelei zu entwürdigen! Ihre Religiosität war heiter,
kräftig, unaufhörlich laut hervorbrechend, und doch meist un=
merklich verhüllt, immer dem Wesen nach gegenwärtig, dem
Wortgepräng entfliehend, ihre ganze Erscheinung voll
himmlischen Trostes, geistiger Frische und hülfreicher Werk=
thätigkeit! —

Und so dürfte durch diese nähere Betrachtung und Dar=
legung nicht nur hinreichend erklärt sein, warum das Buch

Rahel eine so religiöse Wirkung ausüben konnte, sondern auch die Richtung und Sphäre angedeutet, in welche dasselbe, gemäß der Entwickelungsstufe eines unserer Zeit eigengehö= rigen, in den allgemeinen Weltgang tief verflochtenen reli= giösen Bedürfnisses, fortwährend Erweckung, Trost und Befriedigung zu bringen berufen sein kann!

Rahels Theaterurtheile.

Unsere deutsche Theaterbildung beginnt mit Eckhof und Lessing, und nicht leicht kann ein Anfang würdiger bezeichnet sein, als mit zwei solchen Meisternamen. Seit diesen beiden Männern ist unserer Schaubühne ununterbrochen die ernstliche und eifrigste Pflege jeder Art zu Theil geworden, und weder an hochbegabten Künstlern noch an geistreich einwirkenden Dramaturgen hat es ihr gefehlt, deren gemeinsame Bemühungen die deutsche Schauspielkunst auf eine Höhe gebracht haben, wo sie mit jeder anderen nationalen, alten und neuen, sich zur Vergleichung kühn stellen darf, auf eine Höhe, wo manchem Auge kein Weiterklimmen möglich, manchem das Herabsteigen unvermeidlich dünkt, weil auch aus Gründen, die außerhalb der Bühne selbst liegen, der Verfall des Theaters nothwendig erfolgen müsse.

Wir können dieser letzteren Behauptung nicht unbedingt beitreten, wenigstens nicht für das deutsche Theater im Allgemeinen, wenn es auch wahr sein mag, daß einzelne deutsche Bühnen in ihrem heutigen Gange, wo nicht dem Aufhören, doch der völligen Unbedeutenheit eifrig zuschreiten. Zum Glück ist in Deutschland kein einzelner Bildungskreis gesetzgebend für das Ganze. Das Rechte und Gute, an der einen Stätte vernachlässigt oder unterdrückt, findet alsbald wieder eine andere, wo es gepflegt wird, oder sich doch frei entwickeln mag, und auch minder wichtige Orte gewähren zu Zeiten ein fruchtbares Gedeihen, das dann wieder den größten Hauptstädten zu Gute kommt.

Das Theater hat in Deutschland eine andere Gestalt und

Aufgabe, als in anderen Volksbereichen, wo für alle Kunst-
bestrebungen nur Ein bestimmtes Ziel in Einer höchsten Mitte
besteht. Das Theater muß bei uns vieles leisten und ersetzen, wofür eigentlich andere Anstalten zu fordern wären;
ein Theil unserer Volksbildung, unseres Gemeingeistes, des
freien Ausdrucks unserer Gesinnungen und Urtheile, haben
dort ihre Stätte gewählt; unsere höheren Gesellschaftsver-
hältnisse werden dorther theilweise sowohl gezähmt als ge-
nährt, und wo sonst keine Wirkung so leicht hindringt, da
wirkt unmerklich und unwiderstehlich das von der Bühne gesprochene Wort. Einigermaßen war dieß auch das Verhältniß des Theaters in Frankreich vor der Revolution; allein
zu Gunsten des deutschen Theaters ergeben sich aus den erwähnten Umständen noch wichtige Unterschiede, die seine Bedeutung ohne Vergleich höher stellen.

Wir dürfen deßhalb annehmen, daß unseren Landsleuten
das Theater wie bisher, so auch ferner, ein Gegenstand besonderer Zuneigung bleiben wird, wie es denn in der That,
man kann es wohl sagen, der Nation im Ganzen gewiß lieb
und theuer ist, als welche wohl fühlt, daß sie dessen nicht
füglich entrathen kann. Wäre wirklich ein Verfall desselben
überhaupt zu fürchten, oder schon sichtbar, so möchte dies
nur ein Grund werden, mit verdoppeltem Eifer zu sinnen
und zu trachten, wie ihm aufzuhelfen wäre, nicht aber, sich
überdrüssig von ihm abzuwenden.

Der ausübende Künstler hat seine Hülfsquellen unmittelbar in einer Produktivität, dem Feuer seines Talents mag
er neue Gebilde und Wirkungen entströmen lassen; die Erfindung wird ihren Weg nehmen ohne unser Zuthun, und
ihren Erfolg wird sie als ihr Recht hinstellen. Dem Theaterfreunde jedoch zeigt sich noch eine andere Richtung, in welcher
seine Theilnahme dem Gegenstande förderlich sein kann. Dies
ist das Gebiet der Theatergeschichte, der Rückblick auf den
bisherigen Gang dieser Kunstentwickelung, die wiederholte
Betrachtung dessen, was in dieser Bahn früher sich bemerklich
gemacht hat; in dieser Kunst, wie in allen anderen, steht nichts
allein, die Gegenwart stützt sich auf die Vergangenheit, und
nichts ist reicher an Belehrung und Aufschluß für das heutige

Bedürfniß, als die Vergleichung mit dem, was schon da gewesen, und was und wie es geleistet und aufgenommen worden ist.

Seit jenen großen Namen, die wir zu Anfange genannt, sind nicht minder glänzende und berühmte unseren Theater= annalen eingeschrieben. Aufmerksame Leitung, und tüchtige, glänzende Ausübung haben an vielen Orten Großes, oft Außerordentliches geleistet. Während aber, ihrer Natur nach, die Darstellungen der Künstler mit dem Augenblicke flüchtig dahingehen, und die großen Namen Schröder, Fleck u. s. w. schon fast nur mythisch im Gedächtnisse leben, fehlt auf der dramaturgischen Seite großentheils noch die Zusammenfassung und der Bestand, auf welche sie, ihrer Art nach, allerdings Anspruch machen könnte. Seit Lessing hat nur Tieck, auf seinem Standpunkte zu Dresden, eine Sammlung von Kri= tiken und Belehrungen aufgestellt, wie jener von und für Hamburg mit so großem Erfolge sie geliefert hat. Die Goethe'schen Beiträge, durch Inhalt und Geistesrichtung un= schätzbar, stehen vereinzelt. Schilderungen bestimmter Künstler in einer Reihe von Rollen haben wir nur wenige; Böttiger über Iffland, Meyer (in Bramstedt) und Schink über Schrö= der, Lewald über Seydelmann, sind die vorzüglichsten. Außer diesen wenigen hellen Punkten ist in der deutschen Theater= geschichte alles dunkel und lückenhaft; die meisten Nachrichten, auch die werthvollsten, verlieren sich, wie die Vorstellungen selber, mit dem Tage. Manche Kritiken, von Börne, von Gans, sind litterarisch aufbewahrt, aber nur nebenher, andere sehr vorzügliche, von Ludwig Robert, Hartmann, Friedrich Schulz, und Anderen, vermöchte man kaum aufzufinden, auch wenn ein ächter Sammlerfleiß sie ernstlich suchte!

Einem Theaterfreunde, den die Eindrücke der Bühne nach dem Genusse des Augenblicks auch in dauernder Erinnerung freuen, der so viel Schönes, Hohes und Freudiges, das die Schauspielkunst ihm vorgeführt, sich zum Lebensschatze ge= sammelt, und der bei den Namen der Künstler nicht schnöde ihres Alters und ihres Zurücktritts, sondern freudig der Ent= zückungen gedenkt, die er ihnen schuldig geworden, — einem solchen Theaterfreunde mußte die Erscheinung des Briefwechsels zwischen Goethe und Zelter auch in diesem Bezug auf die Bühne sehr willkommen sein, und durch Hervorrufung so vieler einst durch lebendige Kunst erfüllten Stunden einen reichen Genuß darbieten. Eine lange Reihe von Jahren hindurch verfolgt Zelter mit lebhaftem Eifer und eigenthüm= lichem Sinn die Vorstellungen der Berliner Bühnen, giebt von den Stücken, den Schauspielern, den Rollen, nach Um= ständen ausführlicher, oder auch nur summarisch Bericht. Und da wir seine Eigenheiten, seine Mängel und Befangen= heiten aus diesen Briefen sattsam kennen lernen, so sind wir im Stande, ihn durch diese ganze Folge von Nachrichten und Urtheilen zu begleiten, ohne uns ihm unbedingt hinzugeben, vielmehr können wir, indem wir bald ab= bald zurechnen, aus dem von ihm Gegebenen bequem und ungeirrt unser eigenes Urtheil bilden.

Nicht minderen Anreiz, und in mancher Hinsicht noch größeren Genuß, gaben uns die Briefe der Frau von Barn= hagen, die unter dem Namen „Rahel" zusammengedruckt worden und weit in die mannigfachsten Kreise der Litteratur und Gesellschaft gedrungen sind. Auch in ihnen ist das Theater ein durch das Ganze eines beinah vierzigjährigen Zeitraums sich fortwindender•Gegenstand, der immer auf's neue hervortaucht, mannigfache Lebensbeziehungen anknüpft und weiter spinnt, und die tiefsten, originellsten, fruchtbarsten Bemerkungen veranlaßt. Da wir mit großer Vorliebe und besonderer Aufmerksamkeit gerade diese Seite des Buches Rahel uns angeeignet und uns mit der Verfasserin haupt= sächlich als einer Theaterbesucherin beschäftigt haben, so er= zeigen wir den meisten Lesern gewiß einen dankenswerthen Gefallen, wenn wir ihnen in Kürze einige der Ergebnisse, welche sich uns dargeboten, zur Uebersicht vorlegen.

Wir setzen voraus, daß unsere Leser mit dem Geiste und den Aeußerungen Rahels im Allgemeinen schon bekannt sind. Aus allem Lobe, das dieser Frau so vielfach gespendet wor= den, so wie aus dem Tadel auch, dem sie nicht ganz hat entgehen können, muß wohl am Ende für sie das Zugeständ= niß unwidersprechlich feststehen, daß, wie man auch sonst ihr Wesen beurtheilen, ihre Geistes= und Gemüthsgaben wägen und schätzen wolle, zwei Eigenschaften in ihr hervorragen, und ihren Worten die Kraft und den Zauber geben, welche die Lesewelt davon empfunden hat, zwei Eigenschaften, welche wir auch für das Theater als die köstlichsten und wünschens= werthesten in Anspruch nehmen, und von denen wir das ganze Publikum erfüllt und beseelt sehen möchten, nämlich unbestech= liche Wahrheitsliebe und regster Enthusiasmus.

Gewiß, zwei seltene und wichtige Gemüthsgaben, und am seltensten und wichtigsten in ihrer Vereinigung! Denn sie scheinen sich, zum Theil wenigstens, gegenseitig auszu= schließen, oder in ihrer Wirkung zu schwächen. Das ist aber hier gar nicht der Fall. Die Wahrheitsliebe Rahels ist mit Güte, ihr Enthusiasmus mit Einsicht verbunden; die größte Eingenommenheit hindert bei ihr strengste Beurtheilung nicht, die Mißbilligung läßt der freudigsten Anerkennung Raum, sobald ein Fehler oder ein Vorzug unerwartet diesen Gegensatz fordert oder möglich macht.

Sehen wir nun, wiefern dieser inneren Ausstattung die äußeren Umstände günstig zu Hülfe kamen! In Berlin 1771 geboren, sah Rahel in ihrer Jugend die Erstlingsblüthe der dortigen deutschen Bühne hervorbrechen, welche aus geringen Anfängen, bescheiden, aber frisch und kräftig, vor einem antheil= vollen, sich gleichzeitig heranbildenden, ebenfalls bescheidenen, aber freudig=ernsten Publikum jugendlich aufstrebte; daneben glänzte die italiänische Oper, mit ihren feststehenden, auf ge= gebener Kunsthöhe meisterhaften Leistungen, in aller Pracht und Fülle Königlicher Anordnung; und bisweilen kam den Ansprüchen und der Gunst vornehmer Gesellschaft auch noch der Reiz französischer Vorstellungen lebhaft entgegen. Diese doppelte Nebenbuhlerschaft, welche nicht dauernd genug wirkte, um unterdrücken zu können, aber stark genug war, um an= zuregen, hat gewiß der deutschen Bühne in Berlin mannig= fach genützt, gewiß auch auf das Theaterpublikum vortheilhaft eingewirkt, dessen Gesichtskreis sich niemals ganz verengen konnte, sondern immerfort fruchtbare Vergleichungen bot.

Damals überließ man die Leitung der deutschen Bühne, nachdem sie nicht mehr bloßes Privatunternehmen auf Ge= winn, sondern der Obhut der Staatsbehörde theilhaft geworden war, den Einsichten harmloser Gelehrten. Erst Ramler, dann mit größerem Erfolg Engel, thaten redlich alles, was unter den beschränkten Umständen, in welchen sowohl sie selbst als die Bühne waren, zu verlangen war. Endlich kam Iffland, der nun als Künstler und Direktor zugleich eine neue Epoche begann, die der Hauptsache nach noch jetzt fortdauert. Er verstand sein Handwerk und die Welt; indem er jenes klug betrieb und alle Vortheile geltend machte, wußte er die Gunst des Hofes und der Menge zu erwerben, und sich, so lange er persönlich wirkte, darin festzuhalten.

In dieser Zeit hatte die Berliner Bühne das Glück, neben vielen trefflichen Talenten, die zum Theil von dem größten persönlichen Glanze getragen wurden, wie z. B. die als Schönheit angebetete Baranius und der nicht minder berühmte Czechtitzky, ein paar Sterne erster Größe in Fleck und Friederiken Unzelmann zu besitzen, welche dem Ganzen den höchsten Aufschwung und lange Zeit die vorherrschende Richtung gaben. Beschort und Mattausch wären Zierden jeder Bühne gewesen. Unzelmann war als Komiker unübertrefflich.

Außer den zahlreichen Erscheinungen, welche von anderen deutschen Bühnen einzeln herüberkamen, und außer dem Anschauen neuer Gesammtheiten an anderen deutschen Orten von Bedeutung, empfing Rahel auch früh die großen Eindrücke des französischen Haupttheaters in Paris. Sie sah die genialen und zauberischen Gestalten Talma's, der Raucourt, Fleury's, Ellevion's, der Mars, der Georges, und wußte über die schroffen Eigenheiten einer nationalen Kunstbildung billig hinzusehen, um den Gipfel allgemeiner und überall gültiger Meisterschaft, die sich aus den engen Schranken dennoch siegend erhob, nur um so höher zu bewundern. Für den Kundigen wird es nicht ohne Werth sein, wenn wir bemerken, daß Rahel auch die tragischen Talente der holländischen Bühne zu kennen und zu schätzen Gelegenheit gehabt.

An Mustern, Beispielen, Stoff jeder Art zum Vergleichen und Ueberdenken war daher kein Mangel. Auch Musik im ganzen Umfang, die Tanzkunst in ihren verschiedenen Arten, boten sich dem regen, sicheren Sinne reichlich dar, welcher nicht weniger für die Mahlerei der Bühne, für Kostüm und Dekoration, offenen und scharfen Blick hatte.

Wir sehen Rahel diese mannigfachen Richtungen mit lebhafter Theilnahme verfolgen, die Talente anerkennen, die Leistungen würdigen, sie im Einzelnen ergründen, den feinsten Schattirungen ihrer Aufgaben nachgehen. Sie weiß auch auf unteren Stufen das Verdienstliche aufzufinden, auch in verkehrten Richtungen das Meisterliche auszusondern, und wo das Kunsturtheil jede Milde versagen muß, läßt sie doch nie die menschliche Billigkeit abhanden kommen. Aber im Ganzen ist ihr Sinn immer auf das Höchste und Größte gerichtet, und beruhigt sich nur bei dem entschieden Vortrefflichen, Vollendeten. Ihre leidenschaftliche Bewunderung ist vor allem dem erhabenen Genius Fleck's, Talma's, der Schröder, gewidmet, wie der lebensreichen, schöpferischen Natürlichkeit der Unzelmann, der Mars. In der Oper ist es der Gesang der Marchetti, der sie zumeist befriedigt, derselben Marchetti, welche Heinse in Venedig singen hörte, und von der später Wilhelm von Humboldt in seinen Briefen an Schiller ein preisendes Zeugniß gab; oder der Gesang der Milder, in anderer Weise von gleicher Erhabenheit. In der Tanzkunst ist es die Vigano und die neapolitanische Schule; in der Musik, neben der reichen Kunst und Lebensfülle der besten Italiäner, sind es Mozart, Gluck und Righini, auf welche sie stets zurückkommt. Unerschütterlich hielt sie bei solchem einmal gewonnenen Maßstabe fest; keine Lockungen des Talents, des allgemeinen Beifalls und Geschreis machten sie jemals irre. Sie wußte sehr gut, daß dem ersten Talent und der reinsten Kunst nicht sowohl das Mittelmäßige und Schlechte, als vielmehr das ihr zunächst stehende zweite Talent, das Unreine, mit innerer oder äußerlicher Beigabe falsch verzierte, entgegensteht, hinderlich und schädlich ist. Und mit diesen Tagesgültigkeiten, sie mochten übrigens noch so bewundernswerth sein, und Iffland, Bigottini, Karl Maria von Weber oder Sonntag heißen, konnte sie sich wohl so weit befreunden, um das Meisterhafte in ihnen mit Freudigkeit zu genießen, aber nie so weit, um sie jenen ächten und voll-

kommenen Größen jemals an die Seite oder gar an deren
Stelle zu setzen.

Rahel dachte groß und enthusiastisch von der Kunst und
den Künstlern; sie fand letztere jeder Verehrung werth, als
Auserwählte der Menschheit, geweiht und berufen, das Schöne
und Erhabene zu Trost und Freude hervorzubilden, unsere
beschränkten, gemeinen Zustände mit freien, höheren abzulösen.
Sie glaubte daher auch nicht, daß die Kunst ein blos äußerlich Erlerntes, ein mühsames Flickwerk sein könne. Die
großartige Seele, das kräftige Gemüth, den lichtvollen Geist,
setzte sie stets im Künstler voraus. Große Naturgaben, und
vor allen die Fähigkeit reicher und mächtiger Empfindung,
waren ihr das erste Erforderniß.

Aber sie war mit dieser ersten Bedingung keineswegs ab-
gefunden; sie verlangte nun eben so den ganzen Ertrag des
Studiums, den vollen Reichthum erworbener Bildung. Wo
die eine oder die andere dieser beiden Seiten fehlte, da konnte
sie höchstens treffliche Bestandtheile aber kein befriedigendes
Ganze der Kunst anerkennen. Zu jener Stufe herabgestiegen,
wo das Einzelne gelten darf, weil es nur gerade dieses sein
will, mochte sie auch jeder Virtuosität mit leidenschaftlichem
Beifall zustimmen, und wie sie die reine Schönheit der Gestalt, die flüchtige Eingebung, das glückliche Gelingen bewunderte, so konnte sie auch durch weise Berechnung, sichere
Nachhülfe des Verstandes, und durch vollkommene Fertigkeit
entzückt werden, wo diese richtig hervortraten. Nur wenn der
Mangel, die Schwäche und die Dürftigkeit sich als Stärken
geben wollten, das ihnen zugestandene Geringe an die Stelle
des versagten Großen und Herrlichen setzen wollten, ja durch
trügerischen Schein das Verkehrte und Leere geltend machten,
— dann empörte sich der Unmuth und konnte scharfe Straf-
worte ausschütten.

Rahel war die Erste, welche, bei aller Anerkennung der
vielfachen in Iffland vereinigten Gaben, sowohl seine Schauspielkunst als seine Direktorschaft als den Anfang des Ver-
derbs der Berliner Bühne erkannte und bezeichnete. Gegen
diesen gründlichen Verderb rang vergebens das entgegengesetzte
Beispiel der Weimarer Bühne, vergebens die Anstrengung

der neueren Poesie, der fortgesetzten Beeiferungen Schlegel's, Tieck's, Bernhardi's, vergebens der beffere Theil des Berliner Publikums. Die Vorzüge selbst, in denen Iffland groß war, täuschten über die Richtung, die er dem ganzen Bühnenwesen gab, und riffen nach und nach alles auf den falschen Weg mit fort. Wir dürfen uns daher nicht wundern, wenn wir Rahel mit der Gestalt des Theaters, die ihr daheim und in der Fremde am meisten entgegentrat, in häufigem Widerspruch finden. Am wenigsten konnte sie in Berlin selbst befriedigt sein, wo sie, bei dem besten Willen, doch fast immer nur Einzelnes loben konnte, und das Höchste und Beste nur vor= übergehend und wie durch Gunst des Zufalls geleistet sah.

Wir wollen diese Verschiedenheit der Standpunkte hier in stofflosen Allgemeinheiten nicht peinlich erörtern, sondern laffen solche lieber sogleich in lebendiger Auffassung des bestimmten Einzelnen prägnant hervortreten. Das Raisonnement wird sich für diejenigen, welche deffen bedürfen, aus diesen raschen und gleichsam dem Augenblick entriffenen Spruchworten, leicht und ergiebig ableiten.

Einen karakteristischen Ausdruck der ganzen Richtung und Gesinnung Rahels in theatralischem Bezug liefert uns gleich ein Brief, aus dem Jahre 1817 an die große tragische Schauspielerin Sophie Schröder. Diese gab damals ihre ersten Gastrollen in Berlin, Rahel aber befand sich in Frank= furt am Main, und schrieb an die bewunderte und ihr schon seit mehreren Jahren befreundete Künstlerin wie folgt:

An Sophie Schröder, in Berlin.

Frankfurt a. M., den 31. Oktober 1817.

„Als ich gestern mit Ungeduld die Berliner Post er= wartete, die mir endlich keine Briefe mitbrachte, ließ ich mir die Berliner Zeitungen als eine Art von hinhaltendem Erfatz geben, und fand Sie, meine sehr Geliebte, den Landsleuten als Gast der Muse angekündigt: diese Zeilen können Ihnen mein Bedauern, daß ich nicht zu Hause bin Sie zu em= pfangen, nicht ausdrücken! Ich habe den wahnsinnig=eiteln

Gedanken, daß in der weiten gebildeten Stadt doch keiner sich findet, der so durchdringen sein kann von dem, was Sie zu leisten vermögen, es auffassen kann wie ich, was Sie sind; und der auch das anscheinend minder Gelungene so zu stellen und zu deuten weiß! Ich möchte Sie empfangen, beherbergen; Ihnen jede materielle Sorge und Besorgung abnehmen; ich möchte Sie applaudiren; mit Einem Wort, ich die Ceremonien-Fürstin der Stadt nur auf eine Weile sein, wie ich es jedesmal mit Leidenschaft wünsche, wenn ein Künstler in ihren Mauern ist; Einer, der die Macht hat, das Großartige darzustellen, ohne Uebereinkunftsmanier; dem es gegeben ist, die Leidenschaft zu kennen, und die Mittel, sie in allen ihren Abschattungen, auch dem wenigst Aufmerksamen, in einer Art musikalischem Maße und Haltung zu zeigen; der die Natur der Dinge schnell und jedesmal findet, und auch die Mittel, sie auszudrücken. Sie sehen, ich tödte mich, das zu beschreiben, was gesegnete Künstler sind; sagen kann ich's nicht; aber ich weiß es. Auch mich hat Apollo berührt: ich verstehe die Begabten. — Wär' ich nur in Berlin, in meinem Hause; Sie wohnten doch bei mir! — Wie leid ist es mir, daß Sie unsere Garderobe, unsere Dekorationen nicht mehr sehen: aber lieb ist es mir, daß Sie im Opernhause spielen; und es freut mich, daß Graf Brühl bei Ihnen eine Ausnahme mit den Gastrollen zu machen weiß. Warum spielen Sie nicht Johanna von Montfaucon, anstatt in Rudolph — oder wie er heißt — von Finnland? Johanna war eine von den Triumphrollen der Bethmann; in dieser aber zieh' ich Sie vor. Ich habe auch eine Sorge; Berlins Geschmack in Ansehung der Weiberrollen ist auf schwaches Regime gesetzt. Das Größte, was sie hatten (und ein Publikum schwingt seine Gedanken nie über das, was es sah, sondern bildet und schränkt sich darnach ein, oder aus), war die Bethmann; die außer dem Talent, das sie hatte, noch die Gabe besaß, nur sie sein zu dürfen; und das in einem solchen hohen und schönen Maße, daß man nicht unterscheiden mochte, ob sie auch etwas anders sein konnte; sie konnte erhaben, ganz edel, ganz romantisch), tief empfindend, traurig-toll und toll-zerreißend sein, immer lieblich, selbst im Fehlgriff; konnte komisch, heiter,

reizend beweglich sein; den Adel der großen Welt vortragen.
Furchtbar aber, furienstark, mit den Elementen verwandt,
mythologischen Wahnsinn, den konnte sie nicht aus der lieb=
lichen, leichtbeweglichen, leichtsinnigen, frommen Seele schöpfen,
weil man nie etwas daraus schöpft, was nicht darin liegt.
Nun fürcht' ich, ist den Berlinern mancher Farbenton, der
gerade mein Erhabenes ausmacht, von Ihnen zu stark; das
fürcht' ich eigentlich nicht; aber ich fürchte, daß Sie das nicht
zu deuten verstehen, und Ihnen das einen unangenehmen
Eindruck macht; und daß Sie gar — Gott behüte und be=
wahre! — sich darnach richten wollen. Das fürcht' ich;
und darum ward ich hier so breit; in der Tiefe war wirklich
der Aufschluß dieses Schwächenzustandes nicht nachzuweisen;
sondern in der längeren Ausdehnung eines Aufenthaltes in
Berlin, den ich gemacht. Jetzt mag unsere Stadt nun wohl
noch mehr davon befallen sein, als vor drei oder mehreren
Jahren: sie putzt und schnäbelt gar zu viel an ihrem Kunst=
gefühl, beleuchtet gar zu sehr das Bewußtsein darüber, mit
Kerzen, aus allen Fabriken, anstatt dem Gehen und Kommen
der Sonne sich ruhiger hinzugeben. Sie sind dort bis zu
den unbefangensten Tiefen der Menschheit in der letzten Zeit
mit ihren Ausputzwerkzeugen hingedrungen und geeilt: und
ich fürchte, jetzt grad, eine größere und allgemeinere Schwäche
und Anmaßung; und will Sie, um Ihnen unangenehmere
Empfindungen zu ersparen, nur darauf aufmerksam machen.
Solches alles gilt aber nur von jeder Stadt, wenn man sie
zusammen sich vorstellt; und man kann die eine freie, eine
sinnige nennen, wo viele Einzelne dem Publikum mit ihren
Gedanken und Verständnissen vor sind, große Künstler fassen,
und große Bücher, die sie über die Beschaffenheit des Augen=
blicks, in dem sie leben und schaffen müssen, erheben. Eine
solche Stadt, sein Sie gewiß, ist Berlin, wenn auch die,
welche sie dazu machen, gerade nicht das Glück haben, Sie
persönlich zu kennen. Dies wollt' ich Ihnen nur, bei dem
flüchtigen, geschäft= und ereignißreichen Aufenthalt dort, vor
die Augen halten, wo alles vor ihnen vorüberfliegen muß.
Ein Freundesbrief soll Freundesstelle vertreten!!

Mich ekeln schon jetzt die Zeitungskritiken! das ist das

Schlechteste, was wir haben, das Seichteste in Teutschland überhaupt. Die Leipziger, von A. W. sind noch die einzigen, wo etwas Mark und Bein, Leben und Zeichnung darin ist.

Hier spielt Eßlair. So glücklich, Sie mit dem zusammen zu sehen, bin ich nicht! Wenn ich nur drei Bataillen gewonnen hätte! ich wollte mir ein Theater anschaffen! Er spielte Theseus wirklich wie ein Gott; und kann das Muster sein, die Fahne zum Weg, deutlich zu sprechen. Otto von Wittelsbach sah ich: der Mord ein Meisterwerk! Hinein- und herausgehen Ein Stück; er ging, trotz der Wuth, mit Abscheu hinein, und kam, trotz des Abscheus, noch mit Wuth heraus. Göttlich. —

Als ich Ihnen dieses gestern schrieb, ward ich dazwischen immer von Besuchen gestört. Ich erhielt dann noch gestern Abend einen Brief aus Berlin. Sie wollten an dem Tage in Merope auftreten, von der Vorstellung selbst weiß ich also noch nichts. Ich freue mich im voraus des Berichts, den man mir treu und ausführlich davon zu geben verspricht!" — —

In diesem raschen, leicht hingeworfenen, nur dem Augenblicke gehorchenden Herzenserguß ist unvermerkt fast alles, wodurch sich die wahre und hohe Kunst von der scheinsamen, unächten und kleinen unterscheidet, in kurzen Andeutungen mit ausgedrückt. Hier ist gleichsam der Scheideweg angegeben, wo die Richtungen sich trennen, und in stets größerer Abweichung auseinandergehen, die eine zum Großen und Schönen, die andere zum Mittelmäßigen, Erkünstelten, Schlechten. Wie wahr und richtig ist der Zustand der Berliner Bühne und des Publikums ausgedrückt! Er ist noch heute, nach achtzehn Jahren, ganz derselbe. „Berlins Geschmack ist in Ansehung der Weiberrollen auf schwaches Regime gesetzt." Und damals war die Erscheinung der Bethmann dem Gedächtnisse noch ganz frisch! dieser großen Künstlerin, welche hier, ihrem Vermögen und Leisten nach, so richtig bezeichnet, so gerecht gewürdigt wird! „Furchtbar, furienstark, mit den Elementen verwandt, mythologischen Wahnsinn", nein, dahin ging weder ihr Naturell noch ihre Kunst. Aber mit den Männerrollen

stand es nicht besser. Im Gegentheil. Und die Stadt!
Kann man noch heute Treffenderes sagen? „Sie putzt und
schnäbelt gar zu viel an ihrem Kunstgefühl, beleuchtet gar zu
sehr das Bewußtsein darüber, mit Kerzen, aus allen Fabriken,
anstatt dem Gehen und Kommen der Sonne sich ruhiger hin=
zugeben." Dabei wird nicht verkannt, daß in der Menge
zerstreut viele Einzelne höheren Sinnes leben, auf welche
der ächte Künstler sich stützen darf, denen er zustreben soll!
Der Ausruf: „Wenn ich nur drei Bataillen gewonnen
hätte! — ich wollte mir ein Theater anschaffen!" ist eine
launige Bezeichnung dessen, was die Gunst der Umstände nie
bei uns gefügt hat, die höchsten Machtgewalten aber, so leicht
und lockend der Versuch wäre, noch bis heute nicht in ihre
Kunstförderungen aufnehmen, nämlich des Vereins unserer
besten Künstler auf derselben Bühne!

In ähnlicher Weise, nur dem Gegenstand und Augenblicke
gemäß anders gestellt, wird über Eßlair gesprochen, ebenfalls
bei Gelegenheit seiner ersten Gastrollen in Berlin. Wir
lassen dieses Urtheil, das zwar einige Zeit früher fällt, dem
vorigen hier folgen, da solches dem Zusammenhange nach sich
so am besten anschließt.

An Ludwig Robert, in Posen.

Berlin, Sonnabend den 8. August 1812.

„Ich habe mehr als Pflicht erfüllt: ich habe die Räuber,
sage die Räuber gesehen, und Kora von Kotzebue! Daß
letzteres Stück, wie es dasteht, gegeben wird, macht den
Sitten der Deutschen ächte Schande; daß es überhaupt ge=
geben wird, zeigt von der groben Rohheit des größeren
Publikums unserer Nation; daß Kotzebue es machte, von der
Stümperhaftigkeit seiner Begriffe und der völligen Plattheit
seiner Gesinnungen, denn auf Einer Stufe stehen sie darin
gar nicht. Den keuschen Iffland, im Aufstellen des Schick=
lichen und im Bemühen der Geschmacksreinigung, versteh' ich
hierin nicht. Unsere Schauspieler verdienen wirklich ein sitten=
reinigendes Wollspinnen, weil sie diese leeren unanständigen

Grobheiten mit Wohlgefallen spielten; in ihrem Sinne, als
wäre es Shakspearischer Witz; und hervorkehrten, wohl ärger
noch, als es der Verfasser conzipirte, und sich recht drin
wälzten, ohne doch nur eine verständliche Persönlichkeit hervorzubringen, sondern bloße Bretternnart, und sonst gar nichts.
Eßlair müßte solche Aufführungen tilgen helfen; und nicht
sie befördern, veranlassen. Auch war es denn leider ganz leer
zu meinem Schrecke: obgleich er ungesehen dies verdiente. —
Er sieht trotz eines schlechteren Anzugs, als wir hier zu sehen
gewöhnt sind, nicht wie ein Histrion, sondern wie ein Mensch
aus; mit beweglichem regsamen Blick und Mienenspiel, länglich geschnittenen Augen, die er auch wohlgeübt zu gebrauchen
weiß; wie er überhaupt die Bretter kennt, und unendlich viel
gespielt hat, und Beifall gewohnt ist. Er hat eine hohe
Heroengestalt, und muß Halbgötter und phantastische Menschen
sehr schön darstellen; eine Stimme, wie ich sie nie hörte, mit
einer so umfassenden, in allen Tönen einnehmenden Skala.
(Als er gestern Morgen einen Augenblick bei mir gewesen,
und wegging, sagte meine Jungfer: «Ein hübscher Mann!»
— Ja! — «Und er hat so was Sanftmüthiges an sich.»
Sie wußte es nicht zu nennen und meinte nur die Götter-
stimme.) Eine Nüance von Vornehmheit fehlt ihm, jetzt-
zeitiger möcht' ich sie nennen, die man, wenigstens ich, nach
den ersten fünf Bewegungen vermißte. Schöne Füße für so
große Gestalt, die jedoch nicht hinderlich erscheint, und gar
kein eitles Spiel für Publikum; so ist er öfters mit dem
Rücken gegen die Zuschauer gekehrt, welches mir sehr wohl-
gefällt, ich immer wünsche, und nicht begreife, warum darin
die Schauspieler so viel bedenklicher, aber nicht genug als
die Tänzer sind; in jedem Moment wird doch in keiner Rolle
gesprochen, und da thut eine lebhafte natürliche Wendung des
Menschen sehr gut, und belebt Schauspieler und Zuschauer.
Es kommen ihm nicht Einfälle genug in's Gemüth, also
fallen ihm nicht genug Nüancen des Vortrags ein; und daher ist er der Meinung, zu oft sich in den Affect setzen zu
müssen, in welchem man gar nicht anders kann als schreien,
dies ist die Ursache, warum er dies zu oft, und daher öfters
ohne richtigen Grund nach treffender Wirkung, thut: bei Leibe

aber nicht für's gröbere Parterre und dessen groben Beifall,
sondern aus reinem Irrthum und Mangel, aber doch verführt
von der zu willigen, alles leistenden Stimme, die ihm schon
so herrlichen Beifall schaffte, und Zeit ihres Lebens schaffen
muß. In seinen besten Momenten erinnert er an Fleck.
Abstrakte Mienen, des sich sammelnden Gemüths, oder des
Wendens der Seele zu Himmel und Schicksal, haben sie alle
drei sehr gleich. Er spielt sehr deutsch, und doch wie Einer,
der die Franzosen gesehen, erwogen und benutzt hat; dies in
seinen theatralischen Bewegungen, die er gehöriger Weise
al fresco nimmt; aber bei weitem nicht mannigfaltig und
witzig genug: wie denn Witz ihm in allem, was er auch gut
leistet, am meisten fehlt. Dabei spielt er nach Stimmung
und Eingebung; und aus großer Routine auch mit Ueber=
legung, womit er sich klug genug unterstützt, wenn er sich
schwächeren Herzens fühlt. So gab er die Räuber. In der
Stelle, wo er die groben Ermahnungen des Mönchs anzu=
hören hat, sah er mit schwarzem, vorn aufgeklapptem, mit
rothen Federn in die Stirn gedrückten Hute, gradauf stehend
auf eine passende Streitaxt gelehnt, außerordentlich gut, und
menschlich, und edel, lebendig zuhörend aus; wie ein wirklicher
Mensch, und hochartig. Auch antwortete er in edelgefaßtem
Schmerz dem Mönche sehr schön in den abgebrochenen Reden.
Als er sich erschießen wollte, spielte er meisterhaft; eindrin=
gend, verständig, verloren forschend und unglücklich; mit den
passendsten Gebärden; so gelungen als möglich. Auch erstach
er das Mädchen so außerordentlich, als es nur möglich ist;
wie Fleck, wenn er so etwas gut machte. Auch kann er
sehr schön ohne Worte sanglotiren, il n'y a point de mot
dans notre langue; Schluchzen allein ist es nicht. Wimmern
und Schluchzen. Noch machte er manches schön; ich rede
vom Schönsten. Ja! noch Eins! Er las den Brief des
Vaters gleich zu Anfang göttlich, und war in dem Zimmer
zu Hause, wie nur große Schauspieler, wie Menschen in
ihren Zimmern, Helden. Er wurde den Abend sehr beklatscht
und herausgerufen, und es war jenes Klatschen in der Luft,
welches ganz allein nach gutem Spiel erfolgt und nicht von
der Menge der Hände abhängt. Vorgestern spielte er Rolla

bei leerem Hause; mit der Fähigkeit, die du von ihm nun
kennst; nahm aber die Rolle, eine Nüance oder ein paar,
französischer; und die Rolle, sage ich, lieferte ihm nicht
jene Momente, in denen er mir völligen Beifall ablocken
konnte. Er wurde wieder herausgerufen. Uebrigens habe ich
das Publikum noch nie gerechter gefunden; wo sie konnten,
ehrten sie den fremden Künstler; wo sie wußten, zeigten sie
ihren völligsten Beifall unbefangen gern, und wahrlich sie schienen's beide Abende auch ganz zu verstehen.

Eßlair macht einen so lieben Eindruck als Mensch, und
zeigt den in seinem ganzen Vortrag so, daß man ihn persönlich
lieben muß; dafür war ich ihm schon mit meinem ganzen
Herzen dankbar. Sein kleiner Besuch hat ihn in meiner
Gunst bestätigt. Er hat etwas liebenswürdig Gütiges. Rauch-
tabak roch ich, dies gehört diesmal zur fehlenden Nüance
von feinster Welt. Er behauptet keine Zeit zu haben! er
eilte so, daß ich beinahe nichts mit ihm sprechen konnte, als
von deinen regrets, zu einer Probe vom Tell, der heute gegeben wird; hier die Austheilung. — Leb' wohl! Ich bin
zu müde: ich habe einen kranken Kopf, und nur meine Theater-
leidenschaft und du konnten mich schreiben machen. —

N. S. Er brachte mir einen Brief von J. S. — Meine
ganze Liebe wallt zu Fleck's Grabe. Die Propheten, Dichter
und Künstler, die Gottgesandten, sollten doch so lange die
Welt steht, leben, und nicht sich deteriorirend altern, wie wir
Gemeinsten, Elendesten. Ich bin heute völlig elend; in allem!
Eßlair bleibt nur bis den 14. Die Bethmann, die ich nach
der Probe sprach, kann nicht genug erzählen, wie herrlich er
in Theseus ist, und wie über alle Maßen vortrefflich in der
Beichte; sie sagt, darin stellte er den Theseus auf den Kopf.
Gerade umgekehrt!"

In den Strafantrag zu einem „sittenreinigenden Wollspinnen" wird gewiß mancher Leser heiter einstimmen. Bei
dieser Schilderung Eßlair's aber fällt uns auf, was wir für
alle Beschreibungen dieser Art in Rahels Briefen zu bemerken
haben. Sie scheint völlig planlos, sprungweise, willkürlich
abgefaßt, bald nach dem Bedeutendsten und Tiefsten, bald
nach dem Aeußerlichsten und Kleinsten greifend, das Verschieden-

artigste frei durch einander mischend. Sehen wir bloß auf das
Verfahren, so dünkt uns fast verdrießlich, solche verworrene
Wege mitgehen zu sollen. Allein wir werden bald gewahr,
daß das Resultat ganz entgegengesetzter Art ist. Wir finden,
daß wir unversehens, auf jenen Wegen, zu einem deutlichen
hellen Bilde gelangt sind, daß die feste, sichere Gestalt an=
schaulich vor uns steht. Und dies erklärt sich leicht! Die
Einzelzüge nämlich, welche gegeben werden, sind alle aus dem
lebendigen Ueberblick eines Ganzen geschöpft; sie mögen
noch so entfernt aus einander liegen, sie gehören und passen
zusammen, sie widersprechen einander nicht, sondern ergän=
zen einander, die Einheit der Anschauung bricht gerade
aus dieser Folge des Verschiedenartigen um so stärker
hervor; die lebendige Wahrnehmung verfährt selbst nicht an=
ders, und indem sie das für die Reflexion Auseinanderliegende,
in dem Lebenseindruck aber Vereinigte, rasch zusammengreift,
verwirrt sie nicht, sondern sie gleicht aus und verbindet, ein
Verfahren, das der darstellende Künstler sogar nachzuahmen
sucht, hier aber ein lebhaftes, rasches Naturell gleichsam nur
als unbewußte Fertigkeit ausübt! „Abstrakte Mienen, des
sich sammelnden Gemüths, oder des Wendens der Seele zu
Himmel und Schicksal", und „Rauchtaback roch ich, dies ge=
hört diesmal zur fehlenden Nüance von feinster Welt",
dann, „Schöne Füße für so große Gestalt", und „Ohne
Worte sanglotiren": dies alles muß zusammen und jedes an
seiner Stelle sein, um das Bild in unserer Vorstellung voll=
ständig aufzubauen.

Wie unbestechlich der Wahrheitssinn Rahels war, wie
unfähig, sich zu verläugnen oder gar sich etwas einzureden,
dafür giebt den schlagendsten Beweis ein Brief an Marwitz,
worin von Wolff, dem eben von Weimar gekommenen, ge=
sprochen wird. Die Verehrung Rahels für Goethe war
gränzenlos, sie wußte, daß er das Ehepaar Wolff dringend
nach Berlin empfohlen hatte, daß er auf ihren Erfolg rech=
nete; sie hätte gewiß gern diesen Wunsch ihm erfüllt gesehen,
mit willigem Opfer dazu beigetragen, diese Anerkennung für
Weimar zu gewinnen; und was konnte bestechender für sie
sein, als das Urtheil Goethe's, der jene als vortrefflich an=

erkannte? Aber das konnte weder Rahels Sinn befangen, noch ihr Urtheil bestechen. Sie hatte keinen guten Eindruck von den weimarischen Künstlern, und schrieb ihrem Freunde unverhohlenen Bericht.

An Alexander von der Marwitz, in Friedersdorf.

Berlin, den 5. Mai 1811.

Nun kommt der Steckbrief von Wolff; in dem dieser stecken sollte, welches nun umgekehrt ist, und da Sie schuld sind, Sie es auch entschuldigen müssen! — Sehen Sie, wie Jean=Paul'sch man wird, wenn man nicht schreiben kann, und nur etwas Witz stellt sich ein? Mein tiefster Ernst. Ich kam natürlich, wie wenn man allein geht, und niemand auf einen wartet, zu spät nach Möllendorf's Loge. Und im Korridor hört' ich schon eine mir unbekannte Stimme sehr theatralisiren; das Aufeinanderfolgen der Szenen war mir nicht gegenwärtig, und stutzend dacht' ich, wenn er das nur nicht ist. Ich trete ein, und Maria ist auf der Bühne, mit Mortimer vor sich. Ich erkenne Wolff, und sehe zu aller= erst, eine verdrehte Bewegung des Unterarms und der Hand. (Aus der er auch nie herauskommt.) Auch mit den Füßen und Beinen weiß er sich bei weitem nicht so gut zu behelfen, als unsere Akteurs. Worüber ich aber ganz ernsthaft, und fast traurig in der Seele ward, ist, daß ich mir durch ihn vorstellen muß, das Weimarische Theater ist nicht besser, als unseres; oder vielmehr, wenn es auch in manchen Stücken besser ist, so hat es doch unsere Fehler; diese Fehler aber sind mir die allergräßlichsten, und erst seit den guten Stücken, mit den demonstrirenden Versen, bei den mittelmäßigen steifen Gemüthern der gewöhnlichsten Subjekte, beim Theater Mode geworden. Dieser große, alle Wahrhaftigkeit und Schönheit des Spiels aufhebende Fehler besteht darin, daß die Mimen den Zustand der Personnage, die sie darstellen, nicht aufgefaßt haben, sich nicht angeeignet haben, sich ihn nicht anzueignen vermögen. Sie wissen nicht, und fühlen's nicht, wie die Großen unter ihnen, daß Worte, Phrasen, nur Behelfe sind,

um Gemüthszustände von sich zu geben, nichts, als ein Bild
dieser Zustände; und Bilder selbst nur karakteristischere Zeichen
des Bestrebens nach Ausdruck.   Pomphaft, und unverständig,
trennen sie dem Dichter jetzt ein Wort vom anderen, führen
dies, so zu sagen einzeln, seinem gröbsten Verständnisse nach,
auf, und wollen dem Autor nachhelfen.   Dann und wann
denken sie sich aus, wie man etwas machen müsse.   Und das
ganze Studium dieser Kunst besteht doch nur darin, auf's
pünktlichste zu wissen, was man nicht machen darf.   Durch=
drungen muß der Schauspieler vom ganzen Stück sein, jede
Rolle, jede Zusammenstellung wissen, und kennen; muß vom
Himmel die Gabe haben, Zustände zu fassen, und auszu=
drücken, das letztere ist eine rohere, äußerlichere und allge=
meinere; wenn er dann nicht thut, was er nicht darf, —
und diese prohibirenden Gesetze aus allen Gegenden des
Rechenschaft gebenden Geistes zusammen hat, — und sich
freies Spiel läßt, so werden wir Gutes haben.   Unsere
jetzigen Akteurs aber wissen von keinem Stück, keinem Dich=
ter, keiner Stimmung, keinem menschlichen Zustand; und
ennuyren mich bis zur Nervenkrispation.   Auch Herr Wolff
nahm jedes Wort, wie unsere Stich's, einzeln; und bekam
nie die Rolle zusammen.   Seine Stimme ist nicht schlecht,
noch unangenehm (das R spricht er scharf, also tragisch),
aber sie ist sich nicht gleich und drückt nie jemand aus, der
aus einem Punkt der Seele heraus lebt; sondern nur einen
Menschen, der bald von einer bald von einer anderen großen
Idee, oder von solchen Menschen, erfaßt sein kann: folglich
kann er nichts Bewundernswerthes, nichts Verehrungswerthes
— einen solchen Menschen nämlich darstellen: gewiß mancherlei
romantisch Anziehendes, Bemitleidwerthes; wenn er nach
Karakteren, und nicht nach Worten spielen wird.   Ich habe
eine Ahndung, daß er Lieder, u. dgl., in tollen Reimen und
Versen, gut sagen kann.   Wie das Parzenlied; welche von
Schiller: und sehr vieles von Shakespeare.   Wo er vague
bleiben kann, und anklingen an ganz phantastische allgemeine
Zustände der außermenschlichen Dinge, und auch in solchen
phantastischen Gemüthszuständen, kann er wohl sehr gut sein;
das glaub' ich, durch seine Augen, die man im dritten Range

sieht, durch ein adeliges Gemüthswesen, welches ihn sogar
während des schlechten Spiels bemeistert; und weil er, so wie
es nur reimte, ungewöhnlicher, phantastischer, in weiteren
Kreisen, und allgemeiner wurde, gleich gut wurde, und einem
Schönes in den Sinn brachte. So viel! weil er von Weimar kommt. Wo der künstlerischste Deutsche lebt; von dem
ich hoffte, daß er ganz Kunstwidriges, in seiner Nähe nicht
aufkommen läßt; ja tödtet, mit Macht und Wache. Bei
seinem Entschlusse. Es muß doch nicht gehen; und das ist
es, was mich so ernst über unsere deutsche Kunst machte, und
diesen langen Brief veranlaßt. Sind Sie darüber mit mir
einverstanden? Und vergeben ihn mir? Ich meine, sehen
Sie ein, wie er entstanden ist? Ihnen mußte ich ihn doch
schicken! Sie werden noch mehr, noch viele Plage mit mir
haben.

Mlle. Beck spielte die Elisabeth göttlich. Sie unterschrieb
stumm, allein, wie Elisabeth selbst! Die Bethmann hatte
sehr schöne Momente. Spielte aber zu Anfang heftiger als
sonst." —

Munterkeit und Laune der Bemerkungen dürften bisweilen
täuschen, als sei es nur auf Witz und Scherz abgesehen, allein
wer den Geist dieser Mittheilungen näher prüft, wird bald
zugestehen, daß Witz und Scherz in ihnen niemals Zweck
sind, ja nicht einmal eine Stätte finden, außer wo der Ernst
selber sie herbeizieht und das Treffende vorwaltet. So in
folgendem Briefe.

An Auguste Brede, in Frankfurt a. M.

Prag, den 10. Mai 1814.
Kaltes, trübes, feuchtes, windiges Regenwetter obenein.

„Holder Karakter! Ich wäre rasend geworden, wenn
Sie mich nach einer anderen Station gefahren hätten. Aber
Seelen, wie Sie, geschieht und entwickelt sich alles leichter,
weil sie alles leichter, auch loser nehmen; aber sehen Sie
auch Einmal mein Gesicht, und Ihres! Wenn die Natur
— und was ist die Natur? Alles; von Anbeginn an:

Kleinigkeiten! — solche Dekrete ausspricht, dann wehre
sich mal Einer; oder bessere sich! Was hätte ich nicht gleich
beim ersten Deichselbruch für verdeichselte Brüche gesehen!
und für Dukaten im Geiste schwinden! — Eins bitt' ich mir
aus, Traute! Sie sollen mir nämlich im äußersten Detail
trauen! — über Ihre Angelegenheiten haben Sie holt die
Gnod! mich immer sehr au fait zu setzen; sonst sitz' ich und
zerbreche mir immerweg den Kopf mit den größten Sorgen.
Die grünen Bohnen, den Spargel, habe ich Ihnen — auch
mit einigem Nachrechnen — beneidet; hier weiß ich vom
Frühling nichts, als daß Schnee Koth geworden ist: und die
Wirthinnen schreien, es sei nichts zu haben in der Jahreszeit,
und der Theuerung. Einmal kostet das schmutzige Papiergeld
viel, einmal weniger: noch immer so! Wunde auf; Wunde
zu; «das ist all eins!» Wenn ich Wunde sage, mein' ich
als Moderner — so verstümmelt sind gegen die Antifen —
Janustempel. (Warum schreib' ich Ihnen heute so sonder=
bar, außer meinem — gewöhnlichen — Stil; dies ist auch
meiner; halb in Robert seinem? Weil ich Sie und mich
Arme, gern ermuntern, und besonders die schwarzen Dünste
aus dem schwarzen Herzen nicht will an's Licht steigen lassen;
— und weil mir Karl ·Maria von Weber diesen Mittag
einen sehr schönen Brief vom Herzog von Gotha, in diesem
Stil geschrieben, vorgelesen hat. Der Stil selbst ist eine
Manier, ein Gewandel, welches ein Launist aus=, an= und
abziehen kann; aber weh einem Anderen, der sich in dergleichen
Garderobe verwickelt! Denken Sie sich, mit Laune, allerlei
komische Answickelungen aus solchem Kleiderhaufen! Zufälle
und Geschichten, mit und unter denen das geschieht! Ich habe
so eben dies Gewand anständig zwar noch, aber voll Ueber=
druß, weit weggelegt.
 Es war sehr ehrlich von Ihnen, liebe Guste, mir von
Nürnberg zu schreiben: wie in Balsam eingetaucht, wirkte der
liebe unschuldige Brief mit seiner Physiognomie auf mich.
Er sah aus wie Sie: und schien auch Ihnen Bedürfniß zu
sein. Das freut mich. Vorgestern Abend nach den Ver=
wandtschaften und dem neuen Ballet erhielt ich ihn. — Elisa
Valberg wurde von der Schröder — nämlich die Fürstin —

sehr schön gespielt; sehr schön: auch gut angezogen, außer daß sie, als sie zum Gemahl kömmt, nicht einmal Handschuh in der Hand hatte; welches mich Schwächling die sehr gut gespielte Szene hindurch störte. Einen Zusatz von ganz moderner Prinzenartigkeit (mit artigkeit mein' ich haftigkeit; nicht die Artigkeit) und Zartheit hätte ich dem Spiel noch gewünscht: denken Sie aber ja nicht, daß das auffallend war, oder ganz fehlte! Mattausch hat einen gewissen Wackel beim Schreiten durch die zu große Körperschwere erhalten, der das geübteste Auge, besonders in der Rolle, erfordert, um zu sehen, daß er sie ganz Prinz spielte; so modern und gut er= zogen, als möglich, mit all' der Behaglichkeit, in dem Zurück= halten, welche solche Erziehung und solch ein Leben nur geben kann. Er war so täuschend in seinem Benehmen, daß er mich in die größte Rührung und Emotion versetzte, so ähn= lich war es dem all unserer Prinzen; und wegen der Herz= lichkeit der Rolle, und den Verlegenheiten, die sie in der Stellung des Fürsten gegen den rechtlichen Gouverneur mit sich führt, Prinz Louis Situation und Betragen so ähnlich, daß ich zu vergehen glaubte. Er war ganz wie unsere Prin= zen angezogen, und auch in der Körperhaltung wie sie!! — Er spielte tausendmal besser als sonst, und mit täuschender Eingebung und Natur. Nur die Jugendlichkeit mißte man: und das ich, in deren Phantasie sie schwerer schwindet; und das nur, weil er an seinem Verfall Schuld ist. Durch Tabackrauchen, und verbürgertes, und vernachlässigtes, un= elegantes Leben außer der Bühne. Nichts macht alt, als das Einwilligen darein, Vernachlässigung der Jugend; und Mangel an ewiger Eleganz: man kann nicht nur Abends um 6 Uhr ein Künstler sein — Volk! — man muß es den ganzen Tag sein; besonders wenn wir die Kunst in un= serer eigenen Person vortragen sollen. Große Gage! große Gage! wie in Frankreich, in England, und unter dem Könige Friedrich dem Zweiten!! Liebich spielte sehr gut: leider aber wußte ich diesmal jedes Wort noch von Fleck; wie er's in der ganzen Liebenswürdigkeit seiner persönlichen Blüthe vortrug! «Refüsirt!» schrie der Gott! wie ein Engel. Und erblaßte, in Blick und Mienen. Göttlich! Madame

Brunetti war weiß mit rosenrothem Atlasband; und spielte weiß mit rosenrothem Atlasband: wie immer. Mad. Liebich gut; doch auch die Döbbelin ehemals besser, nüanziger; gekränkter. Das Ganze war aber sehr gut, und durchaus unterhaltend, für mich ist das viel; wissen Sie. Schröder, als Verlobter der Rosenrothen, so gränzenlos schlecht, daß er durchaus ein Intermezzo war. Wie Einer von einer solchen Winkelgesellschaft, die sich in Klüften aufhält; wo auch Bäder sind, und wo man vorbei reist, wenn man nach Pyrmont, Aachen, oder dergleichen, fährt! und als wäre er einst Springer gewesen: und hätte da immer die Zwischenreden gehalten. Wie konnte die Schröder daneben nur spielen! Gestern spielte sie im Vehmgericht die Verbrecherin. Wundergöttlich: die sanften Stellen aber nach = ti = gall = te sie gedehnt, leise und rührig ab! — welcher tiefer, finsterer, grober Irrthum! Ihr Talent und ihre Eingebungen sind aber so stark, daß sie sich mitten in solchen langweiligen Momenten, mit den schönsten Ausbrüchen von Spiel, Ton und Einfällen, selbst unterbrach. Publikümchen wußte von allem nicht; applaudirte, rief heraus; dafür ist's nicht bezahlt, aber es bezahlt. Sie war erst in grauem Sammt, mit Schwarz und Weiß besetzt, dann ein grantaftnes Nachtkleid, und Nachthaare — herunter; dann weiß: mit einem Wittwen = Kopfputz mit drei Spitzen im Gesicht und einem Musselinschleier herab. Die Mad. Löwe erst wie eine rothe Kartendame angezogen: dann Battistmusselin, ganz weiß, altdeutsch, gut gemacht. Doch demoisellig: sehr vermagert. Gespielt wie jede Rolle: und ungeheuer gegen die Schröder abgeprallt. Nämlich auch für das dunkele Gefühl des Parterres etwas auf Puppe reduzirt; durch jene wirklich gewaltig Ausgestattete. Sie hatte bloß altdeutsche Lockenfülle, aus einem altdeutschen Scheitel um sie her fallende, zum Kopfputz. — Wie ich dazu kam, das Gränelstück zu sehen? Bayer invitirte mich bei Mad. Liebich; und da that ich's aus Artigkeit. Meine Schwäche! Es gereut mich wegen der Schröder nicht. Nun geh' ich in Grünbaum's Benefiz, die Schweizerdirne! Adieu! ich erliege! Soll ich ein Theaterblatt schreiben? Das fehlte mir!" —

Wie tief und gewichtvoll hier der eine Ausspruch, der

Aufschrei an das sinnlose, gemeine „Volk": „Man kann nicht nur Abends um 6 Uhr ein Künstler sein; man muß es den ganzen Tag sein; besonders wenn wir die Kunst in unserer eigenen Person vortragen sollen!"

Der Unwillen gegen Iffland und die Klagen gegen das von ihm angestiftete Theaterübel sind am bündigsten in einem Briefe ausgesprochen, der hier nicht fehlen darf. Mit sicherem Griff ist das Geheimniß von Iffland's ganzem Bühnenbetrieb erfaßt und enthüllt, der Schlüssel seiner Mängel und Laune in dem Worte: „Verlegenheit" gegeben. Niemand wird Iffflanden ächte Kunst und große Meisterschaft absprechen, allein er selbst fühlte die engen Schranken, die sein Naturell ihm setzte; und um seine Armuth an Einfällen zu bedecken, und sie noch gar für Reichthum auszugeben, half er sich stets, wo die Kunst nicht ausreichte, mit täuschenden Gaukeleien aus. So war auch sein Grundsatz, junge hübsche Leute durch seine Meisterschaft bloß abzurichten, und in seiner Zucht und Leitung sie nach Bedürfniß vorzuschieben, wobei er darauf rechnete, daß das Publikum sich leicht gewöhne, und den bekannten Zuschnitt bald für den rechten halte. Auf alles dieses deutet Rahel hin. Wir bemerken aber noch, daß sie nicht aus vereinzelter Auffassung spricht, sondern wie sie fast immer pflegt, aus allgemeiner, weitverknüpfter Wahrnehmung, wozu der besondere Gegenstand nur gleichsam die Anwendung liefert, ohne daß gerade er den Gedanken bestimmt. Hiedurch besteht selbst in dem harten Ausspruch eine Art Unpartheilichkeit. Wir lassen nun ihre eigenen Worte folgen.

An Auguste Brede, in Stuttgart.

Mannheim, den 9. November 1816.

„Den jungen Gern sah ich in Frankfurt am Main den Richter in den Quälgeistern spielen. Gut, würd' ich sagen, hätte ich nicht zu Anfang seiner Laufbahn in Berlin gesehen, daß ein wahrhaft Talent zu einem rechten Künstler in dem Menschen sitzt — er spielte damals einen Bedienten in Shakespeare's Julie und Romeo, wie ein Franzos, ein

Italiäner, kurz eine luftige Maske aus alter Zeit, mit
Leichtigkeit, Einfällen, Grazie, und was am meisten zu bewundern war, vollendeter Gewandtheit, ganz selbst erfunden,
ganz idealisch gehalten; und wahrhaft komisch. Jetzt ist sein
Talent rein weg verschwemmt, vom Zusehen anderer Elendig-
keit, Künstelei, und Nüchternheit, und Verlegenheit darüber,
die sich zu Manier ausgebildet hat; er, ein treuer, fleißiger
Nachahmer von Iffland; so daß er mit all dessen Fehlern
vor einem steht, und man beim Ueberlegen doch das etwa
Beste an ihm, nicht ganz gefunden hat. Dieser wenig
begabte Pedant hat nicht allein der Berliner, sondern den
deutschen Bühnen großen Schaden zugefügt, bei mancher Ordnung der Szene, und gesellschaftlichem Vortheil ihrer Mitglieder; und mich verfolgt er noch nach seinem Tod!!! Muß
ich nicht rasend werden, — Wien nicht ausgenommen, —
auf allen Theatern Deutschlands Einen zu finden, der ganz
wie er spielt, schnarrt, glupt, spricht, die Hände dreht,
fingerirt, pausirt, einzelne Worte mitten vor oder aus einer
Phrase wie verlorene Schildwachen hinaus schickt, und als
solchen ihnen keine Lebensmittel, d. h. keinerlei Accent und
Beziehungston mitgiebt, es dem Hörer in seiner Verlegenheit
überläßt, was sie damit machen sollen, und diese Verlegenheit
noch für künstlerische überlegte Absicht ausgeben will! Solche
verfolgen mich noch, wo ich ihn schon lange vergessen hätte,
und hetzen den alten Aerger wieder in mir gegen ihn auf.
Woran liegt es, daß das Falsche viel mehr um sich greift,
Nachahmer, Vertheidiger, und Lobredner findet, als das
Aechte? frag' ich mich ewig: und fragte es erst diesen Mittag, als ein kluger, siebzigjähriger Célibataire, der weich-
müthig und liebenswürdig ist, allem Hergebrachten auf's
willkürlich-unvernünftigste das alte Irrwort redete! Wie
kommt's? Da Aechtes Wahres ist, und Wahres viel ein-
facher, als Lügen und Irrwege des reinen Denkens. So
herrschte Iffland; nicht durch sein Besseres, durch sein
Schlechtestes. So will man mich jetzt gelten lassen, da edler
Unwille in seinem Muth sich nicht mehr zeigt, und mehr
dergleichen in mir; und in meiner reinen, unschuldigen
Jugend war es gefährlich mit mir umzugehen! — Aber

reizend, zum Glück! Nun ich auf mich gekommen bin; ge=
nug! Das Theater amüsirt mich hier genug! («Ziemlich»
gefällt mir nicht: und «sehr» auch nicht.) Müller ist oft
sehr gut, Beck ganz vortrefflich. Mayer manchmal gut, nie
eine Rolle durch; er hatte gewiß das Unglück, zuerst in
Kostüm und nicht in Konversationsstücken zu spielen; um dies
zu verdauen, gehört ein kräftiger Talent. Nämlich reichere,
gewandtere Einbildungskraft, ein schwerer Herz. Seine
Stimme hat Töne, seine Gestalt einen schön gestellten Kopf:
auch hat er einen Blick. Sontag ist in italiänischen Opern
sehr gut. Eine Dlle. Pohlmann, recht sehr viele Anlagen,
sie singt nie schlecht, könnte vortrefflich singen, ist hübsch,
nicht ohne Sinn, nie gemein, sehr jugendlich. Diese alle
zusammen machen, daß ich meist hinhören muß; die Stücke
beurtheile, belache, beweine ich auch. Das Haus gefällt mir
ungemein, ich kenne kein angenehmeres, den Eingang schon
mitgerechnet, der großartig ist, unsere Loge ist mir bequem;
kurz, das Theater werde ich in Karlsruhe vermissen. Mlle.
Beck hat sich sehr gebessert. Sie spielte eine Herzogin in
Ubaldo, wo ich sie mit zu dem Größten rechne was ich sah;
sie spielte auch Lady Milford vortrefflich, und die Szene, wo
sie den Major erwartet, besser als Sie und die Bethmann.
Das ist kein Spaß. Die Schuld spielte sie in der letzten
heftigen Manier der Bethmann nicht im geringsten knechtisch
nach: da würde mir auch die theuer geliebte todte Herzens=
freundin nicht gefallen haben. Dies sag' ich so gerührt, als
sagt' ich's ihr selbst dahin, wo sie ist. — Im Schutzgeist
sang sie im hohen und tiefern Leierton die ganze ewige Rolle
sentenzisch donnernd her. Dies begriff ich nicht, nach solch
einem Spiel, wie in Ubaldo??!!! Das frag' ich sie aber.

Nebenstein ist ein Exempel. Ein Exempel, wie die mensch=
liche Natur in einem Menschen ausgerottet werden kann;
welches man sonst nur bei mißhandelten Sklaven sehen soll.
— Unser geliebter Tieck behauptet, alle Menschen haben
mimisches Talent in sich; ja, sogar die Thiere: und er hat
Recht. Wo käme sonst alle National=Gebärde, Ton und
Benehmen her? Wie so sänge der Sachse, schnarrten und
schnaufelten wir, drückte der Schlesier u. s. w. In Nebenstein

ist der Quell alles Nachahmungsvermögens rein verschüttet,
durch lauter Lehren von dem, was nicht existirt: er sah die
ganze lichte Welt nicht mehr, und nur seinen Lehrer, und
auch den in völlig blindem Glauben bei ganz geschlossenen
Sinnen: nun ist er auch vollkommen Marionette, trotz Fleisch
und Blut; wenige Gebärden, wenige Töne, ohne alles Leben.
So etwas ist mir nie vorgekommen: dies konnte nur Iffland
gelingen: und diesem nur bei Rebenstein. Alles ist Negation
bei ihm; zum Glück hat er die Knochen erhalten, daß die
wohlgemachten Mäntel haften. Ein Wunder ist der! Ich
bin ganz entzückt, daß er sich außer Berlin zeigt, der Lieb=
lingslehrling seines verstockten Meisters. Verstockt war Iff=
land in seinem Direktions = Glück, unter dem Götzendienst,
geworden. Und nun ruhe er selig! Ich bin ihm nur in
Anderer Seele böse, wo sie ihm so Unrecht thaten; und den
armen Rebenstein bedaure ich wahrhaft. Der arme hübsche
Mensch war ein Opfer. Die Catalani hab' ich gehört; da=
von mündlich! Ihr Enthusiasmus freute mich!" —
In demselben Sinne heißt es in einem späteren Briefe
aus dem Jahre 1818:

An Friedrich August von Stägemann.

Karlsruhe, den 31. Dezember 1818.

„Der Tod des Großherzogs hat auch die Stadt sehr still
gemacht; das Theater das Aug' — geschlossen; die Gesell=
schaften gehemmt. Es wird alles allmählig wieder angehen.
So ist es äußerlich hier. Eine Stadt ohne Theater ist für
mich wie ein Mensch mit zugedrückten Augen: ein Ort ohne
Luftzug, ohne Kours. In unseren Zeiten und Städten ist ja
dies das einzige Allgemeine, wo der Kreis der Freude, des
Geistes, des Antheils und Zusammenkommens — auch nur
— aller Klassen gezogen ist. Nichts desto weniger applaudir'
ich Sie doch, daß Sie nicht in's Theater gehen: d. h. es macht
mir Vergnügen. Lassen Sie sich gestehen, daß kein Theater
in der Welt mir den Aerger abzwingen kann, wie das Ber=
liner — seit Iffland, — erstlich, weil keines mich so interessirt

hat; dann giebt es keines mehr (es hat aber schon angesteckt!)
mit solchen steifen Prätensionen an sich selbst. Es ist eine
Zwangsanstalt für Schauspieler und Publikum in allen Rück=
sichten, nach und nach geworden — das wird Schulz wissen!
Jetzt braucht man nur die Rezensionen in den Berliner Zei=
tungen zu lesen, um über die ganz inhaltleeren Ansprüche,
und Beurtheilungen, den Gichter zu kriegen — wie sie hier
sagen, oder: alle Zustände. Es freut mich also, daß Sie
Rache für mich nehmen, an dieser Anstalt! die so viel gute
Elemente so hartnäckig und langjährig zu ersticken bemüht ist.
Um so mehr aber noch gesielen mir Ihre schönen Verse über
Milders=Töne. Es hebt so richtig aus Ihren damaligen
Gedanken, Situation und Gefühl darüber an, dieses Gedicht:
das ist bei mir eine große Hauptsache; nämlich das Wirkliche
eines Gedichts. Ist das prosaisch? mich dünkt nicht; ich
halte unendlich auf das Reelle bei allen Eingebungen; es
müssen nämlich welche sein, sie gehen aber nur aus dem
wahren wahrgenommenen Seelenzustand hervor: und darum
gefallen mir oft die pausbackigten, mit noch so dythirambi=
schen Worten in die Silbenlänge gezogenen Gedichte nicht;
und aus eben dem Grunde Ihre oft so sehr. Die Sappho
möcht' ich gerne sehen; Auszüge haben mir davon gar sehr
gefallen: auch sagte uns Mad. Schröder diesen August hier
ganze Szenen davon bewunderungswürdig. Mir ist Mad. Wolff
von jeher — ich kenne sie aus Berliner Gastrollen — nicht
genug von innen kräftig gewesen. Doch mag sie viel gelernt
und gewonnen haben; und eine Leidenschaft, die uns in so
andere Zeiten und «Gelegenheiten», wie Logau sagt —
entrückt, ihr mit angelerntem und angedachtem Maß schon
gelingen." —

Und aus noch späterer Zeit wird dieses wuchernde Theater=
übel auch in Betreff der Musik als der Bühne und dem
Publikum schon gemeinsam, und nun durch beider Schuld
fort bestehend, mit Unlust so vorgestellt:

Aus Tagesblättern.

Berlin, den 19. Februar 1820.

„Anstatt des Tagebuchs stehe lieber Folgendes hier: nur
dies noch! Vorgestern sah ich Alceste, auch nur stärkere
Bestätigung alles Alten über unser Berliner Theater. Schlechte
Plätze. Kreischendes Orchester. Fürchterliche Tanzkunst, wo
die Tänze nicht einmal zu der Musik gehen wollen; ohne
Sinn, ohne Verstand, ohne Grazie, mit Seiltänzer-Mühe,
ohne sie wie diese Tänzer unschuldig uns anzurechnen. Sänger vom Berliner Publikum gebildet. Das Publikum hat
sich eine Art Beifall für Gluck auswendig gelernt, welchen
zu wiederholen es keineswegs unterläßt, aber doch endlich
nur sehr lässig bezeigen kann; auch die Einzelnen in den
Logen, Einer gegen den Anderen. Stümer sehr gut gespielt;
wird sich aber die Brust angreifen. Weber läßt die Blas-
instrumente mit den Sängern in die Wette forciren; Töne
in Fresko darzustellen, muß man von den großen italiänischen
Sängern gehört, und es bemerkt haben. Man kann den
Ton weit ausschicken, ohne zu schreien; wie die Farben klum-
penweise für die Ferne auftragen. Wenn Gluck nur Einmal
solche Oper aufführen könnte! schon in Paris, durch Tradi-
tion im Orchester, hört man wie es Gluck gemeint hat. Es
ist noch viel zu sagen. Neulich sagte ich, die Kunst müsse
einer Nation natürlich sein; d. h. in den unteren Volksklassen
entstehen; sonst vagirt sie, hat keinen Boden, wird Krittelei,
wenn sie vorher noch glücklich Nachahmung war. Erst
gestern, als Goethische Lieder ohne Begleitung gesungen wurden, drang sich mir von Neuem auf, daß es nur verbesserter
Wachtstuben- und Handwerksburschen-Gesang im Wandern
war. Hier haben wir keinen anderen Volksgesang. Nun
giebt's noch Soldatenlieder aus dem Krieg. Alles andere
Singen, auf den Theatern, ist bald italiänisch, bald halb
dieser Gesang, halb jener bezeichnete, auf Gluck, Mozart u. s. w.
angewandt; und meistens schon damit angefangen, die Sing-
organe ganz mißzuverstehen. Dabei ein unendlicher Dünkel; auf dünkelhaften sogenannten Patriotismus gepflanzt.

Man findet hier mehr schöne Stimmen, als man nur irgend vermuthen sollte; aber gleich werden sie verdorben; in die Kehle hineingezwungen, die Brusttöne bis zur Vernichtung forcirt, gequetscht, gekälbert. Leidenschaft besteht nur in Forte und Piano, in Dehnen, et cetera!" —

Wir hätten noch zahlreiche Nachrichten und Bemerkungen aufzureihen, wollten wir auch nur die wichtigsten und eigenthümlichsten aus den drei gedruckten Bänden hervorheben. Das dort reichlich Ausgestreute — über Allgemeines und Einzelnes der Kunst, über Dichtung, Musik, Tanz, Deklamation, Gesang, Anzug, Prunk, über Tasso, Hamlet, Zauberflöte, Belmonte, über Kotzebue, Werner, Goethe, Shakespeare, Bach, Händel, Mozart, Gluck, Spontini, über Liebich, Wolff, Sontag, Schechner, Milder, Heinefetter, Maas, u. s. w. ließe sich ein kleines theatralisches Handbuch sammeln, das in seiner Art einzig wäre, voll kerniger Kraft und lebendigst eingreifender Nutzanwendung. Doch dies mag jeder Besitzer des Buches nach Belieben sich aneignen. Wir ziehen vor, hier einige Urtheile und Nachrichten folgen zu lassen, die wir aus einigen bisher ungedruckten Briefen Rahels entlehnen dürfen, zu welchen eine günstige Gelegenheit erst spät den Zugang eröffnet hat. Wir hoffen, denselben Dank, welchen wir dem Bewahrer dieser Papiere schuldig geworden, ihm und uns für diese Mittheilung bei allen Lesern zu erwerben!

Nach längerer Abwesenheit wieder in die Heimath versetzt kommt Rahel auch wieder mit dem Berliner Theater in Berührung, und trotz aller vieljährigen Unzufriedenheit ist sie doch gleich und willig zum Bewundern hingerissen, so wie nur ein würdiger Gegenstand ihr vor Augen tritt. Ein solcher war Devrient. Sie schreibt an ihren Bruder von ihm:

An Ludwig Robert, in Karlsruhe.

Berlin, den 6. März 1820.

„Dieser Tage sah ich, auf Instigation von Ohme, Devrient in zwei Stücken; und war ganz entzückt, Einmal wieder!

mit Phantasie, und Kunst, in Berührung zu kommen! Diese
Berührung an sich allein ließ meine schwachen Augen
weinen, und meine ganz zerstörten Nerven vibriren wie im
Krampf. Erst mußt' ich «die Eheschenen» von Madame
Weißenthurn genießen, — dann gab man «der grade Weg
ist der beste», von Kotzebue: wo Kaibel in Mannheim so
scharmant den hinterlistigen Kandidaten spielt; den ich höchst
bewundere. Devrient nahm es mehr als Maske: nämlich,
als ein Kandidat, wie er jetzt in den letzten zehn Jahren
nicht mehr zu sein braucht; die Bühne aber kann das ertragen, wenn die Nebenspieler auch in demselben Sinn ver-
führen, — wie in Frankreich, in diesem Sinne aber war
Devrient ein Meister. Affektirte Aussprache eines Unge-
bildeten; ebenso übertrieben sorgsamer Anzug; glänzend von
Neuheit und Reinheit. Puder, Manschetten, Schleife an der
Binde, Schnupftuch aus der Tasche, neueste Schuhe, größliche
Schnallen, glänzendster Hut. Steife Mienen: welche Kunst!
Nicht einen Augenblick übertrieben; steif und niedrig, und
sich vornehm bestrebend. Ganz vortrefflich; vollkommen nüan-
cirt; im Ganzen nicht zu altmodisch. Im «Nachtwächter»
von Körner brachte er mich an Komisch, an Tragisch, an
Mahler, an Dichter hinan! Erstlich hatte er eine andere
Sorte krumme Beine, als im ersten Stück, war trotz des
Zettels für mich nicht zu erkennen; und ich zweifelte, obgleich
er sprach: bis er sagte, er sei der Nachtwächter; und sah
ich den Zettel wieder durch. Er war angezogen und sah
aus, wie man in allen brandenburgischen Dörfern, wo man
Pferde wechselt, Kerle findet mit Jacken, Pantoffeln und
Nachtmützen, die keine Postillone und keine Schmierkerle
sind, aber doch mit dem Stummel im Maul mit räsonniren,
und die Klugen auf dem Hof oder vor dem Hause sind;
sprach kraß brandenburgisch. Prahlerig, mit ausgeschrieener,
überlauter Stimme, mit dem schärfsten r r r. Sein Ganzes, war Prahlen; und dies aus dem Elend; wie es
bei uns ist: bis zur Tragik herangeführt: und über jedes
Einzelne mußte man lachen. Solche Aussprache! Alles, was
man je in der Art gehört hatte, zusammen gefaßt. Die
Vornehmen sah man darin: die Provinz; der Menschen all-

gemeine Lage; Möllendorf den Seligen, in seinem Ursprung, zum Beispiel; Sprache, Prahlen, alles! Ein Mahler gehört dazu, dies aufzufassen, bis in der Haltung der Finger: und das nicht wie Iffland; sondern von innen her: erfüllt von seinem Vorbild, nicht vom Parterre. Dann ward er ahnender Dichter: das Phantastische, Traurigste ahnend, als er absingt; wie ein Shakespeare'scher! Erst tütet er, singt ab, dann ein Lied vor seinem Fenster, wegen seiner Mündel; dann jodelt er zuletzt. Mit einer Falschheit, in Accent, Ton, Artikuliren und Beginnen: und doch mit einer Ahndung und Hindeutung auf Hohes: daß ich so applaudirte, daß ich auf der Stelle Migraine bekam." —

Nicht so gut ergeht es der Wolff'schen Preciosa, weder dem Stück noch der Aufführung, und bei dieser Gelegenheit wird auch noch sonstiger Tadel laut, den der ganze Zustand der Bühne unaufhörlich und allseitig erregt.

An Ludwig Robert, in Karlsruhe.

Berlin, den 31. Mai 1821.

„Du willst gerne wissen, wie Maria Weber's Preciosa von Wolff gegeben worden ist. Cervantes ist sehr vergessen darin, und leider nicht. Nämlich eine Art von Gerüste vom Plan des Cervantes; aber der Geschmack für die Zunge darin ganz verwischt, verwittert, und verkleistert; solchergestalt, daß, was eben von dem häuslichen und provinziellen Leben dieser Nation sich noch etwa im Stücke zeigt, unpassend, und besonders unverständlich wird, außer für die, welche die Serie der Novellen dieses Autoren, dieses Geschichtmannes kennen. Wolff läßt Preciosa (nur!) das Mädchen von Orleans, Korinna, Sappho, Maria Stuart's Abschied nicht zu vergessen, und dann diese Personnage — ich glaube in einem Körner'schen Stück, in der Banditenbraut — seyn, die nach dem Räuber schießt. Das alles thut Preciosa. Und Mad. Stich, vom Dichter verführt, accentuirt alle diese Personnagen auf's nachdrücklichste, hergebrachteste; im Einklang mit Dekorateur, Schneider, Theatermeister und überhauptigem allgemein ob-

waltendem Irrthum über Theater, Szenerie und Pracht; und
nochmaligem Irrthum in Berechnung ihrer Wirkung. Einige
Dekorationen, auch für mich schön: doch ganz überflüssig.
Wolff lauter großer Lyrik und Schillerei beflissen, und sich
der 30 Jahr vernommenen Repetitionen nicht erwehren kön=
nen, ohne den geringsten Scherz noch barokes Wort. Nicht
ohne Talent; aber in großem Irrthum; und den Irrthümern
geschmeichelt. Die Stadt irre; aber doch nicht natürlich
befriedigt. Maria Weber hat in Dresden Sanftmuth in der
Musik gelernt: die Ouvertüre nicht schlecht: ohne Physiogno=
mie; die hier leichter gewesen wäre; im Stück noch schlechter;
in einer Romanze bis zur Verrücktheit verfehlt. In den
Tänzen wahnsinnig. Diese aber, erfuhr ich nun von ihm
— dies wollten sie mir auch abstreiten — haben ihn selbst
bald wahnsinnig gemacht, — dann — so geht es hier! —
sie waren, statt der seinen, von dem Tänzer Hognet ein=
gelegt. Und auf diese eingelegte paßten — so wahr mir
Gott helfe! — wie immer, ganz und gar die Pas
nicht!!! — Denn, sie drehen sich nur heftiger und langsamer
um, auf Einem Bein: oder heben es bis zur Schulter empor.
Aus. Wenn man eine Bigano, wenn man einen Righini,
wenn man eine Marchetti, einen Rode hatte! — Alle Zei=
tungen, seit Eröffnung des neuen Hauses, und seit der Auf=
führung der Spontini'schen Olympia, sende ich dir durch die
Neumann. Sie beladen sich mit Lob; einer den anderen.
Das Haus häßlich von außen; unbequem von innen; sinnlos.
Olympia der äußerste Gipfel von dem, was Opern nicht
sein sollen, und worin ein großer, armer Gluck den Franzosen
nachgeben mußte, und seine Revolution nur halb, zum Men=
schenunheil und ihrer Nachahmung, machen mußte; mit großen
Schönheiten darin, die die Widersacher nicht einsehen: weil sie
nicht aus meinen Gründen Widersacher sind. Die Anderen,
loben es noch dümmer, und stupider, ohne die wahren Schön=
heiten anführen zu können. Mozart ist, wie in aller Musik
seit ihm, gemißbraucht. Ganz wie Shakespeare. Ihm
braucht man's nicht zu verzeihen, daß jede Personnage auch
zur Unzeit seine schönsten Gedanken vortragen muß: Anderen
kann man ihre leeren, pausbäckigen, nicht Einmal selbst er=

fundenen Fehler nicht verzeihen. Beiden, Mozart und Shakespeare, schiebt man zu viel Absicht unter. Fülle und tief-
verborgener Sinn war's nur oft." —

Wie gerecht aber, wie bereitwillig, früheren Tadel durch
verdientes Lob zu vergüten, Rahel jeden guten Eindruck aufnahm und preisend eingestand, bezeugt eine Nachschrift des
vorigen Briefes, worin es heißt: „Nun will ich dir schreiben,
weil so etwas es verdient, daß es über Feld kommt und an
diejenigen, die es glauben und verstehen. Die Wolff spielte
Elisabeth, in Maria Stuart, mit der Neumann zusammen,
wie ein Gott; wie die größte Schauspielerin, ohne einen
schlechten nachgelassenen Moment. Und in Elisabeth bewundere ich die Schröder, also bin ich nicht für die Wolff be-
stochen. Ich war reif genug, zu sehen, wie es den jetzigen
konstitutionellen Königen geht, an der Szene mit der Unterschrift. Das Stück ist Historie. Lies in den Wanderjahren
die beiden ersten Seiten des letzten Kapitels. Und wir wollen
schweigen über die, welche in das Rad greifen, und über die,
welche es umschwingen wollen." —

Dieselben Ansichten und Stimmungen wiederholen sich in
folgendem Briefe, der noch insbesondere von der liebenswürdigen Schauspielerin Neumann handelt.

An Ludwig Robert, in Karlsruhe.

Berlin, den 1. November 1821.

„Gar sehr, liebes Kind, freut mich die Aufführung des
Paradiesvogels; und deine gute Einsicht über diese und das
Publikum, und deine Arbeit. Alle Orte sind dazu geeignet,
ihren Publikums neue Scherze in einem süßen Pülverchen
beizubringen: nur Berlinchen nicht; noch dazu, wenn es seinen Autor kennt! Laß mich die Freude erleben, daß deine
Stücke auf Deutschlands Bühnen gefallen, und daß man sie
sich hier verschaffen muß! Das Theater existirt hier nicht
für mich. Tieck denkt über Theater wie ich. Gut deklamirte
Opern, „denkende Künstler", ausgeführte Dekorationen, ein
Gräuel. — Wenn du also der Neumann, wie sie dich gebeten

hat, etwas sagst, so laß' es sich ja nur auf Negationen beziehen! z. B. daß sie sich nicht auf Einen Fuß stellt, und
von dem anderen nur mit der äußersten Spitze die Erde berührt! Dies ist eine altmodische, abgeschaffte Affektation,
und in Trauerspielen grade ganz störend. Da stehen die
großen Franzosen, Raucourt, Talma, längst sogar einwärts
mit Sandalen, und kehren, wenn es sein muß, dem Publikum
den Rücken, — Eßlair, die Wolff in Sappho, auch — mit
dem größten Erfolg! — Aber auch das muß ohne Affektation
geschehen, weil es schon etwas Positives ist. Auch spricht sie
leider kein scharfes N. Alles Uebrige kann man ihrem großen
Talent überlassen. Sie hat unendliche Gaben, und auch die
der Einfälle, wie sie Rollen, wie sie Szenen, wie sie Worte
nehmen kann. Auch muß sie die Hände in Lustspielen nicht
gewissermaßen ballen, und dann beide Arme anstemmend herab-
schicken; das that sie in Karlsruhe sehr oft, in Berlin viel
seltener. Sie muß ihre Stimme, ihren Hals, ihre Brust
schonen. Wenn sie al fresco spricht, kann sie das. Schreien
und Anstrengen hilft zu nichts als zu Schaden. Mich freut
Herr von Gayling: und besonders der Graf Ferdinand Palffy;
solch einen gescheidten, gebildeten Brief können wenige schreiben, die sich doch viel einbilden. Du hast ganz recht, dich in
Wien rar zu machen. Polonius sagt's schon Ophelien." —
Bei allen diesen Briefen und Briefstellen, dies möge nicht
außer Acht bleiben, ist keine förmliche Kritik, noch vollständiger Bericht beabsichtigt worden, sondern nur der Anforderung des Augenblicks in raschem Erguß genügt. Auch der
flüchtig sprühende Funke beleuchtet aber das Ganze. War
es hingegen in seltenerem Falle der Zweck, einen Gegenstand
als solchen genauer zu besprechen, so wußte Rahel auch in
strengerem Zusammenhang ihr Urtheil umständlich auszuführen, wie nachstehender Aufsatz beweist, der sich einzeln vorgefunden hat. Die edle Sängerin, von welcher hier die Rede
ist, verdient noch nicht vergessen zu sein, und möge ihr Name,
wie schon früher durch ein Lied von Clemens Brentano, nun
auch durch diese Prosa geehrt bleiben!

Ueber Mad. Vespermann, geb. Metzger.

Berlin, im August 1823.

„Gestern erst, im Tankred, war Mad. Vespermann, die ich in der Rolle der Agathe und der schönen Müllerin die größte Schülerin — in dem Sinne, wie man sonst sagt: der größte Meister — nennen mußte, gestern erst war diese Künstlerin sie selbst. Wenn sie nämlich früher alles das, was bei ächtem Gesange nicht zum Vorschein kommen darf, mit höchster Einsicht nur vermied, so zeigte sie gestern, was sie auch Wirkliches zu leisten vermag. Sie bewegte das Herz, und das bei Veranlassungen, die zum großen Stile gehören, oder wenn man dem Rossini diesen nicht einräumen will, doch bei kraftvollen Stellen, bei solchen, die Muth ausdrücken, bei starken, wo sie Zärtlichkeit zu unterdrücken hatte; oder wo diese von selbst, von anderen Gemüthszuständen überwältigt, zurücktritt. Keine Manier, keinen Vorschlag brachte sie hier an, wie dies die gewöhnlich verzierenden Sängerinnen thun, getrieben von dem außer der Rolle liegenden Gedanken: «Jetzt will ich einmal die Geläufigkeit meiner Kehle zeigen!» Nein, nur die bewegte Seele trieb sie an, im Zorne — wie er thut — mehr zu verschwenden, bald auch gekränkterweise gehaltvoll einzuhalten, und dann, durch Verweilen auf Einem Ton, ihm den Nachdruck zu geben, der einem vorhergehenden entzogen war, oder der in eine Pause, die der Affekt forderte, sich verloren hatte. Alles dieses vollführte sie als Meisterin, und so vollkommen war das Gelingen, daß es dem Hörer ein Gefühl der Sicherheit über alles, was sie noch unternehmen würde, im voraus einflößte. Ohne dieses Gefühl gesicherter Beruhigung — kein Kunstgenuß! Sehr gut unterstützt war ihre Erscheinung in dieser Rolle, von dem gemäßigten Spiel, welches zu dieser vortrefflich paßte, und von der außerordentlich guten Art ihre Schritte zu machen, die sie gewählt hatte.

Sehr gut war sie gekleidet, höchst einfach: ohne den noch immer auf der Bühne beliebten Theaterflitter, der so leicht den histrionischen Anschein giebt. Vortrefflich war die Fuß-

bekleidung ausgedacht und gemacht! Rauch selbst hätte mo=
derne Stiefel nicht schöner vermeiden und bezeichnen können;
sie versteckten und zeigten gerade das vom weiblichen Wuchs,
was gesehen und doch nicht scharf beurtheilt werden soll:
dies Gelingen, Hut, Haar und Schnurrbärtchen, trugen ge=
wiß nicht wenig bei, die Erscheinung angenehm und ernst
genug zu machen; welches — da uns das Gegentheil im=
mer dazu spornt, uns zu äußern — wohl bemerk= und
dankenswerth ist.

Was aber die höchste Anerkennung verdient, ist ihre
große Kunst in den vielstimmigen Stücken, die nicht ohne
Verläugnung geübt, und diese nicht ohne große Einsicht er=
langt wird. Nie war sie vorlaut, weder mit Ton, noch
Intension, immer schien sie das Ganze zu halten, und ließ
hören, daß sie alle Musiker und Sänger höre: dabei war
der Affekt, den die Situation mit sich brachte, und wie ihn
Rossini jedesmal ausdrückte, das Vorherrschende und rüh=
rend. Wer Kirchenmusik kennt, und in katholischen Ländern
gehört hat, muß in ihr die gute Kirchensängerin dabei er=
kennen. Maßhaltung, das Selbst ganz vergessen, nur auf
einen höheren Gegenstand gerichtet und von dem tief affizirt
sein, lehrt dieser Gesang vorzüglich, und uns gestern Mad.
Vespermann.

In der Agathe des Freischützen hörte ich nur die schöne
Stimme, die sich aber, ich weiß nicht warum, in diesem
anscheinend einfachen Gesang — ich hörte nur die erste Arie —
anzustrengen schien; sie benahm Einem aber in dieser Rolle
keine Hoffnung für künftige, sondern machte bedeutend viele;
welches die, welche sie in der Prinzessin von Navarra ge=
hört hatten, laut verkündeten, und sie höchlich lobten.

In der schönen Müllerin leistete sie alles, was man
nur von einer stimmbegabten, herrlich unterrichteten, diesen
Unterricht weise gebrauchenden, ihre Kunst und deren Effekt
richtig beurtheilenden Sängerin in einem Konzert fordern
kann. Man kann nicht schöner zeigen, was man als aus=
gelernter Sänger zu leisten vermag; damit soll bei weitem
nicht gesagt sein, daß sie nicht die ganze Rolle gut gesungen,
deklamirt, und in Ensemble's und Finalen auf das gelun=

genfte unterftützt, Maß, Haltung, und die wahre Künftler=
gelaffenheit auf's glänzendfte dargethan hätte. Sie gab
keinem Tadel Raum, mehrfeitiges Lob aber würde fie haben
ärnten können, hätte fie mehr aus Eingebung in diefer Rolle
gefungen und gefpielt; mehr nach eigener, und momentaner
Laune! zu welcher Forderung die Leiftung der geftrigen Rolle
fo vollkommen berechtigt. Da Kleider Leute machen, und fo
oft Koftüme Rollen, fo follte keines gewählt werden, was
nicht hübfch an fich ift, und wir könnten die fchöne Müllerin
wohl ermahnen, als Müllerin ganz weiß zu erfcheinen,
welcher Anzug immer Beifall erregen würde, als paffend,
und dem Tadel des Unfchönen nicht ausgefetzt fein würde.

Von der fchönen Stimme der Mad. Befpermann, ihrer
Kunft, die fchönften ihrer Töne wie die nur fchönen gleich
gut in Gebrauch zu fetzen, von der Präzifion aller noch fo
fchnellen Folge derfelben, von ihrer ganz vortrefflichen, nie
undeutlichen Ausfprache, der fchönen Endigung — ohne Ton=
verfchluckung — aller mufikalifchen Phrafen, kurz von allem
was fonft noch ihren vorzüglichen Gefang bildet, werden
Alle fprechen, die fie gehört haben.

Ich war auch noch frappirt, daß fie das Rezitativ nicht
affektvoller und mehr parlando nahm, welches ihr ausge=
bildeter Gefang vermuthen ließ, und daß fie tanti palpiti
nicht auch bewegter fang.

Ihr Betragen auf dem Theater ift durchaus nach ita=
liänifcher Schule. Sie benutzt diefe Schule mit großer
Gelaffenheit." —

Der letzte lebhafte Theaterantheil, welchen Rahel em=
pfand, war durch die Tanzkunft hervorgerufen. Sie hatte
diefer Kunft von jeher eine fehr hohe Stelle zugewiefen und
große Vorliebe zugewendet, recht in Widerfpruch gegen die
prüden Stimmen, die fich gar ehrbar und erhaben zu bezeigen
meinen, wenn fie diefe Kunft herabfetzen. Rahel giebt vom
Tanz irgendwo die fchöne Schilderung: „Die fchönfte Kunft!
Die Kunft, wo wir felbft Kunftftoff werden, wo wir uns
felbft, frei, glücklich, fchön, gefund, vollftändig vortragen;
dies faßt in fich, gewandt, befcheiden, naiv, unfchuldig, richtig
aus unferer Natur heraus, befreit von Elend, Zwang,

Kampf, Beschränkung und Schwäche! Dies sollte nicht die schönste Kunst sein? Gewiß, sie, und die andere, welche entstünde, wenn die Sittlichkeit bis zur sichtlichen Darstellung gesteigert oder gebracht werden könnte, verdienten vor allen diesen Namen, weil sie uns selbst idealisch und frei darstellen, alle anderen aber nur Ideen und Zustände unserer besten Momente. So denk ich's mir; so fühlte ich's von Kindheit an; und am reizendsten von allen Künstlererscheinungen schwebte mir die der vollkommensten idealischen Tänzerin vor! Was ist das bischen größere Dauer der anderen Musenkünste? Sind sie nicht alle nur ein Auftauchen aus unserem bedingten Zustande? — Und ist nicht die Höhe, die Reinheit, die Vollständigkeit der Gestalt dieses Zauberanschwungs ein besseres Maß des Werthes der Künste, als die, zwar nützliche, Dauer derselben?" — Nun aber waren von Wien die beiden Schwestern Therese und Fanny Elßler nach Berlin gekommen, Zöglinge der neapolitanischen Schule, und Rahel hatte die Freude, die beiden liebenswürdigen, und durch ihr ganzes Betragen höchst einnehmenden Künstlerinnen näher kennen zu lernen. Ueber die Personen, über ihre Kunstleistungen schrieb sie gleich enthusiastisch nach Wien an einen Freund, der solche Nachrichten zu empfangen den gültigsten Anspruch hatte.

An Friedrich von Gentz.

Berlin, den 9. Oktober 1830.

„Für's erste lief das liebe Mädchen im Angesicht der ganzen und fremden Gesellschaft bei mir wie in einem Hafen ein; mit langen, lächelnden, zutrauensvollen, einschmeichelnden Blicken (ich ließ sie neben mir sitzen), so nah gerückt wie ein erwartetes Kind bei seiner noch nicht gekannten Mutter: so daß wir leise sprechen konnten. Ich that es jedoch nicht: sie auch nicht. Dennoch frug ich: fast zuletzt «Haben Sie Briefe von Wien?» — «Ja wohl! recht oft;» sagte sie wie vom Schweigen erlöst, und mit glänzendem Freudelächeln. «Schreiben Sie auch?» — «Ja freilich;

morgen gewiß, vielleicht noch heute.» War dies nicht alles?
Namen, alles? Ich bat sie, zu grüßen. Giebt's eine
größere Diplomatie? Beide, kommt's zum Krieg, haben
wir nichts gesagt: und im Frieden, blühten unsere Felder!
Wir haben uns versprochen, uns wieder zu sehen. Die
schöne Schwester ist mir darin hinderlich: bloß weil ich mit
Zweien nicht so handthieren kann. In acht Tagen sind sie
tanz = und probenfreier, und da will ich denn Anstalten
machen, quer meiner Gesundheit durch. Sie gefiel mir ganz
wohl: und ihr Wesen reizend; und von innen her: sie behielt aber die weißen Handschuh an, und war bis am Kinn
bekleidet, also wußte ich von Hals und Händen nichts: das
Köpfchen konnte ich auch nicht ganz beurtheilen, weil sie es
mit einer schönen Blondenhaube mit Blumen gekrönt hatte. —
Gestern aber — haben Sie je das Milchmädchen von ihr
gesehen? — stieg die ganze Venus aus dem Meere.
Wie eine große Sängerin ward sie applaudirt; Pas für
Pas; nichts blieb unbeachtet, bei dem groben Publikum.
Und wie wußte sie zu danken! noch im ungeendigten Tanz!
Diese Intelligenz, dies Maß, diese offene Unschuld, diese
Rücksicht und Geschicklichkeit! Sie sehen, mir ist nichts entgangen: und ich bin noch fähig. Besonders freue ich mich,
daß sie mir so gefällt, um sie Ihnen aus voller Meinung
loben zu können; wie unangenehm wäre es mir, Ihnen nicht
zustimmen zu können; und das könnte ich nicht ohne meinen
Beifall. Sie war schön wie ein Engel angezogen, die
Grazie selbst: die Munterkeit, das ätherische kindische Laufen;
der Beifall zu den Gespielinnen und Freundinnen im Ballet:
die wirkliche Vollendung in ihrer Kunst! nie ihre Mittel
überboten: weise Italiäner = Regel! Ueberhaupt tanzt sie
schon nach einer Schule, die ich liebe: und nicht nach der
sinn = und seelenlosen Neckschule, die ich hasse; die mich
paralysirt vor Langeweile; die neuere französische; wovon
uns jedoch auch noch das Aroma ausbleibt, und die mit
aus Kramoisin = Logen mit der Geduld des Beifalls immerfort gesehen wird. Aber wie griff Wahres durch! Nach
Kramoisin = Logen, und nach kopfgepflanztem Parterre! Ich
hatte das Glück, den besten Platz im Hause zu haben: in

der zweiten Parterre=Loge vom Theater. Fanny sah mich und meine Begleiter, und dankte mit flüchtigem Blick für wüthende Kehl= und Hände=Bravo's. Wie wußte sie dem König — nach dem Proszenium hin — und Publikum zu danken; hinreißend. Und immer dabei das freudige, seiner Freude eingeständige Kind: und voller ununterbrochener In= telligenz: die meiner ausexerzirten in nichts entging: unaus= gesetzte Rücksicht, mit völliger Freiheit. Sie überwältigte ganz; theilte ihre Freudigkeit mit: und wurde herausgerufen. Auch gestern Morgen schon las ich in der Spener'schen Zeitung inliegenden Wunderartikel! unserer Referenten Lob sonst, ist noch ein Maß boshafter Bienenstacheln, und ich lese sie gar nicht. — Auch die älteste wurde äußerst ap= plaudirt: und mit vollem Recht, das schöne Geschöpf! Eine Siegesgöttin, eine Amazone; eine Minerva, Muse, Königs= kind, was man Edles will, stellt sie schon von Natur dar. Gestern sah sie ihres Anzugs, und Hauptschmucks wegen, wie eine biblische Prinzeß aus: solche Pharaotöchter sah ich nie vom Mahler erfunden: und diese überaus edelschöne Er= scheinung wußte sie durch ihre vollendete Tanzkunst zum glänzendsten Beifall zu steigern: ihre hohe Gestalt wird ihr zum Schmuck; so weiß sie sie zu beherrschen, und zur Grazie zu verbrauchen (oder verwenden). Sie siegte komplett; und wurde nur nicht gerufen, weil sie nicht zuletzt getanzt hatte. Gern theilte ich ihr diese Worte mit: so gut, fürchte ich, wird sie öffentlich nicht gelobt."

Mit dieser Anerkennung schien eine wenigstens gleiche für die herrliche Tänzerin Taglioni hervorgehen zu müssen; allein Rahel war auch diesmal, wie schon so oft im Leben, von der Stimme der Menge nicht fortgerissen; ihr Urtheil beruhte auf unbefangenem kunstliebendem Sinn, der stets geneigt war, das Gute aufzunehmen; und nie darauf ausging, zu tadeln; der Eindruck wurde bei ihr durch nichts Fremdartiges be= stimmt, und daß sie für ihr Gefühl auch der Gründe nicht entbehrte, beweist die folgende Briefstelle. Der Beifall aber, den die Schwestern Elßler nachher in Paris fanden, wo sie der großen Nebenbuhlerin von Manchem vorgezogen, von den Meisten gleich geschätzt wurden, darf hier gewiß kein geringeres Gewicht sein, als jedes andere äußerliche.

An Ludwig Robert, in Baden.

Berlin, den 21. Juni 1832.

— „Aber die Taglioni finde ich nicht so übernatürlich, wie die Nachreder und Nachseher, und Hörer, und sogar — ja — Fühler. Sie ist so rührend in der Sylphide, und in ihrem Gesichte, daß ich weinte. Und kein Vorurtheil; das kennst du bei mir. Vom Scheitel bis unter der Brust ist es eine Person, von unter der Brust bis an die Fuß= spitze eine andere. Oben ist sie fein, romantisch, rührend; doch höchstens eine rührende Nymphe, die liebt: aber hin= gebend, sich kränken lassend. Keine Raserei, kein Entzücken, keine Vergötterung, kein Verbrechen; keinen Sonnenhimmel! Von der Brust an, ist sie im Vergleich des Obertheils, zu kolossal. Nie ihre Hacken von Natur — was so schön ist — nahe, und zusammen. Große, aber zu ihr nicht passende Füße, die sich zu sehr biegen, überhaupt, biegt sie sich von unten herauf (sie knixt ein, und hebt sich, anstatt wirklich zu springen) und macht, als spränge sie, aber sie hebt sich eigentlich zu wenig. Betrügt aber darin das ganze Publi= kum. Feste Italiäner=Knöchel hat sie auch nicht. Sogar wankte sie. Grazie hat sie: aber nicht ihre allein; sondern bedachte, und da ich das sehe, für mich nicht genug verar= beitete, convenzionelle, französische, diese mit ihrer exekutirt; (kurz, eine Sontag im Tanz — aber jene mehr Ganzes, mehr Produkt der Natur; mehr Moment derselben,) sie hat welche: und ein rührendes Gesicht. Was ich aber zuerst sah, wie man eine Ecke, einen Fleck sieht, elle fait main — wie Graf Tilly sagte —, elle fait doigts, was noch mehr ist. Mich durchaus störend. Und man brauchte es ihr nur zu sagen. Aber gerade das entzückt Publikümchen. Alle Besseren. Ventre-Dieu! Ich stehe ganz allein. Nur Schall ist derselben Meinung: nur das große Detail ver= steht er nicht so, wie ich, ohne erinnert. Nun kommt aber das Fahnenzerreißen aus Azur: sie tanzt neben der Musik; elle n'en est pas pénétrée, et voilà ce qui manque à ses membres, sie sind nicht von Einem belebt (wie bei Fanny Elßler). «Nun wird das schön aussehen: nun will ich das machen: nun bin ich leicht; nun dreh' ich den Hals; nun wende ich mich; nun sinkt mein Arm; nun krümme ich meine Figur; nun bück' ich mich biegend; nun reiße ich aus.» Alles nichts! Die Musik rinnt zwischen durch; wie frischer Bach, aus lebendigem Quell, nimmt Sonne, Strahlen, Licht, Schatten, Grün, in sich auf: lebt mit den Gegenständen der ganzen Natur; und sie — leistet eine Lektion! Nicht, daß sie nicht rührte, gefiele; aber so ist sie. Du glaubst mir. Magra, magra, magrissima! Weiß geschminkte Arme, alles; zum größten Nachtheil! Fanny, und ihre Arme wurden roth. Therese war eine Friedensgöttin; ein idealischer, nie erträumter Schwan. Fanny modifizirte jeden Tritt nach jedem gehörten Ton. Lebte, schuf: gebrauchte das Gelernte, hatte hohe italiänische Schule, wenn auch gespickt mit den Mißbräuchen und Mißgriffen der Zeit. Dies alles fehlt auch der Taglioni nicht. — Sie ist mit dem Bruder, seiner Frau, und Hulda Galster, heute nach London, Hulda hat wunderbare Progressen gemacht. — Adieu! ich kann nicht mehr!"

Wir schließen hier diese Mittheilungen, mit dem Bedauern, daß Rahel nicht erlebt hat, Seydelmann in Berlin auftreten zu sehen. Sie würde den größten und reinsten Kunstgenuß gehabt haben, das schönste Talent und die volleste Anerkennung desselben zu sehen. Was in Iffland ächt gewesen, was Wolff zu sein erstrebt hatte, wäre ihr in diesem Künstler, ohne die Zuthat des Falschen und Mangelhaften, endlich als reine Meisterschaft entgegengetreten, und sie, der es das größte Bedürfniß war, Beifall und Entzücken laut zu bezeigen, der es aber auch oft widerfuhr, ihren Eindrücken und Urtheilen nicht nur die dumpfe Menge, sondern auch befangene, mehr klügelnde als kluge Gebildete widerstreiten zu sehen, sie hätte denselben Triumph genossen, diesmal alle Stimmen, auf die irgend ein Werth zu legen

war, hier in demselben Enthusiasmus wetteifern zu finden!
Wie wäre es ihr zu gönnen gewesen, dies zu erfahren,
auszudrücken! Welch neue, eigenthümliche Wahrnehmungen,
welch treffende Lichtworte haben uns nun verschwiegen
bleiben müssen!

Nachwort.

Mit diesem neunzehnten Bande schließt die Reihe von Varnhagen's „Ausgewählten Schriften", die, wie ich schon früher an anderer Stelle bemerkt, durch eigenhändige Zusätze von ihm bereichert und von mir neu geordnet worden sind.

Der Erfolg hat gezeigt, daß diese Schriften wie ein neues Werk gewirkt haben, daß die gegenwärtige Generation denselben lebhaften Antheil an ihnen genommen, den sie bei ihrem ersten Erscheinen erregten. Ja, das Interesse dafür hat sich eher noch verstärkt, und die reichen historischen und litterarischen Quellen, die in Varnhagen's Schilderungen enthalten sind, seine meisterhaften Karakterdarstellungen Anderer, so wie alles Persönliche, das ihn selbst betrifft, und den Einblick in seinen Geist und sein Gemüth gewährt, haben immer wärmere Anerkennung gefunden, und werden es immer mehr, je mehr die persönlichen und politischen Leidenschaften des Tages sich abkühlen, und einem unparteiischen Urtheil Raum geben. Man darf wohl behaupten, daß ohne Varnhagen ganze Strömungen des litterarischen und geselligen Lebens der Vergangenheit dem heutigen deutschen Publikum beinahe fremd oder ganz unbekannt geblieben wären, da er sein seltenes Darstellungstalent dazu anwandte, nicht nur seine eigenen interessanten Erlebnisse, nicht nur eine Reihe großer und bedeutender Gestalten der Geschichte, sondern auch den ganzen Kreis seiner Zeitgenossen mit Liebe und Wahrheit so lebendig zu schildern, daß sie wie mit bengalischem Licht erhellt in all ihrer Eigenthümlichkeit vor uns hintreten. In Varnhagen's „Vermischten Schriften", der mit dem vorliegenden Bande abgeschlossenen dritten Abtheilung der „Ausgewählten Schriften", ist eine ganze Galerie von Bildnissen jener bedeutenden und glänzenden Persönlichkeiten enthalten. Der geniale Prinz Louis Ferdinand von Preußen, der kluge David Veit, der interessante Alexander von Marwitz, der liebenswürdige Fürst von Ligne, der edle tiefsinnige Graf von Schlabrendorf, der talentvolle, genußsüchtige Gentz, der geistvolle Dichter Ludwig Robert und seine schöne, liebreizende Frau, und noch so viele Andere wären hier zu nennen. Die bewundernswerthe Kürze der Darstellung, mit der diese Bildnisse entworfen sind, thut der Tiefe des psychologischen Eingehens, der Schärfe der Karakteristik keinen Eintrag, sondern erhöht sie sogar. Mit wenigen Strichen ist alles Wesentliche und Bedeutende klar hervorgehoben. In dieser Art biographischer Portraits steht Varnhagen unübertroffen da. Das Bild seiner geliebten Rahel steht hiebei wie natürlich im Mittelpunkt und wird noch vervollständigt durch den kürzlich erschienenen Briefwechsel zwischen Varnhagen und Rahel, der Beider Andenken auf lange Zeit hinaus Liebe und Sympathie sichern wird.

Kein besseres Denkmal, scheint mir, kann ich meinem geliebten Onkel setzen, als durch die Veröffentlichung seiner Werke und seines Nachlasses, die ich mir, unbeirrt durch manche Angriffe, zur Lebensaufgabe gemacht habe. Und somit übergebe ich hier dem deutschen Vaterlande, dem ich auch in der Ferne unwandelbar angehöre, die „Ausgewählten Schriften" Varnhagen's.

Florenz, im Dezember 1875.

Ludmilla Assing.

Druck von F. A. Brockhaus in Leipzig.

www.ingramcontent.com/pod-product-compliance
Lightning Source LLC
Chambersburg PA
CBHW021105270326
41929CB00009B/741